Johann Matthias Schroeckh

Christliche Kirchengeschichte

Johann Matthias Schroeckh

Christliche Kirchengeschichte

ISBN/EAN: 9783742863515

Hergestellt in Europa, USA, Kanada, Australien, Japan

Cover: Foto ©Lupo / pixelio.de

Manufactured and distributed by brebook publishing software
(www.brebook.com)

Johann Matthias Schroeckh

Christliche Kirchengeschichte

Christliche
Kirchengeschichte

von
Johann Matthias Schroeckh,
ordentlichem Lehrer der Dichtkunst auf der Universität
Wittenberg.

***

Erster Theil.

Zweyte verbesserte und vermehrte Ausgabe.

Leipzig,
bey Engelhart Benjamin Schwickert.
1 7 7 2.

Vorrede

zur ersten Ausgabe.

———

Wenn dieser Theil der Kirchengeschichte, die ich schreibe, zu der völligen Größe angewachsen wäre, welche für ihn bestimmt war, so würde ich den Lesern desselben beynahe nichts in einer Vorrede zu sagen haben. Denn die Einleitung, welche ich dem Werke vorgesetzt habe, giebt ihnen von der Veranlassung und den Absichten desselben, Nachricht: und sie führt zugleich die Entschuldigung ihrer Länge in ihrem Inhalte mit sich. Allein, da Hindernisse, welche nicht verdienen angeführt zu werden, den gegenwär-

tigen

tigen Theil von drittehalb Alphabeten, die
ihm zugedacht waren, nur auf die Hälfte herab gesetzt haben: so halte ich mich verbunden,
anzuzeigen, auf welche Art ich den Entwurf
dieses Werks ferner auszuführen, gesonnen
sey.

Der erste Theil sollte die Geschichte der
christlichen Religion und Kirche bis auf Constantin den Großen erzählen; im zweyten
sollte sie bis zur Reformation fortgeführt
werden, und im dritten bis auf die Zeiten
kommen, in denen wir leben. Jetzt ist diese
abgemessene Theilung verrückt worden; aber
darum wird dieses Werk im Grunde weder
kleiner noch größer werden. Ich habe es einmal festgesetzt, was in demselben Platz finden
soll: und so viel ich urtheilen kann, darf ich
weder bey den gewählten Begebenheiten und
Umständen derselben, noch bey dem Vortrage, einige Aenderung mehr vornehmen. Es
ist

ist überaus schwer, sich in einer wichtigen und lehrreichen Geschichte vor einer gewissen Weitläuftigkeit zu hüten; ich werde sie wenigstens fliehen, so viel es ohne Dunkelheit und Unvollständigkeit geschehen kann. Ob ich gleich weder die Anzahl der nunmehro kleinern Theile, welche dieses Werk ausmachen sollen, noch die Zeit, zu welcher ein jeder derselben erscheinen wird, genau bestimmen kann; so hoffe ich doch, daß meine Leser wenigstens über diese beyden Umstände mit mir zufrieden seyn werden.

Der Anfang der christlichen Kirchengeschichte, welcher in diesem Theile vorkömmt, ist so bekannt, so ausführlicher Erzählungen und Betrachtungen, die sich von selbst darbieten, fähig, daß man sich vielleicht wundern wird, daß ich in demselben nicht weiter fortgeschritten bin. Allein, ich fand vor nöthig, eben, weil es eine so bekannte Geschichte ist,

sie

sie desto langsamer zu bearbeiten, gegen die
gewöhnlichen Vorstellungsarten und Mey=
nungen in derselben desto mehr auf meiner
Hut zu seyn, und einen Vorrath, welcher in
jedermanns Händen ist, nicht, als wäre er
völlig fremd und ungenützt, mit beyden Hän=
den, bis zum Ueberdruß der Lesenden, aus=
zuschütten. Gleichwohl glaube ich so wenig,
ein von Fehlern freyes Buch herausgegeben
zu haben, daß ich denen, welche es, mit bey=
gefügten Gründen, ohne sich ein gebieteri=
sches Ansehen zu geben, ohne eines von den
gewöhnlichen Vorurtheilen, unter welchen
die Kirchengeschichte gelitten hat, zu verra=
then, frey, wie es geschrieben wird, beurthei=
len und tadeln werden, aufrichtig dafür dan=
ken werde. Wittenberg, am 1 May des
Jahrs 1768.

Vorrede

zur

zweyten Ausgabe.

Ich bin nicht darauf bedacht gewesen, diesem Theile bey der gegenwärtigen Ausgabe viele Vermehrungen zu ertheilen. Der Inhalt desselben leidet ungemein zahlreiche Zusätze; aber die Absicht des Werks verträgt nur die nothwendigsten und nützlichsten. Es ist also bloß noch von einigen wenigen Schriftstellern der christlichen Kirchengeschichte Nachricht gegeben worden.

Das

Das übrige was hin und wieder dazu ge=
kommen ist, wird man eben nicht beträcht=
lich finden.

An statt das Buch zu vergrößern, glau=
be ich vielmehr jetzt, daß die Einleitung an
mehrern Stellen abgekürzt werden könnte.
Bey etlichen ist solches auch geschehen; aber
im Ganzen würde daraus eine zu starke
Veränderung erwachsen seyn, die sehr müh=
sam und gleichwohl nicht sehr nützlich gewe=
sen wäre.   Auch wo ich zu weitschweifig
geschrieben haben möchte, ist es doch kein
gänzlich leerer oder wiederholender Vor=
trag: und es könnte sogar die Deutlichkeit
für manche Leser durch engeres Zusammen=
ziehen merklich verloren haben.

Aber

Aber auf die Verbesserung fehlerhafter Stellen habe ich desto mehr Aufmerksamkeit gewandt. Kleinere Flecken in der Schreibart habe ich eben so wohl. als Mängel der Genauigkeit in Erzählungen, Beschreibungen und Urtheilen zu berichtigen gesucht. Und nicht genug, daß ich fremde Erinnerungen dabey sehr willig genützt habe, so weit ich die Gründe eines Tadels einsehen konnte; ich habe auch selbst überall die schärfste Prüfung angestellt. Eine mit großer Heftigkeit angegriffene Stelle, (auf der 384sten Seite der ersten Ausgabe), ist bis auf wenige deutlichere Worte, unverändert stehen geblieben, weil mich die mit vielem Geräusche vorgenommene Wiederholung der mir längst bekannten gewöhnlichen Erklärungen und Beweise, wie es natürlich

türlich war, in meiner Meinung nur be=
stätigte.

Da ich weiß, wie viele Achtung ich den
Besitzern der ersten Ausgabe schuldig bin:
so ist es mir angenehm versichern zu kön=
nen, daß dieselbe überhaupt durch diese neue
nicht unbrauchbar werde, indem ich eigent=
lich in keiner Hauptsache von meiner ehema=
ligen Denkungsart abgewichen bin. Wit=
tenberg, am 10 May des Jahrs 1772.

Christliche
Kirchengeschichte.

.

Erster Theil.

Einleitung
in die
christliche Kirchengeschichte.

Ich bekenne mich mit vielen Millionen Menschen zu einer Religion, welche wir vor die einzige wahre halten. Die allermeisten unter uns haben sie wenig untersucht; aber doch genug, um zu erkennen, daß sie mit den vernünftigen Begriffen von Gott, mit der Bestimmung und Glückseeligkeit des Menschen, vollkommen übereinstimme. Es ist noch mehr eine unwiderstehliche Neigung des Herzens, als der Beyfall eines überzeugten Verstandes, daß sie ihr aufrichtig ergeben sind. Sie sehen, diese Religion flößet ihnen Tugend und Rechtschaffenheit ein, macht sie zu guten Bürgern und Unterthanen, verbindet sie unter einander weit stärker als alle bürgerliche Pflichten und Gesetze, erhält sie in einer edeln Freyheit des Geistes, und verschafft ihnen nicht nur Trost in den Widerwärtigkeiten des Lebens, sondern auch die gewisseste und freudigste Hoffnung im Tode. Eine solche Religion, denken sie, muß wahr seyn, weil sie ausdrücklich für die Bedürfnisse der Menschen gemacht ist. Sie nehmen die Gründe und Lehren derselben bereitwillig an, weil sie nicht begreifen, wie man dieselben verdächtig machen könne. Sie leben zwar selten nach ihren Vorschriften, weil Erziehung und Gewohnheit sie auf der einen Seite in eine kalte Gleichgültigkeit gegen die Religion versetzen; auf der andern aber die Schwachheit ihrer Natur und böse Beyspiele die Kraft derselben noch mehr unterdrücken. Allein sie

nehmen

nehmen doch früh oder spät zu derselben ihre Zuflucht;
entweder von ihrem Gewissen gedrungen, oder weil sie
jede andere Hülfe verläßt. Und im Besitze dieser Reli=
gion, im Genuß von den Vortheilen derselben, können sie
sich, bey aller Verträglichkeit gegen diejenigen, welche
einem andern Glauben folgen, doch nicht enthalten, sie
von dem Rechte zu einer künftigen Seeligkeit in ihren
Gedanken auszuschließen. Neben diesem großen Hau=
fen, und durch einerley Religion mit demselben verbun=
den, lebt eine kleinere Anzahl von Menschen, die sich von
ihm noch durch eine gewisse Erhebung der Seele unter=
scheiden. Sie lieben ihre Religion eben so sehr aus
Wahl und Prüfung, als aus Empfindung der Wohl=
thaten, welche sie ihnen erzeigt. Wären sie nicht in der=
selben auferzogen worden, so würden sie sich noch, mit
Verachtung aller Hindernisse und Gefahren, zu dersel=
ben wenden. Da sie an der Wahrheit und Göttlichkeit
der Offenbarung, auf welche sie gebauet ist, keinen Zwei=
fel übrig behalten haben: so sind sie auch dem Lehrbegrif=
fe, den ihre Kirche festgesetzt hat, überhaupt mit Eifer
zugethan; ohne doch jede Erklärung und kunstmäßige
Einrichtung desselben uneingeschränkt zu vertheidigen.
Sie suchen ihrer Religion auch durch ihr Leben Ehre zu
machen, und bemächtigen sich jeder Gelegenheit mit Hi=
tze, bey welcher sie die Hoheit und liebenswürdige Gestalt
derselben unter den Menschen ausbreiten können. Sie
sehen unzählige Menschen in der Welt, von welchen sie,
nach ihrer Denkungsart, urtheilen müssen, daß sie irren.
Aber sie wagen es darum nicht, in die richterlichen Vor=
rechte der Gottheit einen Eingriff zu thun, und bey sich
selbst zu sagen: Alle diese Völker sind dazu bestimmt, um
ewig unglückseelig zu seyn. Sie glauben diesen Irren=
den Mitleiden und nützliche Dienste zu ihrer Aufklärung
schuldig zu seyn; aber Abscheu und Verachtung scheinen
sie ihnen nicht zu verdienen. Wenn endlich manche un=
ter den Freunden dieser Religion, welche zu Lehrern der=

selben

ſelben beſtellt ſind, zuweilen ihre eigene Vorſtellungsar-
ten an die Stelle der göttlichen Offenbarung ſetzen: ſo
irren ſie doch in einer gutgemeinten Abſicht; und wenn
ſie entſcheidende Urtheile und harte Machtſprüche wider
alles, was von ihren Einſichten abweicht, fällen: ſo iſt
dieſes eine Folge von der zuverſichtlichen Art ſich auszudrücken, die in ihrem Stande faſt unvermeidlich wird.
Ihre Religion bleibt immer liebreich, ob ſie ihr gleich
zuweilen eine weniger ſanfte Sprache leihen.

Ganz dieſer Religion und Kirche entgegen geſetzt,
herrſcht über einen noch größern Theil von Europa ein
Glaube, der gleichwohl mit dem vorhergehenden aus einerley Quelle gefloſſen zu ſeyn ſcheinet. Die Verehrer
deſſelben nennen ſich die älteſte chriſtliche, und die einzige
wahre Kirche. Die Lehren, denen ſie beypflichten, ſind
für ſie nur Befehle zu glauben; ihre Erkenntniß in der
Religion iſt nichts weiter, als eine durch Zwang und
Furcht erpreßte Folgſamkeit. Da ſie ſich frühzeitig haben gewöhnen müſſen, jeden Verſuch, ihren Glauben zu
prüfen, als ſtrafbar anzuſehen: ſo iſt ihnen das einzige
übrig geblieben, die Wahrheit deſſelben, Trotz allen Zweifeln, vorauszuſetzen. Der erſte Lehrer der Gemeine zu
Rom hat ſich vor vielen hundert Jahren zum Oberhaupte dieſer ganzen Kirche aufgeworfen; iſt aus einem Bi-
ſchoffe ein Fürſt, aus einem ordentlichen Menſchen ein
unbegreiflicher Statthalter Gottes über die Welt geworden, und regiert ſowohl Länder als Gewiſſen. Er iſt
zwar lange nicht mehr dasjenige, was er noch vor drittehalb hundert Jahren war; aber doch immer noch unendlich mehr als er wirklich ſeyn ſollte. Seine angemaaß-
ten Rechte haben durch eine lange Verjährung gleichſam ein geſetzmäßiges Anſehen erlangt. Unzählige ſeiner Unterbefehlshaber und Diener, welche durch gleiche
Vortheile mit ihm vereinigt, und in allen Reichen dieſer Kirche vertheilt ſind, unterſtützen ſeine Gewalt, und

mit

mit derselben die ihrige, durch Drohungen und Strafen aus diesem und jenem Leben. Die Religion, welche sie nach und nach eingeführt haben, weiset zwar noch viele Spuren von ihrer ersten Stiftung auf; allein die geistliche Regierung hat alle Lehren und Uebungen derselben zu ihrem Vortheile, zur Versicherung ihrer Ehre und Herrschaft, bestimmt. Eben diese fremde, im Nahmen der Religion festgesetzte Regierung, der sich so viele Länder unterworfen haben, liegt mit dem Ansehen der Fürsten, mit der Glückseeligkeit der Staaten, mit der Freyheit und Ruhe der bürgerlichen Gesellschaft, in einem fast beständigen Streite. Man sucht zwar die schädlichen Folgen dieser so seltsamen Widersetzung einer willkührlichen geistlichen Macht gegen die rechtmäßige Gewalt der Obrigkeit, immer mehr abzuwenden oder einzuschränken; allein man leidet zugleich von derselben unverzeihliche Misbräuche, und hat kaum einige Hoffnung, sie jemals ganz aufzuheben. Auch der Haß und die Erbitterung gegen alle Bekenner eines andern Glaubens, mit welcher die Lehrer oder vielmehr die Oberherren dieser Kirche, die Mitglieder derselben erfüllen, soll nur dazu dienen, sie desto gewisser in ihren Banden zu erhalten, und alle Begierde nach einem bessern Zustande bey denselben zu unterdrücken. Sie können zwar zur Ausbreitung ihrer Religion und Herrschaft, nicht völlig mehr, wie vormals, Blutgerüste und Scheiterhaufen gebrauchen; allein der Verfolgungsgeist bleibt doch stets ihr Eigenthum, und ist von ihrer Regierungskunst eben so unzertrennlich, als es mißtrauische Anstalten und unerbittliche Strenge bey einem Fürsten sind, der sich einem Volke mit dessen Widerwillen aufgedrungen hat, oder der ihm aus andern Ursachen verhaßt geworden ist. Der große Haufen in dieser Kirche trägt seine Fesseln ruhig, weil er glaubt, er sey zu denselben gebohren; viele gutgesinnte Männer in derselben seufzen heimlich über diese Bedrückungen, und wenn sie sich zuweilen öffentlich

über

über dieselben beschweren, so reuet es sie fast allemal, ih=
re Stimme erhoben zu haben; aber diejenigen, welche
allein denselben ein Ende machen könnten, thun in gan=
zen Jahrhunderten nur einige wenige Schritte zu dieser
Absicht: so gefährlich und verzweifelt scheint ihnen die=
ses Unternehmen zu seyn. Die übrige Welt steht in ei=
ner ungeduldigen Erwartung, zu sehen, wie lange diese
unnatürliche Verfassung, welche die Religion in einen
Widerspruch gegen die Rechte der Menschen gesetzt hat,
noch fortdauern werde.

Beyde große Kirchen, welche ich jetzt abgebildet ha=
be, waren ehemals nur eine einzige: bis sich, da die Grau=
samkeit ihrer Regierung auf einen unerträglichen Grad
gestiegen war, viele tausend Menschen, unter einem mu=
thigen Anführer, entschlossen, das Joch derselben abzuschüt=
teln. Sie haben dieses glücklich ausgeführet, und dan=
ken ihren Vorfahren noch täglich für dieses ungemeine
Verdienst. Die herrschende Kirche hat sie zwar als Ab=
trünnige zurückgefordert; sie hat sie als Aufrührer be=
kriegt, und wenn es in ihrer Gewalt stand, mit der äus=
sersten Härte gestraft; aber dieses Betragen hat bey ih=
nen den Abscheu vor der Tyranney nur noch vergrössert
und kühner gemacht: und endlich sind sie zum völligen
Besitz der Freyheit gelangt. Man hat noch täglich die=
ses wunderbare Schauspiel vor den Augen: zwo zahl=
reiche Gesellschaften, die sich wegen ihrer Uneinigkeit über
die Art der Verehrung Gottes, und über die Rechte des
Gewissens, von einander abgesondert haben; darunter
die eine von der andern, unter den heftigsten Bedrohun=
gen, verlangt, sich mit Verlassung ihrer erstrittenen
Rechte, wieder unter die alte Knechtschaft zu beugen;
diese hingegen jene einladet, ihrem Beyspiel nachzufol=
gen. Bey diesem Verhältnisse derselben gegen einan=
der, scheinet es nicht unmöglich zu seyn, daß die Stärke
der Wahrheit und Gerechtigkeit des einen Theils sie bey=

de

de aufs neue mit einander verbinden könnte: und doch
hat diese Wiedervereinigung noch immer ihre unüber=
windliche Schwierigkeiten. Da, wo sie zum Besten der
Menschen nothwendig wäre, ist man nicht willig und
frey genug, ihr die Hand zu bieten; man kann diejeni=
gen nicht stürzen, welche das vornehmste Hinderniß der=
selben abgeben: und auf derjenigen Seite, wo es weder
an Freyheit noch an Neigung fehlet, sie zu befördern,
findet man es unvernünftig, an einer Aussöhnung eifrig
zu arbeiten, bey welcher der Gegentheil die allerbeschwer=
lichsten Bedingungen zum Grunde legt.

Zwischen diesen beyden Kirchen, die sich einander
wechselsweise, die eine mehr als die andere, Merkmale der
Feindschaft und der Verachtung geben, erhält sich noch
eine dritte, welche mit ihnen im Grunde einerley Ur=
sprung hat, der in den Gegenden des Morgenlandes zu
suchen ist, und sie wirklich zu der ältesten Gemeine der
Christen macht. Schon vor vielen Jahrhunderten hat
sie die Gemeinschaft mit den abendländischen Kirchen, de=
ren Oberhaupt auch über sie herrschen wollte, aufgeho=
ben. Noch jetzt bleibt sie in einer Entfernung von den=
selben stehen, die wenig Anschein zur Wiederherstellung
der alten Einigkeit übrig läßt. Sie hält sich ebenfalls
vor die einzige rechtgläubige Kirche. Diese Gesinnun=
gen; ihre sehr genaue Beobachtung alter Gebräuche; die
Scheidewand, welche gleichsam zwischen ihr und dem
übrigen Europa gezogen ist; am allermeisten aber der
Mangel einer durchgehends ausgebreiteten Wissenschaft
und Freyheit; alles dieses macht, daß diese Kirche von
den beyden andern nur sehr gleichgültig betrachtet wird,
weil sie der Ehre und dem Wachsthume derselben weder
schaden noch nützen kann.

Fast gleich weit von allen diesen Gemeinen ist der
Glaube eines Volkes unterschieden, das seit siebzehn=
hundert

hundert Jahren unter den andern Nationen zerstreuet
und gedrückt lebt; aber seinen Meinungen und Gebräuchen, die größtentheils sich aus den ersten Zeiten der Welt
herschreiben, noch unverbrüchlich getreu verbleibt. Ohngeachtet man ihm die Ehre nicht abspricht, daß seine Stifter die ersten Menschen gewesen sind, denen sich Gott
außerordentlich geoffenbaret hat, und daß es diese Bekanntmachung des göttlichen Willens dem übrigen
menschlichen Geschlechte aufbehalten hat; liegt es doch
in der tiefsten Geringschätzung. Eben dasjenige, was
ihm eine gewisse Achtung verschaffen sollte, die standhaf-
teste Anhänglichkeit an die alte Verfassung seines Lehr-
begriffes und Gottesdienstes, macht es bey den großen
Gemeinen, die das erste Licht über die Religion von demselben bekommen haben, verächtlich. Es rächt sich dafür gegen sie mit einer gleichen Abneigung, macht ihnen
einen Theil ihrer Erkenntnißquellen streitig, und setzt ihren Gründen und ihrem Vertrauen, eine längst verlorne
Hoffnung entgegen. Aber eben durch diesen Widerwillen, den beyde Theile gegen einander nähren, wird dieser
weitläuftigen und bedauernswürdigen Nation der Zutritt zu den christlichen Kirchen beynahe auf immer ver-
schlossen. Ohne Mitleiden sieht man sie herum irren;
man verfolgt sie zuweilen, und wendet fast überall die Augen von ihr ab; man stellet auch einige schwache Versuche
an, ihre Einsichten zu verbessern; aber man denkt nicht
daran, sie aus dem kriechenden Zustande zu ziehen, der sie
gegen alle dergleichen Bemühungen unempfindlich macht.

Ich sehe noch außerdem einen Schwarm kleiner
Partheyen, welche sich mitten unter jenen herrschenden
Kirchen erhoben haben, und von denselben entweder in
ihren Grundsätzen, oder in der Anwendung derselben,
zum Theil auch nur in Gebräuchen, und in ihrer innern
Einrichtung, abgehen. Es ist sehr lehrreich, auf die verschiedenen Arten ihrer Entstehung zurück zu sehen. Alle

A 5　　　　　　　rühmen

rühmen sich, dem Rufe der Wahrheit und des Gewissens gefolgt zu seyn; aber es ist nicht schwer, noch andere Triebfedern bey ihren Urhebern zu entdecken. Bald reizte sie der Ehrgeiz, Anführer und Lehrer eines großen Haufens zu werden; bald die Neuerungssucht, welche bey den gewöhnlichen Lehren und Anstalten keinen Weg findet, sich hervor thun zu können; bald eine Neigung zu vermeinten Verbesserungen, welche gleichwohl auch ohne gewaltsame Trennungen vorgenommen werden konnten; bald eine hohe Meinung von ihrer eigenen Heiligkeit und Gottseeligkeit. Vor allen andern hat eine hitzige Einbildungskraft, die bis zur Schwärmerey angewachsen ist, allein mehr zur Erzeugung der Sekten beygetragen, als die übrigen Mittel zusammen genommen. Und endlich ist es unsern Zeiten aufbehalten gewesen, mitten aus einem Plan zur Bereicherung und Vermehrung der Einkünfte, eine gottesdienstliche Gesellschaft hervor kommen zu sehen. Alle diese Partheyen sind zwar, gegen jene Hauptgemeinen gehalten, sehr unbeträchtlich; inzwischen vergrößern sie doch ebenfalls die Verwirrung und die Zwistigkeiten unter den Christen. Hier sucht man sie mit Gewalt auszurotten, und findet zuletzt, daß dieses bloß zur Stärkung ihres Eifers ausschlage. Dort beschützt man sie; man schränkt sie aber zugleich ein, und bestreitet sie durch Gründe. Es ist wahr, daß die Zeiten, welche an neuen Sekten fruchtbar waren, vorbey sind; allein die alten erhalten sich doch, und einige derselben nehmen sogar, zur Schande des menschlichen Verstandes, augenscheinlich zu.

Aber unterdessen, daß so viele, gegen einander so feindseelig gesinnte Gemeinen, doch darinne beständig übereinkommen, daß sie zur Richtschnur der Religion einer schriftlich abgefaßten göttlichen Offenbarung bedürfen, und daß diese Offenbarung ungezweifelt vorhanden sey; wagt es eine kleine verwegne Anzahl Menschen, auch

dieſes einzige Band der Einigkeit zu zerreißen. Sie
leugnen nicht bloß die Nothwendigkeit einer ſolchen Führerinn für das menſchliche Geſchlecht; ſondern ſie ſuchen
auch zu zeigen, daß diejenige, welche man davor annimmt, unzuverläßig und falſch ſey. Es würde erträglich ſeyn, wenn ſie nur zweifelten, und beſcheidene Einwürfe vortrügen; aber ſie entſcheiden, ſie ſpotten und
läſtern. Sie greifen ihre Brüder auf der empfindlich-
ſten Seite an: anſtatt ihnen einen Glauben zu gönnen,
dem ſie die gewiſſe Erkenntniß ihrer Pflichten, und die
Beruhigung bey dem Anblicke des Grabes ſchuldig zu
ſeyn bekennen, möchten ſie dieſelben gerne in eben die unglückliche Zweifelſucht über dieſes und über das künfti-
ge Leben zurückſtoßen, welche der natürliche Antheil der
Heiden iſt. So hart und ſo verblendet ſind ſie nicht
deswegen, weil ſie gar keine Empfindung von dem Guten hätten, das die Welt dem Chriſtenthum zu verdanken
hat. Sie fühlen es ſelbſt; aber ſie erinnern ſich ungern
daran. Viele unter ihnen ſind durch ihre Liebe zu einem
laſterhaften Leben; andere durch den Mißbrauch eines
Witzes, der überall nur die lächerlichen Seiten aufſucht;
oder durch gewiſſe einigermaaßen anſtößige Arten des
Vortrags und der Anſtalten unter den Chriſten; noch
andere durch ihre Trägheit im Unterſuchen, durch eine zu
frühzeitige Verachtung der gemeinen Denkungsart, und
vielleicht die meiſten durch eine angebohrne Abneigung,
die Herrſchaft der Religion zu ertragen, fern von ihr
weggezogen worden: und nun wünſchten ſie auch andere
von derſelben los zu reißen. Man ſetzt ſich zwar dieſen gemeinen Feinden auch mit gemeinſchaftlichen Kräften entgegen; allein der Saame zu einem gleichen Auf-
ruhr wider die Religion ſteckt ſo tief in unzählichen Herzen, daß dieſe Parthey, die alle andere zu ſtürzen ſucht,
täglich neue Ueberläufer bekommt.

Seit mehr als anderthalb tausend Jahren also haben sich die Einwohner unsers Welttheils noch nicht über die Art, Gott zu dienen, vereinigen können; ob sie gleich gestehen, daß ihnen dazu vom Himmel selbst eine Anweisung zugesandt worden sey. Sie sind sogar darüber mehr einig gewesen, da sie ihren Verstand wenig gebrauchten; als nachdem sie in den neuen Jahrhunderten angefangen haben, ihn ganz zu nützen. Sie, die alle Völker des Erdbodens an Scharfsinn und Kenntniß ihrer wahren Vortheile übertreffen, haben sich wegen dieser Uneinigkeit mehr Verdruß und Uebel angethan, als wegen der härtesten Beleidigungen. Sie haffen einander noch aus Eifer für die Religion: wenn alle ihre Streitigkeiten und alle Ursachen des Grolls unter ihnen aufhören, so kann doch diese einzige nicht getilgt werden.

Geht man in die andern Welttheile über, so findet man, daß die Menschen daselbst noch unendlich mehr, noch seltsamer in ihren Religionsbegriffen von einander abwichen. Wenige Nationen haben die natürliche Erkenntniß Gottes in ihrer ursprünglichen Reinigkeit, ohne sehr viele phantastische Zusätze, aufbehalten. Alle übrige aber sind in die widersinnigsten, mit den ersten Grundsätzen, welche der menschliche Verstand entdecken kann, streitende Vorstellungen von der Natur und dem Dienste Gottes verfallen. Noch dazu gehen sie hierinne so weit von einander ab, daß man beynahe glauben sollte, die Vernunft sey bey jedem Volke von einer besondern Art; oder sie werde nur in der eigenmächtigen Bildung der Religion ausschweifend, und sich selbst widersprechend. Einige dieser Völker sind durch Feuer und Schwerdt, oder doch durch sclavischen Zwang, zur Annehmung christlicher Cärimonien genöthigt worden, und haffen diese insgeheim desto mehr. Bey andern stellt man von Zeit zu Zeit Versuche an, um sie durch Ueberzeugung auf den Weg der Wahrheit zu bringen. Sie
glau=

glauben insgeſammt eben ſo wenig zu irren, als diejeni=
gen, welche ihnen ihre Irrthümer zu zeigen ſuchen, und
ſind ihren Einbildungen und Gebräuchen mit einer faſt
unbegreiflichen Hartnäckigkeit ergeben. Das einzige,
was ſie gleichwohl vor den chriſtlichen Völkern voraus
haben, iſt dieſes, daß ſie einander wegen der Verſchie=
denheit ihrer Religionen weder haſſen noch verfolgen;
dieſelbe niemals zum Vorwande eines Kriegs machen,
und niemanden zwingen, von der Gottheit und dem ſchul=
digen Betragen gegen dieſelbe, völlig wie ſie zu denken.
Auch iſt es nicht zu verwundern, daß ſie in ihrer oft
nachtheiligen Stellung, und nach ſo vielen gewaltſamen
Veränderungen ihrer Verfaſſung, auch die Spuren des
wahren Gottesdienſtes, auf welche ſie bereits gerathen
ſeyn mögen, wieder verloren haben.

Nur der kleinſte Theil alſo des menſchlichen Ge=
ſchlechts hat geſunde Begriffe von Gott und ſeinen For=
derungen an die Menſchen: und nicht einmal dieſer
Theil hat ſich noch darüber vergleichen können. ⋅

Der erſte Anblick einer ſo großen und ſo traurigen
Uneinigkeit über die Religion, muß jedem rechtſchaffenen
und nachdenkenden Manne Erſtaunen und Seufzer ab=
nöthigen. Die Menſchen, ſpricht er zu ſich ſelbſt, ſind
über ihre Rechte und Bedürfniſſe zeitig mit einander
übereingekommen; ſie haben nie darüber geſtritten, was
zur Erhaltung des geſellſchaftlichen Lebens nöthig ſey,
und was ſie von einander zu erwarten berechtiget wä=
ren. Warum haben ſie ſich denn nicht über dasjeni=
ge vereinigen können, was ihnen noch weit wichtiger
ſeyn ſollte, und was ſo leicht beſtimmt werden zu kön=
nen ſcheinet: über den Dienſt ihres gemeinſchaftlichen
Vaters und Herrn?

Alles klagt die Menſchen an, wenn ſie es verſuchen,
ſich hierinne zu entſchuldigen. Sollte Gott nicht bereits

in ihre Herzen eine Anweisung geschrieben haben, wie
sie ihn verehren müssen? · Fühlen sie nicht alle seine
Wohlthaten in einem fast gleichen Grade? Und erkennen sie nicht zugleich, was vor eine Art von Dankbarkeit dafür in ihrer Gewalt stehe? Hat er ihnen seinen
Willen niemals außerordentlich bekannt gemacht? wie
es ein weiser und gnädiger Fürst thut, um seine Unterthanen desto deutlicher zu unterrichten, auf welche Art
sie ihm gefallen können. Wenn er dieses gethan hat,
warum verkennt man denn seinen Willen? Wodurch
sind die heitern Begriffe von ihm, und von den Pflichten seiner Geschöpfe, verdunkelt worden? Ist diese seine
Erklärung vorhanden, was hindert die Menschen, sie ohne willkührliche Zusätze anzunehmen? Ist sie noch streitig, kann es wohl schwer fallen, die Kennzeichen ihres
Ursprungs zu entdecken? Giebt es Völker, zu welchen
sie nicht gelangt ist, zieht sie denn Gott nicht seit dem
Anfange der Schöpfung durch Natur, Vernunft und
Erfahrung zu sich? Was vor ein Anfall von Wahnwitz
hat die Menschen so weit verführen können, sich einander feindseelig und grausam zu begegnen, sobald sie die
göttlichen Absichten nicht auf gleiche Art verstanden?
Wenn diese Verschiedenheit der Begriffe in den Fähigkeiten und Neigungen der Menschen ihren natürlichen
Grund gefunden hat, wie hat sie so lange fortwähren,
und auf einen so hohen Grad steigen können? Ist die
Wahrheit, welche der Himmel allen offenbaren wollte,
nur ein Besitz von wenigen geworden, und hat er seinen
Endzweck so unvollkommen erreicht, daß sich alle übrige
darüber streiten müssen, was er ihnen befehle und verbie-
te? Woher kommt diese unglückseelige und schröckliche
Zwistigkeit?

Unglückseelig und schröcklich muß man sie in der That
nennen; man mag die großen Gegenstände, welche sie
betrifft, oder die unübersehlichen Folgen, welche sie bereits

reits nach ſich gezogen hat, und noch ferner hervorbrin⸗
gen wird, in Betrachtung nehmen. Die Menſchen ſtrei⸗
ten über nichts geringers, als über den Weg, den ſie betre⸗
ten ſollen, um ewig leben zu können. Gewiſſen, Zufrie⸗
denheit, die Verehrung ihres Schöpfers, die Erfüllung
der Pflichten, welche er ihnen zu ihrer Glückſeeligkeit vor⸗
ſchreibt; das höchſte Hülfsmittel wider alle Mühſelig⸗
keiten des Lebens; fröhliche Ausſichten in die Zukunft;
kurz alles, was dem Menſchen, der ſich eines unſterblichen
Geiſtes bewußt iſt, am ſchätzbarſten ſeyn muß, wird hier
angefochten und in Verwirrung geſetzt. Es ſcheint, daß
nur eines von folgenden Mitteln ergriffen werden könne,
um aus der Verlegenheit zu kommen, welche durch eine
Uneinigkeit von dieſem Gewichte erzeugt wird. Entwe⸗
der man muß eine lange, beſchwerliche, faſt unendliche
Unterſuchung der Gründe und Einwürfe aller Partheyen
anſtellen; oder man überläßt ſich ganz den Einſichten
und dem Anſehen hochgeachteter Führer, dem Herkom⸗
men in Glaubensſachen, der Gewohnheit ſeines Landes,
und der Richtung, welche man durch die Erziehung be⸗
kommen hat. Will man aber keines von dieſen beyden
wählen, ſo geht man gleichgültig und ſorglos über alles,
was die Menſchen vor Religion gehalten wiſſen wollen,
weg, macht ſich an deſſen Stelle ſelbſt einen leichten Ent⸗
wurf des Glaubens, und erwartet, daß der Tod darüber
Gewißheit gebe. Der erſte dieſer Wege gefällt nur we⸗
nigen; die meiſten Menſchen ſtehen auf dem andern;
und diejenigen, welche ſich auf den letzten gewandt ha⸗
ben, ſind, ob ſie gleich am ſicherſten und bequemſten fort⸗
zuſchreiten glauben, der meiſten Gefahr ausgeſetzt. Kei⸗
nes aber von allen dieſen Mitteln verringert oder dämpft
die allgemeine Zwietracht über die Religion.

Dieſe hat die Gemüther mehr als alle andere Strei⸗
tigkeiten gegen einander erhitzt. Eine der erſten Lehren
der Religion an die Menſchen, der natürlichen eben ſo⸗
wohl,

wohl, als der geoffenbarten, ist die Sanftmuth, welche sie einander bey allen Arten der Uneinigkeit, am meisten bey derjenigen, die aus dem Verstande entspringt, schuldig sind. Aber niemals ist diese Tugend mehr unterdrückt worden, als eben in dem Falle, da man die Wahrheit seines Glaubens gegen die Widersprüche anderer zu behaupten gesucht hat. Unaufhörliche Zänkereyen, harte Vorwürfe, Verdammungsurtheile, Erbitterung, die ungestümste Wuth im Verfolgen, Martern und Tod, welche bald durch Gesetze, bald durch Kriege, aber immer mit gleicher Unmenschlichkeit gutgeheißen und ausgeübt wurden; so viel Unheil hat der heilige Nahme der Religion seit langen Zeiten bedecken müssen: und was den Menschen gegeben worden ist, um sich das Leben unter einander zu versüßen, hat dasselbe sehr oft noch weit elender gemacht.

In den ersten Jahrhunderten des Christenthums, floß das Blut seiner Märtyrer; ob gleich ihre Religion nicht die einzige Ursache dieses Unglücks war, das ein großer Theil der Welt unter der Regierung der Heiden, beynahe dreyhundert Jahre hindurch, gelitten hat. Kaum aber waren die Christen Herren des Römischen Reichs geworden: so wurde ihre bisher geduldige und liebreiche Religion, eine gewaltthätige und unbarmherzige Fürstinn. Zuerst wurden die Heiden zu Boden geworfen; hierauf verfolgte man, unter dem Nahmen der Ketzer, alle diejenigen unter den Christen selbst, welche im Glauben irrten oder zu irren schienen; sodann die Ueberbleibsale des jüdischen Volks; und endlich alles, was sich den Befehlen des herrschenden Theils der Kirche widersetzte. Es waren nicht bloß gemäßigte Züchtigungen des Ungehorsams, oder ernste Zurechtweisungen solcher Köpfe, welche auf verkehrte Meinungen gerathen waren; sondern gehäufte Drangsale, ausgesuchte Qualen und Lebensstrafen, mit denen man viele tausende, welche den gemeinten Lehren

und

und Anſtalten nicht beypflichten konnten, gleich den Miſ=
ſethätern belegte. Die Vernunft wurde endlich durch
die Furcht zum Stillſchweigen gebracht, und die Reli=
gion, die Liebe ihrer erſten Verehrer, war bloß das Schrö=
cken der Welt geworden. Nach vielen Jahrhunderten
kam eine Zeit, da ein Theil der Chriſten die Religion wie=
der menſchlich machen, die Unterſuchungen über dieſelbe
gelaſſen anſtellen, und verhüten wollte, daß der Zwiſt,
zu dem ſie Gelegenheit geben kann, nicht zum Verderben
des menſchlichen Geſchlechts ausſchlage. Allein der an=
dere mächtigere Theil erneuerte gegen ſie alle Grauſam=
keiten der heydniſchen Verfolger, und übertraf dieſelben
noch; bis jene durch das Gleichgewicht der Anzahl, und
durch den ſich immer mehr aufklärenden menſchlichen
Verſtand, vor ihren Feinden in Sicherheit geſetzt wor=
den ſind. Dieſer alte Grimm hat ſich endlich gelegt;
aber es iſt kein verloſchenes Feuer: es glimmt noch un=
ter der Aſche. Sobald nur in Gegenden, wo noch jene
menſchenfeindliche Grundſätze die Oberhand behalten,
ihre Vertheidiger hinzutreten, und es anblaſen wollen:
ſo können ſie gewiß ſeyn, daß ſie alles um ſich herum in
Brand ſetzen werden. Faſt immer einerley Groll, Bit=
terkeit und Streitſucht trennt noch die Chriſten von ein=
ander: und niemand wird Beyſpiele verlangen, daß ſie
einander oft, bloß wegen des Unterſcheides im Glauben,
auch die Rechte, die ſie als Menſchen und Bürger Ei=
nes Staats beſitzen, verſagen.

Und alles dieſes ſollte zur Ehre der Religion ge=
ſchehen ſeyn, um ihre Würde zu behaupten, und um eine
Uebereinſtimmung in derſelben hervorzubringen? Nein,
es iſt würklich mehr zur Befriedigung der menſchlichen
Leidenſchaften geſchehen. An allen dieſen betrübten Un=
ruhen hat die Religion ſelbſt keine Schuld. Man iſt
offenbar ungerecht, wenn man über dieſelben in einer ge=
häßigen Abſicht ſpottet, und mit dem witzigſten Schrift=

I. Theil.   B   ſteller

steller unsers Jahrhunderts ausrechnet, wie viel Millio=
nen Menschen die Theologie ums Leben gebracht habe.
Es giebt Streitigkeiten in der Theologie: und darunter
auch unerhebliche und unnütze; aber die Religion macht
den Grund dieser Wissenschaft aus, und diese gebietet
weder Haß noch Blutvergießen. Die Religion ist ih=
rer Natur nach sanft und wohlthätig. Allein die Men=
schen sind von jeher ungelehrig, stolz, zankfüchtig, unver=
träglich gegen Widerspruch, hartnäckig und blutdürstig
gewesen. Sie haben die Religion zu einem Losungs=
zeichen und Vorwand gemißbraucht, um sich ihren Be=
gierden ungestrafter überlassen zu können. Sollte man
ihnen nicht daher allein das ganze Maaß von Uebeln,
welche durch die Uneinigkeit im Glauben gestiftet wor=
den sind, zuschreiben können?

Sie selbst scheinen dieses nicht zu läugnen. Ein
Theil beschwert sich immer über den andern: und viel=
leicht ist doch keiner gänzlich unschuldig. Wenn der Ur=
sprung dieser unglücklichen Religionshändel; die wür=
digste Art sich bey denselben zu betragen; die Mittel sie
zu vermeiden, oder aufzuheben, wenigstens sich doch bey
denselben zu beruhigen; wenn dieses alles ausgemacht
werden soll: (und worauf sollte man wohl öfters und
ernstlicher bedacht seyn?) so stimmen die Menschen
schlecht mit einander überein. Man kann sich also kaum
enthalten, den Schluß zu machen, daß nicht alles klar
genug seyn müsse, was ein so wichtiges und nützliches
Urtheil unter Einen Gesichtspunkt vereinigen kann. Ich
bleibe hier nur bey der christlichen Welt stehen: denn
was sie von den fremden Arten des Gottesdienstes denkt,
ist für uns weniger beträchtlich.

Zuerst sagt der **Christ**, der es sich zur Vorschrift
gemacht hat, nicht einen Schritt von dem Grunde des
Glaubens abzuweichen: „Die Lehren der Religion sind
»so

„ſo deutlich und einleuchtend in der heiligen Schrift vor⸗
„getragen worden, daß man ſich nur an dieſe zu halten
„braucht, um allen Zwiſtigkeiten vorzubeugen, und nur
„auf dieſelbe zurückſehen muß, um die bereits entſtan⸗
„denen mit einemmale beyzulegen. Hier iſt wahre und
„liebenswerthe Einfalt; eine zulängliche Belehrung von
„Gott, und ein Unterricht für die Menſchen, der wei⸗
„ter nichts zu ſtreiten oder zu fragen übrig läßt. Es
„iſt unmöglich, über die Religion uneins zu werden, ſo⸗
„bald wir nur überzeugt ſind, daß dieſe Quelle derſelben
„würklich aus dem Himmel gefloſſen ſey: und wie leicht
„iſt nicht eine ſolche Ueberzeugung?„ Indem der Chriſt
ſo redet, ſieht er neben ſich eine Anzahl Leute, welche ihm
in allem Beyfall geben, und doch zugleich ſeinen Abſich⸗
ten gerade entgegen arbeiten. Mit einer ungebetenen
Dienſtfertigkeit ſuchen ſie dasjenige, was ſie in der gött⸗
lichen Offenbarung bereits hell und unwiderſprechlich
vor ſich finden, noch begreiflicher, ihrer beſondern Vor⸗
ſtellungsart gemäßer zu machen, und es unter vielen
Ausſchmückungen halb als ihre eigene Erfindung zu em⸗
pfehlen. Andere, die gleichen Grundſätzen folgen, wei⸗
gern ſich doch, alle Auslegungen und gutgemeinte Zuſätze
der erſtern in den Rang von Glaubenslehren zu ſetzen,
und ſich dieſelben aufdringen zu laſſen; ob ſie gleich
ſelbſt von dieſen Fehlern nicht ganz frey ſind. Auf ein⸗
mal iſt Streit zwiſchen dieſen beyden Haufen: und bey⸗
de haben ſich deſſelben zu ſchämen. Der Chriſt flieht
beſtürzt von ihnen zurück; er betrübt ſich darüber mit
Recht mehr als über alle andere Veranlaſſungen des
Zwiſtes, daß man, mit der Bibel in der Hand, noch
uneinig bleiben könne.

Der Römiſche Chriſt tritt dazwiſchen, und ſagt:
„Die Glaubensſtreitigkeiten werden nie ein Ende neh⸗
„men, wenn man ſie bloß aus der heiligen Schrift ent⸗
„ſcheiden will. Ihr Verſtand iſt dunkel und ungewiß;

„ſie

„sie enthält auch noch nicht alles, was wir glauben und
„thun sollen. Man muß neben derselben die mündlich
„fortgepflanzten Sagen, welche in der Kirche aufbehal=
„ten sind, die Vorschriften ihrer Lehrer, und die Verord=
„nungen der Päbste zu Rathe ziehen. Es ist auch gar
„nicht nöthig, sich dabey die Mühe weitläuftiger Unter=
„suchungen zu geben: denn wir haben an dem Bischof
„von Rom einen untrüglichen Richter in Religionssa=
„chen, auf dessen Aussprüche man sich getrost verlassen
„kann. Wenn man denselben beständig unterthänig ge=
„blieben wäre, so würde die Einigkeit unter den Christen
„niemals gestört worden seyn. Alle andere Gemeinen
„sind wegen der Bestimmung ihres Lehrbegriffs in Ver=
„legenheit. Die meinige allein empfängt den ihrigen
„aus einem Munde, der ihr Zuversicht und einmüthige
„Folgsamkeit auflegt. Da dieses das einzige Mittel ist,
„eine vollkommene Uebereinstimmung in der Religion
„hervorzubringen; und da alle übrige Christen, die mei=
„nem Glauben nicht zugethan sind, doch auf ewig verlo=
„ren sind: so ist es erlaubt und nothwendig, sie zu zwin=
„gen, daß sie die Oberherrschaft desjenigen erkennen,
„den der Stifter der Kirche zur Verhütung aller Unei=
„nigkeit in derselben eingesetzt hat." Wenn dieser Un=
terthan des Römischen Bischofs zu reden aufgehört hat,
antwortet ihm einer von den vorhergedachten Christen:
„Unsere kleine Zwistigkeiten sind der Eintracht deiner
„Kirche unendlich vorzuziehen. Wir streiten mit ein=
„ander nicht darüber, was die heilige Schrift lehrt, und
„ob wir uns an derselben begnügen können; das ist eben
„unser Glück, daß wir dieses wissen. Wenn es hoch
„kömmt, so werden wir darüber uneins, ob auch gewisse
„Deutungen und Vorstellungen, welche einige unter uns
„von den Lehren der heiligen Schrift machen, in dersel=
„ben gegründet sind; aber im Grunde werden wir da=
„durch nur noch stärker bey dieser Quelle der Religion
„zurückgehalten. Hingegen ist die gerühmte Ueberein=

„stim=

„stimmung eurer Kirche im Glauben, in so fern sie vor=
„handen ist, ein wahres Unglück für euch; indem eure
„Religion bloß von den Einfällen eines einzigen Men=
„schen abhängt, der sich erst viele hundert Jahre nach
„dem Ursprunge des Christenthums, zum Herrn dessel=
„ben aufgeworfen hat, die Vorschriften desselben nach
„seinem Gefallen verändern, und euch nach dem Rechte,
„das ihr ihm eingeräumt habt, nöthigen kann, Lehren,
„welche die Vernunft schlechterdings verwirft, anzuneh=
„men. Doch, diese Uebereinstimmung findet sich nicht
„einmal in eurer Kirche. Sie streitet zum Theil über
„wichtige Punkte der Religion beständig fort: und ihr
„vermeinter Richter ist so wenig im Stande, diese Hän=
„del durch seine Entscheidung beyzulegen, daß er viel=
„mehr, durch den Gebrauch dieser Gewalt, Trennungen
„erregen kann, und bereits erregt hat. Endlich, solltet
„ihr denn nicht seit zweyhundert Jahren genugsam em=
„pfunden haben, daß die gewaltthätigen Maaßregeln,
„mit welchen ihr die übrigen Gemeinen zu der sogenann=
„ten Einigkeit eurer Kirche zu ziehen gesucht habt, zu
„geschweigen, daß sie den natürlichen Rechten der Men=
„schen zuwider laufen; die Streitigkeiten, und die Er=
„bitterung nur unbeschreiblich vergrößert haben?„ ——
Dieser Antwort weis der Römische Christ nichts anders
entgegen zu setzen, als daß er seinem Gegner mit der
Inquisition, oder mit der Hölle, drohet.

Der Feind des Christenthums giebt der jetzigen
Verfassung desselben eine ganz andere Wendung: er
spricht, indem er die Zwistigkeiten der Christen betrach=
tet, mit einer spöttischen Verachtung, und mit dem tri=
umphirenden Vertrauen, die rechte Entdeckung gemacht
zu haben: „Diese Lehren, welche man die christliche Re=
„ligion nennt, haben sich in die Welt, ohne vorherge=
„gangene Prüfung, eingeschlichen, und endlich die Ober=
„hand erhalten. Sie sind nicht einmal von den ersten

B 3

„Zeiten der Christen an geglaubt, sondern erst nach und
„nach von der Geistlichkeit eingeführt worden. Ihr
„haben wir überhaupt Religion, Theologie, Cärimonien,
„Kirchenregierung, Streitigkeiten, die kein Ende neh-
„men, Religionskriege, symbolische Bücher, lauter
„Bande des Gewissens und Störungen der Ruhe unter
„den Menschen, zu danken. Wären die Geistlichen nicht
„aufgekommen, so würden sich die Menschen sehr leicht
„über die Religion vertragen haben: denn was die Ver-
„nunft davon sagt, ist keinem Zweifel ausgesetzt, kurz
„und doch hinlänglich. Dabey aber fanden jene ihren
„Vortheil nicht. Sie bürdeten daher der Welt Lehren
„auf, denen sie ein geheimnißvolles Ansehen zu geben
„wußten, und empfolen sie mit Hülfe einer strengen
„Sittenlehre, die weit annehmungswürdiger war, als
„der Glaube, den sie vortrugen. Diesen vermehrten
„sie nach ihrem Willkühr immer mit neuen Zusätzen.
„Sie vergaßen niemals dabey zu sagen: Dieses muß
„eben so gewiß, als alles übrige, geglaubt werden, wenn
„man seelig werden will. Alle diese Lehren und Ein-
„richtungen sind eben so viele Stufen gewesen, auf wel-
„chen sie zur obersten Herrschaft über die Menschen ge-
„stiegen sind; zu einer weit unumschränktern Herrschaft,
„als Könige und Fürsten behaupten, weil sie über Ver-
„stand, Gewissen und Neigungen regierten. Und wenn
„sie gleich selbst nicht allemal mit einander einig waren,
„indem ein jedweder die Religion künstlicher ankleiden
„wollte, als der andere: so sind sie doch darinne keinen
„Augenblick uneins gewesen, daß sie gemeinschaftlich den
„übrigen Menschen befehlen, und sich dabey einander
„beystehen müßten. Ihre Gewalt hat zwar in den
„neuern Zeiten mehr als Einen Stoß gelitten, und in
„manchen Gemeinen ist sie ziemlich verfallen; aber der
„Grund derselben ist noch unbeweglich, und der ganze
„Unterschied, den diese Veränderung gestiftet hat, be-
„steht nur darinne, daß die alte Macht hin und wieder
„einige

„einige Grade tiefer gesunken ist, und daß eine gewisse
„Vorsichtigkeit die Stelle des offenbaren Ungestüms
„eingenommen hat. Diese dem ersten Anschein nach
„für die Welt wichtige Erleichterung hat ihr noch ein
„größeres Unglück zugezogen. Die Händel der Geist-
„lichen unter einander sind seitdem noch ärgerlicher, bit-
„terer und unversöhnlicher geworden. Sie sind es, de-
„nen wir unzähliches Blutvergießen, nicht mehr, wie
„ehemals, bloß durch Verfolgungen, (obgleich auch die-
„se keinesweges aufgehört haben;) sondern durch lange
„und wiederholte Kriege, schuldig sind. Die Christen
„sind einander, den Geistlichen zu Gefallen, in Schlacht-
„ordnung entgegen gezogen, und haben sich mehr als ein-
„mal, weil sie sich über die Systeme derselben nicht ver-
„gleichen konnten, durch Canonen ausgerottet. Wenn
„wir uns dieser Gefahr nicht immerfort aussetzen, und
„den Frieden in der Christenheit auf beständig herstellen
„wollen: so müssen wir uns von dem Joche des geistli-
„chen Standes ohne Bedenken losmachen. Es muß
„durchgängig eine Freyheit zu glauben eingeführt wer-
„den, die ein jeder nach dem Maaßstabe seiner Vernunft
„anwenden kann. Daß die verschiedene Denkungsart,
„welche daraus entstehen dürfte, keine öffentlichen Unru-
„hen verursache, und daß die Menschen ihre Pflichten
„eben so ordentlich erfüllen, als es ihnen das Christen-
„thum vorschreibt, werden die Obrigkeiten und Gesetze
„mit leichter Mühe ausrichten. Man wird sehen, wie
„sich durch dieses einzige Mittel alle Streitigkeiten über
„die Religion, und alle schlimmen Früchte derselben, un-
„ter den Menschen verlieren werden. Es ist Schande
„genug für sie, daß sie sich zu allen Zeiten von einer An-
„zahl sogenannter Lehrer haben leiten und beherrschen
„lassen.„ —— Allen diesen Vorwürfen kann zwar so
überzeugend begegnet werden, daß die Ehre des Christenthums völlig in Sicherheit bleibt. Man braucht nur
den Beweis zu fordern, daß diese Religion würklich eine

B 4   mensch-

menschliche Erfindung sey; daß alle Lehrer derselben sie bloß zur Stütze ihres Ansehens gebraucht haben; daß sie allein die geistlichen Friedensstörer unter den Christen gewesen sind, und daß man ohne ihr Zuthun an die Annehmung der christlichen Religion nicht gedacht, noch über dieselbe gestritten, und sich feindseelig begegnet haben würde. Man kann jenen Rednern bis zu ihrer Beschämung zeigen, daß das Christenthum sich durch seine eignen innern Kräfte erhoben, und bis jetzt in den Gemüthern der Menschen seinen Sitz befestiget hat. Es ist eben so leicht darzuthun, daß, wenn gleich ehemals die Geistlichkeit unter den Christen, nach einer Ausartung, die uns bey keinem Stande der Menschen befremden darf, die Welt tyrannisch zu regieren angefangen, und ihre Erfindungen vor den Willen Gottes ausgegeben hat, ein Theil derselben doch in den neuern Zeiten sehr nachdrücklich und glücklich in die alten Schranken ihrer Bestimmung zurückgewiesen worden ist; und daß nur derjenige Theil davon, der seine alten Anmaaßungen noch ferner zu behaupten gewußt hat, mit Recht angeklagt werden könne, daß er auch jetzt die Religion zu seinen herrschsüchtigen Absichten dienen lasse, und durch dieselbe die Christen unter einander aufreibe. Dieses und noch weit mehr, kann man den Feinden der christlichen Religion antworten, wenn sie die zufällige Verwirrung, die unter den Bekennern derselben entstanden ist, nicht anders als mit dem Untergange derselben aufgehoben wissen wollen. Allein es geschieht überaus selten, daß sie dergleichen Urtheile und Beschuldigungen in der Absicht vortrügen, eines bessern belehrt zu werden; sie suchen darinne nur einen Vorwand, um dem Christenthume mit guter Art entsagen zu können.

Der gleichgültige, träge, auch oft der mit Geschäften überladene **Mann,** der **Wollüstige,** der **Sklave** seines **Ehrgeizes,** diese denken über die Trennung

nung der Chriſten im Glauben, und über das Unheil,
welches daraus erwachſen iſt, ohngefähr gleichſtimmig.
„Wer kann, ſagen ſie, alles, was zur Religion gerech⸗
„net wird, gehörig unterſuchen? Es giebt darunter vie⸗
„le dunkle und ſchwere Materien; die Uneinigkeit iſt zu
„groß; das Leben zu kurz: und unſer Beruf, der uns
„zu Gelehrten oder Geiſtlichen nicht beſtimmt hat, for⸗
„dert auch ſo viele Mühe nicht von uns. Vielleicht hat
„unſere Gemeine allein Recht; vielleicht aber iſt in den
„andern eben ſo viel Wahrheit. Wir wollen glauben,
„was in unſerer Kirche gelehrt wird: denn dabey befin⸗
„den wir uns am ruhigſten. Auf dieſe Art werden wir
„unſerer Seits auch etwas zum allgemeinen Frieden
„unter den Chriſten beytragen. Wenn er anders je⸗
„mals wieder gefunden werden kann: ſo ſteht kein an⸗
„derer Weg dazu offen. Wenigſtens werden wir ge⸗
„wiß der Religion wegen niemanden haſſen oder verfol⸗
„gen; das hieße zu viel Antheil an den theologiſchen
„Streitigkeiten nehmen. „ — Aber nimmt dieſe Klaſſe
von Chriſten nicht auch zu wenig Antheil an der Reli⸗
gion ſelbſt? Betrachtet ſie nicht den Zuſtand derſelben
unter den Menſchen mit einer zu ſchläfrigen und ſorglo⸗
ſen Miene? So allgemein die Pflicht iſt, zur Tilgung
der Mißhelligkeiten unter den Chriſten alles mögliche
beyzutragen: ſo wird ſie doch durch eine gänzliche Ent⸗
fernung von aller Unterſuchung derſelben, am ſchlechte⸗
ſten, oder vielleicht gar nicht, ausgeübt. Wenn wir
bey einem großen Brande nur Zuſchauer abgeben, weil
unſere Wohnung zu weit entlegen iſt, als daß ſie dabey
einiger Gefahr ausgeſetzt ſeyn ſollte; ſo iſt es ein arm⸗
ſeeliger Troſt für uns, zu denken, daß wir dieſes Feuer
nicht angelegt haben, und auch nicht ausbreiten helfen;
ſobald es einigermaaßen in unſerm Vermögen ſteht, die
Löſchung deſſelben zu befördern, ſo ruft uns die Ver⸗
bindlichkeit guter Bürger dazu. Und wenn wir bey
den Streitigkeiten, die in dem Schooße des Chriſten⸗

thums

thums entstanden sind, völlig kalt und ungerührt bleiben: so verrathen wir dadurch nicht friedfertige Gesinnungen; sondern einen Mangel an Eifer, von dem uns die Religion niemals losspricht. Diese Händel nicht anfeuern und vergrößern; heißt nicht, die Augen unbekümmert von denselben abwenden; wir sind vielmehr schuldig, sie nach unsrer besten Fähigkeit zu prüfen: und diese Bemühung ist weder so schwer, noch so weitläuftig, als man sich überredet, um von derselben frey zu bleiben. Wären es nur gewisse Rechte der bürgerlichen Gesellschaft, über die man uneins ist: so könnten wir es, unserer Ruhe zu Gefallen, geschehen lassen, daß man darüber ausmachte, was man wollte, wenn wir gleich einiger Vorzüge dadurch verlustig würden. Aber hier, wo wir, ohne eine genauere Kenntniß, in Gefahr stehen, uns zu unserm unersetzlichen Nachtheil zu betrügen; wo, nach dem Ausdruck unsers großen Dichters, Wissen ewig nützt, und Irren schaden kann; hier können wir uns nicht entbrechen zu fragen: Was trennt die Christen von einander? Worauf gründen sie ihre gegenseitige Forderungen und Vorwürfe? und wie kann ich mich am ersten versichern, daß ich auf die gerechteste Seite getreten bin?

Der feine und witzige Kopf, der die Welt und die Menschen kennt, der den Triebfedern ihrer unaufhörlichen Zwistigkeiten nachgespürt hat, und weiß, was sie ordentlich vor einen Ausgang gewinnen, glaubt, daß die Uneinigkeit der Christen über die Religion nur durch einen Mittelweg zwischen scharfer und gelinder Begegnung gehoben werden könne. „Man muß, sagt er, diesen „Streitigkeiten kein gar zu wichtiges Ansehen geben. „Die Religion ist an sich ehrwürdig und vortreflich; „aber die Zänkereyen über dieselbe sind keiner großen „Achtung würdig. Da sie aus Unwissenheit, Uebereilung und Leidenschaften entstehen: so muß man sie auch „vorstel=

„vorstellen, wie sie es verdienen. Lächerlich und ver=
„ächtlich muß man sie machen; denn das ist ihre wahre
„Gestalt. Man braucht nur gesunde Vernunft zu be=
„sitzen, um die Ansprüche der geistlichen Monarchie un=
„ter den Christen, und den Ausschlag ihrer Gefechte mit
„den übrigen Gemeinen zu beurtheilen. Verspottung
„muß jetzt allein der Lohn einer so grundlosen und wider=
„sinnigen Herrschsucht seyn. Was wir glauben sollen,
„kann leicht entschieden werden: und es ist eben das son=
„derbarste, daß man darüber einiger ist, als man denkt.
„Wie wir leben müssen, ist gar nicht streitig. Es bleibt
„also nichts übrig, worüber man einander mit Rechte
„angreifen könnte: oder wenn sich etwas finden sollte,
„so ist nichts thörichter, als die ungestümste Hitze da an=
„zuwenden, wo eine stille Abwägung der Gründe allein ei=
„nige Würkung thun kann. Wenn man sich also nur
„gewöhnt, dergleichen Ausschweifungen zu verlachen: so
„werden sie täglich seltener werden. Man wird darun=
„ter eine Menge Wortgezänke, und fast überall Eigen=
„sinn und Einbildung entdecken. Viele, welche sich bis=
„her in den Kopf gesetzt hatten, daß sie für die Sache
„Gottes kämpften, werden sich schämen, wenn man ih=
„nen zeigt, daß sie nur für ihre eigene Ehre und Mei=
„nung die Waffen führen. Ein so kurzer und faßlicher
„Ausweg ist den Menschen nützlicher, als die strengste
„Untersuchung. Wenn man sie nur friedfertiger ma=
„chen kann, was ist daran gelegen, daß sie nicht vollkom=
„men einig sind? Sie werden es ohnedieß niemals seyn.
„Und da die geistlichen Streitigkeiten eben so wohl als
„andere, die unter den Gelehrten oder in der allgemei=
„nen Gesellschaft erregt werden, unter Menschen, mit=
„hin unter Geschöpfen, die sich schwer zu mäßigen wis=
„sen, vorgehen: warum sollte man ihnen nicht allein ein
„gleiches Ziel setzen dürfen? Zumal, da jene, wenn sie
„dasselbe überschreiten, gefährlicher werden, als alle
„übrige. Betrachtet man sie aber bloß mit theologi=
„schen

„schen Augen, welche, auch bey den redlichsten Absichten,
„doch geneigt sind, alles zu vergrößern; so wird man
„jeden kleinen Zwist vor heilig, oder doch sehr erheblich,
„halten müssen.„ —— Wenn man auf diese Art mit
den Streitigkeiten unter den Christen fertig werden
könnte: so würde es die leichteste und angenehmste seyn,
die nur zu erdenken wäre. Nichts kostet weniger Mühe, und nimmt den gemeinen Haufen geschwinder ein,
als wenn man ihm gewisse Lehren, Einrichtungen und
Gebräuche von einer lächerlichen Seite vorstellet. Ist
dieses einmal geschehen: so sind alle Gründe, mit welchen man dieselben vertheidigen könnte, bey ihm stumpf
geworden. Allein die Würde der Religion leidet darunter, wenn man ernsthafte Beurtheilungen in spötti-
sche Wendungen verwandelt. Man sage nicht, daß dieser verächtliche Spott, durch welchen man die Christen
von ihren Zwistigkeiten abziehen will, keineswegs bis
auf ihre Religion reichen; sondern nur dasjenige, was
man ihnen als Religion aufzudringen sucht, die besondern Meynungen und Einfälle, über welche man einen
für weise Männer abgeschmackten und belachenswürdi-
gen Lermen erregt, in ihrer Blöße darstellen soll. Es
ist schwer, und beynahe unmöglich, das rechte Maaß
hierbey nicht zu verfehlen. Einige Händel der Christen mögen einer so flüchtigen Abfertigung fähig seyn;
die meisten sind es gewiß nicht. Gegen eine Anzahl un-
erheblicher Mißhelligkeiten, welche sie von einander trennen, giebt es unzählige, deren Wichtigkeit nicht geleugnet werden kann. Man versuche es, jene durch einen
scherzhaften und bittern Ton zu verjagen; er wird sich
bald auch über diese ausbreiten, vielen den Muth zu einer gesetzten Untersuchung benehmen, andere in Har-
nisch bringen, niemanden überzeugen, und der ganzen
Beschäftigung mit der Religion ein leichtsinniges Ansehen geben. Ueberall muß vielmehr die Wahrheit und
ihre Stützen zuerst mit kaltem Blute geprüft werden:

und

und wenn man ſich über entdeckte Irrthümer und ſelt=
ſame Träume der Menſchen in Religionsſachen luſtig
machen will, ſo müſſen ſie nicht allein den vernünftigen
Begriffen ſehr offenbar widerſprechen ; ſondern man
muß ſich auch immer hüten, den Gedanken zu veranlaſſen,
als wären Witz und Spötterey bey den Religionsſtrei=
tigkeiten entſcheidend. Sie können einige Fehler, wel=
che dabey begangen werden, ſichtbarer machen; aber
zur Beylegung derſelben dienen ſie ſo wenig allein, daß
ſie dieſelbe vielmehr verhindern. Ich bedaure es, daß
ein Mittel, welches in unſern Zeiten immer mehr Bey=
fall findet, keine gründlichere Hoffnung giebt; ob es
gleich zuweilen, an ſeinem Orte gebraucht, ſtärker nie=
derreißt, als alle Widerlegungen.

Der Menſchenfreund, er mag von einer Kirche
ſeyn, von welcher er will, nimmt an den allgemeinen
unglücksvollen Zwiſtigkeiten der Chriſten über den Glau=
ben, den edelſten Antheil unter allen: und er ſcheint
auch den einzigen Weg zu öffnen, auf welchem ſie ſich,
wenn ſie die übrigen insgeſammt verwerfen, nach und
nach vereinigen könnten. Von ſeinem gütigen Herzen
geleitet, ruft er ihnen zu: „Wir ſind alle Kinder von
„Einer Familie; Unterthanen Eines Herrn, der uns
„glückſeelig machen will. Warum widerſtreben wir
„denn ſelbſt dieſer ſeiner gnädigen Abſicht, durch die
„Uneinigkeit, welche wir ſo lange gegen einander unter=
„halten? Wir ſtreiten über die Art ſeiner Verehrung ;
„aber keiner unter uns zweifelt doch daran, daß er mit
„allen Kräften der Seele verehrt werden müſſe. Laßt
„uns, bis wir uns hierinne vergleichen können, nicht
„deswegen alle Ruhe, Zufriedenheit, Hülfe und An=
„nehmlichkeit unſerer allgemeinen Geſellſchaft aufhe=
„ben. Diejenigen unter uns, welche irren, ſind dar=
„um noch nicht unſere Feinde; falſche Vorſtellungen
„müſſen nicht nothwendig aus einem böſen Herzen kom=
„men.

„men. Nicht alle haben einerley Fähigkeit oder Gele,
„genheit gehabt, die Wahrheit einzusehen. Ich selbst
„kann vielleicht einen Theil derselben verkennen, ohne
„es noch zu wissen. Wenn wir uns bloß wegen dieses
„Unterscheides verabscheuen, so vergiften wir nicht al,
„lein unser Leben und unsern Umgang, ohne Ursache;
„sondern wir setzen uns auch eben dadurch außer Stand,
„jemals in dem Dienste Gottes einig zu werden, weil
„die Abneigung der Gemüther immer tiefere Wurzeln
„schlägt. Alles andere, worinne wir von einander ab,
„weichen, mag ungewiß, dunkel und schwer zu entschei,
„den seyn: wenigstens ist doch dieses gewiß, daß wir
„einander Verträglichkeit schuldig sind. Diese fordert
„nicht von uns, daß wir gegen die Religion gleichgül,
„tig seyn, oder Lehren, mit welchen das Beste des mensch,
„lichen Geschlechts gar nicht bestehen kann, wenn wir
„sie abwehren können, neben uns fortpflanzen sehen sol,
„len; sie verlangt nur, daß wir alles, was wir zur
„Rettung der Religion unternehmen, mit Sanftmuth
„und Geduld begleiten. Die Menschenliebe verliert
„ihre Rechte niemals; am wenigsten aber, wenn wir
„Gott durch Eifer für die Pflichten gegen ihn gefallen
„wollen. Ist erst diese allgemeine Nachsicht gegen ein,
„ander eingeführt; so haben wir wirklich schon den An,
„fang gemacht, uns über die Religion zu vergleichen:
„und auf einen andern Grund kann diese so erwünsch,
„te und Seegenreiche Uebereinstimmung nie gebauet
„werden.„ — Man kann gewiß keinen der mensch,
lichen Natur gemäßern und ungekünsteltern Vorschlag
thun, als dieser ist. Er wird nur eine Schwierigkeit
in seinem Fortgange antreffen, nämlich, Menschen ge,
nug zu finden, welche der Vertragsamkeit so fähig wä,
ren, als der Menschenfreund, der sie ihnen empfiehlet.
Erziehung, Vorurtheile, kirchlicher Zwang und Ge,
wohnheit, haben sie bey den meisten zeitig erstickt.

Man

Man muß unterdeſſen auch die letzten und äußerſten Mittel hervorſuchen, ſie in den Gemüthern wieder zu beleben. Selten ſind dieſe gänzlich verdorben: aber die Fehler des Verſtandes lenken auch ihre Neigungen auf einen unrechten Weg. Man hat eben jetzt geſehen, daß die Menſchen, nachdem ſie ſchon einige tauſend Jahre in Geſellſchaft mit einander gelebt haben, doch noch über die Religion uneins ſind —— nicht genug —— daß ſie noch bis jetzt darüber ſtreiten, woher dieſe Uneinigkeit rühre, und wie man ihr abhelfen könne. Die Chriſten von verſchiedenen Gemeinen; die Verächter der Religion, die doch den Schutz derſelben genießen; die ſorgloſen Köpfe, die witzigen Geiſter, die menſchenfreundlichen Seelen, alle denken darüber anders. Und wer denkt unter ihnen am richtigſten? Man mag dieſes mit aller Schärfe beweiſen, ſo richtet man bey den meiſten wenig aus. Auch irrige Vorſtellungen finden, wenn ſie ſchmeichelhaft ſind, ohngeachtet aller Gegengründe, einen leichten Eingang, und werden von vielen niemals abgelegt, weil man geſchwinder mit denſelben fortkommt, als mit der durch langes Nachforſchen erſt herauszugrabenden Wahrheit. Zweifelt man aber, welches unter allen jenen widerſprechenden Urtheilen, dem jetzigen Zuſtande der Religion die meiſte Gerechtigkeit wiederfahren laſſe, und die bewährteſte Vorſchrift zum Verhalten bey demſelben abgebe: ſo läuft man Gefahr, immer in einer traurigen Ungewißheit zu leben, oder ſich aus derſelben nur durch eine von den Ausſchweifungen der Verfolgung, der Spötterey, der Gleichgültigkeit, oder gar des Unglaubens, zu ziehen.

Um ſich hierinne völlig zu beruhigen, hat man unter zween Wegen, einen zu wählen. Auf dem einen kann man viele Jahre zubringen; man wird bey jedem Schritte aufgehalten; man braucht alle ſeine Kräfte, um nicht ermüdet zu werden; und das geringſte Nach

laſſen

laſſen an Aufmerkſamkeit macht, daß man ſich verirret; aber, wenn man dieſen Weg zurück gelegt hat, überſieht man das ganze Gebiete der Religion, mit der zuverſichtlichſten Kenntniß. Der andere Weg gränzt an dieſen: er iſt kürzer, weniger beſchwerlich und angenehmer; mehr für die allgemeine Fähigkeit gemacht; er nimmt den Verſtand durch die Sinnen ein, und läßt keinen Platz zu Ausflüchten übrig. Glücklich iſt, wer ſie beyde vereinigen kann; allein der ſchwächere, oder unter vielen Zerſtreuungen lebende Chriſt, ſchränkt ſich nur in den letztern ein, und befriedigt auf demſelben ſeine Abſichten vollkommen. Gleichwohl fehlet viel daran, daß ſich alle, welche dieſer Bequemlichkeit benöthigt ſind, derſelben auch bedienen ſollten.

Man wird nicht lange fragen dürfen, welches der erſte dieſer Wege ſey. Es iſt die anhaltende und bedachtſame Unterſuchung, die man nicht nur über die chriſtliche Religion überhaupt, ſondern auch über alle verſchiedene Geſtalten, welche ihr die Menſchen gegeben haben, anzuſtellen hat. Die Prüfung der Beweiſe, auf welche ſich das Chriſtenthum ſtützt, und die Erkenntniß von der Vortreflichkeit und beſtändigen Brauchbarkeit deſſelben für das menſchliche Geſchlecht, dieſes erfordert noch keine Arbeit von ſehr langem und ſchwerem Nachdenken; aber alle Scheingründe und Trugſchlüſſe der falſchen Bekenner dieſer Religion aufzudecken; ſo viele Abwege, welche die Menſchen unter dem Namen derſelben geſucht, und mit Verlaſſung der gebahnten Straße lieb gewonnen haben, zu finden und zu zerſtören; Einwendungen, die mit verführeriſcher Liſt und angenommener Redlichkeit vorgebracht werden, durchzuſchauen, und bis in ihre letzten Schlupfwinkel zu verfolgen; zwiſchen unrichtigen Begriffen, ſchwärmeriſchen Neigungen, und kaltſinnigem Betragen, den wahren Mittelweg zu gehen; die verſteckte Wahrheit mitten aus
einem

einem Gewebe von Irrthümern zuweilen hervorzuſuchen; ſeine Stellung gegen harte und ſpielende Angriffe gleich ſtandhaft zu behaupten; das Verhältniß der verſchiedenen Religionsformen gegen das allgemeine Beſte der Welt und der Länder zu beurtheilen, und lebhaft vorzuſtellen; die Pflichten und Rechte der Lehrer ſowohl, als der Gemeine, außer Streit zu ſetzen; das Gewicht jeder geiſtlichen Streitigkeit zu beſtimmen, und ihr das gehörige Ziel anzuweiſen; kurz, bey allen Beſchäfftigungen, welche die Religion nach ihrer heutigen Lage nothwendig macht, ehrerbietig und behutſam, aber auch frey, ohne ſich den Vorwurf eines ſchwachen oder knechtiſchen Geiſtes zuzuziehen, ihr zu Ehren, zu ſeiner eigenen Ueberzeugung, und zur Beförderung derſelben bey andern, zu handeln; — alles dieſes kommt nicht in früher Jugend, auch nicht ohne eine lange Anſtrengung, zur Reife. Eine ſolche Uebung iſt allerdings ein ganzes Leben werth, und es giebt einen eigenen Stand unter den Menſchen, der es aus Pflicht auf dieſelbe verwenden muß. Noch weit mehrere ſollten es aus Neigung thun; aber wo iſt das Vermögen der Seele, die Zeit und das geduldige, unverrückte Ausharren, ohne welches auch die ernſtlichſte Bemühung auf dieſem Wege mislingen wird?

Für dieſe größere Menge Chriſten, die unter ſo vielen wankenden Urtheilen über die Religion, und Streitigkeiten, welche nichts als Ungewißheit anzukündigen ſcheinen, einen gewiſſen, feſten Standort ſehnlich verlangen, kann nach dem Maaße ihrer Kräfte auf eine andere Art geſorgt werden, die ſie faſt in gleiche Vortheile mit der erſtern Claſſe ſetzt. Zwar muß eine bündige und faßliche Wiſſenſchaft von der Religion und ihren Beweiſen, auch bey ihnen zum Grunde liegen; allein, wenn ihr Geiſt einige ſolche Blicke nicht ohne Mühe in das Unſichtbare gethan hat, ſo kann er gleichſam wieder zur

I. Theil.   C   Erde

Erde herunterſteigen. Dieſe Religion, welche er kennen und beurtheilen will, kam vom Himmel herab, als eine mächtige Hülfe den Menſchen zugeſandt, verlangte mit ihnen vereinigt zu werden, und ihre Begleiterinn bis in den Tod, ja noch über denſelben hinaus, abzugeben; wurde von ihnen bald mit offenen Armen empfangen, bald zurück geſtoßen; von ihren Verehrern ſelbſt oft umgekleidet und verunſtaltet, zu tauſend für ſie fremden Beſtimmungen gebraucht, häufig mit der Vernunft ſelbſt, ihrer Vorläuferinn und Freundinn, in Uneinigkeit geſetzt; verwundet und wieder geheilt; dort hochgeſchätzt, hier verachtet, von vielen beynahe unterdrückt, von wenigen mit Entzücken geprieſen: und nach einem langen, immer ungleichen, oft unglücklichen Laufe unter dem menſchlichen Geſchlechte, hat ſie noch nicht das völlige Vertrauen deſſelben erlangen können. Ich glaube deutlich zu reden: dieſe Abwechſelung von Schickſalen iſt die Geſchichte der chriſtlichen Religion; und mit dieſer Geſchichte wünſchte ich alle Chriſten frühzeitig bekannt zu ſehen.

Hier würden ſie dasjenige in einer Reihe unleugbarer Begebenheiten geſchwind, und nicht ohne Vergnügen lernen, was durch die Verwickelung der Streitigkeiten beynahe unkenntlich und unergründlich gemacht wird, und was ihnen doch alles nothwendige Licht beym Urtheilen verſchafft. Sie wiſſen die jetzige Verfaſſung der Religion; aber ſie müſſen ihrer Spur ſehr weit zurück nachgehen, wenn ſie davon den beſten Gebrauch machen wollen. Wie iſt die chriſtliche Religion in der Welt entſtanden? müſſen ſie fragen; auf was vor eine Art iſt ſie fortgepflanzt, und bis auf uns erhalten worden? Was hat zuerſt ihr Weſen, ihren unterſcheidenden Charakter ausgemacht? und was wurde den Menſchen, um dieſen niemals aus dem Geſichte zu verlieren, vor ein Urbild geſchenkt? Wie lange iſt ſie in ihrer urſprüngli-
chen

chen Reinigkeit geblieben? Wodurch verlor ſie dieſelbe am
erſten? Wenn hat man angefangen, die heilige Schrift
zu vergeſſen? Was zeugte die Schande der Religion,
den Aberglauben? Was gab ihm Vorſchub, und nährte
ihn bis zu einer ſo ungeheuren Größe? Wenn wurden
menſchliche Anſtalten, willkührliche Andachtsübungen,
niedrige Begriffe von der Gottheit, Einbildungen und
Träume, zuerſt der Religion an die Seite, und wenn
wurden ſie endlich über dieſelbe geſetzt? Wie kam die
Verbindlichkeit auf, dieſes alles anzunehmen? Zu wel=
cher Zeit erlangte die große Geſellſchaft von Menſchen,
welche man die chriſtliche Kirche nennt, eine gewiſſe or=
dentliche Einrichtung? Wie oft hat ſie dieſelbe verän=
dert? und warum? Was vor Rechte hat ſie ſich zuge=
ſchrieben, und gegen diejenigen, welche von ihr ausge=
ſchloſſen blieben, ausgeübt? Welches waren die erſten
Vorzüge der Geiſtlichkeit in derſelben? Wenn und durch
welche Mittel iſt ſie zur Herrſchaft über die Gewiſſen,
und zu unermeßlichen Gütern gelangt? Was hat Gele=
genheit gegeben, daß die Lehrer der Chriſten Richter in
Glaubensſachen, und Urheber neuer Religionswahrhei=
ten geworden ſind? Woraus ſind zuerſt die Streitigkei=
ten unter den Chriſten erwachſen? Wenn iſt die gemäſ=
ſigte Art, dieſelben abzuhandeln, verſchwunden? Wo=
durch ſind ſie vervielfältigt und unauslöſchlich worden?
Wie iſt man vom Anfange des Chriſtenthums her mit
den Irrenden umgegangen? Hat man ſie zu allen Zei=
ten gleich hart geſtraft und verfolgt? Wenn ſind Zwang,
Unterdrückung alles Widerſpruchs, und Gewaltthätig=
keiten an die Stelle der Sanftmuth und Verträglich=
keit gekommen, welche unter den Stiftern der chriſtli=
chen Kirche herrſchten? Was vor Folgen hat der Ver=
luſt der Freyheit des Verſtandes und Gewiſſens nach
ſich gezogen? Woher kommen die ſogenannten Lehrge=
bäude und Syſteme der Chriſten? Warum, und mit
welchem Nutzen, ſind ſo manche künſtliche Beſtimmungen

und

und Vorstellungsarten in den Vortrag des Glaubens
gewebt worden? Sind alle Lehren, welche jetzt geglaubt
werden, von einerley Alter? oder haben sich einige erst in
spätern Jahrhunderten blicken lassen? Wenn, und in
was vor einer Absicht, sind so viele geistliche Gebräuche
eingeführt worden? Hat man sie sogleich zu einem un-
veränderlichen Gesetze für alle Zeitalter machen wollen?
Ist jemals in der Kirche eine Einigkeit im strengern Verstande vorhanden gewesen? Wodurch ist sie zu Stande.
gebracht, und wieder zernichtet worden? — Doch es
sollen nur einige Beyspiele seyn, die ich geben will; nicht
aber alle Fragen, die man über die Veränderungen, welche mit der Religion der Christen vorgegangen sind,
thun kann. Es ist leicht, die übrigen hinzuzusetzen: denn
man kann unmöglich den jetzigen Zustand des Christenthums mit einiger Achtsamkeit betrachten, ohne daß man
begierig werden sollte, zu wissen, ob sich die Religion seit
ihren ersten Zeiten, in demselben befunden habe.

Auf alle diese Fragen giebt die Kirchengeschichte eine hinreichende und entscheidende Antwort. Nicht durch
bloße Vermuthungen, durch Folgerungen aus streitigen
oder übel verstandenen Grundsätzen; nicht durch eine groß-
se Anzahl von Gründen, die sie zur Prüfung und Beurtheilung überließe; sondern durch Begebenheiten, gegen
welche keine Einwendung Statt findet. Wenn erst die
Geschichte gesprochen, und mit der ihr eigenen Aufrichtigkeit und Wahrhaftigkeit den Ursprung so mancher
Veränderungen in der christlichen Religion und Kirche
aufgedeckt hat: so brauchen wir keiner mühsamen Untersuchung mehr, um zu wissen, was wir von jenen Veränderungen denken, und wie wir uns bey den fortwäh-
renden Zwistigkeiten verhalten sollen. Durch ihre Hülfe erkennen wir augenscheinlich, wie viele Lehren, Gebräuche und Rechte denen, bey welchen man sie am ersten suchen muß, den ältesten Christen, unbekannt gewe-

sen

ſen ſind; wie viele derſelben zwar ſchon vor mehrern
Jahrhunderten, aber unter ſo ſchimpflichen Veranlaſſungen und Bewegungsgründen, in der Kirche aufgekommen ſind, daß ſie für uns gar kein Muſter abgeben
können; warum ſich die chriſtliche Welt von einander
getrennt, und was vor eine hiſtoriſch erweisliche Nothwendigkeit ſie dazu gezwungen habe. Von ſolchen Entdeckungen unterſtützt, können wir den Gegnern unſerer
Verfaſſung im Glauben, und in der Kirchenregierung,
dieſe ſehr einfache, ſehr billige und leicht zu überſehende
Forderung vorlegen: Entweder ſetzt alles wieder in den
alten Zuſtand, in welchem es unter den erſten Chriſten
war; oder vergönnt uns die Freyheit, daß wir uns dieſelben, ſo viel, als es noch möglich iſt, zur Nachahmung
vorſetzen. Ich habe geſagt, daß die Kirchengeſchichte
alle Fragen, die wir an ſie über die Schickſale der Religion unter den Menſchen ergehen laſſen, zu unſerer Befriedigung beantworten könne. Aber es iſt nicht einmal nöthig, dieſe Fragen zu vervielfältigen. Schon einige wenige klären unſere Einſichten bey den Glaubensſtreitigkeiten auf. Wir beſchweren uns alsdenn nicht
weiter über die verdrießliche Länge und Dunkelheit von
dieſen: es wird ſehr helle in denſelben, ſo bald uns die
Geſchichte vorleuchtet, und die Beſchäfftigung mit denſelben wird überall verkürzt, wo wir ſagen können; Ehemals war es nicht ſo.

Die Geſchichte hat überhaupt eine anziehende und
reizende Kraft, durch welche wir vor allen andern Kennt-
niſſen zu ihr hingeriſſen werden. Wir ſind deswegen ſo
neubegierig, zu erfahren, was ſich ſeit dem Anfange des
menſchlichen Geſchlechts unter demſelben zugetragen hat,
und noch täglich zuträgt, weil wir unter ſtets veränderten Perſonen und Auftritten, nur immer unſer eigenes
Herz, unſere Neigungen, Leidenſchaften oder Tugenden
in Handlung zu ſehen glauben. Warum ergreift aber

C 3   dieſe

diese Neubegierde nicht zuerst, und am allereifrigsten die
Geschichte der Religion, das ist, denjenigen Theil der
Historie, der am meisten rührt, die wissenswürdigsten
Abwechselungen in dem Verstande und Leben der Men=
schen enthält, gekannt uns noch jetzt sicher leitet, und
deßen Vernachläßigung unsern Begriffen und Urtheilen
vom Glauben, so nachtheilig wird? So bald man bey
dem aufwachsenden Menschen einige Fähigkeit verspürt,
die Grundsätze der Religion zu faßen: sogleich sollte
man ihn auch mit der Geschichte derselben bekannt ma=
chen. Diese leichtere Art von Kenntniß würde ihm zu
Erwerbung jener schwerern, desto mehr Lust und Muth
machen. Fühlet er sich vollends stark genug zu Ueberle=
gungen, so würde ihn eben diese Geschichte unvermerkt
zu einem häufigen und schärfern Nachdenken über die Re=
ligion führen. Doch dieses ist nicht der Gang, den die
meisten Menschen nehmen. Sie setzen voraus, daß die
Religion, zu welcher sie sich bekennen, die wahre sey, und
daher scheinet es ihnen kaum einer Frage werth zu seyn,
was dieselbe sonst vor Schicksale gehabt habe.

Es ist eben nichts Seltenes, daß Leute, welche, ohne
sich den Wißenschaften ergeben zu haben, doch lehrbe=
gierig sind, und die Geschichte ihres Vaterlandes, ihrer Ge=
burtsstadt, oft auch auswärtiger Völker und entfernter
Zeiten einigermaßen inne haben. Fragt man sie hinge=
gen, was vor Veränderungen der christliche Glaube an=
derthalb tausend Jahre hindurch unterworfen gewesen,
und wie es zugegangen sey, daß er sich eben in der jetzi=
gen Verfaßung befindet, so ist alles, was sie darauf zu
antworten wißen, ohngefähr dieses: „Nach vielen
„Streitigkeiten, Verfolgungen und Unruhen, kam ein
„Mann, der sich der Herrschaft des Pabstes widersetzte;
„viele schlugen sich auf seine Seite, und seitdem ist die
„christliche Kirche in mehrere Gemeinen getheilt wor=
„den, von deren einer ich ein Mitglied bin.„ Wenn sie
gleich

gleich noch einige Umſtände und kleinere Vorfälle hinzu
ſetzen können; ſo läuft doch alles auf die ſeichte Vorſtellung
hinaus, die ich angeführt habe. Selbſt viele Gelehrte
beſitzen im Grunde keine richtigere und vollſtändigere
Kenntniß von der Geſchichte der Religion: weil ſie nicht
berufen ſind, dieſelbe zu lehren, ſo kommt ihnen eine ſolche Unterſuchung fremd und überflüßig vor.

Vielleicht wird man ſagen: „Sie urtheilen hier-
„inne recht: denn die Kirchengeſchichte ſelbſt iſt voll von
„Zweifeln und Zänkereyen; dieſe ſind nur von einer et-
„was andern Beſchaffenheit, als die eigentlichen Glau-
„bensſtreitigkeiten, und wenn man die Wahrheit geſte-
„hen ſoll, noch weniger erheblich. Sie betreffen bald
„den Charakter eines Lehrers, bald die Rechtmäßigkeit
„des Verhaltens, das man gegen Ketzer beobachtet hat;
„bald einen Nahmen oder eine Jahrzahl. Sogar die
„Hauptbeweiſe, welche die großen Gemeinen aus der
„Kirchenhiſtorie gegen einander führen, werden von ei-
„ner jeden, wider welche ſie Dienſte thun ſollen, allemal
„ſtreitig gemacht.„ Streitig, kann ich hierauf antworten, aber nicht ungewiß. Die ganze übrige Geſchichte hat
ihre dunkeln, oft angegriffenen, faſt ſo oft vertheidigten,
immer anders vorgeſtellten, und eben deswegen verworrenen Stellen und Erzählungen in ungemeiner Menge. Allein die Wahrheit der großen Begebenheiten, nach denen man ſich vorzüglich umſieht, weil ſie die Welt, die
Nationen und Länder, ihre Geſetze und Sitten verändert haben, iſt faſt immer von allen Seiten ausgemacht.
Eben dieſes läßt ſich auch von der Kirchengeſchichte ſagen, und diejenigen, welche ihr vorwerfen, daß noch nicht
alle ihre Gegenden gleich gebahnt ſind, wiſſen ſich nicht
von dem Kleinen in der Geſchichtskunde, zu dem was
wichtig, lehrreich und unentbehrlich iſt, zu erheben. Im-
merhin mag man über die Lebensumſtände, ja wohl gar
über das Daſeyn mancher Märtyrer und Heiligen, und

über

über andere Nachrichten von ähnlichem Werthe, streiten. Darüber hingegen wird man sich desto leichter vereinigen können, (wenn man nur nicht zugleich für die Ehre, und den besondern Vortheil seiner Kirche sorgt,) was vor ein Geist die Christen in jedem Jahrhunderte regiert habe; wie sie ihre Religion auszubreiten und zu verschönern gesucht haben; wie tief ihre Denkungsart über dieselbe gesunken ist; wie lange sie nichts von einem sichtbaren Haupte der Kirche gewußt haben, und welcher neuerer Lehrbegriff, welche ihrer jetzigen Gemeinen dem christlichen Alterthum am nächsten kommt. Es ist leicht, sage ich, in der Kirchengeschichte zu finden, daß erst einige hundert Jahre nach der Stiftung des Christenthums, der Misbrauch des heiligen Abendmahls, welchen man das Meßopfer nennt; noch später die Lehren vom Fegfeuer, von der Verehrung der Bilder, von den sieben Sacramenten; und erst vierzehn hundert Jahre nach den Zeiten Christi die Verstümmelung des heiligen Abendmahls, als Verordnungen, welche die Geistlichkeit eingeführt hat, aufgekommen sind. Es ist eben so klar und ausgemacht, daß mit den gewaltsamen Anstalten, und mit dem überhäuften Gepränge der geistlichen Cärimonien, auch das Verderben in den Grundsätzen und Sitten der Christen, seinen Anfang genommen hat; daß die wahre Einfalt ihrer Religion, sich nur so lange aufrecht erhielt, als ihnen die heilige Schrift über alles andere schätzbar blieb; und daß ihre Lehrer durch Unwissenheit und Aberglauben am sichersten über sie geherrscht haben. Wenn wir von solchen Begebenheiten und Veränderungen durch das Zeugniß der Kirchengeschichte versichert werden: so erreicht ihre Kenntniß den ganzen edeln Nutzen bey uns, den ich ihr bisher zugeeignet habe. Und nur eine so fruchtbare Erzählung derselben, die immer auf das Große und Unterrichtende zielt, in welcher die Wahrheit zuerst, und neben ihr mit nicht geringerm Eifer, Rührung und Besserung durch ausgesuchte Bilder, die der Wissen-

schaft

ſchaft der Nachwelt immer würdig bleiben, geſucht wird;
nur eine ſolche Abhandlung verdient ein Handbuch der
chriſtlichen Kirchengeſchichte zu heißen.

Unter allen, welche ſich in unſern Zeiten mit der
Kirchengeſchichte beſchäfftigen; entweder, um bloß für
ſich Vergnügen und Ueberzeugung daraus zu ſchöpfen;
oder, um ſie auch zum öffentlichen Vortrage zu gebrauchen, glaubte ich am wenigſten dazu beſtimmt zu ſeyn,
einen Verſuch zu einem Werke von dieſer Art zu machen.
Meine ausnehmende Liebe gegen dieſen Theil der Geſchichte, und ein anhaltender Umgang mit demſelben,
können mir vielleicht zu einer genauern Bekarntſchaft
behülflich geweſen ſeyn; aber mich derſelben in einem
Buche zu rühmen, dazu hatte ich noch kein Recht, und
gleichſam noch keine Erlaubniß von dieſer meiner Freundinn erlangt. Man eilt oft, ſeine Begriffe von einer
Wiſſenſchaft der Welt mitzutheilen, weil man denkt, daß
ſie, überhaupt genommen, richtig, vollſtändig und gemeinnützig ſeyn mögen. Man merkt aber nicht, daß die
Welt nicht mehr bey den Anfangsgründen der Gelehrſamkeit ſtehe; daß ſie der Auszüge aus denſelben, die
man Compendien nennt, täglich mehr, und mit größerm
Rechte überdrüßig werde; daß ſie ſich nicht daran be-
gnüge, in einem Buche nur eine verbeſſerte Ordnung,
und einige wenig bekannte Erläuterungen zu finden;
ſondern, daß ſie von denſelben neue Ausſichten und Vor-
ſtellungsarten, gute Wahl und Geſchmack, die gerade
dasjenige treffen, was den Bedürfniſſen unſerer Zeit gemäß iſt, mehr Beyträge zur Vollkommenheit einer Wiſſenſchaft, als immer wiederholte Abriſſe von ihren Be-
ſtandtheilen, und eine nach jeder Materie beſonders aus-
gebildete Schreibart, fordere; endlich, daß ſie keinesweges in den Schriftſteller dringe, um ihn zur Geſchwin-
digkeit in ſeinen Arbeiten zu nöthigen; ſondern daß ſie
ihm, zumal bey einer langen und weitläuftigen Geſchich-

te, Zeit und Jahre, deren er dazu bedarf, gerne verstat=
te. Ich habe mir dieses alles mehr als einmal gesagt.
Zu gleicher Zeit also, da ich erkannte, was vor ein brauch=
bares und angenehmes Geschenk für deutsche Leser, eine
nach der Erwartung unsers Jahrhunderts abgefaßte
Geschichte der christlichen Religion und Kirche seyn wür=
de; da ich sogar den Plan überdachte, nach welchem ich
sie zu meinem eigenen Nutzen vollendet zu sehen wünsch=
te: entfernte ich doch den Vorsatz gänzlich von mir, sie
selbst zu schreiben.

Einer der größten Kenner und Beförderer der
schönen Künste in unserm Vaterlande, ein vertrauter
Bekannter vieler gründlicher Wissenschaften, und vor=
züglich auch der Geschichte, ein Menschenfreund und Pa=
triot, reich an Geschmack und an edeln Entwürfen, voll
Gefühl für die Religion, voll offener und überfließender
Redlichkeit, den man in der Entfernung hoch schätzt,
aber zu lieben anfängt, so bald man ihn reden hört; die=
ser verehrungswürdige Mann —— und warum sollte
ich den Nahmen **Hagedorn** nicht aussprechen, den je=
dermann hier sogleich hinzusetzen wird? —— hat mehr
über mich vermocht, als ich mir selbst jemals zugetrauet
hätte. Er verlangte ein solches Werk, als ich eben ge=
nannt habe, von mir. Da er es gerade von derjenigen
Seite betrachtete, von welcher ich es mir immer, wenn
es seine Wirklichkeit erhalten sollte, vorgestellt hatte;
und da er glaubte, daß ich seine Absichten, von welchen er
sahe, daß es auch die meinigen waren, wo nicht mit aller
Geschicklichkeit, doch mit Eifer zu erfüllen suchen würde:
so wurde meine Unschlüßigkeit zuerst erschüttert, und
bald darauf überwunden. Ob es mehr die Dankbarkeit
gegen ein so schmeichelhaftes Vertrauen, oder mehr die
Freude, mit einem solchen Manne übereinstimmend zu
denken, gewesen sey, welche mir einen Entschluß einge=
flößt hat, der in meinen Augen gewiß kühn ist, kann ich
nicht

nicht bestimmen. Aber eine Betrachtung kam mir nach dieser unwiderstehlichen Aufmunterung, noch besonders zu Hülfe. Ein unpartheyischer und gemeinnütziger Vortrag der christlichen Kirchengeschichte, wird schon so lange, von so vielen Gattungen Leser, die keines von den Werken, welche über jene Geschichte für Gelehrte, und vorzüglich für Theologen, geschrieben worden sind, gebrauchen wollen oder können, begehret. Wie lange würden sie noch auf dasselbe warten müssen, wenn es durchaus ein Mann von der größten Fähigkeit verfertigen sollte! Ohne sich diese zuzuschreiben, kann man wohl versuchen, einen Anfang zu einer solchen Unternehmung zu machen. Auch das wird ein Verdienst seyn, durch schwache, nur nicht nach einer falschen Richtung und vergeblich angewandte Bemühungen, zu vollkommnern Gelegenheit gegeben zu haben.

So bald ich die ersten Schritte auf diesem großen Schauplatz von Begebenheiten that, sahe ich mich nach der Religion um, deren Geschichte ich beschreiben wollte. Ich fand sie nicht in derjenigen Majestät und Achtung unter den Menschen herum gehen, welche sie niemals hätte verlieren sollen. Hier sahe ich sie umsonst sich bemühen, die Aufmerksamkeit und Ehrerbietung eines Volks auf sich zu ziehen; dort konnte sie kaum bey einem andern, von welchem sie verehrt wurde, sich von einer Last willführlicher und unschicklicher Zierrathen, mit welchen man sie beschweren wollte, losmachen. Ich beobachtete die unaufhörliche Bewegung, in welcher sie sich befand, um bald die Christen, welche ihren Zwiespalt durch den Nahmen derselben rechtfertigten, mit einander zu vereinigen; bald den Angriff ihrer undankbaren Feinde abzuweisen; überall aber sich in ihrer ursprünglichen und göttlichen Schönheit zu zeigen, welche fast jedermann vergessen zu haben schien. Diese Auftritte rührten mich. Die Schicksale und Beschäftigungen,

unter

unter welchen ich die Religion in unſern Zeiten antraf, wurden noch zu einem beſondern Bewegungsgrunde für mich, alle Denkmäler, die ſie in den ältern Zeiten geſtiftet hat, aufzuſuchen, und bis auf ihre erſte Erſcheinung in der Welt zurück zu gehen. Hieraus wird man erklären können, wie der Abriß des jetzigen Zuſtandes der Religion, den man bisher geleſen hat, entſtanden ſey; zu was vor einer Abſicht er den Leſern dieſes Werks dienlich ſeyn könne. Es iſt Zeit, daß ich ſie auf jenem weitläuftigen Schauplatze ſelbſt herum führe. Um uns weder auf demſelben zu verirren, noch eine flüchtige und verworrene Neubegierde vor den lehrreichen Unterricht anzuſehen, um welchen ſich die Zuſchauer bewerben müſſen, werde ich zuerſt den ganzen Inbegriff und die Gränzen deſſelben beſtimmen; ſodann zeigen, was vor einen Gebrauch man von allem, was man hier zu Geſichte bekommt, machen müſſe; hierauf die Wegweiſer nennen, welche uns dabey begleiten werden; und endlich die Ordnung und Vorſichtigkeit beſchreiben, mit welcher man herumgehen und betrachten muß. Durch dieſe vorläufige Nachrichten und Anweiſungen geleitet, werden meine Leſer, hoffe ich, die Menge der Begebenheiten und Abwechſelungen für ihre Wißbegierde nicht zu groß, keine von allen Erzählungen überflüßig, oder unerheblich finden, und dieſen langen Weg mit einer geſtärkten Luſt, mit der Verſicherung, der Wahrheit gefolgt zu ſeyn, zurück legen.

Erſter

Erster Abschnitt.

Begriff und Umfang
der
christlichen Kirchengeschichte.

——— ■ ———

Alles was Geschichte heißt, hängt sehr genau mit einander zusammen, wenn gleich die Umstände, Bewegungsgründe und Verhältnisse, unter welchen die Begebenheiten vorfallen, weit von einander abgehen. In dem Leben eines Menschen giebt es unzählige Handlungen, die nichts mit einander gemein zu haben scheinen, und die doch alle aus Einer Quelle kommen, und zuletzt bey Einem Ziele sich vereinigen. Das Leben des menschlichen Geschlechts, wenn ich so reden darf, das ist die allgemeine Anwendung seiner Fähigkeiten und Erfüllung seiner Neigungen, muß auf gleiche Art beurtheilt werden. Kein Welttheil, keine Nation, kein Stand ist für den andern fremd. Die Denkungsart und die Unternehmungen des Wilden in America gehen uns im Grunde so nahe an, als dasjenige, was unsere Mitbürger verrichten. Die sichtbarste und weiteste Trennung beruht doch nur auf einem zufälligen Unterschiede. Seit dem Ursprunge der Menschen sieht man, daß sie ohngefähr einerley Straße in der Welt fortgehen: ein Theil verlängert sie durch Umwege; andere verlassen sie auf eine Zeitlang ganz, und die Irrthümer, welche dabey begangen werden, sind überhaupt nicht zu zählen; allein sie zweifeln doch nicht, daß sie alle ihren letzten Endzweck, die Glückseligkeit, erreichen werden. Zuerst hielten sie
vor

vor nöthig, sich in eine bürgerliche Gesellschaft zu bege=
ben, die durch einerley Bedürfnisse, Triebe und Rechte
gegründet wurde; das hülflose und beschwerliche Leben
nicht allein erträglich, sondern auch angenehm machen
konnte; und gegen diejenigen, welche die Ruhe derselben
stören möchten, durch eine gewissen Händen anvertraute
Gewalt beschützt werden sollte. Was sie zur Erhaltung,
Befestigung und Vollkommenheit dieser ihrer Verbin=
dung gethan haben, heißt **die bürgerliche Geschichte.**
Eben so früh sind sie auf die Wohlthaten aufmerksam
geworden, zu deren Genuß sie die ganze Natur und die
Einrichtung ihrer Seelenkräfte aufforderte. Sie haben
den Urheber derselben gesucht, zwar nicht mit gleichem
Glücke gefunden; aber sich doch immer bemüht, Vereh=
rung und Dankbarkeit gegen ihn auszudrücken; sie ha=
ben über die Erkenntniß und den Dienst desselben von
Zeit zu Zeit ein neues Licht empfangen, es verschiedentlich
gebraucht, sich deswegen von einander abgesondert; aber
doch durch gewisse allgemeine Begriffe, welche darüber
stehen geblieben sind, die Bande ihres gesellschaftlichen
Lebens immer stärker zusammengezogen. Die Erzäh=
lung aller dieser Versuche, veränderten Einsichten, Zei=
chen der innerlichen Empfindungen, Lehrgebäude und
Streitigkeiten, wird **die Religions= und Kirchen=Ge=
schichte** genannt. Aber um von diesen beyden Ver=
hältnissen desto richtiger urtheilen, und die besten Mittel
zur Ausübung der dahin gehörigen Pflichten finden zu
können; um sich Gewißheit in der Erkenntniß, feineres
Vergnügen, Weisheit und Klugheit zu verschaffen,
mußte auch der Verstand aufgeklärt, das Nachdenken
geschärft, und die Einbildungskraft nach ihrer Bestim=
mung glücklich geleitet werden. Auch hierinne haben
die Menschen vieles ausgerichtet, welches in der Ge=
schichte der **Wissenschaften und Künste,** die man
auch die **Gelehrtenhistorie** nennt, beschrieben wird.

Es

Es iſt alſo ſehr natürlich und nützlich, alle dieſe Theile der Geſchichte im Zuſammenhange mit einander zu betrachten. Nur alsdenn erkennt man, wie eine Claſſe von menſchlichen Handlungen in die andere, welche doch ihrem Weſen nach ihr beynahe entgegen ſteht, würken könne; von welchem Maaße der Bewegung und Geſchäfftigkeit unter den Menſchen ihr allgemeines Wohl abhänge; und innerhalb was vor Gränzen ſie ſich halten müſſen, um durch die Verſchiedenheit ihrer Denkungsart, ihres Standes und ihrer Abſichten, einander nicht ſchädlich zu werden. Man hat aber doch jene drey Hauptarten der Geſchichte ſchon längſt getrennt: nicht, um ſie aus ihrer Verbindung mit einander zu bringen; (dieſes würde ohnedieß unmöglich ſeyn,) ſondern, um die Menge von Begebenheiten, mit welchen eine jede derſelben angefüllt iſt, für das Gedächtniß und die Beurtheilung bequem zu ordnen. Iſt jede allein geſtellt, ſo fällt es leichter in die Augen, was zur Ehre der Religion, zum Beſten der Staaten und des geſellſchaftlichen Lebens, endlich auch zur Aufnahme der Gelehrſamkeit, in ſo viel tauſend Jahren, durch Bemühungen, die nur Einer von dieſen Abſichten gewidmet waren, zu Stande gebracht worden ſey.

Die beſondere Abhandlung der Kirchengeſchichte leiſtet ebenfalls dieſen und noch andere Vortheile. Sie iſt überhaupt eine Nachricht von dem Urſprunge und den Schickſalen ſolcher Geſellſchaften, welche ſich zum Dienſte des höchſten Weſens, und zur Erfüllung der Pflichten, die aus ſeiner Erkenntniß hergeleitet werden können, vereinigt haben. Wir Chriſten, die wir im Beſitz ſind, die Kirchengeſchichte zu ſchreiben, verſtatten den Nahmen der Kirche, (der von einer der älteſten Benennungen chriſtlicher Verſammlungshäuſer zum Gottesdienſte, Kyriakon, das heißt, ein **Haus des Herrn**, herzukommen ſcheinet,) keiner an-

dern

dern Gesellschaft, als derjenigen, die Gott nach einer
unleugbaren Offenbarung seines Willens, und daraus
erwiesenen Grundsätzen, verehret. Eine solche war
ehemals die jüdische, und die christliche ist es jetzt. Die
übrigen zahlreichen Gesellschaften, deren Religion in einer Sammlung von Lehren, Meinungen und Gebräuchen, ohne Beweiß, oft auch ohne Zusammenhang besteht, nennen wir Sekten oder Partheyen. Eine kurze
Geschichte aller Religionen und gottesdienstlichen Gesellschaften, die es auf der Welt gegeben hat, und noch
giebt, würde, meines Erachtens, kein überflüßiges Buch
seyn. Allein sie müßte nicht bloß die Lehrsätze und Cärimonien derselben, ihren Anfang und ihre Abwechselungen mit einem sammelnden Fleiße beschreiben; sondern
auch bey einer jeden zeigen, ob sie ganz von menschlichen
Händen gebauet worden sey; oder ob auch der Himmel
einen Antheil daran habe; was vor einen Einfluß sie in
die bürgerliche Gesellschaft, und in die Sitten der Menschen behauptet; durch was vor ein Triebwerk sie regiert,
wodurch sie unterstützt oder zu Grunde gerichtet worden
ist; was sie den Menschen beliebt gemacht, und entweder ihre Irrthümer verborgen, oder ihre Wahrheit be-
greifflich gemacht hat. Wenn eine solche Schrift keinen andern Nutzen hätte, als diesen, daß sie die Wege
offenbarte, auf welchen der menschliche Verstand der
Religion zu allen Zeiten nachgespüret hat, und daß sie
das Einfaltsvolle Christenthum der ersten Jahrhunderte
anpreisen hülfe: so würde sie ihren Verfasser genugsam
belohnen. Des Engländers Brougthons historisches
Lexicon aller Religionen, welches man bereits in unsere
Sprache übersetzt hat, hätte die Stelle eines solchen Werks
vertreten können; allein bey aller brauchbaren Mühe
und Belesenheit, fehlt es diesem Schriftsteller nicht nur
oft an Vollständigkeit und Richtigkeit, sondern hauptsächlich an jenen pragmatischen Beobachtungen, durch
welche sich der nachdenkende Mann, der die Geschichte
betrach-

betrachtet, von dem Knaben, den man ſie auswendig
lernen läßt, unterſcheidet.

Man ſieht nunmehr, daß die Kirchengeſchichte, im
ſtrengern Verſtande genommen, zween große Theile ha⸗
be: die Geſchichte der jüdiſchen, und die Geſchichte
der chriſtlichen Kirche. Die Begebenheiten der er⸗
ſtern ſind größtentheils in der heiligen Schrift aufgezeich⸗
net: und da ſie eben deswegen bekannt genug ſind, ſo wird
dieſe Geſchichte mit keinem ſonderlichen Eifer bearbeitet.
Ich glaube jedoch, daß in derſelben noch manches zu thun
übrig geblieben ſey; wenn man gleich die Begebenheiten
derſelben ſchon oft und ziemlich geſchickt, nur noch wenig
in deutſcher Sprache, erläutert und beurtheilet, und die
bibliſche Erzählung von denſelben ergänzt hat. Allein
man hat noch nicht ſcharf und unpartheyiſch genug aus
hiſtoriſchen Spuren gezeigt, wie ferne der Glaube der
Juden dem chriſtlichen, auf welchen er eine beſtätigende
Vorbereitung ſeyn ſollte, in Anſehung der Grade eines
größern oder hellern Erkenntniſſes, an die Seite zu ſe⸗
tzen ſey; was derſelbe nebſt der beſondern Einrichtung
ihres Gottesdienſtes vor Würkungen in dem Charakter
der Nation hervorgebracht habe; und warum die außer⸗
ordentliche Regierung dieſer Kirche, die ſo genannte
Theocratie, nicht von einem noch weit glücklichern Er⸗
folge für die Juden hat werden können. Eben ſo we⸗
nig hat man noch aus der Geſchichte dargethan, (dog⸗
matiſch und muthmaaßend hat man es wohl zu thun
verſucht,) daß der ungemeine Abſtand der Juden von al⸗
len übrigen Völkern, nach welchem ſie denſelben lange
unbekannt oder verächtlich waren, der Ausbreitung ihrer
Religion unter den Heiden nicht ſehr hinderlich geweſen
ſey. Dieſe ihre Geſchichte muß es ausmachen, ob die
Vorſchriften, welche ihnen Gott wegen ſeines Dienſtes
bekannt gemacht hat, auch in die übrige Welt ſo häufig
haben dringen können, als es geſchehen ſeyn müßte, wenn

I. Theil.   D   ohne

ohne den Gebrauch derselben, alle Hoffnung zu einem glückseeligen Leben nach dem Tode vergeblich ist. Der Lehrbegriff der Christen, und unter andern dasjenige, was in demselben von dem allgemeinen Ruf der Heiden zur Seeligkeit durch Christum behauptet wird, bekommt aus diesem Theil der Kirchengeschichte mehr Licht und wichtigere Bestimmungsgründe, als die meisten denken.

Ich bleibe bey der christlichen Kirchengeschichte stehen, die für unsere Zeiten noch wissenswürdiger, aber auch weitläuftiger, und wegen der verschiedenen christlichen Partheyen, denen an der Wahrheit derselben viel gelegen ist, ungleich schwerer an Untersuchungen ist, als die jüdische. Sie erzählt den Ursprung und die Veränderungen der christlichen Religion und Kirche. Man redet nicht recht vollständig, wenn man in dieser Beschreibung bloß der Kirche gedenkt; wiewohl der Name der Kirchen-Geschichte, an dessen Stelle man vielleicht füglicher die Religions-Geschichte würde gesagt haben, schon dazu verleiten kann. Es ist jener Einschränkung zuzuschreiben, daß sehr viele in diesem Theil der Geschichte nicht viel mehr als die äußerlichen Schicksale und sinnlich rührenden Auftritte in der christlichen Gemeine suchen: das Wachsthum oder die Abnahme dieser Gesellschaft, ihre berühmten Lehrer, Kirchenversammlungen und Gebräuche; lauter erhebliche Abwechselungen, die aber der Geschichte der Religion und des Glaubens selbst nachstehen, oder doch nur stets im Verhältniß gegen dieselbe, betrachtet werden müssen. Was die Menschen im Nahmen der Religion gethan oder gelitten haben, ist, wie ihre übrigen Handlungen, aus guter Meinung, Einsicht und Irrthum, aus Fehlern und Ausschweifungen aller Art zusammengesetzt; man lernet daraus ihr Herz und die Grenzen ihres Geistes kennen; allein die Kirchengeschichte soll sich von der übrigen Historie noch durch eine gewisse eigene Würde unterscheiden. Sie ist noch

mehr

mehr die Geſchichte jener unſichtbaren und allgemeinen
Fürſtinn des menſchlichen Geſchlechts, welche dieſem zu
ſeiner Glückſeeligkeit gegeben worden iſt; in ihren Geſetzen weiſe und gütig, in ihrer Regierung menſchenfreund-
lich; gegen alle-ihre Unterthanen von gleicher Gerechtigkeit; auch wenn man ſie durch angedichtete Abſichten
geläſtert und beſchimpft hat, verehrungswürdig; in der
Behauptung ihrer Rechte über die Menſchen unveränderlich; aber an allen Laſtern derer, welche ſich zu ihren
Vertheidigern aufgeworfen haben, ſtets unſchuldig geweſen iſt: — der Religion. So verweilt man ſich
oft in der Geſchichte eines verdorbenen Staats bey einem vortrefflichen Regenten deſſelben, der viele, aber
faſt lauter fruchtloſe Bemühungen angewandt hat, denſelben zu beſſern; man bewundert ſeine Verordnungen
und Anſtalten, und beurtheilt ihn nicht nach dem ver-
kehrten Gebrauch, den ſeine Unterthanen von ſeiner Güte gemacht haben, nicht nach ihren ſeltſamen Auslegungen
ſeines Willens; ſondern nach ſeinen erhabenen Entwürfen, und nach dem Beyſpiel, das er allen folgenden Zeiten hinterlaſſen hat.

Jetzt entwickelt ſich das Große und Fruchtbare in
dem Begriff der chriſtlichen Kirchengeſchichte. Sie fängt
mit dem Urſprunge des chriſtlichen Glaubens an, und
läßt denſelben auf allen ſeinen Wegen niemals aus dem
Geſichte. Die Religion erſcheint, wird von ihrem Stifter ſelbſt in die Welt eingeführet, und von ſeinen Freunden empfohlen; man erkennt ihre Rechte, und ein Theil
der Menſchen unterwirft ſich ihr. Sie wird ſeitdem
immer fortgepflanzt; aber durch ſehr mannichfaltige
und nicht allemal gleich anſtändige Mittel. Wo ſie ihren Sitz errichtet, verändert und veredelt ſie alles: Sitten und Lebensart, Geſetze, Verfaſſung der Länder, Geſchmack und Zuſtand der Wiſſenſchaften. Sie findet auch
Widerſtand: ihre Bekenner erdulden von Zeit zu Zeit

Ver-

Verfolgungen; aber in den letzten Zeiten wird ſie weni‐ ger durch offenbare Gewalt, als durch Angriffe auf ihre Grundſätze, und Beweiſe erſchüttert. Sie theilt gleich Anfangs ihre Lehren kurz und ungekünſtelt, in einem Buche, das zu einer beſtändigen, unſtreitigen Vorſchrift dienen ſoll, mit; kaum hat man daſſelbe angenommen, ſo macht man Erklärungen, und bald auch Zuſätze zu denſelben, legt es endlich auf die Seite, zieht es wieder ehrerbietig hervor, wird darüber uneinig, und gelangt niemals wieder zu der erſten vollkommnen Schönheit des Glaubens. Dieſes Betragen gegen die Religion wird eine Quelle von Jrrthümern und Zwiſtigkeiten. Die Art, wie jenen begegnet, und dieſe unterhalten worden ſind; die Verwandlung einiger nicht gewöhnlicher Mei‐ nungen in gefährliche Abweichungen vom Glauben; und überhaupt das ſo oft ſich unähnliche Verhalten bey ih‐ ren Streitigkeiten, iſt der weitläuftigen Unterſuchung, welche ſie erfordert, nicht unwürdig. Unterdeſſen hat der Vortrag der Religion eben dadurch ſtets neue Be‐ ſtimmungen erhalten, und iſt endlich zum Syſtem oder Lehrgebäude aufgewachſen: und dieſes hat wiederum durch jede Errichtung einer beſondern Kirche, ſeine neue Abänderungen bekommen. Auch haben ſich die Men‐ ſchen nicht lange daran begnügt, die Religion bloß durch Vorſtellungen des Verſtandes zu betrachten; ſie haben auch die Einbildungskraft zu Hülfe genommen: Cäri‐ monien und Gebräuche erfunden, die nach der Beſchaf‐ fenheit der Länder und Völker, ingleichen der Veran‐ laſſungen, unter welchen ſie auffamen, auch ihre verſchie‐ dene Bedeutung und Nutzbarkeit hatten; und, nachdem ſie durch die Menge, durch das blendende Geräuſche der‐ ſelben, ſich von der Kraft der Religion hatten abziehen laſſen, haben ſie dieſelbe in ihren Bildern zu finden ge‐ glaubt. Dieſer Selbſtbetrug hat ihr Leben und ihre Sitten nach Grundſätzen gebildet, die für das Chriſten‐ thum ganz fremd waren: und ihre Andacht und Fröm‐

migkeit

migkeit hat dadurch die schlechteste und falscheste Wen=
dung bekommen. Die Religion hat zwar von ihrem
Ursprunge an, eine Anzahl Diener gehabt, welche vor=
züglich für ihre Ausbreitung und unverfälschte Erhal=
tung unter den Menschen sorgen sollten. Viele dersel=
ben haben auch dieses Verdienst erlangt; aber nach und
nach sind die meisten aus Lehrern Herren der Welt ge=
worden, und haben sich allen ihren Leidenschaften weit
unverzeihlicher Preiß gegeben, als die übrigen Menschen.
Man muß auf ihre Absichten und Entwürfe; auf das
Beyspiel und Ansehen, in welchem sie lebten; auf die
Kunst, mit welcher sie ihre Einfälle an die Stelle der
Glaubenslehren eingeschoben haben; auf die Kirchen=
versammlungen, welche die erste Stufe zu ihrer Hoheit
geworden sind; auf ihre Schriften, und auf die Mittel,
durch welche man sie in den neuern Zeiten zu ihren ersten
Pflichten zurückzukehren verbunden hat, eine besondere
Aufmerksamkeit wenden. Man muß sehen, wie die Re=
ligion zu ihrem höchsten Mißbrauch gestiegen ist, indem
unter ihrem Schutze eine geistliche Monarchie in der
Christenheit, und ein über alle andere Staaten gebieten=
der Staat aufgerichtet worden ist. Aber wenn die Ent=
stehung und Unterstützung desselben aufs genaueste ge=
kannt zu werden verdienet: so ist der große Anfang,
welcher zum Umsturz desselben und zur Wiederherstellung
des Christenthums durch die Reformation gemacht
worden ist, ein noch seltneres und angenehmeres Schau=
spiel. Es sind zwar Trennungen der Christen daraus
erfolgt; die Religion hat sich Kriege zuschreiben las=
sen müssen, die nicht sie, sondern ihre unmenschliche Be=
kenner verursacht haben; allein dagegen haben ihr Men=
schenliebe, Freyheit und Gelehrsamkeit von neuem
Beystand geleistet. Ihre Verbindung mit dem
Wachsthum des Verstandes, und mit dem Wohl
der bürgerlichen Gesellschaft, hat sich nun erst recht
offenbaren können. Mit einem Worte: diese Geschich=

D 3 te

te ist die Geschichte einer höhern, mehr als menschlichen Macht, welche die Welt durch Güte bezwungen, sanft regiert, und so lange man sie allein handeln ließ, glücklich gemacht hat; deren Ansehen aber, nach den verschiedenen Fähigkeiten und Neigungen der Menschen, die erstaunendsten, und oft sehr traurige, Veränderungen gestiftet hat.

Beynahe wird es nunmehr unnöthig scheinen, daß ich noch besonders zeige, was die Kenntniß so merkwürdiger Veränderungen, die uns so nahe angehen, vor einen Nutzen schaffe. Allein man kann die große Brauchbarkeit einer Wissenschaft im Ganzen übersehen, und denkt doch meistentheils nicht an alle einzele wichtige Dienste, welche sie leistet: Dienste und Eigenschaften, welche nur in einem vertrauten Umgange mit derselben erkannt werden.

Zwey=

Zweyter Abschnitt.

Gebrauch und Nutzen

der

christlichen Kirchengeschichte.

Die beredteste Anpreisung dieser Geschichte entscheidet allein ihre ausnehmende Brauchbarkeit noch nicht; sie beweiset nur, daß der Verfasser für dieselbe eingenommen ist, und sein Buch nicht umsonst herausgegeben haben will. Aber ein heilsamer Gebrauch, und vortrefflich befundene Würkungen derselben, sind ihr wahres und überzeugendes Lob. Wenn man also eine Anweisung geben kann, wie man sich derselben bedienen müsse, um einen ausgebreiteten und wichtigen Nutzen aus derselben zu schöpfen; und wenn man zeigt, daß dieser Gebrauch leicht und unfehlbar sey: so erwirbt man ihr auch eifrige Liebhaber, und in dieser Absicht habe ich diesen Abschnitt geschrieben.

Ich werde daher nicht erst anmerken, daß die Beschäftigung mit der Kirchengeschichte weit vortrefflicher sey, als diejenige, welche auf die übrigen Theile der Geschichte gewandt wird, weil sie mit den Schicksalen der Religion, und mit den verschiedenen Wegen umgeht, welche die Menschen betreten haben, um hier zufrieden, und ewig glückseelig zu seyn. Man könnte sagen, daß dieses edle aber zu hoch gestellte Gegenstände sind, als daß sie von vielen erreicht werden könnten; da hingegen die

Erzäh-

Erzählungen von anderer Art niemanden über seinen Gesichtskreis hinausnöthigen. Dieser Einwurf würde zwar falsch seyn: denn die erhabensten Lehren lassen sich eben durch die Hülfe der Geschichte, auch zu dem Anblick der Kurzsichtigen herab: und je wichtiger für uns die Begebenheiten sind, welche die Kirchengeschichte bekannt macht; desto mehr sind wir schuldig, uns anzustrengen, um sie verstehen und beurtheilen zu können. Allein, die Wahrheit zu sagen, diese Empfehlung prägt den meisten mehr Ehrerbietung ein, als daß sie ihnen Muth machen sollte, näher zu dieser Geschichte zu treten. Ich habe von dem augenscheinlichsten Nutzen derselben, der fast ohne Mühe geschöpft werden kann, so viel zu sagen, daß ich mich über die Weitläuftigkeit, welche ich dabey voraus sehe, entschuldigen würde, wenn man hier zu deutlich und ausführlich seyn könnte.

Zuerst verschafft die christliche Kirchengeschichte alle diejenigen **Vortheile, welche der Geschichtskunde** überhaupt eigen sind. Unter allen menschlichen Wissenschaften ist die Historie die gewisseste und reizendeste Lehrerinn der Weisheit und Klugheit. Sie theilt sich gleichsam mit der Philosophie in diese Absicht: und indem sie derselben die strengsten Beweise, die aus der Natur des Menschen hergenommene Bewegungsgründe, vernünftig und tugendhaft zu leben, überläßt, behält sie das Faßliche und Rührende der Beyspiele für sich; oder wird vielmehr selbst die gemeinnützigste und geselligste Philosophie. Sie gewöhnt uns, auf den Zusammenhang und die Folgen der Handlungen aufmerksam zu werden, weil wir es doch meistentheils zu schwer finden, ihre Sittlichkeit oder Tüchtigkeit zu einem gewissen Endzwecke vorläufig zu untersuchen. Sie ladet uns zur Nachahmung schöner Muster ein, und läßt uns aus fremden Versehen, ohne eigene Gefahr, Nutzen ziehen. Es giebt keinen Theil unsers Verhaltens, über welchen sie uns nicht

Vor:

Vorschriften ertheilen, und keine Art der Ausschweifungen, vor welchen sie uns nicht warnen sollte. Je zeitiger wir sie zur Führerinn wählen, desto eher verlassen
wir die Kindheit des Verstandes, in welcher die meisten
Menschen entweder ihr ganzes Leben hindurch bleiben,
oder erst nach vielen Fehltritten sich derselben entziehen
können. Eben dieses sind auch die allgemeinen Früchte,
welche die Kirchengeschichte trägt. Durch sie erkennt
man, was von je her der Religion schädlich oder heilsam
gewesen sey; wodurch sich die Menschen gehindert haben, sie zu ihrem Besten zu gebrauchen; und wie unaus-
sprechlich schätzbar ihre Würkungen seyn können, wenn sie
ohne Bedingungen aufgenommen wird. Diese Wissenschaft belehrt uns, daß in der Kirche so wenig, als in
der ganzen Welt, etwas Neues mehr vorgehe: es treten
nur von Zeit zu Zeit andere Personen, unter neuen Umständen auf; aber ihre Unternehmungen an sich, nebst
ihrem Ausschlage, sind schon mehr als einmal da gewesen. Daher kommt uns, wenn uns diese Geschichte zur
Seite steht, nichts mehr so ungewöhnlich vor, daß wir
darüber die Gegenwart unsers Geistes verlieren, und
nicht alsbald die gehörige Stellung dagegen einnehmen
sollten. Die Christen sind über viele Dinge mit einander uneins; setzen oft in ihren Streitigkeiten die Gewalt an die Stelle der Gründe; suchen sich mehr verhaßt zu machen, als zu überzeugen; verabscheuen jede
Meinung, die dem Herkommen widerspricht; sind hartnäckig in der Behauptung kleiner Fragen, und unbesorgt,
die großen Lehren in ihrer ganzen Stärke zu nützen;
misbrauchen die Religion, um einander zu schaden; leben, als wenn sie dieselbe nicht glaubten; künsteln daran ohne Aufhören; wenden die gesunden Erklärungsre-
geln bey jedem andern Buche mehr an, als bey der heiligen Schrift, und sagen doch, indem sie ihre Meinungen in dieselbe tragen, daß sie weiter nichts, als das
Wort Gottes lehren: und wer kann ein Verzeichniß

ron allen seltsamen Abwegen geben, auf welche sie in der
Einbildung, es sey dieses die Bahn des Christenthums,
gerathen? Nur ein Unwissender kann darüber, als über
ganz unerwartete Dinge, erstaunen; dadurch verwirrt
und unentschlossen werden. Wer die Kirchengeschichte
darüber um Rath fragt, dem antwortet sie: So haben
es die Christen beynahe zu allen Zeiten gemacht; dieses
hat sie verführt, und jenes wieder zurechte gewiesen; so
haben sich Männer von Einsicht und Rechtschaffenheit
dabey aufgeführt; so haben sie dergleichen Ausschweifungen vermieden, und so muß man sich noch jetzt gegen
dieselben bewaffnen. —— Es ist noch nicht genug, daß
uns die Kirchengeschichte, wie jede andere Art der Historie, vorsichtig und klug macht; sie hat auch dieses mit ihnen gemein, daß sie uns die Tugend liebenswürdig, und
die Laster abscheulich vorstellt; uns in der Ausübung
mancher Tugenden, wie in der Gottesfurcht, in der
Standhaftigkeit beym Unglücke, in der Billigkeit und
Mäßigung gegen andere Menschen, vorzüglich stärkt,
und uns eine ungemeine Liebe zur Wahrheit einflößt.

Aber nun wende man sich zu dem Nutzen, welcher
der Kirchengeschichte, als einem besondern Theil der Historie, der die Religion bey allen ihren Abwechselungen
begleitet, eigenthümlich ist: und man wird finden, daß
ihr wegen der unerschöpflichen Nahrung, die sie dem Verstande und dem Herzen des Menschen reicht, jede andere Kenntniß von Begebenheiten weichen müsse. Der
Christ, der Gelehrte, der Diener und Lehrer der Religion, diese alle haben ihr gleich viel zu danken.

So viele tausend Menschen, welche das Christenthum bekennen, werden niemals zu einer erwünschten Festigkeit in diesem ihrem Glauben gelangen, wenn ihnen
die Kirchengeschichte gänzlich unbekannt bleiben sollte.
Sie arbeitet mit an ihrer **Ueberzeugung von der**
Wahr-

Wahrheit der Religion. Auf ihr beruht die hiſtoriſche Glaubwürdigkeit des Chriſtenthums, und der göttlichen Schriften des Neuen Bundes. Wie dieſelben aufgekommen ſind, wie ihr höherer Urſprung völlig auſſer Streit geſetzt, wie ſie deswegen angenommen, und mit einer Sorgfalt, welche keinen Verdacht der Verfälſchung leidet, aufbehalten worden ſind: dieſes kann man nur aus der Geſchichte wiſſen. Von eben derſelben erfährt man, durch was vor unwiderſprechliche Zeugniſſe das Chriſtenthum beſtätigt worden ſey: durch zahlreiche Wunder, und außerordentliche Gaben; durch eine nicht weniger bewundernswürdige Ausbreitung; durch die heiligſte Strenge des Lebens, welche niemals die Bekenner einer Religion erreicht hatten; und durch die heldenmüthigſte Bereitwilligkeit, für dieſelbe unter Schmach und Drangſalen zu leben, und unter Martern zu ſterben. Der große Stifter dieſer Religion hat Weißagungen ausgeſprochen, deren Erfüllung wiederum die Geſchichte vorzeigen kann. Und wenn der Chriſt einen Zweifel übrig behält, ob auch eben derſelbe Glaube, dem er zugethan iſt, einer ſolchen Empfehlung vom Himmel genoſſen, ſo ausnehmende Würkungen auf ſeine erſten Verehrer gethan habe: ſo iſt er bald durch die Geſchichte befriedigt.

Er fühlt ſelbſt die wahre **Gottſeeligkeit und Frömmigkeit** bey ſich zunehmen, wenn er den Urſprung und Fortgang, die Verunſtaltung und die Wiederaufweckung der Religion betrachtet. Sie iſt ſich unter allen Veränderungen immer gleich, immer würdig geblieben, die ganze Zuneigung des Menſchen zu erlangen. Bald reizt ihn ein vortreffliches Beyſpiel, das ihre Würde unter den Menſchen ſichtbar gemacht hat; bald wird er durch einige Strahlen gerührt, welche ſie oft in den finſterſten Zeiten, da ſie am meiſten verkannt und verlaſſen war, hervorſchießen ließ; bald durch ihren beſtändigen

gen Einfluß in die Glückſeeligkeit der Welt, zur eifrigſten Liebe gegen ſie gezogen. Ihre Geſchichte entdeckt
ihm inſonderheit ungemein viele Spuren der göttlichen Vorſehung. Ich ſcheue mich nicht, dieſes zu einer Zeit zu ſagen, da man ſich Mühe giebt, die Merkmale der göttlichen Vorſicht aus der Geſchichte zu ver-
tilgen; es Unwiſſenheit und Aberglaube nennt, ſie aufzuſuchen, und außer den natürlichen Urſachen der größten Begebenheiten und Veränderungen, durchaus keine
andere erkennen will. Niemand kann mehr ein Feind
vom unerweislichen Wunderbaren in der Geſchichte,
von willführlichen Deutungen auf den Einfluß des Him-
mels in die Handlungen der Menſchen ſeyn, als ich es bin:
denn nichts ſchwächt und unterdrückt die Vernunft ſo
ſehr, als abergläubiſche Einbildungen. Allein, wenn
bey Veränderungen, welche für die Ausbreitung, Erhaltung und Ehre der Religion äußerſt wichtig ſind;
von denen das Wohl eines Theils der Welt und künfti-
ger Jahrhunderte abhängt; deren Ausführung von
menſchlichen Kräften kaum erwartet wurde, wenn bey
ſolchen Veränderungen ein Zuſammenfluß aller günſti-
ger Umſtände, ungewöhnlicher Beförderungsmittel, und
Folgen der Begebenheiten entſtanden iſt: ſo muß man
gewiß, wenn gleich die nächſten Triebfedern in der Hand
der Menſchen waren, die Regierung Gottes dabey erkennen, oder man muß ſagen, daß ſie bey den erheb-
lichſten Schickſalen des menſchlichen Geſchlechts unge-
ſchäfftig ſey. Man kann leicht darauf verfallen, die
Beweiſe der göttlichen Vorſehung in der Kirchengeſchichte ohne Grund zu häufen; wenn man aber hierinne nur
einige Wahrſcheinlichkeit für ſich hat, ſo iſt dieſes Verſehen erträglicher, als wenn man auch an ſolchen Stellen, wo uns alles aufzurufen ſcheint, an den Höchſten
zu denken, den Ausſpruch thut: Hiebey hat Gott nichts
gethan!

Weit

Weit gefehlt alſo, daß die Betrachtung der Kir‑
chengeſchichte dem Aberglauben Vorſchub thun ſollte,
—— gethan hat ſie ſolchen oft genug, aber durch die
Schuld der Blödſinnigen —— iſt ſie vielmehr eines
der kräftigſten Mittel gegen denſelben. Nirgends ſieht
man die ſchimpflichen Wirkungen des Aberglaubens
deutlicher, als in dieſer Geſchichte. Man findet, daß er
die wahren Begriffe von Gott umgeſtoßen, den Ver‑
ſtand des Menſchen erniedrigt, und alle Kräfte deſſel‑
ben eingeſchläfert hat; daß durch ihn die beſte Religion
verdorben, die Unwiſſenheit auf den Thron geſetzt, die
Menſchlichkeit zu Boden geworfen, und die unſinnigſten
Meinungen oder Gebräuche herrſchend worden ſind.
Um alſo den Aberglauben zu verabſcheuen und zu ver‑
meiden, braucht man nur die Geſchichte der Chriſten in
den zwölf bis vierzehn letzten Jahrhunderten zu leſen.
Aber dieſe Krankheit der Seele hat ſelten allein unter
ihnen regiert. Sie wurde meiſtentheils noch von einer
andern begleitet, welche weit geſchwinder zerſtört, und,
um das eigentliche Wort zu gebrauchen, völlig wütend
und raſend iſt, wenn ſie einmal die Einbildungskraft
ganz ergriffen hat: ich meine den Fanaticiſmus oder
die Schwärmerey. Durch dieſe ſind Sekten geſtiftet,
der Verfolgungsgeiſt iſt durch ſie angefeuert, die Gott‑
heit, ſo viel an Menſchen war, in eine harte und grau‑
ſame Macht verwandelt, der Aberglaube, die Irrthümer
und Thorheiten aller Arten, ſind durch ſie mit dem
Schwerdte befeſtigt worden. Die Kirchengeſchichte lehrt
uns nicht nur das Verderben und Unglück kennen, wel‑
ches durch abergläubiſche und enthuſiaſtiſche Regungen
unter den Chriſten geſtiftet worden iſt: ſie zeigt uns
auch den Unterſchied derſelben, von den Empfindungen
der reinern Religion und Andacht. Es gab Zeiten und
Perſonen, welche davon ſo liebenswürdige Beyſpiele ab‑
legten, daß jene ausgeartete Geſinnungen, damit vergli‑
chen, nicht anders als häßlich, dem Chriſtenthum und
dem

dem Beſten der Menſchen widerſprechend, erſcheinen
können. Man möchte wünſchen, daß beyde Arten von
Ausſchweifungen nur aus der Geſchichte vergangener
Zeiten bekannt wären; aber das menſchliche Geſchlecht
wird niemals von denſelben frey bleiben: und deſto wich=
tiger iſt der Nutzen, ein ſolches Verwahrungsmittel ge=
gen dieſelben gefunden zu haben. Man wirft auch wohl
dem Chriſten zuweilen vor, ſeine Frömmigkeit ſey nichts
mehr, als eine abergläubiſche und knechtiſche Furcht ge=
gen das höchſte Weſen. Sollte er dieſe Beſchuldigung
nicht ſogleich nach Grundſätzen prüfen und beantworten
können: ſo wird ihn unterdeſſen die Geſchichte der Reli=
gion in den Stand ſetzen, ſich darüber zu beruhigen, oder
auch zu vertheidigen.

Wir leben unterdeſſen in ſolchen Zeiten, da es im=
mer leichter wird, in Unglauben zu verfallen, als ſich
mit Aberglauben zu beflecken; weil die Freyheit, welche
ihr unterſcheidendes Merkmal ausmacht, viele, die ſich
ſchämen, alles zu glauben, was von der Religion behau=
ptet wird, nur zu geſchwind verleiten kann, nichts zu
glauben. Die Kirchengeſchichte hilft auch dieſen Fall
verhüten. Die Einwendungen, welche gegen das Chri=
ſtenthum von ſeinem Urſprunge, und von den Verwir=
rungen, die es in der Welt angerichtet haben ſollte, her=
genommen werden, finden nicht einen Augenblick Statt,
wenn man die Geſchichte darüber zeugen läßt. Man
ſetzt alsdenn den Chriſten gar nicht in Verlegenheit, man
mag mit noch ſo vieler Dreiſtigkeit vorgeben, ſeine Reli=
gion ſey durch Betrug, Enthuſiaſterey und Leichtgläubig=
keit unter den Menſchen eingeführt worden; man habe
nicht Zeit gehabt, ſie zu unterſuchen; ſondern man ſey
durch ein gewiſſes Geräuſche, das vermeinte Wunder
machten, und durch Spöttereyen gegen das Heidenthum,
übertäubt worden: und ſeitdem habe ſie die Welt mehr
zerrüttet, als alle Religionen, welche durch ſie unter=
　　　　　　　　　　　　　　　　　　　　　drückt

drückt worden sind. Gegen diese Verläumdungen ist es hinlänglich, nur Begebenheiten aufzustellen, und dasjenige, wozu die Religion den Vorwand hergeben mußte; was aber eigentlich Früchte der Unwissenheit, der Leidenschaften und Laster der Menschen waren, von dem Gefolge der Erleuchtung und Glückseeligkeit der Menschen zu unterscheiden, welches sie selbst überall begleitete. Man findet sogar, daß die christliche Religion, von ihren ersten Zeiten an, mit vielem Witz, mit Gelehrsamkeit und Beredsamkeit, aber auch mit einem bittern Hohngelächter, bestritten worden sey; daß man selbst die Hauptbeweise derselben angegriffen habe; und daß also die Religionsfeinde der neuern Jahrhunderte schon damals in der Art zu fechten überhaupt, und in manchen besondern Einwürfen, ihre Vorgänger gehabt haben, ohne daß dadurch dem Christenthum ein merklicher Schaden zugewachsen wäre.

Es geschieht nicht selten, daß unter den Christen Klagen über den jetzigen Verfall der Religion und Kirche geführt werden; da hingegen andere daran ein Muster der Vollkommenheit finden. Der eine Theil empfiehlt lauter Verbesserungen und neue Anstalten; der andere behauptet, daß eben diese alles in Unordnung bringen würden. Auch hier erleichtert die Kirchengeschichte eine richtige Beurtheilung. Die Kirche, sagt sie, hat stets ihre Mängel und Fehler gehabt. So lange sie nur von den Schwachheiten der Menschen herrührten, und die Religion selbst nicht in ihrem Innersten angriffen, hat man sich besser dabey befunden, wenn man sie geduldet, oder sanftmüthig an ihrer Abschaffung gearbeitet hat; als wenn man gesucht hat, sie durch gewaltsame Veränderungen zu tilgen. In der ersten Gemeine der Christen war Glauben, Leben, Kirchenzucht, Gebräuche, alles, was mit der Religion zusammen hieng, war beynahe unverbesserlich. Allein in diesem

Zustan=

Zustande sind die Christen nicht lange geblieben: und sie können auch niemals wieder ganz in denselben zurückkehren. So sehr man alles, was an den ersten Bekennern der Religion lobenswürdig ist, nachzuahmen trachten muß: so wenig kann die Einfalt ihrer Sitten, ihr Verhältniß gegen den Staat, die besondere Verfassung der Wissenschaften unter ihnen, ihre ungekünstelte Lehrart, so wenig dürfen noch andere eigenthümliche Züge in ihrem Charakter, oder Vortheile ihres Zeitalters, von neuem erwartet werden. Wenn man die mögliche Vollkommenheit einer Kirche nicht nach der unendlichen Verschiedenheit der Zeiten abmißt: so wird man nur angenehme Schattenbilder von derselben entwerfen. Selbst die Heiligkeit und Unschuld der ersten Kirche hindert nicht, daß sie nicht von gewissen Seiten sollte können übertroffen werden; aber nur von solchen, an deren Ausschmückung ihr nichts gelegen war. Man hat zu allen Zeiten unter den Christen gerechte Beschwerden im Nahmen der Religion geführt, ihnen selten abgeholfen, und oft die unschicklichsten Mittel dazu vorgeschlagen; man hat sich aber auch immer falsche Vorzüge, in Absicht auf die Religion, zugeschrieben: und vielleicht ist noch jetzt keine Kirche von diesen Fehlern gänzlich frey. Die Geschichte, welche uns dieses lehrt, legt uns eben dadurch die Pflicht auf, vorsichtig im Klagen, und im Rühmen bescheiden zu seyn.

Ich habe noch davon nichts gesagt, daß die Christen aus der Kirchengeschichte auch ihre Rechte kennen lernen, die sie in Ansehung der Religion behaupten können: und gleichwohl ist dieses eine sehr wichtige Einsicht. Sie hatten viele Jahrhunderte hindurch, kaum einen Begriff von diesen ihren Rechten, und wußten nicht, wie viel sie verloren hatten. Allein die Geschichte der ältesten Kirche stellt, wenn sie insonderheit mit den spätern Zeiten verglichen wird, dieses alles desto

treuer

treuer vor. Man ſieht daſelbſt keine Spuren vom Ge=
wiſſenszwange, der für die Wahrheit und aufrichtige Ue=
berzeugung ſo tödtlich iſt; man findet nur Lehrer, welche
das Chriſtenthum in ſeiner erſten Reinigkeit fortzupflan=
zen, es durch häufige Ermahnungen und Erinnerungen,
eigenes Beyſpiel, und eine wachſame Aufſicht, aber
nicht durch Herrſchaft, Befehle, Drohungen und Stra=
fen, zu erhalten ſuchen; eine völlige Freyheit der Chri=
ſten, den Glauben, der ihnen vorgelegt wurde, zu unter=
ſuchen, und dieſes nach der Quelle deſſelben, auf welche
ſich die Lehrer ſtets beriefen; Verträglichkeit gegen ein=
ander, wenn ſie darüber uneins wurden, und gelinde,
liebreiche Mittel, ſich ihre Irrthümer zu benehmen; das
Recht des Widerſpruchs gegen bloß menſchliche Mei=
nungen und Anordnungen, wenn man verſuchen wollte,
ſie ihnen als Geſetze der Religion aufzudringen; kurz,
man ſieht, daß das Chriſtenthum den Menſchen nicht
den Gebrauch ihres Verſtandes, ihrer Beurtheilung
und freyen Entſchließung habe entreißen, denſelben nicht
in die Hände einiger wenigen geben wollen; ſondern nur
eine ſolche Unterwerfung von ihnen gefordert habe, als
man einem Geſetze bloß darum erweiſet, weil man die
Weisheit und Billigkeit deſſelben erkannt hat. Daß ſich
die Chriſten dagegen blinden Gehorſam und Furcht ge=
gen ihre Lehrer haben einprägen, und ſich in eine grau=
ſamere Sklaverey, als die Heiden ſelbſt von ihren Prie=
ſtern litten, haben ziehen laſſen, wem anders, als ſich
ſelbſt, haben ſie dieſes beyzumeſſen? Wer die Geſchichte
dieſer Veränderung mit allen ihren Folgen lieſt, und ſich
glücklicher Weiſe bewußt iſt, der chriſtlichen Vorrechte
und Freyheiten zu genießen, der wird ſeinen Hals nie=
mals wieder unter ein ſo ſchröckliches Joch beugen, und
diejenigen mitleidig anſehen, welche noch darunter ſeufzen.

Dieſe Betrachtung führt die Chriſten ſogleich zu
einer andern, welche ebenfalls eine Frucht ihrer Bekannt=

I. Theil.   E   ſchaft

ſchaft mit der Kirchengeſchichte iſt. Sie finden in derſelben Vorſchriften ihres **Verhaltens gegen andere
Gemeinen und Religionspartheyen.** So wie man
angemerkt hat, daß diejenigen unter den chriſtlichen Lehrern, welche entweder viele Reiſen gethan, oder ſonſt Gelegenheit gehabt haben, mit Menſchen aller Art umzu-
gehen, weit ſanftmüthiger und friedfertiger ſind, als die
übrigen: ſo unterſcheiden ſich auch diejenigen Chriſten,
welche fremde Glaubensgenoſſen aus der Geſchichte kennen, von denen, die ſie nur nach dem gemeinen Ruf, und
oft nach früh eingepflanzten gehäßigen Vorſtellungen,
beurtheilen. Sie begegnen ihnen mit Mäßigung, Unpartheylichkeit und gütiger Nachſicht; wenn ſie gleich
gewiß zu ſeyn glauben, daß ſie über die Religion weit
richtiger denken, als dieſe. Je mehr Blicke ſie auf dieſelben werfen, deſto lebhafter erkennen ſie die Verbindlichkeit und Nothwendigkeit, ſich von der Wahrheit ihres eigenen Glaubens durch alle Mittel zu verſichern.
Und zugleich erinnern ſie ſich, wie viel Unheil durch das
harte Betragen einer Gemeine gegen die andere, der
herrſchenden Kirche gegen kleine Haufen, die von der
Lehre derſelben abwichen, geſtiftet, wie ſehr dadurch die
ruhige Erkenntniß der Religion gehemmt, die Menſchen
gegen einander in Erbitterung geſetzt, und die allgemeine
Glückſeeligkeit geſtört worden ſey. Man mag von andern Gründen, Abſichten und Entſchuldigungen, die
hieher gezogen werden können, ſagen, was man will: ſo
bleibt es immer unbegreiflich, wie man die Begebenheiten der Kirche, auch noch in unſern Tagen, kennen, und
doch um der Religion willen Verachtung und Feind-
ſchaft ausüben könne.

Zu allen dieſen Arten des Nutzens, den die Kirchengeſchichte jedem Chriſten anbietet, kann man noch hinzuſetzen, daß ſie unzählige **Gebräuche und Anſtalten,**
welche er eingeführt findet, mit andern beobachtet, oder
doch

doch nicht zu bestreiten wagt, für ihn aufkläret. Man=
che darunter sind ihm anstößig; andere wenigstens dun=
kel, unbedeutend und entbehrlich. Er wundert sich zu=
weilen, daß man sich so viele Mühe gegeben hat, die Re=
ligion und den Gottesdienst mit einer Menge Zierrathen
mehr zu bedecken, als zu verschönern. Auch in der Kir=
chenregierung findet er Einrichtungen, die ihm nicht heil=
sam und anständig, sondern nur seltsam, oft auch aller=
ley Mißbräuchen unterworfen zu seyn scheinen. Ist er
aber des Nachdenkens so unfähig, daß er alles, was ein=
mal vorgeschrieben ist, vor herrlich und nothwendig hält:
so wird er ein abergläubischer Verehrer der gleichgültig=
sten Cärimonien und Anordnungen. Die Geschichte
zeigt diesem Christen sowohl, als jenem, den Ursprung
und die Veranlassung der Kirchengebräuche, nebst ihren
Absichten; sie leugnet, daß man ihnen gleich vom An=
fange her Heiligkeit und eine unverbrüchliche Verbind=
lichkeit beygelegt habe, und entdeckt vielmehr die schwa=
chen Zeiten, in denen solches geschehen ist; sie meldet die
Vortheile, welche man aus denselben gezogen, und den
Schaden, zu welchem sie Gelegenheit gegeben haben; sie
verschweigt auch nicht, daß manche Anstalten als noth=
wendige Uebel haben beybehalten werden müssen; und
daß viele nur für gewisse Zeiten, Völker und Umstände
bestimmt gewesen sind, die man gleichwohl nicht hat ver=
lassen wollen. Eine solche Belehrung kann also nicht
allein manchem Aergernisse vorbeugen, sondern auch die
christliche Andacht reiner und edler machen. Männer
von Verstande sind darüber eben nicht uneinig, daß man=
che Theile des geistlichen Cärimoniells entweder abge=
schafft, oder sehr stark verändert werden sollten; nur
steht, sagen sie, unsern Wünschen das Aufsehen im We=
ge, welches dadurch in der Gemeine verursacht werden
würde, und in eine ängstliche Bekümmerniß für die Re=
ligion selbst ausschlagen könnte. Warum muß man
aber dieses befürchten? Weil die meisten Christen in der

Ge=

Geſchichte dieſer Gebräuche, und aller Abwechſelungen der Kirchenverfaſſung, unwiſſend ſind. Faſt halten ſie jede Feyerlichkeit beym Gottesdienſte vor ſo alt, als das Chriſtenthum ſelbſt, und ſind ihr wenigſtens ſo ſehr als dieſem zugethan.

Aber unter allen Chriſten, muß die Kenntniß der Kirchengeſchichte den **Mitgliedern der Proteſtanti-** **ſchen Kirche** am allerſchätzbarſten ſeyn. Außerdem, daß ſie durch dieſelbe erfahren, wie ihre Gemeinen ent- ſtanden, ihr Glaube nach einer langen Verfinſterung ans Licht gezogen, ihre Bekenntnißbücher verfertigt, ih- re kirchliche Verfaſſung errichtet, ihre Rechte feſtgeſetzt, und viele andere Veranſtaltungen zu ihrem Beſten ge- troffen worden ſind, deren Aufkommen ihnen nicht ohne Schande unbekannt bleiben würde; lernen ſie hauptſäch- lich daraus den Werth ihres Zuſtandes einſehen. Wenn ſie mit demſelben diejenigen Zeiten vergleichen, da die Chriſtenheit auf eine kaum mehr glaubliche Art von ſo- genannten Lehrern und Geiſtlichen gemißhandelt wurde; und wenn ſie hören, wie viele Jahrhunderte dieſes Elend fortgewährt, welche gewaltige Bemühungen, Unru- hen und Leiden es gekoſtet habe, um ihnen diejenigen Vorzüge zu verſchaffen, die ſie jetzt ungeſtört genießen: ſo müſſen ſie es empfinden, was es vor eine Glückſeelig- keit ſey, ein proteſtantiſcher Chriſt zu heißen. Dieſe Ge- ſchichte wird ſie gewiß, wenn ſie nicht durch eine falſche Klugheit, oder durch die Angewohnheit an ſo theuer er- ſtrittene Rechte, fühllos geworden ſind, zur Dankbarkeit gegen die Vorſicht, und zur eifrigſten Liebe gegen ihre Gemeine, beleben. Sie wird auch das Andenken der Stifter und Beſchützer ihrer Kirche ſtets in Ehrerbie- tung bey ihnen erhalten: niemals werden ſie ſich bey den Fehlern, welche dieſelben gehabt haben mögen, mit einer gewiſſen boshaften Luſt verweilen; ſo wenig, als

ein

ein gutes und dankbares Herz nachforscht, um an seinem Woltthäter eine verächtliche Seite zu finden.

Ich begreife nicht, wie ein Protestant, mit diesem einzigen Verwahrungsmittel, mit einer mäßigen Einsicht in die Kirchengeschichte, gestärkt, jemals nur den Gedanken des Abfalls zu der Römischen, oder einer andern Kirche, bey sich auffsteigen lassen könne. Die Schweizer und Holländer brauchen nur die Geschichte ihres Vaterlandes zu lesen, um jeden Trieb, der sich bey ihnen regen möchte, ihre Freyheit mit einer ganz willführlichen Oberherrschaft zu vertauschen, sogleich zu unterdrücken: und die Protestanten finden, je weiter sie in die Schicksale ihrer Vorfahren zurückgehen, desto kräftigere Bewegungsgründe, die Stelle, welche sie unter den Christen eingenommen haben, standhaft zu behaupten. Durch eben diesen Unterricht der Geschichte wird es ihnen überaus leicht, gewisse Angriffe abzuweisen, welche die Römische Kirche auf die ihrige öfters gethan hat; die aber nur bey der gröbsten Unwissenheit durchdringen können. Die Einwendung, daß die Protestantische Gemeine völlig neu, ihrem Lehrbegriff und ihrer Verfassung nach dem christlichen Alterthum unbekannt sey, gehört vornehmlich unter diese Zahl. Man kann die historische Wahrheit nicht dreister beleidigen, als wenn man vorgiebt, daß ein Glaube, der gerade zu aus der heiligen Schrift geschöpft wird; die Regierung und Einrichtung einer Kirche, bey welcher man, so viel es möglich war, die ersten Christen vor Augen hatte; daß dieses bloß deswegen neue Anstalten zu nennen sind, weil man sich viele hundert Jahre hindurch von diesen Grundsätzen entfernet hatte: man müßte denn unwidersprechlich beweisen können, daß alle diejenigen, welche vor drittehalb hundert Jahren mit Gefahr ihres Lebens betheuerten, daß bloß diese Wiederherstellung der ursprünglichen Religion und Kirche ihre Absicht sey, nicht nur geirrt haben;

E 3   son-

ſondern auch die abſcheulichſten Heuchler und Böſewich=
ter geweſen ſind. Kann man dieſes nicht thun, ſo iſt die
Beſchuldigung der Neuigkeit gegen die Proteſtanten
eben ſo ungereimt, als wenn ein Spanier einem Portu=
gieſen vorwürfe, das Königreich Portugall ſey erſt hun=
dert und dreyßig Jahre alt, weil es nicht länger iſt, daß
ſich die Portugieſen von der angemaßten Herrſchaft
der Spanier losgemacht, und in ihre alte Freyheit ge=
ſetzt haben. Und hierbey dürfen ſich die Proteſtanten
nicht daran begnügen, ſich bloß zu vertheidigen; ſie kön=
nen auch den Angriff umdrehen, und wider ihre Gegner
ſelbſt wenden. Bey dieſen iſt ſo offenbar alles neu,
daß man beynahe zweifeln muß, ob man nicht der
Streitigkeit mit ihnen ein zu wichtiges und weitläufti=
ges Anſehen giebt, wenn man ſie noch durch andere
Gründe, als durch dieſen hiſtoriſchen, zu entſcheiden
ſucht. Ein beträchtlicher Theil ihres Glaubens, ihre
Andachtsübungen, ihre geiſtliche Regierung, und ſo ſehr
mit der weltlichen vermiſchte Macht ihrer Lehrer, hun=
dert tauſend ihrer Cärimonien, Feſte, Heiligen Zwangs=
mittel zur Religion, und andere unterſcheidende Züge ih=
rer Kirche, haben nichts mit den Begriffen der erſten
Chriſten gemein. Das Blendwerk, ſpätere Erfindun=
gen unter beybehaltene alte Namen zu verſtecken, thut
keine langen Dienſte, und wird ebenfalls durch die Strah=
len der Geſchichte zerſtreuet. Man ſpottet der Welt
nur, wenn man ſich einer von dem Anfange des Chri=
ſtenthums bis jetzt ununterbrochenen Reihe von Biſchö=
fen rühmet, und in derſelben auf viele fromme und de=
müthige Vorſteher einer Anzahl rechtſchaffener Diener
der Religion, geiſtliche Fürſten folgen läßt, welche über
große Länder, Städte, Kirchen, Soldaten und Geiſtli=
che, befehlen.

Doch man wird die Chriſten überhaupt vergebens
auf die Kirchengeſchichte verweiſen, um aus ihr einen
Nutzen

Nutzen zu ziehen, der noch reicher iſt, als ich ihn angege=
ben habe; wenn man ihnen nicht zugleich ſagen kann,
woher ſie die Kenntniß derſelben zuverläßig und ihrer
Fähigkeit angemeſſen, ſchöpfen ſollen. Die Quellen und
Hülfsmittel derſelben ſind meiſtentheils über ihren Ge=
brauch erhöhet: ſie verlangen daher bündige Erzählun=
gen, welche aus dieſen für ſie inſonderheit verfertiget
worden ſind. Und an ſolchen Schriften fehlt es uns
noch immer, bey allem Ueberfluß an gelehrten und gründli=
chen Werken über die Kirchengeſchichte. Nicht als wenn
unſere Lehrer gänzlich vergeſſen hätten, die Schickſale der
chriſtlichen Kirche zum Unterrichte ihrer Gemeinen zu
beſchreiben. Man hat würklich ein paar Werke dieſer
Art in deutſcher Sprache; aber ihre Verfaſſer haben
ſich bey der Anlage derſelben geirrt. Sie glaubten, ihre
Abſicht zu erreichen, wenn ſie eine vollſtändige Samm=
lung von Begebenheiten in eine deutliche Schreibart
und in Betrachtungen voll Eifers und Frömmigkeit ein=
kleideten. Hingegen trift man in denſelben keine Wahl
der Vorfälle und Umſtände an: große und kleine, nichts=
bedeutende und wichtige drängen einander fort; und
ſehr viele darunter weiß man nicht anders, als zur Be=
reicherung, oder vielmehr zur Beſchwerde des Gedächt=
niſſes zu gebrauchen. Eben ſo wenig werden darinne
die Urſachen und Folgen der Handlungen aus dem Cha=
rakter der Perſonen, der Beſchaffenheit der Zeiten, und
dem Zuſammenhange der Geſchichte, vorgeſtellt: der
Schriftſteller hilft ſeinem Leſer nicht genugſam, ſie zu be=
urtheilen und anzuwenden. Dazu kommt meiſtentheils
noch die Partheylichkeit, welche zu ſehr die Kirche ver=
räth, in welcher das Werk geſchrieben worden iſt, und
eben deswegen der Wahrheit ſchädlich wird. Der Vor=
trag ſelbſt iſt mehr einem Sammler als einem Ge=
ſchichtſchreiber anſtändig. Ich weiß zwar, daß viele
glauben, für Ungelehrte, oder wenigſtens in der hiſtori=
ſchen Wiſſenſchaft nicht ſehr geübte Leſer, ſey es hinrei=

E 4 chend,

chend, wenn ihnen auf eine erträgliche Art viel Wahres
und Lehrreiches erzählt wird; aber ich weiß auch, daß
dieses ein Vorurtheil ist, welches den ausgebreiteten Nußen der Kirchengeschichte hintertreibt.

Wir besißen einige schäßbare Schriften in einzelen
Theilen dieser Geschichte, die zu der jeßt gedachten Absicht, die Christen zu unterrichten und zu stärken, sehr
dienlich sind. Ernst Salomo Cyprians „Ueberzeugen-
de Belehrung vom Ursprung und Wachsthum des Pabstthums,„ ist eines von denjenigen Büchern, welche nicht
allein von allen Protestanten, sondern von allen Christen, welche die deutsche Sprache verstehen, gelesen werden müssen. Kein anderes hat in der fruchtbarsten Kürze die Kirchengeschichte so glücklich genüßt, um die Monarchie, welche die Römischen Bischöfe in der Welt
aufgerichtet haben, nach ihren willkührlichen und unge-
rechten Ansprüchen, nach den hinterlistigen unverschämten und grausamen Mitteln, durch welche sie gegründet
worden ist, in ihrer dem christlichen Alterthum unbekann-
ten, widersinnischen, der menschlichen Gesellschaft und
der bürgerlichen Regierung schädlichen Gestalt, mit einer unwidersprechlichen historischen Ueberzeugung darzu-
legen, welcher man gar nicht, auch nicht durch einige
Verdrehungen der Zeugnisse, ausweichen kann. Es
giebt noch andere, aber zusammengenommen nur wenige,
Schriften, welche aus gewissen Gegenden der Kirchenhistorie denjenigen Vortheil gezogen haben, der für die
Christen überhaupt darinne liegt: und ich werde sie an
einem bequemern Orte nennen; aber in den ganzen zusammenhängenden Umfang dieser Geschichte hat man
sie noch mit weniger Geschicklichkeit geführet.

Der Vortrag der Kirchengeschichte sollte nicht einmal blos auf Bücher eingeschränkt werden. Sehr viele
Christen, welche dieser Kenntniß eben so sehr als die fä-
higsten

higsten Köpfe bedürfen, können doch kaum zum lesen
aufgefodert werden. Ich sehe nichts was uns hindern
sollte, mit der öffentlichen Erklärung der Religion auch
ihre Geschichte, nach einer weisen Wahl und Beurthei=
lung, zu verbinden. Man verstehe mich nach meinem
Sinne: dieser Vorschlag soll keine ganz historische Pre=
digten hervorbringen; — diese sind der Natur einer
christlichen Predigt zuwider, welche nicht erzählen, son=
dern allemal Gottes Wort und Religion abhandeln
muß; — aber historische Erläuterungen und Bestäti=
gungen der Religion sind keineswegs der Canzel unwür=
dig. Wir bedienen uns gegen unsere Zuhörer so vieler
Beweise, denen man ihre Richtigkeit nicht absprechen
kann; aber wir besinnen uns nicht, daß die historischen
Gründe bey dem größten Theil der Gemeine einen ge=
schwindern, und länger bleibenden Eindruck verursachen,
als die scharfsinnigsten Vorstellungen, bey denen alles
dem Nachdenken überlassen wird. Es wird täglich nö=
thiger, der Gleichgültigkeit gegen die Religion, und dem
reißenden Strohme des Unglaubens einen Damm unter
den Christen entgegen zu setzen. Wüßte man aber nur
die Geschichte des Christenthums recht zu gebrauchen,
so würde sie diesen Dienst leichter als jedes andere Mit=
tel leisten können. Man ermahnet die Christen so oft
zur Beständigkeit im Glauben, und zur Ausübung aller
christlichen Tugenden; aber wir verbergen ihnen so viele
vortreffliche Beyspiele von diesen, und so viele Bewe=
gungsgründe zu einer standhaften Beharrlichkeit, die
alle, wenn man nur die Hände ausstrecken will, aus der
Kirchengeschichte genommen werden können. Es ist ge=
wiß eine von den Ursachen, warum unsere meisten Pre=
digten bey dem großen Haufen, vor welchem sie gehal=
ten werden, so gar wenigen Nutzen schaffen, daß man
darinne bloß zu dem Verstande der Christen redet; gleich
als wenn sie alle im Stande wären, denselben so sehr an=
zustrengen, als diejenigen, welche die Religion systema=

tisch

tisch erlernet haben. Ihre Einbildungskraft, auf wel=
che ein kluger Lehrer ohne Zweifel Rücksicht nehmen
muß, und welche bey den meisten weit stärker ist, als das
Nachsinnen, wird im geringsten nicht gerührt; oder,
wenn es geschieht, von einer unrechten Seite, durch alle=
gorische Redensarten und Vorstellungen vom Glauben,
welche das Bild desselben verdunkeln, oder gar verfäl=
schen. Durch die Geschichte sollte sie aufgeweckt wer=
den, indem man ihr sehen ließe, wie die Religion, welche
im Verstande und Herzen ihren Sitz hat, im Leben und
unter den Menschen würksam gewesen ist.

Dieser Gebrauch der Kirchengeschichte auf der Can=
zel erfordert freylich viele Vorsichtigkeit. Man könnte
sich hierbey auch nicht auf einen jeden, der dieselbe be=
steigt, verlassen: es dürfte sich sonst zutragen, daß wir
der Geschichte ausgestorbener Ketzereyen, spitzfindiger
Streitigkeiten, verdächtiger Wunder, und berühmter
Schriftsteller, in Predigten begegneten. Eine wohl
überdachte Anweisung müßte vorhergehen; gute Muster
müßten sie erläutern: und der öffentliche Beyfall würde
ihnen nicht fehlen. Wie groß und liebenswürdig würde
man dem gemeinsten Christen seine Religion vorstellen,
wenn man ihm ihre wunderbare Ausbreitung unter
Verfolgungen und allen Arten von Hindernissen; die
vortreflichen Beyspiele der Frömmigkeit, welche sie er=
zeugt hat; die Beweise des göttlichen Schutzes, der ihr
zu Theil geworden ist; und die Wohlthaten, welche sie
der Welt erwiesen hat, bekannt machte! Und wie nach=
drücklich würde man die Christen vor den Ausschweifun=
gen warnen, zu denen die Religion ihren Nahmen noch im=
mer leihen muß, wenn man ihnen die unglücklichen Früch=
te des Aberglaubens und des verfolgenden Eifers in der
Geschichte zeigte! Irre ich nicht, so könnte der Anfang
dieser Vereinigung des lehrenden und historischen Vor=
trags der Religion nirgends besser, als bey dem ersten
Unter=

Unterrichte der Jugend gemacht, und sodann auch in jene
öffentliche catechetische Unterweisungen fortgepflanzt
werden, welche, wenn sie anders mit geübter Einsicht an=
gestellt werden, so viele Predigten an Nutzbarkeit über=
treffen.

Wenn der lehrbegierige Christ aus der Kirchenge=
schichte so viele Vortheile ziehen kann, ohne sich in die
Untersuchung der Zeugen und widersprechenden Nach=
richten einzulassen; wie vielmehr wird der Gelehrte
nicht nur eben dieselben, sondern auch noch andere, und
mit einer noch größern Zuversicht, durch sie erlangen?
Sie gehört bey ihm mit zu der allgemeinen Gelehrsam=
keit, die bey niemanden fehlen darf, der diesen Nahmen
mit einigem Rechte führen will. Die unglückliche
Scheidewand der sogenannten Facultäten macht, daß oft
die Kenntniß der nöthigsten Wissenschaften, die zusam=
men gehören, von einander getrennt wird. Die Welt=
weisheit, die Geschichtskunde und die Theologie sollten
allen Gelehrten, wenn gleich nicht in einerley Grade,
gemein seyn: und sie sind es nicht mehr, wie sie es bey
den Alten waren. Ein wahrer Gelehrter kann sich
unmöglich daran begnügen, die Religion obenhin zu wis=
sen und zu glauben: er muß auch ihre Erkenntnißquel=
len und Gründe geprüft haben; die Erklärungen, welche
von ihren Lehren gegeben werden, beurtheilen, und die
Einwendungen, welche gegen sie vorgebracht werden,
beantworten können; kurz, er muß eine gelehrte Wis=
senschaft derselben besitzen: und was ist diese anders, als
die Theologie? Der Umfang und die Tiefe derselben
könnten zwar bey denen, welche sich nicht zu Lehrern der
Kirche bestimmt haben, eingeschränkt werden; aber,
daß die Gelehrten der andern Stände eine gründlichere
und scharfsinnigere Kenntniß der Religion meistentheils
nicht zu dem Endzwecke ihres Studierens rechnen, muß
jedermann befremden, der über herrschende Gewohnhei=
ten

ten wegzusehen vermögend ist. So sehr man darinne einig ist, daß die Philosophie jedermann, er mag seinen Verstand lenken wohin er will, den Weg zur Gelehrsamkeit bahnen, oder vielmehr über alle Theile der Wissenschaften ihr Licht ausbreiten müsse; so wenig sollte man daran zweifeln, daß sich der Gelehrte von dem gemeinen Christen auch vornehmlich durch eine erhabnere Einsicht in die Religion unterscheiden müsse. Sagt man: er kann über dieselbe philosophiren, und er thut es auch; so giebt man ihm einen Vorzug, der nicht weit reichen wird. Ein freyes Nachdenken über die Religion, über die Ursachen und Absichten ihrer Lehren, kann ihm zwar zur Beurtheilung falscher Vorstellungen behülflich seyn, auch einige richtige Grundsätze und Beweise entdecken; allein im übrigen wird er nicht viel mehr als Muthmaaßungen und scheinbare Einfälle hervorbringen, wenn er nicht die Stützen selbst und das ganze Gebäude der Religionswissenschaft untersucht hat. Und gegen einige glückliche Betrachtungen wird er noch mehr Zweifel über die gewöhnliche Lehrart bey sich nähren, ohne sie durch eigene Kräfte heben zu können.

Unterdessen, da die eingeführte Art des theologischen Vortrags auf hohen Schulen und in systematischen Werken augenscheinlich nur für die künftigen Lehrer der Religion gebildet ist; und da man in diese Wissenschaft überhaupt, wenn ich es sagen darf, mehr Schwierigkeiten eingeflochten hat, als sie ihrer Natur nach haben sollte: so muß der Gelehrte, welcher sie nicht zu seinem Hauptgeschäfte machen kann, einen kürzern Weg suchen, um in dem Urtheil über die Religion zu einer gewissen Festigkeit zu gelangen. Dieser Weg wird nun meinen Lesern sogleich beyfallen: es ist die Kirchengeschichte. Von dieser kann den Gelehrten weder die Weitläuftigkeit, noch die Beschwerlichkeit einer langen Uebung, die Forderung einer besondern Sprachkenntniß, und andere

Eigen-

Eigenschaften der Theologie, abhalten. Er kann die Historie im Ganzen genommen, nicht entbehren, und wird also auch die Geschichte der Religion nicht unberührt lassen können. Aber wenn er erst sieht, wie lehrreich dieselbe für ihn sey; wie sie eben dasjenige, was den erklärenden, beweisenden und streitenden Theologen sein ganzes Leben hindurch aufhält, in einer Reihe von Begebenheiten zur Prüfung vorlege, und ihn die Wahrheit und Brauchbarkeit der christlichen Lehren, aus der Erfahrung, aus ihren Schicksalen, bestimmen lasse: so wird er sich dieser Geschichte, wenn er die Religion wahrhaftig liebt, und seine Lebensart dagegen keine Hindernisse aufwirft, mehr als irgend einer andern ergeben. Ich bin schuldig, diesen besondern Nutzen, den die Kirchengeschichte einem Gelehrten darbietet, denjenigen vorausgesetzt, den er als ein Christ daraus schöpfen kann, genauer zu entwickeln.

Der Gelehrte ist nicht gewohnt, Lehren und Meinungen, auch diejenigen, die von den ehrwürdigsten und berühmtesten Männern vorgetragen werden, treuherzig und auf guten Glauben anzunehmen. Er verlangt überall Gründe zu sehen: wenn man ihm diese nicht zugleich zeigen kann, so lacht oder erzürnt er über die Zumuthung, daß er seine Denkungsart schlechterdings in eine fremde Form zwingen soll. Niemals fällt ihm dieses unerträglicher, als wenn von der Religion die Rede ist. Ihre Vorschriften können ihm nicht unbekannt seyn: denn sie sind deutlich ausgedrückt, und oft wiederholt worden. Kommt er aber zu ihren Lehrern, so scheinet es ihm, daß sie weit mehr sagen, als die Religion selbst verlangt. Hier findet er eine Auslegung und Bestimmung, welche aus der heiligen Schrift nicht klar genug erwiesen werden kann; dort eine künstliche Eintheilung; neue Wörter und Redensarten zu Materien, die derselben nicht bedürfen; gezwungene Folgerungen; Fragen,

gen, über welche keine Entscheidung aus der Bibel erwartet werden kann, die von geringer Erheblichkeit sind, und doch mit vieler Hitze erörtert werden. Die ganze Gestalt des Lehrgebäudes, die Einkleidung des Glaubens in symbolische Bücher, die Aussprüche von der Wichtigkeit und Nothwendigkeit so mancher Lehren, dieses alles hält er oft vor bloß willkührliche Erfindungen. Glaubt er in denselben eine gewisse Absicht der Lehrer zu entdecken, sich dadurch in Ansehen zu setzen, und ihre Gedanken von den Christen gleich dem Worte Gottes verehren zu lassen: so entsteht daraus bey ihm Widerwillen, Verachtung und Spott gegen dieselben. Nicht selten hat ein solcher Verdacht sogar eine Abneigung gegen die Religion selbst hervorgebracht. Man sieht bey derselben an vielen Stellen überflüßige menschliche Arbeit: daher eilt man zu schließen, oder doch zu muthmaaßen, daß wenig Göttliches in ihr zu suchen seyn dürfte. Urtheilt aber der Gelehrte nur, daß jene ihm anstößige Bemühungen eine Frucht der menschlichen Schwachheit sind, welche die ungeschminkte Wahrheit nicht vertragen kann, sondern ihr, um desto mehr Antheil daran zu behaupten, täglich neuen Putz anheftet: so wird auch diese Vorstellung nicht dazu dienen, ihm Hochachtung gegen die Lehrer und ihren Vortrag einzugeben. Wirft er noch überdieß einen Blick auf ihre Streitigkeiten, so wird es ihm immer verdrießlicher, der Untersuchung der Religion, wie sie in seiner Kirche vorgetragen wird, einige Zeit und Mühe zuzuwenden: es kommt ihm vielleicht gar unnütz vor, dieselbe anzustellen, weil sie theils kein Ende nehmen, theils doch nichts anders ausmachen dürfte, als was er ohnedieß weiß, daß man den christlichen Glauben, ohne alles Zuziehen der Menschen, lediglich aus der heiligen Schrift hernehmen müße, und ihn alsdenn gewiß edel, ungekünstelt, mehr praktisch als zum Nachgrübeln eingerichtet, befinden werde.

So wird der Gelehrte denken, so lange er die Religion bloß in den Händen des Theologen, und außer der Geschichte, betrachten wird. Je mehr er aber mit dieser bekannt geworden ist, desto leichter wird sich seine aufwallende Hitze besänftigen: er wird das Christenthum weit richtiger kennen lernen, und sich mit dem bessern Theil der Lehrer desselben aussöhnen. Die Kirchengeschichte lehrt ihn, was die Religion unter den Christen vor eine ursprüngliche Gestalt gehabt, auf welche Beweise sie sich gegründet habe; daß sie sowohl wegen dieser, als wegen vieler großen Vortheile, die sie versprach und auch leistete, von den Menschen angenommen worden sey; und daß sie ihre heilsamsten Früchte zu keiner Zeit reichlicher getragen habe, als da man sie in ihrer lieblichen Einfalt stehen ließ. Aber auf der andern Seite bringt sie ihn auch zu dem Geständnisse, daß es nicht in der Gewalt der Lehrer, auch sehr gut gesinnter, gestanden habe, sie auf immer vor gewissen Ausschmückungen, und sehr mannichfaltigen, zum Theil beschwerlichen Abwechselungen des Vortrags, zu verwahren. Er erkennt, wie bald durch einen Irrthum, bald durch eine Streitigkeit, Kunstwörter und bestimmende Ausdrücke aufgekommen sind, mit deren Hülfe jene inskünftige verhütet werden sollten; was vor einen Probierstein man stets gehabt habe, um sich dasjenige, was sich die Menschen selbst geschaffen, und der Religion zugeeignet haben, von dieser abzusondern; warum unfruchtbare Untersuchungen und trockene Zänkereyen über den Glauben stets unvermeidlich gewesen sind, was sie aber doch der Nachwelt genützt haben; auf welche nothwendige Veranlassung die Bekenntnißschriften der christlichen Gemeinen entstanden sind; was man ihnen vor einen Gebrauch zugedacht habe, und wie ferne derselbe beobachtet werden könne; überhaupt aber, daß die Religion vielen äußerlichen Veränderungen der Lehrart stets unterworfen bleiben werde; deren Ursachen jedoch nicht allein in

der

der Uebereilung, dem Eigenſinne und Stolze mancher Lehrer zu ſuchen ſind. Der gelehrte und Wahrheitsliebende Mann überſieht in der Geſchichte den Urſprung und die Abſichten aller nach und nach feſtgeſetzten Lehrformen, Meinungen und Gebräuche: er findet daher vieles beſſer gegründet und nützlicher, als es ihm bey dem erſten Anblick vorkam; manches hingegen weniger brauchbar, und nur für gewiſſe Zeiten und Umſtände ſchicklich. Er geht dem chriſtlichen Glauben durch alle Jahrhunderte nach, erkennt den Werth deſſelben auch unter unzähligen Zuſätzen der Menſchen, und kann endlich nicht leugnen, daß jedes Nachforſchen in demſelben, es mag ſich im Kleinen oder im Erhabnen und Geheimnißvollen üben, immer ſchätzbar ſey, wenn anders die Kräfte der Seele alle ihre Dienſte dabey verrichten. Ein ſolcher durch die Geſchichte erleuchteter Kenner der Religion, wird weder von dem Gutdünken eines Lehrers abhängen, noch alles verwerfen, was die Theologie vor dem Chriſtenthum beſonders an ſich hat. Er iſt aber auch, weil er das beſtändige Wachsthum dieſer Wiſſenſchaft vor Augen hat, ohne ſie ſelbſt zu lehren, zuweilen mehr im Stande, Vorſchläge zu ihrer Verbeſſerung zu thun, als derjenige, welcher verbunden zu ſeyn glaubt, ihr einen ſehr hohen Grad der Vollkommenheit zuzuſchreiben.

Die Religion der Chriſten darf ſich alſo weder für ſich, noch in Anſehung der Kunſtmäßigen Geſtalt, die man ihr in einer guten Meinung gegeben hat, vor gelehrten und ſcharfen hiſtoriſchen Unterſuchungen ſcheuen. Man laſſe ſich aber auch nicht durch einen blendenden Schimmer verführen, Witz und Spötterey vor Gelehrſamkeit und ſcharfſinnige Beobachtungen zu halten. Viele ſtellen, ſonderlich in unſern Zeiten, dieſen leichten Tauſch an. Sie glauben mit der Beurtheilung des Chriſtenthums in der Kürze fertig geworden zu ſeyn, wenn ſie allgemeine, meiſtentheils höhniſche Anmerkungen über die

Ge=

Geschichte desselben, und sonderlich über das Verhalten der Lehrer, gemacht haben. Ein artiger Einfall, eine lächerliche oder schimpfliche Abschilderung, und darauf ein Ausspruch, so entscheidend als er nur abgefaßt werden kann, dient ihnen statt einer langen und überlegten Prüfung der Historie. Man kann es aber sehr bald merken, ob sie die Begebenheiten kennen, und ihren Zusammenhang gewissenhaft nützen, oder ob sie die Kirchengeschichte nur in ein Lustspiel von ihrer Erfindung verwandeln wollen. Einige flüchtige Blicke in diese Geschichte, und ein Vorrath von Maximen, sinnreichen oder gar possierlichen Wendungen, und bitterer Verachtung gegen die Fehler und Schwachheiten älterer Zeiten, ist hier nicht hinreichend; eine solche Methode verdient vielmehr, daß sich alle Kenner der Geschichte wider dieselbe vereinigen.

Eben dieser spielende, seichte Witz, der den Anstand und zugleich die Wahrheit der Kirchengeschichte immer mehr zu verletzen anfängt, hat sich noch weit früher an die Religion selbst, oder wenigstens an ihren äußerlichen Dienst, gewagt. Es ist beynahe zu einem Merkmal eines feinen Kopfes geworden, zumal unter Gelehrten, welche nicht zum theologischen Stande gehören, ihre Fertigkeit im Scherzen an Materien dieser Art zu versuchen. Man müßte der Religion eine geringe Stärke zutrauen, wenn man befürchten wollte, daß ihr durch solche Angriffe bey andern, als deren Gemüth schon längst verdorben ist, einiger Nachtheil zugefügt werden könne. Allein sie selbst brauchen eine kleine Erinnerung aus der Geschichte der christlichen Religion. Wenn ihnen dieselbe bekannt wäre, so müßten sie wissen, daß eben diese Religion, deren Anstalten sie verlachen, der Welt so lange und große Dienste erwiesen, und, wenn man sie gleich oft daran gehindert, doch zu erweisen gesucht hat; daß sie bloß deswegen ehrwürdig, von allem leicht-

I. Theil.　　　　　　F　　　　　　sinn-

ſinnigen Anfall verſchont bleiben ſollte. Sie würden alsdenn noch inſonderheit erkennen, daß ſie die Freyheit, welche ihnen die Religion, ſonderlich, nachdem ſie vor zwey hundert Jahren wieder einen Theil ihrer Vorzüge erlangt hatte, geſchenkt hat, mit einer abſcheulichen Undankbarkeit wider ſie ſelbſt gebrauchen.

Allein die Kirchengeſchichte giebt dem Gelehrten nicht bloß zu vielen allgemeinen und ſehr nützlichen Betrachtungen Anlaß; ſie wird ihm auch bey verſchiedenen Theilen der Wiſſenſchaften zu einer unentbehrlichen Hülfe. Er wird, wenn ſie ihn verläßt, in der übrigen Geſchichte der Chriſten wenig ſichere Tritte thun können. Die politiſche oder **bürgerliche Hiſtorie** hat den Einfluß der Religion und Kirchenverfaſſung ſchon ſeit den erſten Jahrhunderten empfunden. Zuerſt wurde derſelbe von den Zeiten **Conſtantins des Großen** an, auf eine ausnehmende Art merklich. Das Römiſche Reich fieng an, ſich in mancherley Einrichtungen, nach der chriſtlichen Religion umzubilden. Die geiſtlichen Streitigkeiten und Ketzereyen beunruhigten den Staat noch heftiger, als die wichtigſten weltlichen Angelegenheiten. Die Kaiſer ſahen bey ihren Anſtalten, Geſetzen und Kriegen, eben ſo oft auf das Chriſtenthum, als auf andere den Fürſten eigene Abſichten. Sogar bey den großen Veränderungen, welche das abendländiſche Kaiſerthum ſtürzten, blieb die chriſtliche Religion immer geſchäftig. Die Biſchöfe und Mönche, welche nur über ſie eine Aufſicht führen ſollten, wurden auch im Staate Männer von beträchtlichem Range und Anſehen. Ihre Gewalt gränzte gar bald mit der Macht der Landesherren, kam mit derſelben in Streit, und behielt endlich, zum Erſtaunen der Nachwelt, über ſie die Oberhand. Seit der Regierung der Carolingiſchen Könige und Kaiſer errichtet die Geiſtlichkeit mit vieler Dreiſtigkeit einen eigenen Staat im Staate: und nun richten ſich die Unternehmun-

rehmungen großer Herren, die Sicherheit ihrer Krone,
die Treue ihrer Unterthanen, kurz ihr Glück und Unglück
richtet sich nach dem Verhältniße, in welchem sie gegen
die geistlichen Oberherren von Europa stehen. Der
Aberglaube und die Furcht vor einem Römischen Tyran-
nen, verdrängen die wahre Staatskunst; und sehr viele
Begebenheiten der politischen Geschichte sind, wenn man
jene Triebfedern nicht vor Augen hat, unbegreiflich.
Die Religion war fast bey allen beträchtlichen Verfällen
und Abwechselungen, ein Bewegungsgrund oder eine Absicht, ein Mittel oder ein Vorwand, gewisse Vortheile
zu erlangen. Sie mußte sich dazu gebrauchen lassen,
Könige vom Throne zu stoßen, Empörungen zu stiften,
die Besitzungen und Einkünfte des Staats zu vermindern, ungerechte, grausame, zum Theil auch seltsame
Kriege in andern Welttheilen zu erregen, einen Fürsten
wider seine eigene Unterthanen zu bewaffnen; und beynahe möchte ich sagen, die Staatsgeschichte der mittlern
Jahrhunderte sey nur ein Theil von der Geschichte der
Kirche und Clerisey gewesen; wenigstens ist sie von den
Geistlichen ziemlich aus diesem Gesichtspunkte betrachtet worden. Die Reformation hat diese Verbindung
der Staatsveränderungen mit der Kirchengeschichte
nicht aufgehoben; sondern sie nur nach andern Grundsätzen zu leiten gesucht. Sie hat Gelegenheit gegeben,
daß die Verfassung der Länder, die Rechte der Fürsten,
und die ganze Gestalt von Europa, durch sehr merkwürdige und unerwartete Begebenheiten umgewandt worden sind. Der weitläuftigste, berühmteste und weiseste
Friedensschluß der neuern Zeiten, der Westphälische, ist
auf diesen Einfluß der Religion in die Ruhe unsers
Welttheils gegründet. Die Geschichte der letztern Jahrhunderte enthält, wie die ältere, Kriege, die der Religion
zu Ehren, oder doch unter ihrem Namen, geführt worden sind; Entvölkerungen der Staaten zur vermeinten
Beförderung des wahren Glaubens; Störungen des

F 2   Frie-

Friedens in einem Reiche durch geistliche Gesellschaften, und theologische Streitigkeiten: schädliche Rotten, Verrätherenen und schröckliche Verschwörungen, die aus einem unreinen Religionseifer erwachsen sind: und, um es mit wenigem auszudrücken, die bürgerliche Gesellschaft fühlt immer noch das meiste, was die kirchliche unternimmt. Wer die häufigen Spuren dieses Zusammenhangs in der politischen Geschichte erkennen und beurtheilen will, der braucht weit mehr, als einen kleinen Auszug der Kirchengeschichte, und ein bloßes Verzeichniß ihrer Begebenheiten bey der Hand zu haben.

In der Geschichte der Gelehrsamkeit kann man eben so wenig die Ursachen der wichtigsten Veränderungen angeben, wenn man nicht die Schicksale der christlichen Religion zu allen Zeiten weiß. Die Wissenschaften sind mit ihr gestiegen und gefallen. War sie edel, unverfälscht, zur Untersuchung offen, und in der Anwendung auf die Sitten der Menschen ihrer Bestimmung würdig: so nahm auch der menschliche Verstand seinen freyen Lauf in alle Gegenden der Wahrheit. Sobald sie aber auszuarten anfieng, hörte auch der Fortgang einer gründlichen und gemeinnützigen Gelehrsamkeit auf. Der Aberglaube ist stets die Stütze der Unwissenheit, des falschen Geschmacks, der Leichtgläubigkeit und des Irrthums in jeder Art von Erkenntniß gewesen. Er wollte es nicht zu seyn scheinen, und lenkte daher die Gemüther auf solche Beschäftigungen, welche ihm zur Aufnahme dienten, ein Ansehen von Hoheit hatten, und gleichwohl die Vernunft niederdrückten. Die Gelehrsamkeit war lange Zeit unter den Christen eine Fertigkeit, spitzfindige Fragen über die Religion aufzuwerfen; die allgemeinen Grundsätze der menschlichen Wissenschaft zu unendlichen Zänkereyen zu misbrauchen; Sagen von Heiligen, Wundern, Erscheinungen, und jede kriechende Kleinigkeit, welche den geistlichen Stand berührte,

rührte, zu ſammeln; überhaupt aber, die Ausſprüche
berühmter Vorgänger zu wiederholen und anzupreiſen.
Niemals würde der Verſtand des Menſchen ſo viele
Thorheiten oder unnüße Arbeiten vor Weisheit angeſehen haben, wenn ihn nicht verkehrte Begriffe von der
Religion verführt, und inſonderheit ſeiner Freyheit beraubt hätten. Das Wachsthum der Wiſſenſchaften in
den letzten Zeiten, da die Religion den menſchlichen Geiſt
nicht mehr in Feſſeln gehalten hat, ſondern vielmehr mit
ihr erhöhet wiſſen will, zeigt allein, wie ſehr er von derſelben abhänge. Man liebe nur den Fortgang der Gelehrſamkeit, ſo wird man ſchon darum den Zuſtand der Religion nicht gleichgültig anſehen, und aus der Geſchichte
ſich belehren, wie ſie beyde zu gleichen Abſichten vereini-
get werden müſſen; aber auch beyde einander viel zu
danken haben.

Auch die **Rechtsgelehrſamkeit** empfängt aus
der Kirchengeſchichte ein beſonderes Licht. Ich unter-
ſcheide hier ſehr ſorgfältig die Wiſſenſchaft der allgemeinen Rechte, welche aus der Natur der Menſchen und
der bürgerlichen Geſellſchaft erwieſen werden können,
von demjenigen, was man ſehr uneigentlich die Rechtsgelehrſamkeit nennt, wenn es nichts mehr als eine
Sammlung von Geſetzen aller Völker und Zeiten, von
neuen Abänderungen derſelben, von Gewohnheiten und
Verordnungen iſt, welche nach und nach unbrauchbar
oder ſtreitig werden, weil ſie zu ſehr aus Willkühr, un-
beſtimmten Grundſätzen, oder aus der Verfaſſung einzeler Nationen gefloſſen ſind. Doch dieſe Kenntniß iſt
einmal in Uebung, und jene ſollte es weit mehr ſeyn; aber
beyde werden durch die Geſchichte der Religion aufgeklärt. Es iſt äußerſt wichtig auszumachen, in was vor
einem Verhältniſſe Religion und Staat ſich gegen einander befinden müſſen. Soll dieſer ganz von jener gebildet, regiert, bis auf ſeinen Grund erſchüttert, und ſo

F 3　　　　　　　　oft

oft verändert werden können, als sie selbst oder ihre Diener neue Gestalten und Absichten annehmen? Oder muß
der Wohlstand des Staats unveränderlich behauptet
werden, wenn gleich von Seiten der Religion scheinbare Hindernisse dagegen erregt werden, ja selbst, wenn
ihn das Unglück betroffen hätte, eine Religion eingeführt
zu haben, mit welcher seine Sicherheit und Glückseeligkeit nicht immer bestehen kann? Wenn die Religion
und das Beste der Länder nicht mit einander übereinstim-
men, was vor ein gegründeter Verdacht muß daraus
entstehen? und welche Pflichten hat ein Fürst dabey zu
beobachten? Wie können die geistlichen und bürgerlichen
Gesetze gemeinschaftlich zum Dienste des Staats angewandt werden? Ist es demselben zuträglich, daß seine
Mitglieder, in so ferne sie der Religion zugethan sind,
eine besondere Gesellschaft vorstellen, welche gewisse Rechte und Vorzüge besitzt, die aus keiner andern Betrachtung hergeleitet werden können? Welches sind die Gränzen, innerhalb deren die Würde der Religion stehen
bleibt, um das Ansehen und die gute Ordnung des Staats
nicht ganz unkennbar zu machen? Wie weit müssen die
Lehrer der Religion der höchsten obrigkeitlichen Gewalt
unterworfen seyn? Sind sie auch befugt, sich derselben
unter dem Vorwande zu entziehen, weil sie solche Gesetze
vortragen, und sie mehr als andere kennen, die von einer
über alle Obrigkeiten erhabenen Macht gegeben worden
sind? Was vor Vortheile zieht der Staat aus den höhern und rührendern Bewegungsgründen, durch welche
die Religion seine Unterthanen zu ihren Pflichten verbinden kann? Wie verhütet er jeden Mißbrauch derselben, durch welchen die öffentliche Ruhe gestört wird, am
anständigsten? Ist es zu dieser Absicht nöthig und rath-
sam, daß die Unterthanen alle einerley Religion mit dem
Landesherrn bekennen, und den Verordnungen, welche
er dabey macht, ohne Widerspruch folgen? Oder ist
vielmehr die Freyheit des Glaubens, die Verträglichkeit

unter

unter mehrern gottesdienstlichen Gemeinen, die Beschü-
tzung derselben, die aber mit einer genauen Aufsicht über
ihre Grundsätze, Entwürfe und Mittel der Ausbreitung
verbunden seyn muß; ist dieses nicht ein weit gewisserer
Weg zu jenem großen Endzwecke? — Man kann
noch viele mit diesen verwandte Fragen aufwerfen; und
ihre Untersuchung hilft das allgemeine geistliche
Staatsrecht festsetzen. Aber wenn haben sie die
Christen nach den ersten Gründen der Vernunft, der
Religion und Staatsklugheit, untersucht? Sehr selten,
und auf eine hinlängliche Art noch niemals. Man hat
es den Lehrern der Kirche lange Zeit geglaubt, daß die
christliche Religion die Vorrechte der Landesherren gar
wohl umstoßen könne, und dem Wohl der Staaten keine
große Achtung schuldig sey. Die Fürsten haben sich hiebey so gut geholfen, als sie konnten; oder die Wahrheit
zu sagen, sie haben alles erduldet, was die Geistlichkeit
Rechte der Religion nannte, und was in der That nur
Ansprüche ihrer Herrschsucht waren. Nachdem man
endlich erkannt hat, daß man sich habe betrügen lassen,
hat man zwar die Religion mit der bürgerlichen Regierung und Gesellschaft wieder in Einigkeit zu bringen gesucht, und viele Eingriffe, welche unter ihrem Nahmen
in die weltliche Macht waren gewagt worden, aufgehoben; allein es ist noch eine gewisse Vermischung der bey-
derseitigen Gränzen, auch in solchen Ländern übrig geblieben, wo man sonst viel verbessert hat. Viele Miß-
bräuche sind abgeschafft worden, so wie es die Noth oder
die wachsende Einsicht erforderte. Die ganze Wissenschaft aber des geistlichen Staatsrechtes ist noch weit
von ihrer Vollkommenheit. Die Kirchengeschichte,
welche uns dieses alles lehrt, stellt zugleich den unaus-
sprechlichen Schaden vor Augen, den Fürsten und Länder durch die falschen Grundsätze jener Art erlitten haben: sie führt uns auch zu den richtigern, und ermuntert uns durch diese Betrachtung, mehr Nachdenken und

F 4   freye

freye Prüfung auf die erſtgenannte Wiſſenſchaft zu
wenden.

Das canoniſche oder Kirchenrecht, und beſon=
ders das päbſtliche Recht, der Inbegriff von allen
Anmaßungen und gewaltſam erworbenen Rechten, wel=
che, wie ich oben geſagt habe, der geiſtliche Staat in
Europa, der ſich in jedem Reiche neben der weltlichen
Gewalt feſtgeſetzt hatte, ſo lange behauptet hat; dieſer
Theil der Rechtsgelehrſamkeit kann ohne die Kirchen=
hiſtorie gar nicht verſtanden werden. Von einem ſehr
kleinen Anfange iſt dieſes letztere ſo genannte Recht zu
einer ungeheuern und fürchterlichen Größe gewachſen.
Zwar das Kirchenrecht der morgenländiſchen oder grie=
chiſchen Gemeinen bildete ſich faſt ohne allen Tadel.
Den erſten Grund zu demſelben legten die Schlüſſe und
Vorſchriften (canones) der Kirchenverſammlungen:
dazu kamen die Geſetze der chriſtlichen Kaiſer; auch
manche Anſtalten und Grundſätze einzeler Lehrer oder
Gemeinen. Mit der griechiſchen Kirche hatte dieſes
alles die abendländiſche bis zum neunten Jahrhunderte
gemein. Aber damals führten die Römiſchen Biſchöf=
fe ein neues Kirchenrecht, oder vielmehr neue Begriffe
von ihrer Macht und Hoheit ein. Erdichtete Briefe
und Verordnungen ihrer erſten Vorgänger mußten die
Grundlage dazu abgeben; von den Schlüſſen der ältern
Kirchenverſammlungen nahmen ſie ſo viel, als ſie zu ih=
ren Abſichten gebrauchen konnten; diejenigen, welche
ſeitdem in Europa folgten, wurden von ihnen nach und
nach ganz unter ihre Gewalt gebracht; und ſie ſetzten
ihre eigene Verordnungen, in großer Menge, immer
ſtolzer und übermüthiger hinzu; ſie fanden auch unter
den Lehrern der Chriſten Leute genug, welche dieſes geiſt=
liche Geſetzbuch zur Ehre ihres Oberherrn vermehrten.
So grundloſe Anſprüche; Vorzüge, die mit ſo vieler
Unverſchämtheit behauptet werden; ſo offenbare Betrü=
gereyen

gereyen als zur Unterstützung derselben gebraucht wor=
den sind, und andere Eigenschaften dieser Sammlung,
haben weiter in der Geschichte des Staatsrechtes kein
Beyspiel. Und dennoch ist sie Jahrhunderte lang eine
Richtschnur gewesen, nach welcher unser Welttheil die
geistliche Gesetzgebende Gewalt, zum Nachtheil aller welt=
lichen, verehret hat. Noch mehr Ursache zur Verwun=
derung: dieses Gesetzbuch, dessen Ansehen und Kraft
die Protestanten ungemein vermindert haben, hat gleich=
wohl unter ihnen eine gewisse richterliche Macht beybe=
halten; auch in einigen Materien, über welche sie gänz
anders, als die Römische Kirche denken: so viel vermag
die Verjährung des Besitzes auch bey Gesetzen, und der
Schein einer gewissenhaften Frömmigkeit, den diejeni=
gen, von welchen hier die Rede ist, an vielen Stellen
haben. Das Protestantische Kirchenrecht ist würk=
lich nicht völlig, wie man hätte erwarten sollen, in die
Stelle des canonischen getreten: ob es gleich auf den
Ruinen desselben erbauet worden; so hat es sich doch
manche seiner Theile zugeeignet, weil man entweder kei=
nen Verdacht gegen ihre Festigkeit hegte, oder nicht Zeit
hatte, sie zu untersuchen. Verschiedene derselben sind
erst vor ein paar Menschenaltern niedergerissen worden;
andere aber stehen noch, bis sie Einsichtsvollen und herz=
haften Männern in die Augen fallen. Das canonische
Recht hat außerdem auch noch einige brauchbare Sei=
ten, je näher es dem christlichen Alterthum kommt, von
welchem sehr viele Spuren darinne anzutreffen sind: und
es steht mit der bürgerlichen Rechtsgelehrsamkeit in ei=
ner starken Verbindung. Man wage es, zur Untersu=
chung oder Erklärung des Päbstlichen und des Prote=
stantischen Kirchenrechtes, keine critische Kenntniß der
Kirchenhistorie mitzubringen: entweder wird man als=
denn zur Unzeit loben und bewundern; oder alles ohne
Unterscheid tadeln: man wird die Ursachen und oft ge=
heimen Absichten der Gesetze nicht angeben, die Zeit, zu

F 5   wel=

welcher gewisse Rechte aufgebracht worden sind, nicht bestimmen, und überhaupt von den Gründen dieser wichtigen Gattung der Rechtsgelehrsamkeit, von ihrer Anwendung und Verknüpfung mit der Staatsklugheit, nicht aus eigener Wissenschaft urtheilen können.

Es ist vornämlich diese große Brauchbarkeit der Kirchengeschichte bey dem Geistlichen Rechte gewesen, welche so viele Rechtsgelehrte aufgemuntert hat, ihr einen anhaltenden Fleiß zu schenken. Ohne denselben würden die berühmten Canonisten, oder Lehrer und Schriftsteller des canonischen Rechts, niemals zu einer solchen Stärke in ihrer Wissenschaft gelangt seyn. Andere unter ihnen haben die Kirchenhistorie zur tiefern Einsicht in die weltliche Geschichte genützt; oder auch manche Gesetze in der Sammlung der bürgerlichen Rechte, die sich von den alten christlichen Kaisern herschreibt, durch Hülfe derselben erkläret. Verschiedene haben sich ihr aus Neigung, und um die Geschichte der Religion besser zu kennen, ergeben. Aus einer großen Reihe Namen, welche für die Kirchengeschichte schätzbar sind, nenne ich nur den Alteserra, Duarenus, Florens, die beyden Godefroy, Zieglern und van Espen. Man muß gestehen, daß sich die Rechtsgelehrten nicht viel geringere Verdienste um die Kirchengeschichte erworben haben, als die Theologen selbst. In unserer Kirche haben sie aus derselben, vom Christian Thomasius angeführt, insonderheit die wahren Grundsätze des Kirchenrechts wieder herzustellen gesucht. Zween haben sich darunter ungemein hervor gethan. Just Henning Böhmer, einer von den großen Rechtslehrern dieses Jahrhunderts, hat es durch seine Schriften zweifelhaft gemacht, ob ihm die geistliche und weltliche Rechtsgelehrsamkeit, oder die Alterthümer und die Geschichte der christlichen Kirche, mehr zu verdanken haben. Man darf nur unter andern seine lateinischen Abhandlungen über das

Kirchen-

Kirchenrecht der erſten Chriſten leſen: ſo wird man, wenn man auch nicht allen ſeinen Erklärungen beytreten kann, doch ſeine treflichen Unterſuchungen ſehr brauchbar finden. Sein würdiger Schüler, Johann Georg Pertſch, beſaß zwar nicht völlig ſeine Mäßigung, und ſchien etwas mehr von Thomaſii Groll gegen die Theologen geerbt zu haben; allein deſto weniger kann man ihm eine ausnehmende gelehrte Kenntniß des Canoniſchen und Kirchenrechtes, abſprechen: und dieſe hatte er auf einen langen und glücklichen Umgang mit der chriſtlichen Kirchengeſchichte gegründet. Ich nenne hier bloß ſeinen „Verſuch einer Kirchenhiſtorie, ſofern ſolche als eine Einleitung zur geiſtlichen Rechtsgelahrheit kann angeſehen werden;„ ein Werk von vier Quartbänden, welche ſeit dem Jahre 1736 bis 1739 zum Vorſchein gekommen ſind. Es enthält nur die vier erſten Jahrhunderte der Kirchengeſchichte, und hätte verdient, fortgeſetzt zu werden. Wenn es gleich zu weitſchweifig gerathen iſt, und nicht genugſam in dem wahren hiſtoriſchen Geſchmack aufgeſetzt worden, indem es mehr eine ſehr reiche Sammlung, als zuſammenhängende Geſchichte iſt, auch im Ausdrucke ſich weit von dem Anſtande derſelben entfernet; ſo kann es doch bey der Unterſuchung der Kirchenhiſtorie und der Quellen des geiſtlichen Rechtes, überaus wohl genützt werden. Es iſt aus den älteſten und beſten Zeugen, mit einer weitläuftigen Beleſenheit in den neuern Schriftſtellern, aufrichtig, unpartheyiſch, und bey manchen Begebenheiten ſcharfſichtiger, als man ſonſt gewohnt war, geſchrieben worden. Selbſt die Freyheit des Verfaſſers im Urtheilen, welche zuweilen in gewagte oder bittere Anmerkungen ausgeſchlagen iſt, hätte ſein Werk nicht verhaßt machen ſollen: denn die Wahrheit kann auch bey einem ſolchen Vortrage gewinnen, weil es demſelben doch nicht ganz am hiſtoriſchen Grunde fehlet. Unſere Rechtsgelehrten haben noch nicht aufgehört, und dürfen auch

auch niemals aufhören, wenn ihre Gelehrſamkeit gründlich und vollſtändig ſeyn ſoll, eine genaue Bekanntſchaft
mit der Kirchengeſchichte zu unterhalten. Könnte ich
zum Beyſpiel davon nur den Herrn Hofrath Ritter,
dieſen großen Gelehrten und vortreflichen Geſchichts-
kundigen, welcher die geſammte Hiſtorie ſo ſehr erleuchten könnte, wenn es ihm gefiele, zu ſchreiben; könnte ich
nur dieſen liebenswürdigen Mann allein anführen: ſo
würde ſein Name ſchon mehr ſagen, als viele andere.

Die gelehrte Beſchäftigung mit der Kirchengeſchichte, muß überhaupt nicht als ein Eigenthum eines beſondern Standes angeſehen werden. Ohngefähr eben einen ſolchen Schaden, als die Monopolien, oder aus-
ſchließenden Rechte, die einzelen Perſonen und Geſellſchaften ertheilt werden, gewiſſe Waaren zu verfertigen
oder zu verkaufen, in der allgemeinen Handlung eines
Landes ſtiften, verurſacht auch in dem Reiche der Wiſſenſchaft die gelehrte Habſucht, meiſtentheils mit Stolz
und Einbildung ſehr nahe verwandt, welche manche Theile der Gelehrſamkeit, die ihrer Natur nach freyen und
gemeinen Gebrauchs ſeyn ſollten, die Philoſophie, die
Geſchichte, und andere mehr, gleichſam als ihr Gebiet
an ſich reißen, und über dieſelben befehlen will. Wenn
man ihr dieſes zugeſteht, ſo muß man ſich zugleich gefaßt
machen, alle Ausſprüche einer Geſellſchaft über die Wiſſenſchaft, deren ſie ſich allein bemächtigt hat, ohne Widerſpruch zu unterſchreiben, und man darf nicht erwarten, daß ſie dieſelbe oft verbeſſern, nur Vorſchläge, welche darauf gerichtet ſind, annehmen werde. Vor vielen
Jahren iſt auf einer benachbarten hohen Schule zwiſchen der theologiſchen und philoſophiſchen Fakultät ein
Streit darüber geführt worden, ob es dieſer erlaubt
werden könne, die Kirchenhiſtorie in Vorleſungen zu lehren? Eine Streitigkeit, die man mit andern Worten
folgender Geſtalt ausdrücken kann: Hat niemand, als
ein

ein Theologe, das Recht, ernstliche Untersuchungen anzustellen, um die Schicksale der Religion unter den Menschen zu wissen? Und wenn er dieselben angestellt hat, ist er auch berechtigt, dasjenige, was er gefunden hat, öffentlich vorzutragen? Man verneine diese Fragen, wenn man es ohne eine offenbare Ungerechtigkeit thun kann.

Ich weiß wohl, was man vorgebracht hat, um zu beweisen, daß nur die Theologen Lehrer der Kirchengeschichte seyn müßten. Sie allein, sagt man, kennen die Religion hinlänglich, und sind also auch allein im Stande, ihre Geschichte zu beschreiben. So viele Streitigkeiten über schwere und dunkle theologische Fragen, können nur von ihnen gehörig eingesehen und beurtheilt werden. Und die Wichtigkeit vieler Begebenheiten und Veränderungen in dieser Geschichte, ihr Zusammenhang mit dem christlichen Glauben selbst, kann sonst von niemanden so richtig geschätzet werden. Aber alle diese Einwürfe sind leicht beantwortet. Auch der Gelehrte, welcher niemals in der Kirche lehren will, kennet doch die Religion mit Ueberzeugung aus der heiligen Schrift: und wenn er sie nicht nach den Vorschriften des systematischen Lehrbegriffs gleich Anfangs untersucht hat, so dient ihm eben die Kirchengeschichte dazu, daß er einsehe, wie dieser entstanden, verändert und vermehrt worden sey. Das heißt gewiß, die Religion sehr gut kennen, wenn man sie zuvörderst so rein vor sich nimmt, als sie aus den Händen ihres Urhebers gekommen ist, und sodann ihr nachsieht, wie sie bis auf unsere Zeiten durch die Hände der Menschen gegangen sey. Es braucht kaum erinnert zu werden, daß man sich nicht ohne alle genauere Kenntniß des christlichen Glaubens, und seiner Gründe, an die Kirchenhistorie wagen dürfe; es ist aber eben nicht nöthig, daß sie im theologischen Verstande vollkommen sey, um die Abwechselungen, welche die Re-

ligion

ligion erduldet hat, zu begreifen, die erheblichen von den
unbeträchtlichen zu unterscheiden, und die großen Streitigkeiten zu verstehen. Ich sage mit Bedacht, die
großen; das ist, diejenigen, welche in dem Heiligthum
der Religion selbst, über ihre erhabensten Lehren, geführt
worden sind. Wer die düstern Fragen und nichtsbe-
deutenden Zwistigkeiten, durch welche die christliche Kirche so oft beunruhigt worden ist, nicht fassen will, oder
mit Vorsatz auf die Seite legt, über denselben hat der
Theologe, der sie alle bis auf den Grund durchschauet,
darum noch keinen sonderbaren Vorzug: er ist dadurch
nicht auf eine lehrreichere Seite der Kirchenhistorie gerathen, als jener.

Wenn diejenigen, welche die Philosophie, die Geschichte, die alte Litteratur, oder die Rechtsgelehrsamkeit
zu ihrem Sitze in den Wissenschaften gewählt haben,
niemals eine Neigung empfänden, der Kirchengeschichte
zu dienen, und bloß den Theologen diese Pflicht überlassen wollten: so sollte man sie ihnen, meines Erachtens,
auflegen, durch Gesetze und Gründe sie zu derselben führen. So vielen Nachtheil befürchte ich daraus für diese Wissenschaft, wenn sie zu einem eigenthümlichen Erbe des theologischen Standes gemacht würde. Es mögen die gelehrtesten und rechtschaffensten Männer aus
demselben, sie bearbeiten; sie werden es doch nicht immer verhüten können, daß sich die Vorurtheile ihres
Standes nicht in ihre Bemühungen mischen sollten. Ein
jeder unter ihnen ist einer besondern Kirche zugethan.
Er kommt zur Kirchengeschichte schon mit der Absicht,
die Ehre seiner Kirche aus derselben zu vertheidigen.
Sie tragen einen gewissen Lehrbegriff vor: und wenn
sie die Geschichte der Religion aufschlagen, so geschieht
es immer mehr, um denselben dadurch auf alle Art zu bestätigen, als daß sie bereit seyn sollten, einiges daran zu
ändern, wenn es die Geschichte vor nothwendig erklärt.

Es

Es sind so viele Aussprüche von den Ketzereyen und Streitigkeiten, von den Verdiensten berühmter Männer in der Kirche, von manchen Theilen des theologischen Verhaltens, und der öffentlichen Kirchenanstalten, durch mehrere Jahrhunderte fortgepflanzt worden. Ein Lehrer der Religion scheuet sich meistentheils, von denselben abzugehen: urtheilt er anders, als es das Herkommen verlangt, so kann er leicht verdächtig werden, als wenn er nicht Eifer genug für die reine Lehre, oder auch zu wenig Einsicht in dieselbe hätte. Wer also einmal das Unglück gehabt hat, in das Verzeichniß der Ketzer gesetzt zu werden; oder wer die Ehre genießt, eine Stütze der Religion und der Kirche zu heißen: der wird, so lange die Kirchenhistorie nur in der Gewalt der Theologen bleibt, wenn er gleich seinen Platz nicht verdienet, denselben der guten Ordnung und Ruhe wegen, damit gleichsam die Stühle nicht mit großem Geräusche verrückt werden dürfen, immer fort behalten; oder es wird sich sehr spät und unverhofft zutragen, daß er seine Stelle verlieret. Selbst viele Fabeln, unrichtige oder zweifelhafte Erzählungen, erhalten sich in der Kirchengeschichte leichter bey ihrem längst aber voreilig bestimmten Werthe, wenn sie nur von denen berührt werden dürfen, welche in einer vielleicht redlichen Meinung Ursachen finden, ihr Ansehen zu beschützen. Eben dadurch ist hauptsächlich die Kirchengeschichte in den Jahrhunderten, welche vor der Reformation hergiengen, so sehr verfälscht worden, weil sie lediglich von der Geistlichkeit beschrieben wurde; denn diese machte daraus eine Sammlung solcher Nachrichten, als sie zur Unterstützung ihrer Hoheit brauchte. Man würde sich freylich einer offenbaren Ungerechtigkeit schuldig machen, wenn man mit diesen unwissenden und herrschsüchtigen Geistlichen, die Protestantischen Lehrer, auch nur manche gelehrte und freymüthige Theologen der neuern Römischen Kirche, vergleichen wollte. Aber die Vortheile und

und Abſichten ihres Standes können ſie ſegar unver=
merkt bey dieſer Geſchichte partheyiſch machen; und bey
den meiſten iſt es würklich geſchehen. Sie ſind weniger
als andere im Stande, die Schickſale der Religion und
Kirche mit kaltem Blute zu betrachten; allein die Wahr=
heit leidet allemal, wenn der Geſchichtſchreiber in Hitze
geräth. Sie beſitzen auch ordentlich, (und dieſes iſt eine
Folge ihrer Methode zu ſtudieren; und ihres eingeſchränk=
ten Umgangs), diejenige ausgebreitete Kenntniß der
Welt, der Menſchen, der Staatsverfaſſungen, nicht,
aus welcher die wahren und nächſten Urſachen der Be=
gebenheiten, welche in der Kirche vorgefallen ſind, her=
geleitet werden müſſen; oder, wenn ſie dieſelbe beſitzen,
hindern ſie andere von jenen erſtgedachten Betrachtun=
gen, ſie ungezwungen zu nützen. Man kann noch hin=
zuſetzen, daß die Kirchengeſchichte, da ſie von vielen
Gattungen der Gelehrten gebraucht werden ſoll, auch
von mehr als einer, und nach jeder beſondern Nutzbar=
keit abgemeſſen, unterſucht, vorgetragen und beſchrieben
werden muß. Wird ſie nicht anders gelehrt, als wie
ſie dem künftigen Diener der Religion bey ſeinem Amte
zu Statten kommt: ſo werden andere Gelehrte ſie mit
der Entſchuldigung verlaſſen, daß ſie nicht zu Theolo=
gen beſtimmt ſind.

Alles dieſes ungeachtet, bleibt doch die Beſchäfti=
gung mit der Kirchengeſchichte eine vorzügliche und ge=
wiſſermaaßen auch unterſcheidende Arbeit der Lehrer der
Kirche. Wenn andere Gelehrten dieſelbe vernachläßi=
gen, muß man ſich nur verwundern, und ſie beklagen,
daß ſie ihre Vortheile nicht beſſer kennen. Aber wenn
ſie in derſelben fremd ſind, muß man ſie härter tadeln,
und man kann ſie verachten. Die Auslegung der heili=
gen Schrift ausgenommen, weiß ich unter allen Thei=
len und Hülfsmitteln der theologiſchen Gelehrſamkeit
keines, wovon ihnen der Verluſt ſo ſchädlich ſeyn würde.
Und

Und es iſt nicht bloß eine gänzliche Unwiſſenheit, die ich
unter dem Verluſte verſtehe; eine ſeichte, nur durch das
Gedächtniß errichtete Bekanntſchaft mit der Kirchenhiſtorie, gilt ſo viel als gar keine. Man glaube nicht,
in derſelben geübt zu ſeyn, wenn man nicht von allen
Dienſten, welche ſie leiſtet, rühmen kann, daß man ſie
würklich empfunden habe.

Wer die Geſchichte der Religion, die er doch lehren
ſoll, nicht durchaus in ihrem ganzen Umfange kennen
gelernt hat, der ſchlägt würklich ſeine Wohnung in einem
für ihn fremden Lande auf, und will gleichwohl darinne
alsbald Geſetze geben. Es wäre für den Lehrer des
chriſtlichen Glaubens gleichgültig, zu wiſſen, was dieſer
vor Schickſale gehabt habe, wenn ſie nicht die größten
Veränderungen in demſelben geſtiftet hätten, nicht das
ganze Verhalten des Lehrers bey demſelben regieren könnten. Bey jeder Wiſſenſchaft, der man ſich ergiebt, iſt
es nützlich, die Geſchichte derſelben inne zu haben; bey der
Religion aber ſezt man ſich ohne dieſelbe den wichtigſten Irrthümern und Fehlern aus.

Ich fange die Beſchreibung dieſer beſondern
Brauchbarkeit der Kirchengeſchichte für die Theologen,
mit einigen allgemeinen Anmerkungen an. Sie lernen
zuerſt aus derſelben, und überzeugender, als es ihnen
die Welt ſagen kann, wie viel von ihnen gefordert werde;
oder, welches eben ſo viel heißt, wie groß die Verbindlichkeiten ihres Standes ſind. Den Rang und die Abſichten deſſelben kennen ſie alle; aber die Weitläuftigkeit
und die Schwierigkeiten der Pflichten, die er vorſchreibt,
begreifen nur wenige. Die Geſchichte lehrt ſie, daß ein
Theologe ungemein viel Gutes, aber auch weit mehr Unheil, als andere Menſchen oder Gelehrten, ſtiften könne;
daß ſeine Gaben und Eigenſchaften, auch wenn er ſie nur
in einen engen Kreis zuſammenziehen will, ausnehmend

I. Theil.　　　　　G　　　　　　　ſeyn

seyn müssen; und daß es insonderheit die Vereinigung
von Verstand, Gelehrsamkeit, Klugheit und Tugend sey,
die ihn tüchtig machen, der Religion und der Welt zu
dienen. Er hat fast immer unterrichten und streiten
müssen; auf sein Beyspiel hat man vor allen andern gesehen; ihm hat man die Bildung des Herzens, und die
Aufsicht über das Gewissen vieler Tausenden übergeben;
er hat das mächtigste Triebwerk der menschlichen Handlungen, die Religion, in seiner Gewalt, und seine Lehren
dringen nicht nur in die herrschende Denkungsart, welche sie bestimmen können; sondern haben auch in das
Wohl ganzer Länder den gewissesten Einfluß. Er kann
zwar nicht überall mehr, wie ehemals, wenn es ihm gefällt, Staatsveränderungen hervorbringen; aber er
kann und soll an allen Orten die Menschen erleuchten,
bessern, zur Frömmigkeit und Zufriedenheit führen. Keine Absichten können edler seyn: und keine erfordern auch
höhere Fähigkeiten. Die Kirchengeschichte ist voll von
Männern, welche sich dieselben zu geschwind zugetrauet,
Rauch an Statt des Feuers, Getümmel ohne innere
Stärke erregt haben, und dadurch verächtlich, verhaßt,
oder gar schädlich geworden sind. Viele Lehrer sind
andächtig und eifrig, aber unvorsichtig, oder von wahrer
Wissenschaft entblößt, gewesen. Alsdenn hat ihre
schwache Seite auch die glänzende verdunkelt. Es ist
fast stets unter den Christen überaus schwer gewesen, die
Würde und Ehre dieses Standes bey allen Gelegenheiten, wo er sich hervorthun soll, zu behaupten; es wird
aber auch noch täglich schwerer. Die Welt begehrt immer mehr von dem Theologen: und sie hat darinne nicht
Unrecht. Man kann das Gemeine und Mittelmäßige
jezt nicht mehr vertragen; zumal wenn es auf die Erklärung und Anwendung so vortreflicher Begriffe ankommt, als die Religion in sich faßt. Die Zunahme
des Wizes und der Gelehrsamkeit, des geläuterten Geschmacks, der unseligen Kunst das Christenthum heimlich

lich zu untergraben, der Kaltsinnigkeit gegen dasselbe,
und der schärfern Untersuchung, welche mit der wissenschaftlichen Einkleidung desselben angestellet wird; eben
so sehr aber auch die Verdienste älterer Lehrer, welche
nicht nur erreicht, sondern auch übertroffen werden sollen; und die mehr als jemals nöthige Behutsamkeit, der
Religion nicht mit dem besten Willen einen Nachtheil zu-
zufügen; diese wenige Betrachtungen, welche insonderheit die neuere Kirchengeschichte veranlaßt, zeigen zur
Genüge, wie viel der Name eines Theologen in unsern
Zeiten bedeuten soll. Bey dem ganzen jetzigen Zustande
der Wissenschaften, erstaune ich über nichts so sehr, als
über die Verwegenheit, mit welcher die dürftigsten Köpfe
diesen ehrwürdigen Nahmen an sich reißen, und ruhig
führen. Wenn man auf die Geschichte der Religion
aufmerksamer wäre, so würde man es sich zur Pflicht
machen, alle Leute von schlechten Gaben und einer kriechenden Art zu denken, wie man ein Heer schmutziger
Raubvögel aus einem Garten voll Fruchtbäume verjagt,
von der Theologie weg zu scheuchen.

Die Kirchengeschichte, welche den Theologen sich
selbst schätzen lehret, läßt ihn auch nicht in Zweifel, wie
er die Wissenschaft, welche sein Erbe ist, ansehen müsse.
Sie zeigt ihm das Wachsthum, den Gebrauch, aber auch
die noch übrigen Mängel derselben Es ist überhaupt
nicht zu tadeln, wenn er eine vortheilhafte Meinung von
derselben hegt. Sie hat in den lezten zweyhundert Jahren viel gewonnen, und gewinnt noch immer mehr. Allein, ob sie in dem langen Zeitraume seit ihrem Ursprunge, oder auch nur seit ihrer Wiederherstellung,
nicht ungleich näher zur Vollkommenheit hätte gelangen
können? was sie davon bisher zurückgehalten habe?
welche Theile derselben zu ihrer Bestimmung weniger
hinreichen als andere? wie viel sich in ihrer Einrichtung
von dem Ansehen der Lehrer herschreibe, oder aus den

G 2 Absichten

Abſichten der Wiſſenſchaft ſelbſt entſtanden ſey? über
dieſes alles kann er die Geſchichte befragen, wenn ihm
gleich Nachdenken und Erfahrung die Beantwortung
davon erleichtern. Wer die Hiſtorie der Religion nicht
kennt, wird von allem, was zur Theologie gerechnet zu
werden pflegt, leicht eingenommen werden, es vortreflich
und keiner Aenderung benöthigt finden. Er weiß nicht,
und kann es nicht wiſſen, wie oft die Chriſten dieſer
Wiſſenſchaft neue Schönheiten und Vorzüge beyzulegen
geſucht haben; die doch in dem gleich darauf folgenden
Zeitalter weggeworfen worden, und durch andere haben
erſezt werden ſollen. Bald hat man dieſes Feld der
theologiſchen Gelehrſamkeit am fleißigſten angebauet,
bald jenes: und unterdeſſen haben die übrigen, wo nicht
wüſte gelegen, doch lange nicht ſo viele Früchte getragen, als ſie fähig waren. Vieles Gute iſt zufällig und
obenhin, oder auch nach einem harten Kampfe mit Vorurtheilen, eingeführt worden. Manches iſt in ſeiner
alten Verfaſſung ſtehen geblieben: nicht, weil es ſeinen
Endzweck völlig erfüllt; ſondern nur, weil es zu demſelben nicht unbrauchbar iſt. Die Theologen ſind über
dasjenige, was ihrer Wiſſenſchaft Glanz und Kräfte verſchaffen kann, niemals ganz einig geweſen. Ein Theil
hat es in den von ihren Vorfahren hergebrachten Hülfsmitteln geſucht; der andere in neuen und ungewöhnli-
chen. Wenn man zu gewiſſen Zeiten einer eingewurzelten falſchen Methode entſagt hat, ſo iſt man deswegen
nicht immer auf die richtige Mittelſtraße gekommen;
ſondern hat ſich oft gerade in die entgegengeſezte Aus-
ſchweifung verloren. Auch hat ſich vieles nur zu einem beſondern Zeitalter geſchickt, deſſen Einſichten und Schickſale dem theologiſchen Vortrage den Ton angegeben
haben; will man aber eben daſſelbe zu einer Vorſchrift
für alle folgende, bis auf das unſrige, machen: ſo ver-
gißt man die Veränderungen, welche in der Kirche ſtets
mit einander abwechſeln. Hier hat man nur einige

Winke

Winke gesehen, durch welche die Kirchengeschichte die nöthigen Verbesserungen in der Theologie finden hilft und bezeichnet. Den meisten wird es kaum glaublich seyn, wenn ich sage, daß diese Verbesserungen eine sehr lange Reihe ausmachen. Ich, der ich der Theologie zehn meiner erstern Jahre ganz geschenkt habe, und niemals aufhören werde, sie zu lieben, ob ich gleich gewissermaaßen von ihr Abschied genommen habe; ich denke nicht, mich überall geirrt zu haben, wo ich exegetischen Grund; Aussichten in blühende und fruchtbare Gegenden; Bestimmungen, auf welche man einen festen Fuß setzen kann; Anweisungen, in denen keine Spuren einer veralterten oder willkührlichen Form anzutreffen sind, sondern alles nach dem jetzigen Zustande der Kirche abgefaßt, nothwendig und nützlich ist, —— von der Kirchenhistorie erinnert, vermißte. Wie viel werden diejenigen auszumerzen und einzuschalten finden, welche in dem Umgange mit jener Wissenschaft grau geworden sind!

Wir wollen näher zu der theologischen Gelehrsamkeit treten: man wird sogleich erkennen, wie unentbehrlich die Kirchengeschichte bey derselben sey. Von jeder Wissenschaft, Kenntniß und Uebung, durch welche die Tüchtigkeit des Lehrers gebildet werden muß, zeigt sie den Ursprung und Fortgang zu allen Zeiten der Christen. Was man die Geschichte der Theologie nennt, ist zwar eigentlich ein Theil der gelehrten Historie. Aber wenn sie für den Theologen recht lehrreich und einnehmend werden soll: so kann sie ohne einen beständigen Zusammenhang mit der Geschichte der Religion und Kirche durchaus nicht vorgetragen werden: oder sie macht vielmehr auch von dieser einen Haupttheil aus. Aus dieser Verbindung lernt man erst mit Ueberzeugung, warum die christlichen Lehrer gar bald, außer der leichtern Bekanntschaft mit dem Lehrbegriff der heiligen Schrift, auch nöthig befunden haben, sich eine gelehrte Einsicht in

die

die Natur der Glaubenswahrheiten zu erwerben; ihren
Erklärungen und Beweisen, durch angestrengtes Nachdenken, Licht, Ordnung, und Stärke zu geben; auch andere Arten der menschlichen Gelehrsamkeit bey dem Vortrage der Religion zu Hülfe zu rufen; durch Annehmung
philosophischer oder kunstmäßiger Ausdrücke, dem Miß-
verstande und Irrthum, den Einwürfen, die bey der Betrachtung der christlichen Religion entstehen können, auszuweichen; die Lehrart in gewisse Gränzen einer strengen
Methode, die nichts Unbestimmtes und Weitschweifiges
zuläßt, einzuschränken; den Entwurf zu einer solchen
wissenschaftlichen Gestalt der Religion, welche man die
Theologie nennt, und zu einer so genauen Verbindung
aller Lehren, und Richtung auf Einen Endzweck, als das
System oder theologische Lehrgebäude enthalten
soll, immer mehr zu erweitern und zu befestigen; warum man endlich die theologische Wissenschaft, welche im
Grunde nur Eine ist, in mehrere Theile zerlegt, und jeden derselben besonders abgehandelt habe. Solche Nachrichten erhellen den ganzen Weg, auf welchen der angehende Theologe — man sagt auch wohl Gottesge-
lehrte, obgleich dieses Wort füglicher einen von Gott
unmittelbar durch Offenbarung und Eingebung gelehrten Menschen anzeigen könnte; — geführt wird, und
der geübtere Theologe bedient sich ihrer selbst zur vollkommnern und feinern Bearbeitung seiner Wissenschaft.
Man wird dadurch in den Stand gesetzt, die Gaben und
Fertigkeiten, welche zum Besten der Kirche in dem Verstande reif werden sollen, zusammenhängend zu übersehen. Im Ganzen merkt man wohl, daß diese Forderungen gerecht und nothwendig sind; man muß gestehen,
daß die Kunst, welche zur Erklärung der Religion angewandt worden ist, sie nicht bloß verschönern, sondern
für die Menschen, welche in keiner Art von Erkenntniß
sich lange bey der Einfaltsvollen Natur haben aufhalten können, hat brauchbarer machen sollen. Doch diese
Ge-

Geschichte wird dem Theologen noch keine uneingeschränkte Ehrfurcht gegen alles, was systematisch heißt, einprägen: er wird nichts davon ohne Prüfung beybehalten, und aus den, oft unter sehr zusammengesetzten, vielfachen und seltnen Umständen, hinzugefügten Ausbildungen einzeler Theile der Theologie den Schluß ziehen, daß, wenn sie gleich wegen ihres Alters und einiger Nutzbarkeit mit Nachsicht betrachtet werden können, sie doch nur bey wiederkommenden gleichen Umständen unentbehrlich genannt werden dürfen. Die Gewalt eines Lehrgebäudes ist über die Gemüther der meisten Menschen so unbezwinglich stark, daß man in Ansehung des theologischen desto mehr nachforschen muß, worauf sich seine Herrschaft gründe, je bedenklicher die Würkungen zu seyn pflegen, welche der Widerspruch dagegen hervorbringt. Wäre überhaupt die Geschichte der theologischen Wissenschaften allen denen, welche sich das Ansehen geben, in dieselben tief eingedrungen zu seyn, zuverläßig bekannt: so würden manche unter ihnen nicht so vieles bloß darum vertheidigen, weil es alt heißt; nicht jedem Vorschlage zur Verbesserung, sich als einer gefährlichen Neuerung widersetzen; sie würden die fortgepflanzten, abgeschafften, wieder aufgebrachten, oft beynahe geheiligten Methoden nicht mit den Augen eines Schülers ansehen, der nur zu gehorchen, und nachzusagen weiß, sondern als Kenner beurtheilen, wählen, oder durch bessere Erfindungen ersetzen.

Da ich eben von Erfindungen geredet habe, so werde ich dadurch noch zu einem besondern Nutzen geleitet, den die Kenntniß der theologischen Geschichte leisten kann. Es giebt von Zeit zu Zeit Lehrer, welche, um den Nahmen der Erfinder zu verdienen, die Anwendung gewisser Grundsätze, welche in das Ganze einer Wissenschaft unzertrennlich gehören, von derselben absondern, ihr durch den Kunstgriff dieser Entfernung, durch eigene

Ein=

Einfälle, und einen geheimnißvollen Vortrag, eine un=
gewöhnliche Gestalt verschaffen, und, damit nichts ver=
gessen werde, ihr auch den Nahmen einer neuen Wissen=
schaft beylegen. Die Anfänger — ich meine nicht
bloß die Zuhörer, sondern alle, welche sich niemals über
das Compendium empor schwingen lernen — staunen
ein solches neu geschaffenes Wunder ehrerbietig an, und
versäumen, indem sie diesem Irrlichte nachlaufen, die
nützlichsten Theile der theologischen Gelehrsamkeit, oft
sogar eben denjenigen, von welchem diese vermeinte neue
Wissenschaft abgerissen worden ist. Aber Männer, wel=
che aus der Geschichte der Kirche wissen, wie weit man
schon ehemals in jeder Art der theologischen Kenntniß ge=
kommen sey, und wie oft sich die Einbildungskraft, der
Eigendünkel, und die schlaue Begierde, sich einen Ruhm
und Anhänger zu erwerben, unter einen ähnlichen Dunst
verborgen haben, sind nicht so leicht zu hintergehen. Sie
ziehen die Larve der Neuigkeit weit geschwinder ab, als sie
verfertigt worden ist. Und anstatt eingebildete Erfin=
dungen vervielfältigen zu lassen, fassen sie vielmehr den
Kern der theologischen Gelehrsamkeit auf seinen Mittel=
punkt zusammen; in der Versicherung, daß es ihnen
alsdenn desto weniger an bewährten Vorschriften fehlen
werde. Wenn die Grundsätze einer Wissenschaft bün=
dig erwiesen und bestimmt sind: so darf man nicht dar=
um bekümmert seyn, wie sie geschickt und glücklich an=
gewandt werden müssen. Ich läugne nicht, daß die
Wichtigkeit gewisser Materien, und ihr weitläuftiger,
von vielen Seiten bestrittener Umfang, eine besondere
Abhandlung erfordern könne; trennt man sie aber zu
merklich von dem Körper, an welchem sie Glieder sind:
so wird auch die beste Meinung, in welcher man solches
thun mag, schädlich.

　　Kenner der theologischen Geschichte werden hiebey
von selbst auf ein berühmtes Beyspiel fallen. Seit den
　　　　　　　　　　　　　　　　　　　　Zeiten

Zeiten des Johann Coccejus sind die Regeln, nach welchen die prophetischen Schriften der Bibel erklärt werden müssen, mit größerm Fleiße untersucht worden: man hat auf die Natur, die Kennzeichen und die Erfüllung der Weißagungen, die in denselben enthalten sind, eine ungemeine Aufmerksamkeit gewandt. Man hatte eben vorher unter den Protestanten die Auslegung der Propheten, und den ganzen Gebrauch dieses Hauptbeweises für das Christenthum nicht versäumt; aber nun fiel diese Beschäftigung mehr in die Augen; ihre Grundsätze wurden ausführlicher entwickelt, als es jemals geschehen war, und man setzte daneben auch Hülfsmittel und Bestimmungsgründe hinzu, welche nicht nur neu waren, sondern auch dem Nachforschen, und eben so sehr der Einbildungskraft, das weiteste Feld eröffneten. Es entstand die sogenannte prophetische Theologie. Kein Mensch kann erweisen, daß sie etwas anders in sich begreife, als was in der allgemeinen Auslegungskunst der heiligen Schrift, in den besondern Einleitungen und Anweisungen zum Verstande der Propheten, welche ein exegetischer Schriftsteller über dieselben mittheilen muß, und in den Abhandlungen von der Wahrheit der christlichen Religion, über die Erklärung und Anwendung der biblischen Weißagungen, vorgetragen wird. Gleichwohl mußte dieser Theil der exegetischen Wissenschaft und Uebung eine besondere Theologie heißen. Man fieng, eben dadurch verleitet, an, ihn auf so sonderbare Vorschriften zu bauen, als wenn sie wenig oder nichts mit der übrigen Hermeneutik der Bibel gemein haben dürften. Er wurde würklich von derselben abgerissen, und mit einem Vorzuge bearbeitet, unter welchem das Ganze der biblischen Auslegung sehr viel litte. Sie mußte sich von den Verehrern dieser vermeinten Theologie nach derselben drehen und wenden lassen. Die Einheit des biblischen Verstandes, die buchstäbliche Bedeutung, und die historische Erklärung, wurden in der That dadurch verdrängt.

G 5   Alles

Alles wurde in der Bibel prophetisch und geheimnißvoll. Um diese Veränderung zu bewürken, hat sich die spielende Phantasie Rechte über dieselbe angemaaßt, welche ihr niemand bey irgend einem menschlichen Buche erlaubt haben würde. Es ist allerdings in diesem Zeitraum, zur Aufklärung der Propheten auch sehr viel Gutes vorgebracht worden; allein der schädliche Mißbrauch dieser Untersuchungen würde ohne Zweifel vermieden worden seyn, wenn man sie nicht in einer zu weiten Entfernung von den Grundsätzen der wahren Exegetik angestellt, ein ganz vor sich bestehendes schimmerndes Gebäude daraus aufgeführt, und ein besonderes Wohlgefallen daran gefunden hätte, sich als einen Erfinder zu zeigen, dem die Christenheit unerhörte Entdeckungen in der Bibel zu danken habe.

Kommen gleich diese vorgegebene Erfindungen neuer theologischer Wissenschaften nicht täglich vor; so zeigt sich doch der Geist, der sie hervorzubringen sucht, desto häufiger im Kleinen. Bald sagt man, daß alle Theologen und Philosophen der vorigen Zeiten, den richtigen Beweis von einer gewissen Lehre nicht getroffen haben, und kündigt sich mit demüthiger Zufriedenheit als den ersten Menschen an, der ihn gefunden hat. Bald ist man wiederum zuerst so glücklich, oder soll ich sagen, so unglücklich? gewesen, in Schriften, Meinungen, Lehrgebäuden, nach langer Zeit, Irrthümer auszuspüren, welche niemand daselbst vermuthete. Man ist auf einige Hypothesen, welche die Begriffe von manchen Lehrsätzen vollkommen aufklären sollten, zuweilen nur auf eine neue Ordnung und Eintheilung, auf neue Nahmen, die man alten Wahrheiten beygelegt hat, stolz geworden, und hat wohl gar dadurch den Ruhm eines um die Kirche verdienten Mannes erlangt. Wie viel Wahres oder Falsches an allen diesen gepriesenen Bereicherungen der theologischen Gelehrsamkeit hafte; wie ferne sich

sich ältere Zeiten schon dieselben zuschreiben konnten, oder
sich mit gutem Bedachte gehütet haben, nach denselben
zu streben: dieses sieht derjenige, der sich die Geschichte
des Religionsvortrages bekannt gemacht hat, mit wenigen Blicken ein.   Er trägt oft mit denen, welchen der
große Haufen zu ihren Entdeckungen Glück wünscht, und
mit dem Zustande der Theologie selbst, in welcher diese
gemacht seyn sollen, ein wahres Mitleiden: er kann aber
mitten in demselben die Reizung zum Lachen kaum unterdrücken.

Diese Lehren und Erinnerungen, welche die Kirchengeschichte dem Theologen über seine Wissenschaft
überhaupt mittheilet, erstrecken sich auch auf jede besondere Art derselben: und bey diesen muß ich von neuem
stille stehen.   Die Auslegung der heiligen Schrift,
der Thron, die Zierde und Stärke der Theologie, wird
durch die Nachrichten dieser Geschichte nicht weniger be-
festigt, als durch die Vorschriften selbst, auf welche sie
gegründet ist.   Man erfährt aus denselben, wie die ersten Christen mit dieser Auslegung umgegangen sind.
Ihr Beyspiel in diesen Bemühungen bleibt immer noch,
so sehr auch die jetzige Gestalt der christlichen Kirche von
der ihrigen abweicht, ein Muster.   Will man wissen,
warum in den neuern Zeiten die biblische Erklärung ungleich mehr Gelehrsamkeit, Scharfsinn und Fleiß verlange, als in dem christlichen Alterthum? woher die Uneinigkeit der Ausleger bey der heiligen Schrift entstanden sey, die stets gewachsen ist, und so wenig Grund zu
haben scheinet? was Gelegenheit dazu gegeben habe, daß
diese Auslegung nach so mancherley Methoden vorgenommen worden ist? so findet man die Antwort darauf
in der Geschichte der Religion.   Es ist augenscheinlich,
daß sich die Erklärungsart der Bibel nach der Verfassung der Gelehrsamkeit in jedem Zeitalter, und nach den
Fähigkeiten derer, welche in der Kirche ein großes Ansehen

hen behaupteten, gerichtet habe. Kam ein freyer, in allen guten Hülfsmitteln geübter, und mit den besten weltlichen Schriftstellern bekannter Verstand, und eine reifere Beurtheilung zur Auslegung der heiligen Schrift: so zog er aus derselben den einzigen erweislichen Sinn, mit gleich großer Leichtigkeit, Gewißheit und Nutzbarkeit hervor; fielen aber unwissende Köpfe, feurige Schwärmer, und eifrige Anhänger des herrschenden Lehrbegriffs über die Bibel her: so fanden sie in derselben alles, was ihrer Meinung nach darinne stehen mußte; suchten in ihr eine Nahrung für ihre Einbildungskraft, und nannten endlich alles, was ihnen über eine biblische Stelle einfiel, eine Erklärung derselben. Und dieses letztere Schicksal hat die heilige Schrift nicht bloß in den Jahrhunderten der Finsterniß, von Gregor dem Großen an, bis auf Erasmum und Luthern, betroffen; es verfolgt sie von einer Zeit zur andern wieder, weil die Menschen niemals aufhören, Beschäftigungen, bey welchen sie, ohne eine große Anstrengung, viel von dem Ihrigen zeigen können, schwerern und längern Untersuchungen vorzuziehen. Bey allen diesen Auftritten aber ist es eine sehr merkwürdige Beobachtung der Kirchengeschichte, daß die Art, wie die Christen mit der heiligen Schrift verfahren sind, allemal in die ganze übrige Theologie den sichtbarsten Einfluß gehabt habe. Wenn die biblische Auslegung seicht und willkührlich war, so lehrte man auch menschliche Grillen, anstatt des göttlichen Wortes, und was man theologische Gelehrsamkeit nannte, war nur ein Geschwätze ohne Gründlichkeit. Kaum aber wurde die Erklärung der heiligen Schrift in ihre alte Würde wieder eingesetzt, so giengen aus diesem Mittelpunkte Strahlen auf alle Seiten der theologischen Wissenschaft. Diese Erfahrung ist für die Christen unschätzbar.

Es ist der Mühe werth, auch von der Abstammung vieler angenommenen Erklärungen der Bibel,

bel, an diesem Orte etwas zu sagen, weil sie der Theologe gleichfalls durch Hülfe der Kirchengeschichte findet,
und sich überaus wohl zu Nutzen machen kann.   Keine
biblische Auslegung soll ohne Sprachgründe, bloß durch
das Ansehen eines Lehrers, eingeführt werden.   Dieses
Recht werden die Protestanten, zu deren Vorzügen es
gehöret, jederzeit behaupten.   Gleichwohl haben sie eine
Anzahl Schriftstellen unter die so genannten Beweis-
sprüche der Glaubenslehre gesetzt, die, wenn der Beweis
von ihnen gefordert wird, sich gleichsam weigern, denselben zu geben; das heißt, in denen er nicht recht ungezwungen zu liegen scheinet.   Es sind Stellen, die längst
an eine gewisse Auslegung gebunden sind, gegen welche
man aber doch erhebliche Zweifel machen könnte; nicht, als
wenn durch dieselbe eine der heiligen Schrift unbekannte
Lehre aufgerichtet würde; sondern, weil man sie in andern
Stellen sicherer anzutreffen glaubt.   Und diesen Zweifel
verbirgt man meistentheils, um sich nicht dem ungerech-
ten Verdachte der Menschen auszusetzen, als leugne man
eine Lehre selbst, sobald man einen ihrer Beweise vor untüchtig erkläret.   Warum erhalten sich aber solche Auslegungen beständig fort? und wodurch haben sie sich zuerst empfohlen? Durch die Stimme eines großen und
berühmten Lehrers.   Man wird aus der Geschichte der
Christen sehen, daß es in jedem Jahrhunderte einige,
und, nachdem die Gelehrsamkeit seltner geworden, oft
kaum Einen unter ihren Lehrern gegeben habe, der sich
zum Anführer in der Erklärung der heiligen Schrift aufgeworfen, und dem alle andere nachgesprochen haben.
Solche Männer waren in der lateinischen Kirche Am-
brosius, Hieronymus, Augustinus, Leo der Große, Gregor der Große, Beda, Rabanus Maurus,
und andere mehr, die, gleich diesen letztern, schon weit weniger mit einiger Einsicht die Bibel erklärten; aber dennoch
auch wegen dieser vermeinten Geschicklichkeit verehrt
wurden. Diesen Hauptexegeten der Kirche, insonder-

heit

heit der abendländischen, sind wir noch manche Auslegungen schuldig, die ohne sie entweder nicht aufgekommen, oder nicht so lange würden beybehalten worden seyn. Man fand sie aber einmal im Besitze, und erkühnte sich nicht, sie aus demselben zu vertreiben. Manche derselben sind offenbar nur auf die alexandrinische oder lateinische Uebersetzung der Bibel gebauet worden. Andere haben einen allegorischen und mystischen Ursprung; oder es fehlt ihnen überhaupt an der Unterstützung durch den Sprachgebrauch. Wenn man in den neuern Zeiten bey der biblischen Erklärung immer so weit zurückgesehen hätte, so würde man sich nicht gescheuet haben, viele alte Auslegungen der heiligen Schrift mit neuen zu verwechseln; oder man würde es wenigstens vertragen haben, daß jene mit Gründen, die nicht verachtet werden dürfen, bestritten würden. Es giebt eine berühmte Beweisstelle im Alten Testamente, für eine unterscheidende Lehre der jüdischen, und noch mehr der christlichen Religion; die ich aber nicht nenne, weil ich hier keinen Ausleger abgebe. Fast niemand zweifelt daran, daß sie dasjenige beweise, wozu sie gebraucht wird; die neuern Uebersetzungen bestätigen solches, und es kann nicht schlechtweg geleugnet werden. Nur die hebräischen Ausdrücke dieser Stelle sind nicht so klar, als sie bey einem Beweise dieser Art seyn sollen. Unterdessen ist doch die Uebereinstimmung, mit welcher man sie erkläret, alt, und ohne Widerspruch fortgepflanzt worden. Dieses hat mich veranlaßt, den Urheber der gedachten Auslegung aufzusuchen. Ich fand ihn zwar bereits am Clemens von Rom; aber, wo ich mich nicht betrüge, ist es Hieronymus eigentlich, dessen Ausspruch mächtig genug gewesen ist, sie in der Kirche festzusetzen. Dieser Umstand dient, wie man leicht erkennt, weder für, noch wider die Erklärung; allein dem jetzigen Ausleger wird er lehrreich. Anstatt, daß in den großen exegetischen Werken über die Bibel ein so unnützes Verzeichniß vieler Meinungen der Ausleger

leger mitgetheilt wird; (denn sehr selten giebt es darunter mehr als zwo, welche eine überwiegende Wahrscheinlichkeit haben,) sollte man vielmehr darinne bey dunkelern und schwerern, vornehmlich auch bey den sogenannten Beweißstellen nachforschen, wer die gewöhnliche Erklärung derselben zuerst aufgebracht, und warum man sie ihm geglaubt habe? Wenn man auch nicht bey einzelen Lehrern stehen bleiben könnte; so wäre es schon hinlänglich, das Alter und die ersten Beweise einer solchen Erklärung zu wissen.

Diese genealogische Untersuchung der biblischen Erklärungen, wie man sie nennen kann, braucht nicht auf einzele Stellen eingeschränkt zu werden. Die Kirchengeschichte der Christen zeigt uns ganze Bücher der heiligen Schrift, über deren Auslegung sie uneinig geworden sind; oder bey denen man doch begierig seyn muß, zu erfahren, wie die herrschende Erklärungsart derselben aufgekommen sey. So kann man fragen, was die christlichen Lehrer bewogen habe, dem Hohen Liede des Königs Salomo eine allegorische Deutung beyzulegen, die sich sogar bis auf jedes einzele Bild, welches der heilige Dichter gebraucht hat, erstrecken soll? Ob sie sich durch eine von der jüdischen Kirche empfangene Auslegung dieses Buchs dazu berechtigt fanden, da es selbst so wenig, als die übrige heilige Schrift, einen Bestimmungsgrund zu einer so Geheimnißvollen Erklärung hergiebt? Oder ob man diese nur deswegen gewählt habe, weil man es vor unanständig hielt, zu sagen, daß ein ganzes Buch der heiligen Schrift von einem Verfasser, der in andern Schriften die erhabenste Sittenlehre vorgetragen hat, nur eine Abbildung der unschuldigsten und zärtlichsten ehelichen Liebe, im freyern morgenländischen Geschmack enthalte, und jenen als ein Anhang beygefügt worden sey? Ja ob nicht die mystische Auslegung dieses Liedes dadurch noch mehr sey befördert worden, daß

man

man in demselben weniger, als in irgend einem biblischen
Buche, sich vorher um den buchstäblichen Verstand der
Wörter und Redensarten bekümmert hat, ehe man den=
selben in eine Allegorie verwandelte, und daß man es
fast gar nicht 'nach den Regeln der Dichtkunst beurthei=
let hat? Auf dieses alles wird leicht geantwortet wer=
den können, wenn man die theologische Geschichte fragt,
wie die ersten christlichen Ausleger mit diesem Buche
umgegangen sind, und wie man sie bis auf unsere Zeiten
nachgeahmet hat. —— Ein anderes Beyspiel dieser Art
hängt noch genauer mit der Kirchengeschichte zusammen.
Es ist die Frage, wie die Christen von den ersten Zeiten
an, das prophetische Buch des Neuen Bundes, die
Offenbarung, welche dem Apostel Johannes von den
Schicksalen der christlichen Kirche zu Theil geworden ist,
verstanden haben? Glaubten sie, daß darinne die ganze
Kirchengeschichte bis zum Ende der Welt, oder nur der=
jenige Zeitraum derselben, da die Kirche unter den heid=
nischen Kaisern seufzete, enthalten sey? Und zu welcher
Zeit ist die Erklärung dieses Buchs, welche noch von
den meisten Protestanten vorgetragen wird, entstanden?
Man weiß sehr wohl, daß die ersten Christen die Offen=
barung Johannis als eine Trostschrift angesehen haben,
die sich auf ihre Drangsalen beziehe; daß sie unter Roms
Bilde, welches darinne vorkommt, kein anderes, als das
heidnische Rom verstanden haben; und daß sie zu den
symbolischen Vorstellungen dieses Buchs vom Johan=
nes selbst einen Schlüssel bekommen haben, der ihnen
diesen Verstand eröffnete. In ihren Augen war die
damals leidende und verfolgte, aber bald in Ruhe und
Glückseligkeit zu versetzende Kirche, der Gegenstand der
ganzen Offenbarung. Dabey blieben die Christen viele
hundert Jahre, bis die ungerechte und grausame Herr=
schaft der Päbste, und ihre Vergehungen wider die christ=
liche Religion, die höchste Stufe erreicht hatten. Eini=
ge Haufen Christen, welche sich ihnen, so weit es ihre

gerin=

geringen Kräfte erlaubten, zu widerſetzen anfiengen, verglichen nunmehr die Römiſchen Biſchöffe ihrer Zeit, mit dem gegen das Chriſtenthum feindſeelig geſinnten Rom, das in der Offenbarung Johannis beſchrieben wird, und glaubten zwiſchen beyden ſo viele Aehnlichkeit gefunden zu haben, daß ſie den Päbſten dieſe Stelle in dem erſtgedachten Buche gaben. Die Reformation verſchaffte unendlich mehr Freyheit zu dieſer Deutung: ſie wurde daher von den Proteſtanten mit beyden Händen ergriffen, erweitert, beſtärkt, und bis auf die neuern Zeiten fortgepflanzt. Man fand in der Kirchengeſchichte aller vorhergehenden Jahrhunderte, Erfüllungen von den Weißagungen der Offenbarung; und man erwartet die übrigen noch in den folgenden Zeiten. Die Proteſtanten, welche dieſer Erklärung einen großen Schein zu geben wiſſen, vertheidigen ſie auch größtentheils deswegen, weil ſie ein Zeugniß der heiligen Schrift ſelbſt wider die Römiſche Kirche abgiebt. Wenige unter ihnen haben die älteſte Auslegung wieder hervorgeſucht; allein ſie bekommen immer mehrere Nachfolger. Ich wiederhole es: eine ſolche Geſchichte der bibliſchen Erklärungsarten iſt zwar für keine derſelben entſcheidend; die Ausleger können ſich in alten und in neuen Zeiten geirrt haben. Aber ſie macht ſie aufmerkſamer, unpartheyiſcher, beſcheidener, als viele derſelben zu ſeyn pflegen: und wenn ſie dieſe Geſchichte überdenken, werden ſie ſchwerlich behaupten, daß Gott einem unter ihnen, durch eine Art von Eingebung, den Verſtand eines bibliſchen Buchs offenbare.

Die Lehrer der Chriſten haben auf die Erklärung der heiligen Schrift, oder auf die exegetiſche Theologie, die ſogenannte ſyſtematiſche gebauet, welche ein zuſammenhängender, durch göttlich geoffenbarte Beweiſe, ſcharfſinnige Beſtätigungen und vernünftige Erläuterungen unterſtützter Inbegriff aller bibliſchen

I. Theil.   H   Lehren

Lehren vom Glauben und Leben der Christen ist.
Auch bey dieser braucht derjenige, welcher sie vortragen soll, der Anleitung der Kirchengeschichte. Diese belehrt ihn, wie es zugegangen sey, daß die Menschen
aus einerley Quelle geschöpft und doch so sehr verschiedene Lehrgebäude und Meinungen über die Religion zum
Vorschein gebracht haben. Eine jede Kirche findet
noch immer ihr System in der heiligen Schrift. Es
ist kaum ein Artikel der christlichen Religion, der nicht
aus derselben auf eine doppelte entgegengesezte Art wäre
hergeleitet worden. Lauter Proben von der Gewohnheit der Menschen, ihre Zusätze und falsche Vorstellungen in das göttliche Wort zu tragen! aber auch eben
so viele Warnungen, kein einziges kirchliches Lehrgebäude ganz vor untrüglich zu halten! Wenn die christliche Geschichte den Lehrern eine Menge Streitigkeiten
vorzeigt, welche im Vortrage des Glaubens zufällige
Veränderungen verursacht haben; bestimmte Formeln,
Distinctionen, Eintheilungen, wo sich sonst in der Sache selbst nichts theilen läßt; auch wohl einen Ausdruck,
der für die dogmatische Schreibart zu sehr mit Kunst-
wörtern oder verblümten Redensarten überladen ist:
so macht sie ihnen auch den eben so beträchtlichen Einfluß der Philosophie in die äußerliche Bildung des Systems kenntlich. Die Fußstapfen, welche die Aristo-
telischen Grundsätze und dialektischen Regeln der Lehrart darinne hinterlassen haben, sind kaum zu zählen.
Die sogenannten scholastischen Theologen thaten keinen
Schritt ohne eine strenge Beobachtung derselben. Wie
man dadurch, auch unvermerkt, von der heiligen Schrift
abgeführt worden sey, und warum wir von dieser Aristo-
telischen Kleidung des Systems zwar vieles, aber doch
nicht so viel weggeworfen haben, als wir hätten thun
können? beydes wird aus der Geschichte der christlichen
Lehrer beantwortet. Sie haben fast immer ein gehei-
mes Vergnügen darüber gefühlt, wenn sie sich das Ansehen

sehen geben konnten, durch die philosophische Sprache
die Theologie scharffsinniger reden zu lassen, als in ihren
biblischen Ausdrücken. Es ist keine philosophische Sekte
in den neuern Zeiten, da Aristoteles zu wanken anfieng,
aufgekommen, vom Paracelsus an, bis auf gewisse
neue Theosophen, daß sie sich nicht gerühmt haben
sollte, durch ihre Lehrsätze, und selbst durch ihre Methode,
der Theologie mehr Licht und Gründlichkeit verschafft zu
haben, als alle vorhergehende. Die Erzählung allein von
allen diesen eingebildeten Vortheilen, muß sie angehen-
den Lehrern, welche sehr oft aus Ehrbegierde, Liebe zur
Neuigkeit, oder brausendem Anfall von Enthusiasmus,
geneigt sind, unter den Fahnen einer gewissen philosophischen Parthey zu dienen, verdächtig machen. Die
Ausschweifungen, welche dabey begangen werden, wenn
das theologische System nach dem Modell eines besondern philosophischen ausgeschnitzt wird, sehen einander
im Grunde alle ähnlich. Wir erstaunen noch darüber,
daß weise Männer die Lehren des christlichen Glaubens
der mathematischen Methode haben unterwerfen, und
ihnen dadurch mehr Gewißheit zuwege bringen wollen.
Allein die Nachwelt wird nicht weniger erstaunen, wenn
sie hören wird, daß man in unsern Zeiten die Einbildungskraft sehr oft an die Stelle der Vernunft gesetzt,
diese Vermischung Philosophie genannt, und wiederum
die theologischen und philosophischen Grundsätze dergestalt unter einander gemengt habe, daß die Gränzen bey
der Wissenschaften darüber gänzlich verschwunden sind.
Die Schlußfolge dieser Anmerkungen soll nicht diese
seyn, daß die Kirchengeschichte den Theologen abschrecken müsse, die Philosophie bey seiner Wissenschaft zu
gebrauchen; sie stellt ihm vielmehr Beyspiele genug vor,
welche lehren, wie er sich derselben vorsichtig und fruchtbar bedienen könne. Er lernet aber aus ihr noch viele
andere Ursachen und Arten der Veränderungen kennen,
welche bey dem christlichen Lehrbegriff vorgefallen sind.

H 2   Der

Der Herr D. Walch zu Göttingen hat sie in seinen Gedanken von der Geschichte der Glaubenslehren, nützlich untersucht, und mit Einsicht beurtheilet. Diese Schrift, die einem künftigen Lehrer zu einer guten Vorbereitung dienen kann, nimmt dieselbe, wie ich kaum hinzusetzen darf, ganz aus der Kirchengeschichte.

Hier ist es nicht genug, sie um die Schicksale des Vortrags der christlichen Lehre, der in der Ordnung, in den Erklärungen, Beweisen und Ausdrücken so viele Abwechselungen erlitten hat, oder wie man zu reden pflegt, um die Geschichte der systematischen Glaubenslehre, (Historia Theologiae Dogmaticae,) zu fragen; die Geschichte jeder Lehre des Glaubens, (Historia Dogmatum,) ist eine noch wichtigere Nachricht, die sie ihrem Freunde ertheilet. Jene Veränderungen sind über die Hülle, diese hingegen über den Körper selbst ergangen. Es ist oft gewünscht worden, daß diese letztere Geschichte, entweder bey der mündlichen Abhandlung, oder in Schriften, einer jeden Lehre, die man auch einen Artikel nennt, beygefügt werden möchte. Nichts wäre dienlicher, den Theologen zu unterrichten, wie er zum Besitze so vieler Glaubenslehren gekommen sey; woher, in was vor einer Gestalt, mit welchen Beweisen des göttlichen Ursprungs, die Christen sie zuerst empfangen; ob sie dieselben unverfälscht beyzubehalten gesucht, bekannt und vertheidigt haben; was vor Widersprüche dagegen vorgebracht worden; ob diese lauter Irrthum, oder noch darunter einen Saamen von Wahrheit in sich gefaßt; wie man ihnen am glücklichsten begegnet sey; wie ferne Einwürfe und Zweifel zur Aufklärung und Bestätigung der Glaubenslehren Gelegenheit gegeben haben; was vor Grade der dunklern oder klärern Einsicht in dieselben es gegeben, und wie viel Antheil die Vernunft an der Erkenntniß, Prüfung, Erläuterung und Befestigung aller dieser Lehren genommen habe? Aber wenn

auch

auch alle diese Nachrichten, welche die ganze Beschäftigung mit der systematischen Theologie so sehr erleichtern,
nur der Kirchengeschichte, nebst den übrigen Abwechselungen der Religion, eigen verbleiben: so muß sie von
dem Theologen desto höher geschätzt werden.

Die Geschichte der moralischen Lehren des
Christenthums ist in demjenigen, was ich eben gesagt
habe, eingeschlossen, und fast noch wichtiger für den Lehrer. Wenn die Religion durch ihre Geheimnisse eine
erhabene und himmlische Gestalt behauptet: so wird sie
durch ihre Sittenlehre recht für die Begriffe der Menschen liebenswürdig; sie lebt durch dieselbe unter ihnen,
und leitet, ermuntert, beruhiget sie unaufhörlich. Alles
eilt in der christlichen Religion zur Tugend und Gottseeligkeit fort. Was uns darinne zu glauben befohlen
ist, bekommt nur alsdenn seinen bestimmten Werth,
wenn das Herz dadurch gerührt und gebessert worden ist:
und so sehr man auch die theoretischen Irrthümer im
Christenthum vermeiden muß; so sind doch die prakti-
schen noch ungleich schädlicher. Von dieser vortrefflichen
Moral des Christenthums meldet die Kirchengeschichte
nicht nur überhaupt eben so lehrreiche Umstände und
Veränderungen, als von der Glaubenslehre; sondern
sie giebt auch noch besonders zu erkennen, was dieselbe
vor Wirkungen in den Gemüthern der Christen gezeugt
habe; mit wie vielem Schaden man sie von der gründlichen Erkenntniß der Glaubenswahrheiten oft getrennt,
und auf welche Abwege sie der Aberglaube, der unerleuch-
tete falsche Eifer, und die Last der Cärimonien gezogen
haben. Es ist sehr wahr, daß ein Moralist, wenn er
mit glücklichem Eindruck lehren will, die Geschichte des
menschlichen Herzens untersuchen müsse. Wie vielmehr
muß sich der christliche Sittenlehrer mit derselben durch
die Kirchenhistorie bekannt machen, um zu sehen, in welchem Verhältnisse gegen die reinste, durch unwidersteh-

liche

liche Bewegungsgründe empfohlne Tugend, die Chri=
sten von je her gestanden haben!

Man kann aber vornehmlich in der **Polemik**
oder **Streittheologie** (wie man zu reden angefangen
hat,) einen so lebhaften und unausgesetzten Gebrauch von
der Kirchengeschichte machen, daß viele denselben bey=
nahe als den wichtigsten angesehen haben. Diese Fer=
tigkeit der Lehrer, die Religion zu vertheidigen, und alle
Irrthümer, durch welche sie angegriffen wird, zu wider=
legen, ist an sich eine der schätzbarsten und nothwendig=
sten. Man hat zwar sehr wohl gethan, daß man ihr
den Rang der Hauptbeschäftigung eines Theologen ent=
zogen hat: denn die christliche Geschichte weiset betrübte
Spuren aus den Zeiten auf, da sie es noch gewesen ist,
und bestätigt die Klagen, die noch zuweilen in den un=
srigen geführt werden müssen, daß, sobald die Polemik
in der Kirche die Oberhand gewinnt, die stille und allein
nützliche Untersuchung der Wahrheit sehr viel verliere;
zugleich aber auch alle übrige theologische Wissenschaft
darunter leiden müsse. Allein sie wird auch nicht ohne
Schaden der Religion vernachläßiget. Sie ist eigent=
lich ein Theil von dem gelehrten Vortrage der Glau=
benslehre; nicht aber eine besondere Theologie. Da,
wo eine jede Lehre erklärt wird, kann auch am füglichsten
gezeigt werden, was vor unrichtige Begriffe oft in die=
selbe gebracht worden sind, und wie man sich davor hü=
ten müsse. Wo die Glaubenslehren bewiesen werden,
daselbst erwartet man auch, daß die Einwendungen ge=
gen diese Beweise angeführt und wieder abgewiesen wer=
den. Daher sieht man in der theologischen Geschichte
der neuern Zeiten, daß die systematische Abhandlung der
Religion die Polemik lange in dieser Verbindung unter
sich begriffen habe: und es war solches im Grunde kei=
neswegs ein Mangel einer genauern Lehrart. Die un=
geheure Weitläuftigkeit allein, welche aus der Untersu=
chung

chung so vieler Irrthümer und Streitigkeiten, einer sol=
chen noch immer anwachsenden Menge von Lehrbegrif=
fen entstehen mußte, rechtfertigt die Trennung der Po=
lemik von der übrigen systematischen Theologie.

Betrachtet man nun in der Geschichte der christli=
chen Lehrer diejenigen Auftritte, da sie die Wahrheit ent=
weder gegen die Feinde des Christenthums, oder gegen
einander selbst, verfochten haben: so muß man gestehen,
daß sie bey keiner andern Art der theologischen Gelehr=
samkeit und Uebung sich selbst so leicht vergessen haben,
als bey dieser. Zween streitende Theologen haben fast
immer beyde mit einem Bewußtseyn von Unfehlbarkeit,
mit einer so stürmischen Hiße gegen einander geschrieben,
als wenn es möglich wäre, daß sie beyde zugleich im Be=
siß der Wahrheit seyn könnten; oder als wenn sie durch=
aus nicht zugeben dürften, daß in der Theologie vieles
nur zu einer hohen Wahrscheinlichkeit gebracht werde,
und daß überhaupt nicht eine gleiche Einsicht und Ueber=
zeugung bey allen gefordert werden könne. Die Ursa=
chen dieses Betragens sind theils in einem unrecht ver=
standenen Eifer für die Lehre der heiligen Schrift; theils
in der Vorstellung zu suchen, daß man durch Mäßigung
und Nachgeben ein stillschweigendes Bekenntniß able=
gen würde, man habe bisher im Irrthum gesteckt, oder
nicht alles mit der möglichsten Gewißheit gelehret. Bey
jeder neuen theologischen Streitigkeit, kann man denen,
welche sie zu führen anfangen, keinen heilsamern Rath
ertheilen, als daß sie die Geschichte der ältern vor den
Augen haben mögen, um daraus zu lernen, daß die wich=
tigsten und nothwendigsten Streitigkeiten über die Re=
ligion, oft durch die Art, wie sie geführt worden sind, al=
len Nußen verloren haben; weit mehrere aber, die man
vor eben so erheblich ansah, ohne Nachtheil der Wahr=
heit hätten vermieden werden können.

Die=

Dieſes ſind nur allgemeine Vortheile, welche der
Polemicus — nicht, nach der erſten und ſchlimmern
Bedeutung des Worts, der kriegeriſche Theologe,
ſondern der gewiſſenhafte Vertheidiger der Religion, — aus der Kirchengeſchichte ſchöpfen kann; ſie
darf ihn aber gar nicht verlaſſen, wenn er ſeine Pflichten
glücklich erfüllen ſoll. Er hat mit Irrthümern und
Sekten zu kämpfen; Spaltungen und Streitigkeiten
von einem ziemlichen Alter zu unterſuchen. Den Urſprung und die Veranlaſſung derſelben muß er aus der
Geſchichte nehmen. Es iſt ihm nicht gleichgültig, ob ſie
aus Mißverſtand, gutgemeinten Abſichten, aber kurzſich-
tiger Erkenntniß, oder aus einem gegen die Wahrheit
eingenommenem Gemüthe entſtanden ſind; ob Uebereilung und Einbildungskraft, oder Eigenliebe und Zank-
ſucht, mehr Antheil an denſelben gehabt haben. Er erfährt eben daher, ob ſie durch heftigen Widerſpruch und
Verfolgung nicht noch mehr geſtärkt, als zurück getrieben worden ſind. Vor allen Dingen verlangt er von
den Geſchichtſchreibern der Kirche zu wiſſen, auf was vor
einen Hauptirrthum ſich eine Sekte gegründet habe, aus
welchem viele andere ihrer falſchen Sätze und Anſtalten
entſprungen ſind. Denn ſobald er dieſe Wurzel ausge-
graben hat, verdorrt der ganze Stamm mit allen ſeinen
Zweigen von ſelbſt. Er forſcht nach den Beſchönigun-
gen und Stützen, welche für eine Irrlehre gebraucht
worden ſind, nach den Ausflüchten und ſcheinbaren Einwendungen ihrer Anhänger: und nach einer ſolchen Bemühung geräth er niemals in die Gefahr, auf Wortſtrei-
tigkeiten oder ungerechte Beſchuldigungen zu verfallen.
Eben ſowohl lernt er aus der Kirchengeſchichte die Un-
terſcheidungslehren, welche eine jede Gemeine von ihrem Anfange her ſich eigen gemacht, und die Veränderungen, die ſie mit ihrem Lehrbegriff vorgenommen hat.
Die Mittel, durch welche ſich ſo viele Partheyen unter
und neben den Chriſten fortgepflanzt und erhalten haben,

ben, verdienen gleichfals ſeine Aufmerkſamkeit. Bald
war es Gewaltthätigkeit, bald das Anſehen gewiſſer Perſonen, bald eine ausnehmende Gelehrſamkeit oder Beredſamkeit, eine äußerliche Strenge der Sitten, viel
Schmeichelhaftes in einem Irrthum; oder es waren auch
einnehmende Schriften und vortheilhafte Umſtände der
Zeit, welche die Aufnahme und Fortdauer einer Sekte
begünſtigt haben. Man wird endlich in der Beſtrei-
tung irriger Lehren weit geſchwinder fortkommen, wenn
man unterſucht, wie ihnen ehemals begegnet worden ſey.
Oft hat man ſie mit einemmale durch Strafen, welche
auf ihre Vertheidiger geſetzt wurden, unterdrücken wollen, und hat meiſtentheils dieſen Endzweck dadurch nicht
erreicht. Man hat ihnen Gründe und Widerlegungen
entgegengeſetzt, die zum Theil ihre Würkung geäußert
haben, oft aber fehlgeſchlagen ſind, weil man nur darauf
bedacht geweſen iſt, dieſelben zu häufen, und nach ſeiner
eigenen Ueberzeugung abzufaſſen. Noch eine andere
hiſtoriſche Anmerkung, welche hiebey gemacht werden
kann, hat ihre Wichtigkeit. Manche polemiſche Waffen werden durch die Zeit abgenützt, wenn ſich die Einſicht auf beyden Theilen, oder nur der Zuſtand der Gegner, geändert hat. Man kann unter andern die Römiſche Kirche nicht völlig mehr ſo bekriegen, als es zu
den Zeiten des erſten Angriffs der Proteſtanten auf dieſelbe hinlänglich war. Das Wachsthum der Ausle-
gungskunſt, der Geſchichte, und ſelbſt der Philoſophie
und des guten Geſchmacks, hat viele Pfeile, die man gegen ſie loszuſchießen pflegte, entweder ungemein geſchärft,
oder zu ſtumpf befunden. Die Erzählung von der Päbſtinn Johanna, die Deutungen der Offenbarung Johannis auf das jetzige Rom, die Ausſchweifungen einzeler Lehrer der Römiſchen Kirche in Meinungen oder im
Leben, können nicht mehr mit der alten Zuverſicht wider
ſie gebraucht werden. Und dieſer Verluſt in der Polemik darf keinen Theologen verdrießen. Wir haben an-

der-

dere Gründe genug, die desto gewisser treffen: und darunter einige, die unsern Vorfahren unbekannt gewesen
sind. Ich sage hier nichts mehr von der besondern und
ungemeinen Nutzbarkeit der Kirchengeschichte in den
Streitigkeiten mit den Römischkatholischen, weil ich bereits oben Gelegenheit gehabt habe, dieselbe zu empfehlen. Und der ähnliche Gebrauch, der von dieser Geschichte gegen jede andere Gemeine, die sich der Uebercin-
stimmung mit der ältesten christlichen Kirche ausschließ-
sungsweise rühmt, gemacht werden kann, ist weiter keiner Erklärung benöthiget.

Die Kirchengeschichte giebt dem Theologen auch
von den Glaubensbekenntnissen oder symbolischen
Schriften seiner und anderer Gemeinen solche Nachrichten, die er nicht entbehren, und sehr wohl nützen kann.
Wenn er weiß, wie nothwendig diese Schriften waren,
in welcher Absicht sie aufgekommen, und durch neue vermehrt worden sind, wie man sie zur Erhaltung der Ein-
müthigkeit in der Lehre gebraucht, oder ob man sie zur
Unterdrückung der christlichen Freyheit im Denken angewandt habe: so ist er insonderheit in Bereitschaft, denen zu antworten, welche die Bekenntnißbücher der
Evangelischen Kirche als ein Joch vorstellen, von welchem man sich losreißen müsse. Er wird, wenn ihm
gleich Eid und Unterschrift eine gewisse Verbindlichkeit
auflegen, doch, ohne dieselbe zu brechen, sagen können:
„Unsere Kirche hat durch die Einführung und gesetzmäs-
„sige Beobachtung ihrer symbolischen Bücher nichts wei-
„ter gethan, als was eine jede Gesellschaft, welche sich
„nach übereinstimmenden Vorschriften richten will, zu
„fordern und anzuordnen berechtiget ist. Sie entwirft
„diese Vorschriften nach ihren Grundsätzen, und erkennt
„niemanden vor ihr Mitglied, der sich nicht zu derselben
„bekennt. Gleichergestalt hatten bereits die ersten Chri-
„sten ihre öffentliche Bekenntnißschriften; aber sie wa-
„ren,

„ren, wie alles, was in ihrer Kirche zum gemeinnüßigen
„Ausdruck der Religion geschah, kurz, ungekünstelt, von
„der heiligen Schrift nur durch manche gewöhnlichere
„Redensarten unterschieden. Die nöthige Einförmig=
„keit im Glauben hatte sie aufgebracht, und die Abwei=
„chungen von demselben, welche nach und nach entstan=
„den, verlangten einige Erweiterungen und Bestimmun=
„gen, welche auf den Kirchenversammlungen hinzuge=
„seßt wurden. So weit war an diesen Anstalten nichts
„zu tadeln; aber, da die Geistlichkeit sich endlich auf
„eben diesen Versammlungen vereinigte, die christlichen
„Lehren nach ihrem Willkühr zu erklären, Gesetze über die=
„selben zu geben, und sogar neue den Christen aufzudrin=
„gen: so konnten die Schlüsse derselben nicht mehr ein
„Glaubensbekenntniß der Kirche heißen; sie wurden eine
„Verschwörung der Geistlichen wider die übrigen Chri=
„sten, und diese konnten nichts mehr thun, als erwarten,
„was man ihnen zu glauben anbefehlen würde. Dieses
„unerträgliche Zwangsmittel haben die Protestanten
„gleich anfangs weggeworfen. Die Richtschnur ihres
„Glaubens wurde die heilige Schrift, und um denselben
„in wenigen, größtentheils aus derselben genommenen
„Worten vorzustellen, nahmen sie mit allem Rechte die
„Symbola der ältesten Kirche an. Diese verbanden sie
„in der Religion noch genauer, und hatten kein Ansehen
„von menschlicher Erfindung in der Lehre selbst. Gleich=
„wohl würden wir uns nicht lange daran haben begnü=
„gen können. Es war zu vermuthen, daß manche unse=
„rer Lehrer, nach der bekannten Verschiedenheit der
„menschlichen Fähigkeit, die Wahrheit zu erkennen und
„vorzutragen, andere Erklärungen von unserm Glauben
„machen würden, als wir bey unserer Trennung von der
„Römischen Kirche im Sinne hatten. Wollten sie in
„der That Lehrer unserer Kirche abgeben, so mußten sie
„zuvörderst wissen, wie dieselbe die Religion, oder, welches
„einerley ist, die heilige Schrift verstehe. Zu dieser Ab=
„sicht

„ficht brauchten wir eine ausführlichere und mehr be=
„stimmte Entwickelung unsers Lehrbegriffs, durch wel=
„che den Streitigkeiten über denselben vorgebeugt, oder
„diejenigen, welche erregt wurden, bald gedämpft wer=
„den konnten. Sie war auch dazu dienlich, die Verfäl=
„schungen und Mißdeutungen unsers Glaubens, welche
„die Feinde desselben versuchen dürften, von ihm abzu=
„wenden. Und nun leugne man es, wenn es möglich
„ist, wider die Geschichte, daß unsere symbolischen Bü=
„cher durch so dringende Bewegungsgründe hervorge=
„bracht worden sind. Beyde Fälle ereigneten sich zei=
„tig. Wir mußten den Gegnern unserer Kirche feyerli=
„che Zeugnisse von unserm Glauben entgegenstellen, und
„die Uneinigkeit, welche sich unter unsere Lehrer einschlich,
„konnte nur durch gleichstimmige Religionsbekenntnisse
„gehoben werden. Bey der Verfertigung und Einfüh=
„rung derselben mögen vielleicht Fehler vorgegangen seyn;
„aber dieses ist nicht die Hauptfrage: es kommt viel=
„mehr bey diesen symbolischen Schriften unserer Kirche
„darauf an, ob wir darinne unsere Unterscheidungsleh=
„ren, nach den Begriffen, die wir davon aus der heiligen
„Schrift geschöpft hatten, vorgetragen, und durch die=
„se Einkleidung derselben, bis zu unserm Endzweck ge=
„langt sind? Beydes ist so unstreitig, daß wir seitdem,
„zweyhundert Jahre hindurch, nicht vor nöthig befun=
„den haben, der Welt eine andere Abbildung von un=
„serm Glauben zu machen, als diese erste ist, welche ihr
„in den gedachten Büchern vor Augen liegt. Was hätte
„uns in den neuern Zeiten bewegen sollen, sie abzuschaf=
„fen? Man würde uns haben vorwerfen können, wir
„hätten unsern Lehrbegriff verändert: und es ist doch sehr
„bekannt, daß wir von den Hauptlehren desselben, mit=
„ten unter allem Wachsthum der theologischen Gelehr=
„samkeit und Freymüthigkeit, nicht abgewichen sind. Oder
„sollten wir uns nur hüten, diesen Bekenntnißschriften
„kein so furchtbares Ansehen zuzugestehen, daß dadurch
„alles

„alles fernere Denken und Prüfen in der Religion ge=
„hemmt würde? Wenn dieses würklich geschehen ist, so
„haben wir hiebey den eigenthümlichen Grundsätzen unse=
„rer Kirche widersprochen. Allein eben diese bestimmen
„es vor billigen Richtern hinlänglich, was die Verpflich=
„tung zu sagen habe, welche unsere Lehrer auf sich neh=
„men, nichts zu lehren, was mit den symbolischen Bü=
„chern ihrer Kirche stritte. Unmöglich kann dieses Ver=
„sprechen mehr bedeuten, als wenn es mit folgenden
„Worten ausgedrückt würde: weil wir überzeugt sind,
„daß unsere Vorfahren die Lehre der heiligen Schrift
„in den symbolischen Büchern zusammengefaßt, sie da=
„rinne durch Erklärungen, Beweise und Vertheidigun=
„gen in eine weitläuftigere Gestalt gebracht haben: so
„können und wollen wir uns von denselben so wenig ent=
„fernen, als von jener. Glaubt einer unserer Lehrer, we=
„gen einer andern Ursache, außer dieser vorausgesetzten
„Uebereinstimmung der oft genannten Bücher mit der
„göttlichen Offenbarung, ihnen Gehorsam schuldig zu
„seyn; erstreckt er die Nothwendigkeit desselben auf ihre
„ganze äußerliche Form, auf jede Erläuterung und Ne=
„benmeinung, die sie enthalten: so muß man sich diesem
„Mißbrauch und Irrthum widersetzen. Erfährt die
„Protestantische Obrigkeit, daß die Anordnungen, wel=
„che sie mit gutem Bedachte gemacht hat, die symboli=
„schen Schriften von denen ihr unterworfenen Lehrern
„unterschreiben, oder auch wohl beschwören zu lassen, eine
„Last für das Gewissen sey, und zum Vorwande der Träg=
„heit in der Untersuchung der Religion dienen müsse: so
„ist sie verbunden, dieselbe in ein Versprechen zu verwan=
„deln, das durch hinzugefügte Bestimmungen dem Vor=
„wurfe einer blinden Unterwürfigkeit gegen menschliche
„Schriften entgehen kann. Findet endlich ein Lehrer
„selbst, daß er die eingegangene Verbindlichkeit nicht län=
„ger ertragen könne, weil ihm manche Lehren der symbo=
„lischen Bücher verdächtig zu werden anfangen: so ist es,

„wie

„wie man zur Ehre unserer Kirche behaupten kann, leicht,
„sich in diesem bedenklichen Zustande zu helfen. Er
„braucht nur zu beweisen, daß dasjenige Buch, nach wel=
„chem alle symbolische und systematische Schriften beur=
„theilt werden müssen, die heilige Schrift, anders lehre:
„so fällt seine Verpflichtung auf dieser Seite von selbst
„weg." — Ich habe diesen Lehrer etwas lang reden
lassen; denn er hatte in der That viel zu sagen, und weil
ich glaube, daß dieses die Sprache eines rechtschaffenen
Theologen ist, so durfte ich ihn nicht unterbrechen. Man
hat noch täglich den Vorwürfen oder Spöttereyen zu
begegnen, welche gegen die symbolischen Bücher unserer
Kirche vorgebracht worden: und gewiß nicht bloß von
auswärtigen Feinden derselben. Wenn man dieselben
gleich niemals anders beantworten könnte, als nach der
Anleitung der Kirchengeschichte, die ich jetzt vorgestellt
habe; so wären sie doch schon dadurch hinlänglich abge=
wiesen.

Vielleicht denkt man bey Gelegenheit der symboli=
schen Bücher auch an die Schriften der ältern Lehrer,
und sonderlich der Kirchenväter, wie man die Lehrer
der Christen in den ersten fünf Jahrhunderten zu nen=
nen pflegt. Dieser Gedanke führt zu einem andern Nu=
tzen der Kirchengeschichte für die Theologen. Es ist
wahr, daß sie die Werke der Kirchenväter nicht mehr als
Erkenntnißquellen der Religion lesen sollen; allein es
sind noch viele andere Betrachtungen übrig, welche sie zu
denselben einladen. Als Zeugnisse von dem Glauben
und der Verfassung der ältesten Kirche; als Denkmäler
von Verdiensten um jede Art der theologischen Wissen=
schaft; als Muster des theologischen Verhaltens bey den
Schicksalen der Kirche, gegen die Obrigkeit, und unter
einander selbst; zuweilen auch als Spiegel von Schwach=
heiten und Fehlern, deren sich Lehrer, wenn sie nur nach
dem Lob der Frömmigkeit und des Eifers trachten, schul=
dig

dig machen können; sind diese Schriften noch immer
überaus schätzbar. Man wird sie aber nur halb verstehen, wenn man ihre Verfasser nicht bereits in der Kirchenhistorie angetroffen hat.

Aus eben derselben muß der Theologe die ersten
Gründe einer Wissenschaft hernehmen, die ihm nachtheilig werden kann, wenn er sie den Rechtsgelehrten allein
überläßt: ich meine das Kirchenrecht. Unsere Lehrer hatten dasselbe in den ersten Jahrhunderten ihrer
Kirche beynahe ganz vernachläßigt; oder auf Grundsätze
gebauet, die sich vor einer schärfern Untersuchung scheuen
mußten. Sie verdienen deswegen Entschuldigung:
denn sie fanden auf allen Seiten so viel zu thun, und
waren mit ihrem Zustande, mit der Verbesserung der
Religion und Kirche, so wohl zufrieden, daß sie es nicht
vor nöthig erachteten, das Verhältniß derselben gegen
den Staat genauer zu untersuchen; die Grenzen von
den Befugnissen des Landesherrn bey der Aufsicht über
die Kirche auszumachen, nachdem sie ihm schon fast alles,
was er verlangen konnte, eingeräumt hatten; und den
Grund derjenigen Vorrechte darzuthun, die ihnen selbst
zugestanden wurden. Daher blieben manche wahre
Lehren des Kirchenrechts ohne einen richtigen Beweis,
und manche, wo nicht falsche, doch zweydeutige, dem
Mißbrauch ausgesetzte Meinungen, erhielten sich unter
dem Schutze alter unbestimmter Begriffe. In dieser
Ruhe wurden die Theologen durch die ersten Rechtsgelehrten zu Halle gestört, und sie liefen Gefahr, alles was
sie Rechte der Religion, der Kirche und des Lehramtes
nannten, zu verlieren, wenn sie dieselben nicht durch die
erste Verfassung der christlichen Kirche, aus welcher sie
bestritten wurden, zu vertheidigen wußten. Die Kirchengeschichte half ihnen vieles davon retten; aber nicht
alles. Sie erwachten, und suchten dasjenige, was ihnen übrig geblieben war, desto standhafter zu behaupten.

Einer

Einer ihrer gelehrteſten Kenner der Kirchengeſchichte und
des chriſtlichen Alterthums, **Chriſtoph Matthäus
Pfaff,** war der erſte, der dieſe Kenntniß zur Erörterung
der Grundſätze des Kirchenrechts, vollſtändiger und
ſcharfſinniger, als es vorher geſchehen war, (und doch
muß man geſtehen, nicht ohne den weiſeſten jener Rechtslehrer, **Juſt Henning Böhmern,** zum Anführer zu haben,) anwandte. Seine Origines Juris Eccleſiaſtici, welche zuerſt im Jahr 1719 zu Tübingen erſchienen, und im
Jahr 1756 zum drittenmal mit ſehr reichen Vermehrungen gedruckt wurden, ſind noch jetzt das vornehmſte und
beynahe einzige Werk, welches die Theologen vom Kir-
chenrechte geſchrieben haben. Es wird auch ſeinen
Werth beybehalten, ob es gleich noch in der allgemeinen
Grundlage einiger Verbeſſerungen benöthigt iſt. Weder dieſes Vorbild, noch die größere Aufnahme der Kirchengeſchichte unter den Theologen, haben ſie bisher auf
die Bearbeitung des Kirchenrechtes vorzüglich aufmerkſam gemacht. Sie haben ſich größtentheils nur über
die Unternehmungen, welche **Thomaſius** und ſeine Nachfolger darinne verſuchten, zum Theil auch ausführten,
beklagt; verſchiedene Grundſätze haben ſie in der Stille
immer fort vertheidigt, als wenn ſie niemals wären angegriffen worden; und wo ihnen der Gebrauch der geiſtlichen Rechte nöthig war, haben ſie ihn doch aus den
Schriften gemäßigter Rechtslehrer entlehnen müſſen.
Tritt aber zuweilen ein Schriftſteller auf, der neue Verbeſſerungen des Kirchenrechts vorſchlägt, wie vor wenigen Jahren der Verfaſſer der „vertrauten Briefe über
„die wichtigſten Grundſätze des Proteſtantiſchen Geiſt-
„lichen Rechts:„ ſo ſind viele unter ihnen geneigt, die
ſchätzbarſten Erinnerungen zugleich mit den gewagten
Einfällen wegzuwerfen, weil beyde das kirchliche Herkommen verletzen. Was **Pfaff** ſo glücklich angefangen hatte, würde **Mosheim,** der noch gewiſſe dazu nöthige Eigenſchaften vor ihm voraus beſaß, zu einiger
Voll-

Vollkommenheit, oder doch in eine Gestalt haben bringen können, die unsern Zeiten angemeßen wäre; allein seine gedruckten Vorlesungen über das Kirchenrecht sind nur zerstreute Züge von demjenigen, was er zur Aufklärung desselben hätte thun können.

Es ist Zeit, daß ich diese Abhandlung beschließe. Wenn die Kirchengeschichte, könnte man fragen, von einer so augenscheinlichen und unerschöpflichen Nutzbarkeit für den Theologen ist, wozu dient eine wortreiche Erklärung derselben? Ich würde hierauf leicht antworten können, ich hätte alle Ursache zu hoffen, daß selbst viele Leser, welche sich der Theologie ergeben haben, durch meine Vorstellungen auf Spuren der Brauchbarkeit gerathen seyn mögen, die ihnen nicht oft genug vor dem Gesichte schweben. Allein ich wünsche, daß sie dieses selbst sagen mögen. Soll ich alles, wodurch ich ihnen diese historische Wissenschaft noch empfehlen könnte, kurz zusammen faßen? Sie ist bey der Führung des Lehramtes eben so unentbehrlich, als bey der Vorbereitung zu demselben. Durch sie wird die Liebe und der erleuchtete Eifer für das Christenthum, welcher den Diener der Religion vor allen andern beleben muß, unfehlbar angezündet und unterhalten. Die theologische Klugheit, welche so unzählliche Gelegenheiten findet, sich zu zeigen, wird durch die Betrachtung der Kirchengeschichte am sichersten und stärksten gebildet. Die rühmlichen Beyspiele älterer Lehrer, welche sie aufbehalten hat, sind eine vortreffliche Reizung zur Nachahmung. Und wenn man insonderheit noch aus derselben gelernet hat, wie die christlichen Lehrer das göttliche Wort zu demjenigen Zeiten vorgetragen, und bey allen Bedürfnissen des menschlichen Herzens angewandt haben, welche für die seegenreichsten in der Geschichte des Christenthums gehalten werden, so wird man nicht leicht ein kalter und unfruchtbarer Lehrer der Religion bleiben.

· I. Theil. ·   J   Der

Der weise, durchdringende Gebrauch der Kirchengeschichte half die entstehende Gemeine der Protestanten gründen: er wird auch stets eine ihrer festesten Stützen nach der göttlichen Offenbarung abgeben. Die größten und verdientesten Protestantischen Lehrer sind allemal entweder in dieser Geschichte, oder in der Auslegung der heiligen Schrift, oder in beyden zugleich, ungemein geübt gewesen. Eine andere theologische Größe giebt es nicht: und die Ehrensäulen, welche sich mancher berühmte Mann, dem diese edlern Kenntnisse fehlten, bloß aus sinnreichen und sonderbaren Gedanken, aus einem beredten Vortrage, aus tapfer geführten Streitigkeiten, oder aus einem Schwall von wiederholenden Schriften aufgebauet hat, fallen durch einen einzigen Hauch der Nachwelt über den Haufen; oder gehören wenigstens in diejenige Gegend, wo die Bilder des Mittelmäßigen zu tausenden aufgestellt sind.

Die große Anzahl derer, welche die Kirchengeschichte der Christen beschrieben haben, kann allein schon einen Beweis abgeben, wie nützlich, und, welches ich hier noch hinzusetze, wie voll von Annehmlichkeiten und Vergnügen, man ihre Betrachtung gefunden habe. Da es die erste Frage ist, welche man nach einer so sehr gepriesenen Brauchbarkeit aufwerfen kann: wodurch man die Bekanntschaft mit dieser Geschichte erlangen könne? so darf ich es auch nicht länger aufschieben, von den Geschichtschreibern der christlichen Religion und Kirche Nachricht zu geben.

Dritter

Dritter Abschnitt.

Quellen und Hülfsmittel

der

christlichen Kirchengeschichte.

———

Wenn man bey einer jeden Wissenschaft von dem Lehrer derselben verlangen kann, daß er die besten und nützlichsten Bücher, welche über dieselbe geschrieben worden sind, kenne und anzeige, weil er sonst sich selbst und diejenigen, welche sich seiner Anführung bedienen, des ungemeinen Vorsprungs beraubt, den so viele Gelehrte verflossener Zeiten bereits in den Wissenschaften gewonnen haben: so ist diese Forderung bey der Geschichtskunde mehr als bey irgend einem andern Theil der Gelehrsamkeit, gerecht und nothwendig.. Hier kann das Nachdenken den Mangel einer fremden Hülfe nicht vertreten. Der Grund der Geschichte muß lediglich aus bereits vorhandenen Nachrichten und Denkmälern, von welchen sich ein freyer Gebrauch machen läßt, gezogen werden. Erst alsdenn, wenn man dieselben vor sich liegen hat, geht das Geschäfte des erfindenden und beurtheilenden Geistes an.

Diese sehr bekannte Anmerkung ist in unsern Zeiten bey der Untersuchung und dem Vortrage der Kirchengeschichte, von einer weit größern Wichtigkeit als ehemals. Der Geschmack hat sich in den historischen Schriften, wie in andern, merklich geändert: auf einigen Seiten zum Vortheil dieser Wissenschaft; aber auf andern sucht man die alte Gründlichkeit mit einem bunten und schim=

J 2   mernden

mernden Farbenspiel zu verwechseln. Man erweiset den
Quellen der Geschichte nicht überall mehr diejenige Achtung, die ihnen gebühret. Kaum hat mancher die Haupt-
umstände einer Begebenheit aus denselben geschöpft,
oder wohl gar andern, welche sie daraus geschöpft hatten, abgeborgt: so überläßt er sich Muthmaßungen
und Betrachtungen, welche erst eine Folge von langer
Prüfung der Erzählungen, und des Zusammenhangs der
Handlungen seyn sollten. Daher kommen Ursachen und
Absichten, welche die handelnden Personen niemals gehabt haben; Charaktere, die nur Denkmäler der Kunst
und Einbildungskraft, aber nicht der Wahrheit sind;
witzige Einfälle, Vergleichungen, Urtheile und Ausdrücke, durch welche die strenge Richtigkeit nicht allein verfälscht, sondern auch dem Leser unleidlich gemacht wird.
Wir haben diese so genannte Verschönerungen der Geschichte als Blumen des französischen Bodens bekommen; schon sind sie in einige unserer Geschichtbücher fortgepflanzt worden: und die Kirchengeschichte wird sich
diesen dichterischen Schmuck gleichfalls aufdringen lassen
müssen, wenn man nicht bey Zeiten das Uebel merkt,
welches durch denselben gestiftet werden kann. Es ist
in der Geschichte nicht so leicht, als manche denken mögen, Machtsprüche zu thun, zu loben oder zu spotten; aber
demjenigen wird es sehr leicht, welcher zu schreiben anfängt, ohne viel gelesen und untersucht zu haben; welcher mehr die Verbindung der Begebenheiten zu erfinden,
als sie nach Zeugnissen zu bestimmen sucht. .

So wenig aber darüber gestritten werden kann, daß
man, um die Kirchengeschichte zu kennen, sich vor allen
Dingen zu ihren Quellen verfügen müsse: so schwer wird
der Gebrauch von diesen, ohne eine bewährte Anleitung,
oder eine lange Erfahrung. Man begreift unter dem
Namen derselben hauptsächlich eine Menge Schriftsteller,
welche Nachrichten von ihren, oder den kurz vorhergehenden

henden Zeiten hinterlassen haben. Ihr Alter macht sie
allein noch nicht glaubwürdig. Die Vorstellungsarten,
welche ihrem Jahrhunderte eigen waren, haben meisten=
theils über ihre Erzählungen eine zu sichtbare Gewalt
gehabt. Ihre Aemter und Schicksale sind eine andere
Ursache gewesen, warum sie die Wahrheit nicht immer
in ihrer ersten Reinigkeit haben fließen lassen. Dazu
kommen noch die besondern Eigenschaften ihres Verstan=
des und Gemüthes, darunter ich nur die Leichtgläubig=
keit und falsche Andacht nenne; die Vortheile der kirch=
lichen Partheyen und Gesellschaften, denen sie zugethan
gewesen sind; zuweilen auch gewisse Absichten, in denen
sie ihre Werke aufsetzten, nach welchen sie nicht bloß zur
Erhaltung der Geschichte dienen sollten. Oft wider=
sprechen sie einander bey den wichtigsten Begebenheiten;
oder schweigen, wo man ihr Zeugniß am ersten erwar=
tet. Zu dieser genauen Bekanntschaft mit ihren ge=
langt man nur durch eine geübte Sprachwissenschaft,
Belesenheit, Critik, und alle zur historischen Wissenschaft
nöthige Fähigkeiten. Man erkennet alsdenn öfters,
daß diese ursprüngliche Quellen der Kirchengeschichte,
doch nur einen eingeschränkten oder wenigstens sehr vor=
sichtigen Gebrauch verstatten. Die Urkunden einer jeden
Begebenheit, das ist die öffentlichen Schriften der Gemei=
nen, die Verordnungen der Fürsten in Kirchensachen,
die Handlungen der Kirchenversammlungen, die Briefe
und Werke berühmter Lehrer, und andere solche Aufsätze,
selbst, wenn sie von verworfenen Personen herrühren,
die in der Kirche Bewegungen verursacht haben, Auf=
schriften, Münzen, getreue Abbildungen in allerley Kunst=
werken; diese redende Denkmäler der Geschichte, sind
allerdings auch den gleichzeitigen Schriftstellern vorzu=
ziehen; aber wie viele derselben hat uns die Zeit ent=
rissen!

J 3

Bey

Bey den neuern Geschichtschreibern der Kirche, deren
Schriften als Quellen angesehen werden können, ist
die Partheylichkeit der gewöhnliche Fehler, den man fast
immer voraussetzen kann: ein fast unvermeidlicher Fehler, wenn ihre Erzählungen unter dem Getümmel einer geistlichen Streitigkeit, oder einer andern großen
Veränderung in der Kirche, verfertigt worden sind. Ist
dieses vielleicht die Ursache, warum die allermeisten Leser
die Kirchengeschichte nur aus Schriftstellern ihrer Gemeine lernen wollen? Diejenigen, welche die verschiedenen Nachrichten nicht zu prüfen im Stande sind, können bey dieser Gewohnheit verbleiben. Aber ein Gelehrter darf sich so wenig eine besondere Classe von diesen
Schriftstellern wählen, daß er vielmehr eben dadurch
selbst in die partheyischen Gesinnungen verfällt, welche
er andern vorwirft. Für ihn haben Baronius und
Natalis Alexander, eben sowohl als Spanheim
und Mosheim, geschrieben. Eine Bibliothek der
Kirchengeschichte, die nur aus Schriftstellern von der
Kirche des Besitzers gesammlet wird, ist eben so ungereimt, als wenn man forderte, daß alle Geschichtschreiber
aus Einem Volke gebürtig seyn sollten. Unterdessen ist
es keine leichte Arbeit, den Geist der Partheyen aus allen diesen Büchern, und besonders aus denjenigen, wo
man ihn liebt, das ist aus den Schriftstellern seiner Gemeine, zu verjagen.

Eben diese Werke aber der neuern Geschichtschreiber, welche Quellen in der Kirchenhistorie abgeben, in
so ferne ihre Verfasser Zeugen der Begebenheiten sind,
stellen bloß Hülfsmittel dieser Geschichte vor, wenn sie
sich nur mit der Sammlung und Aufklärung älterer Begebenheiten beschäftigen, ihre streitigen Umstände untersuchen, oder sie sonst für ihre Zeiten brauchbar machen.
Dieses Verdienst ist in seiner Art eben so groß, und in
gewissen Betrachtungen noch größer als das erstere. Es
kostet

kostet keine auenehmende Mühe, Vorfälle, welche man selbst erlebt hat, oder doch zuverläßig wissen kann, aufzuzeichnen; ihre Ursachen zu entwickeln, und sie nach der herrschenden Denkungsart seiner Zeit zu beurtheilen. Aber zeigen, was ihnen nach vielen Jahrhunderten noch vor eine Stelle und vor ein Werth beygelegt werden müsse; wie sich selbst diejenigen, welche dabey gegenwärtig waren, oder Antheil daran gehabt haben, in der Schäzung derselben geirrt haben mögen; die Glaubwürdigkeit ihrer Erzählung freyer und strenger richten, als es selbst ihre Zeitgenossen thun konnten; die Begebenheiten des Zeitraums, den sie beschreiben, mit allen folgenden in Zusammenhang setzen; und sich weder durch kühnes Leugnen, noch durch versteckere Angriffe gegen die historische Wahrheit, dieselbe aus den Händen winden lassen: diese Stärke im Vortrage der Geschichte ist noch rühmlicher, als ein Zeuge derselben zu heißen; sie giebt einem Schriftsteller das Ansehen, mit welchem man uneinige Zeugen abhöret, und über ihre Aussagen ein Urtheil fällt. Viele Neuere haben sich diese richterliche Gewalt auch über die Kirchengeschichte angemaaßt; aber ihre Grundsätze, Absichten, und Aussprüche gehen so weit von einander ab, daß man sie wenigstens eben so scharf prüfen muß, als die eigentlichen Quellen der Geschichte.

Alle Werke, welche der Kirchengeschichte gewidmet worden sind, gehören, wie die historischen überhaupt, in eine von den folgenden zwo Classen: entweder zu den Sammlungen von Nachrichten und Untersuchungen: oder zu den Geschichtbeschreibungen. Jene sind nicht zu zählen; an diesen aber sind wir noch lange nicht reich genug. Man muß diese beyde Arten von einander zu unterscheiden wissen, damit man nicht in denjenigen Büchern eine Geschichte, das ist eine zusammenhängende, mit Wahl, Geschmack und lehrreicher Beur-

J 4   theilung

theilung aufgesetzte Erzählung, suche, aus welchen sie erst verfertigt werden soll; aber auch den Fleiß, die Geduld und die einsichtsvolle Prüfung nicht verkenne, welche bereits so viele zum Vortheil der Geschichte angewandt haben. Ordentlich belegt man alle Schriftsteller, welche sich um die Historie der christlichen Religion verdient gemacht haben, mit dem Namen der Kirchengeschichtschreiber: und man ist genöthigt, diese allgemeine Benennung, der Kürze des Ausdrucks wegen, beyzubehalten; wenn sie aber nach den beyden Hauptarten, deren ich eben gedacht habe, eingetheilt werden, so wiederfährt jedermann Gerechtigkeit. Die Kirchenscribenten überhaupt, wie man dieses Wort von allen Schriftstellern zu gebrauchen pflegt, welche Bücher theologischen Inhalts hinterlassen haben, geben ihre Beyträge zur Kirchengeschichte. Wenn gleich die Nachrichten darinne zerstreut liegen; so ist doch eine jede, besonders mit den Begebenheiten der Kirche, auf welche sie sich beziehet, genau verbunden.

Ich bin also meinen Lesern die Anzeige der Quellen und Hülfsmittel, deren ich mich bey dieser Geschichte bedient habe, schon deswegen schuldig, weil der Verfasser eines historischen Werks ohne eine solche Nachricht kein Vertrauen fordern kann. Noch dringender aber legt mir diese Pflicht der Vorsatz auf, den ich gefaßt habe, meine Führer in der Geschichte selbst nur selten zu nennen. Es sey mir erlaubt, hierinne der historischen Methode der Alten, und einiger wenigen neuern Geschichtschreiber, zu folgen. Sie haben entweder an den Begebenheiten, welche sie beschreiben, selbst so vielen Antheil genommen; oder sie haben der Untersuchung derselben einen so langen und aufrichtigen Fleiß geschenkt; und sich alsdenn gleichsam mit so vieler Zuversicht auf das ehrliche Gesicht, mit welchem sie der Welt unter die Augen treten würden, verlassen, daß sie es vor unnöthig,

und

und beynahe erniedrigend hielten, jede ihrer Erzählungen durch Zeugen zu bestätigen. Sie setzten überdieß voraus, daß man wisse, was sie in den Zeiten und Umständen, unter welchen sie lebten, vor bereits vorhandene oder geheime Nachrichten haben zu Rathe ziehen können; zuweilen führen sie dieselben beym Anfange ihrer Geschichte an; aber den Lauf der Erzählung unterbrechen sie durch dieselben nicht eher, als wenn sie mit einander streiten, und einer Vereinigung bedürfen. Diese Art die Geschichte zu schreiben, hat die Zuverläßigkeit derselben nicht verringert; wenn man nicht sonst Ursachen hat beybringen können, warum man diesen Schriftstellern nicht glauben wollte. Ich habe, ohne mich ihrer Vorzüge rühmen zu können, doch noch andere Ursachen als sie, warum ich ihre Gewohnheit nachahmen will. Die Geschichte, welche den Inhalt meines Versuchs ausmacht, ist schon so oft in der Sprache der Gelehrten, und für sie beschrieben, ihre Begebenheiten und die kleinsten Umstände derselben sind zugleich so sorgfältig durch Zeugnisse unterstützt worden, daß, wer diese überall als ein Gefolge der Erzählung verlangt, sie in hundert bekannten Büchern dabey finden kann. Sobald aber durch die Anführung derselben keine andere historische Wahrheit bewiesen wird, als diejenige, welche schon in allen großen Werken über die Kirchengeschichte befindlich ist: so ist es, glaube ich, überflüßig, einen Zeugen für dieselbe aufzustellen. Die allgemeine Nachricht von den Geschichtschreibern der Kirche, welche ich jetzt mitzutheilen im Begriff bin, wird ohnedieß auch Anfänger in dieser Geschichte belehren können, wo sie die Bestätigung derselben zu suchen haben. Ist ein gewisser Zeitraum, eine große Veränderung in der Kirche, sind die Handlungen und der Charakter einer berühmten Person in derselben, durch die besondere Bearbeitung einiger Schriftsteller, in ein ausnehmendes Licht gesetzt worden: so werde ich auch diese nicht vergessen; am wenigsten alsdenn, wenn

J 5

diese

dieſe Schriftſteller mehr als Sammler ſind. Sehe ich
mich endlich genöthigt, zwiſchen zwo widerſprechenden
und gleich ſtark beſtrittenen Erzählungen eine Wahl zu
treffen: ſo würden es mir die Leſer nicht verzeihen, wenn
ich ihnen verſchwiege, auf weſſen Anſehen ich einer von
beyden den Vorzug gegeben habe. Allein überhaupt
verträgt es die Abſicht dieſes Werks nicht, mit einer
Laſt angeführter Schriftſteller beſchwert zu werden. Es
wird keine Entdeckungen in der Kirchengeſchichte ma=
chen; ſondern nur die gewiſſen Begebenheiten derſelben
gemeinnützig vorzuſtellen ſuchen; um eine Hülfe für die=
jenigen abzugeben, welche nicht bis zu den Quellen dieſer
Geſchichte hinauf ſteigen können oder wollen. Und wenn
die Gelehrten einige Blicke auf daſſelbe werfen ſollten,
ſo müßte es nur darum geſchehen, weil darinne vielleicht
manche Veränderungen der Kirche und Entwürfe großer
Männer, in einem nicht völlig gewöhnlichen Zuſammen=
hange oder Umfange betrachtet werden; oder weil es ih=
nen einigermaaßen angenehm ſeyn dürfte, die ihnen be=
kannten Begebenheiten in einer Erzahlung zu leſen, wel=
che durch keine mühſamen und weitläuftigen Unterſu=
chungen aufgehalten wird, und eben deswegen noch mehr
rühren als unterrichten kann.

Noch beſitzen wir kein kritiſches Verzeichniß der Ge=
ſchichtſchreiber, und anderer Schriftſteller, welche die
Kirchengeſchichte erläutert haben. An Nachrichten
von denſelben fehlt es uns keinesweges; aber meiſten=
theils häufen ſie nur eine Menge von Büchern auf ein=
ander, und machen es dem Leſer äußerſt ſchwer zu ur=
theilen, was vor Führern er ſich in dieſer Gegend der
Geſchichte anvertrauen könne. Vortreffliche, gute, mit=
telmäßige und ſchlechte Schriften ſind darinne unter
einander geworfen; ihr Werth iſt in einem allgemeinen
Lobſpruch oder Tadel angegeben: und beydes oft par=
theyiſch, weil man immer die Gemeine vor Augen hat,

zu

zu welcher ihre Verfasser gehören. Viele stehen da, von allem Urtheil entblößt, und man mag erst versuchen, ob sie die Mühe des Lesens belohnen. Andere werden ohne Maaß gepriesen: es ist genug, daß ein Schriftsteller berühmt, und in der Kirchengeschichte sehr geübt gewesen sey, um seine Werke als unverbesserlich zu empfehlen. Man lernt aus diesen Verzeichnissen nicht, nach welcher Methode die Christen ihre Geschichte zu allen Zeiten beschrieben und untersucht haben; wodurch diese Beschäftigung in Verfall gerathen, oder auf Abwege geleitet worden sey; durch welche Mittel man sie wieder hergestellt und zur Vollkommenheit gebracht habe; welches die Hauptschriftsteller in dieser Geschichte sind, und was vor ein Schwarm von Abschreibern und Auszugsmachern über diese wenige starke Anführer hergefallen sey; was sich eine jede Gemeine, und jeder ansehnliche Schriftsteller vor besondere Verdienste um die Kirchengeschichte erworben habe, und welche Fehler zuweilen auch in denen verborgen liegen, die am meisten geschätzt und gebraucht werden; wie viele Beyträge, die zu der Kirchengeschichte herausgekommen sind, man entbehren könne, und was noch in derselben zu leisten übrig sey.

Zween Gelehrte unserer Kirche haben insonderheit einen brauchbaren Anfang zu einem solchen Verzeichnisse der Schriftsteller der Kirchengeschichte gemacht. Der erste war Casper Sagitarius, dessen Werk die undeutlichere Aufschrift führt: Introductio in Historiam Ecclesiasticam. Es ist im Jahr 1694 von seinem Freunde Johann Andreas Schmidt zu Jena in einem Quartbande herausgegeben, und von eben diesem im Jahr 1718 mit einem weit stärkern Bande, welcher den ersten ergänzt, und fortsetzt, vermehrt worden. Beyde Verfasser haben darinne einen großen Fleiß, eine genaue und weitläuftige Kenntniß der Schriftsteller, und

der

der Kirchengeſchichte ſelbſt, blicken laſſen: ſie geben auch
von manchen beträchtlichen Werken lehrreiche Nachrichten, und erläutern zugleich die Geſchichte. Allein ſie
ſind von den meiſten Fehlern, deren ich vorher Meldung
gethan habe, nicht frey geblieben. Außerdem iſt ihre
Methode und Ordnung unbequem: und dieſes läßt ſich
beſonders von der Ergänzung des zweyten Bandes
ſagen. Die Schriftſteller von den noch übrigen Materien, dergleichen die Verfolgungen der Chriſten, die
Märtyrer und Mönche, ingleichen die geiſtlichen Gebräuche ſind, ſollten in dem dritten Theil des Werks angeführt werden; welcher aber niemals erſchienen iſt. Und
alle Bücher, welche ſeit dem Jahre 1718 über die Kirchengeſchichte geſchrieben worden ſind, vermißt man, wie
leicht zu erachten iſt, in demſelben. Gleichwohl ſpreche
ich dieſem Buche ſeine Brauchbarkeit nicht ab: ich habe ſie öfters ſelbſt erfahren, und eben deswegen habe ich
auch gewünſcht, daß es ungeſchmolzen, von vielem klei-
nem Unkraut geſäubert, und fortgeſetzt werden möchte.

Dieſen Wunſch hat der Herr Kirchenrath **Walch**
gewiſſermaaßen unnöthig gemacht. In dem dritten
Theil ſeiner Bibliothecae Theologicae Selectae, welcher im
Jahr 1762 zum Vorſchein gekommen iſt, ſind die Schriftſteller der Kirchengeſchichte mit der ihm eigenen ungemeinen Beleſenheit und Wiſſenſchaft erzählt worden.
Seine Nachrichten übertreffen das vorhergedachte Werk
ſehr merklich an Vollſtändigkeit, ob es gleich, was manche einzele Materien und Beſchreibungen von Büchern
betrifft, noch nicht ganz auf die Seite gelegt werden darf.
Wenn dieſer ſehr verdiente Mann die Wahl der Schriften, welche er in der Aufſchrift verſprochen hat, noch etwas mehr beobachtet hätte; wenn er von den Büchern
häufiger geurtheilt, und wo er ſolches gethan hat, ſein
Urtheil manchmal beſtimmter und freyer abgefaßt hätte:
ſo würde ſein Werk, welches jetzt die nützlichſte Bibliothek

thek für die Liebhaber der Kirchengeschichte enthält, ihnen noch viele Mühe der Prüfung erspart haben.

Diejenigen Bücher, welche die Grundlehren des Christenthums enthalten, sind auch die erste unverdächtige Quelle der Geschichte desselben. Aus den göttlichen Schriften des Neuen Bundes muß man den Ursprung der christlichen Religion und Kirche, das Leben und die Handlungen ihres erhabenen Stifters unter den Menschen, allein hernehmen. Auch die Arbeiten seiner ersten Gesandten, welche den christlichen Glauben in der Welt fortpflanzten, sind darinne dergestalt beschrieben, daß man die Gründung der ältesten Gemeinen, und die übermenschlichen Mittel, welche sie dabey gebraucht haben, wenigstens an einigen der vornehmsten Beyspiele, daraus erkennen kann. Diese Nachrichten reichen eigentlich bis zum sechszigsten Jahre nach der Geburt Christi, da Paulus die Römische Gemeine zu erbauen anfieng; einige wenige Umstände ausgenommen, die man noch zur spätern Geschichte der Christen aus dem historischen Eingange der Offenbarung Johannis schöpfen kann. Wenn diese Bücher, ich meine insonderheit die Evangelische und Apostolische Geschichte des Neuen Bundes, nur als Erzählungen solcher Zeugen betrachtet werden, welche bey den Begebenheiten selbst unaufhörlich gegenwärtig waren, vieles selbst verrichtet haben, sich auf die Kenntniß ganzer Völker und Städte berufen, und bey ihren ungekünstelten Nachrichten voll Aufrichtigkeit, keine andere Absicht verrathen, als der Welt eine wichtige und unstreitige Geschichte bekannt zu machen: so verdienen sie schon eben so viele Glaubwürdigkeit, als die zuverläßigsten Geschichtschreiber. Nathanael Lardner hat dieselbe in einem schätzbaren Werke, welches aus der Englischen Sprache in die unsrige übersetzt worden, durch Zeugnisse anderer Schriftsteller sehr wohl bestätigt. Allein das

göttliche

göttliche Ansehen der erstgedachten Schriften, welches
selbst durch die Kirchengeschichte bestärkt werden kann,
erhöhet ihren Rang über alle andere historische Quellen.
Liest man sie gleich nur in der Absicht, von welcher hier
die Rede ist, die älteste Geschichte des Christenthums
daraus zu lernen; so werden sie doch, ohne eine genaue
Erklärung, wenig brauchbar seyn. Die vier Geschichtschreiber des Lebens Christi nöthigen insonderheit den
Ausleger, wenn er sie mit einander vergleicht, ihre Uebereinstimmung sorgfältig zu zeigen, und die Methode
zu bestimmen, der sie in der Anordnung der Begebenheiten gefolgt sind. Man nennet die daraus entstehende
Erläuterung die Harmonie der Evangelisten. Noch
streitet man darüber, ob ihre Erzählung völlig nach der
Zeitfolge eingerichtet sey, oder die Handlungen und Vorfälle nach gewissen Classen anzeige. Die Regeln einer
guten Geschichtbeschreibung hätten hierüber vielleicht
längst eine Entscheidung geben können. Hier, wo ich
nicht für die Ausleger der Bibel schreibe, ist es genug,
zu sagen, daß die neue Erklärung der evangelischen
Schriftsteller, welche der Herr Oberconsistorialrath Bü-
sching vor kurzem angefangen, und auf die chronologi-
sche Ordnung gebauet hat, in meinen Augen das nützlichste Handbuch zur Erleichterung des Verständnisses
derselben sey.

Nach diesen ersten und ächten Nachrichten, die wir
bey der christlichen Kirchengeschichte zum Grunde legen
müssen, sind von den Christen bis auf Constantin den
Großen keine andern beträchtlichen aufgesetzt worden,
oder wenigstens auf die Nachwelt gekommen. Ihr
äußerlicher Zustand war in diesem Zeitraume oft so unglücklich; sie waren immer der Verachtung und Unterdrückung so sehr ausgesetzt, daß sie kaum Muth genug
hätten haben können, ihre Geschichte zusammenhängend
zu beschreiben. Einzele Urkunden von Begebenheiten
lagen

lagen zwar häufig in den verschiedenen Gemeinen zer=
streuet; aber viele derselben sind auch in den heidnischen
Verfolgungen untergegangen. Vermuthlich hat auch
dieses die ersten Christen abgehalten, ihre Geschichte zu
beschreiben, weil sie glaubten, daß sie solches nur für ei=
ne kurze Nachwelt thun würden. Es war unter ihnen
frühzeitig die Meinung aufgekommen, daß das Ende der
Welt nicht weit entfernet wäre. Die Drangsale, wel=
che sie litten, mit einigen unrecht gedeuteten Weißagun=
gen der heiligen Schrift verglichen, brachten sie auf die=
se Erwartung. Und sobald sie dieselbe vor gegründet
hielten, war es unnöthig, die ihnen bekannten Begeben=
heiten noch in Büchern aufzubehalten. Man kann end=
lich hinzusetzen, daß die Lehrer dieser Zeiten lieber für die
Religion selbst, der sie auch ihr Leben aufopferten, die
Feder führen wollten, als zur Verfertigung ihrer Ge=
schichte.

Einige wenige haben gleichwohl in diesen ersten
Jahrhunderten der Christen, Beyträge zur Kirchenhi=
storie hinterlassen; allein, sie sind in Vergessenheit gera=
then, oder durch andere Zufälle aus der Welt verschwun=
den: und wir haben auch nicht viel an denselben verlo=
ren. Die Neigung zum Wunderbaren und Fabelhaf=
ten hatte sie bereits eingenommen, wie wir aus manchen
übriggebliebenen Stücken urtheilen können. Es ist eben
nicht befremdlich, daß es schon damals schwache Köpfe
in der christlichen Kirche gegeben, welche durch wohlmei=
nenden Eifer und eine hitzige Einbildungskraft die Ge=
schichte verfälschten. Der einzige Hegesippus, ein
Schriftsteller des zweyten Jahrhunderts, verdienet dar=
unter eine Ausnahme. Er ist der erste, welcher eine
Kirchengeschichte geschrieben hat; aber es ist von dersel=
ben nichts mehr, als etliche große Stellen vorhanden,
welche Eusebius erhalten hat. Eine andere Classe von
Schriften, welche aus diesem Zeitraume übrig ist, wür=

de der Kirchengeschichte noch mehr Schaden zugefügt haben, als jene, wenn man nicht ihrer Ursprung in den neuern Zeiten entdeckt hätte. Dieses sind die unterge- schobenen Schriften, welche unter dem Namen Christi, der Apostel, und anderer ehrwürdiger Personen der er- sten Kirche, herausgegeben wurden, und entweder Auf- sätze von ihnen selbst, oder besondere Umstände ihrer Ge- schichte enthalten sollten. Ehe man also noch einen er- heblichen Anfang zur Beschreibung der Kirchenhistorie gemacht hatte, war sie schon an vielen Stellen verun- staltet worden. Man kann unterdessen auch von diesen unächten Geburten zuweilen einen Gebrauch für die Ge- schichte machen. Ist es möglich, die Zeit zu finden, zu welcher ihre betrügerischen Väter gelebt haben: so ver- rathen sie wenigstens gewisse Anstalten, die damals in der Kirche üblich gewesen sind, und werden dadurch wider die Absicht der Verfasser historischer Quellen; ja sie hel- fen sogar die wahren Nachrichten bestätigen. Es bleibt also für den Forscher der Kirchengeschichte, in den drey ersten Jahrhunderten nichts weiter übrig, als viele ein- zele Erzählungen in den Schriften der Kirchenväter, besonders derer, welche Schutzschriften für die Christen aufgesetzt, oder die Ketzer bestritten haben. Er kann auch einige Stellen heidnischer Geschichtschreiber, und zween Jüdische Schriftsteller, den Philo und Jose- phus, zur Aufklärung der Kirchenhistorie nützen. Aber alles dieses macht nur übel zusammenhängende und sehr mangelhafte Nachrichten aus.

Zum Glück für alle folgende Zeitalter stand im vierten Jahrhunderte ein Schriftsteller auf, der das Un- ternehmen, eine christliche Kirchengeschichte zu schreiben, zuerst mit gutem Erfolge ausführte. Hundert, oder zweyhundert Jahre später, würde ihm dasselbe mislun- gen seyn. Dieser Geschichtschreiber ist Eusebius, Bi- schof von Cäsarea in Palästina, der gelehrteste Mann seiner

seiner Zeit. Er hat die Geschichte der christlichen Kirche von ihrem Anfange bis zum 324sten Jahre, in welchem sie durch den Tod des **Licinius** zur völligen Ruhe
gelangt ist, in zehn Büchern griechisch beschrieben. Alle
Hülfsmittel, welche damals zu dieser Geschichte noch
vorhanden waren, standen ihm zu Diensten. Constantin der Große hatte von ihm verlangt, er möchte sich
für seine Gemeine einige Gnadenbezeigungen ausbitten.
Allein **Eusebius** antwortete, sie besitze Güter genug, als
daß sie noch mehr begehren sollte; er wünsche nur dieses
einzige, daß er die öffentlichen Urkunden gebrauchen
könnte, um aus denselben zuverläßig zu sehen, was bisher im Römischen Reiche gegen die Christen vorgenommen worden sey, und die Geschichte der Märtyrer recht
vollständig zu sammeln. Diese Bitte wurde ihm von
dem Kaiser bewilligt: er schrieb daher seine Geschichte
aus den Archiven und andern guten Nachrichten. Viele urkundliche Aufsätze hat er ganz eingerückt, aus einer
Menge Schriften Auszüge gemacht, und überhaupt an
Fleiß und Treue so wenig etwas fehlen lassen, daß wir
ihm die Kenntniß der christlichen Geschichte in den ersten
Jahrhunderten fast allein schuldig sind. Hauptsächlich
hat er von den Lehrern der Christen, von ihren Verfolgungen und Märtyrern, sehr umständliche Nachrichten
aufgezeichnet. Es giebt zwar noch Lücken genug in seiner Erzählung; allein es ist billig, daß man dasjenige
mit Dank annehme, was er geleistet hat. Man kann
auch noch bey seiner Geschichte erinnern, daß verschiedene Nachrichten derselben einer schärfern Prüfung benöthigt sind, und manches Lob zu reichlich ausgeschüttet zu
seyn scheinet. Aber im Ganzen betrachtet, verdient er
doch ein unpartheyischer und gemäßigter Geschichtschreiber zu heißen: er unterläßt auch nicht, die zweifelhaften
Sagen von den gewissern Erzählungen oft zu unterscheiden.

I. Theil.   K   Nächst

Nächſt dieſem Werke hat Euſebius noch vier
Bücher von dem Leben Conſtantins des Großen hinterlaſſen. Sie ſind keine eigentliche Lebensbeſchreibung
dieſes Kaiſers; ſondern eine lobredneriſche Erzählung
von demjenigen, was er zum Beſten der Religion und
Kirche vorgenommen hat, und von allen beſondern Proben ſeiner Gottſeeligkeit. Wenn man ſie alſo gleich in
der Kirchengeſchichte, mit Zuziehung anderer Nachrichten, gebrauchen kann; ſo können ſie doch den Namen
einer hiſtoriſchen Quelle nicht im eigentlichen Verſtande
führen. Ich verwundere mich nicht darüber, daß ihm
einige Gelehrte dieſes Werk haben abſprechen wollen:
es iſt des vorhergehenden nicht würdig, und gründet ſich
durchgehends auf eine zu enthuſiaſtiſche Bewunderung.
Man begreift aber doch leicht, wie Euſebius, da er die
Verdienſte von ſeinem und der chriſtlichen Kirche gemeinſchaftlichen Freunde und Wohlthäter der Nachwelt
anpreiſen wollte, den ſtrengen Charakter eines Geſchichtſchreibers habe verleugnen können. Man nenne dieſes
Werk eine chriſtliche Cyropädie, ein Denkmal der Dankbarkeit und Verehrung, das ſeinem Verfaſſer nach der
panegyriſchen Abſicht, in welcher er es errichtete, eben
nicht ganz zur Schande gereicht; bis auf diejenigen
Stellen, wo er zu den niedrigen Schmeichlern herabſinkt.
Allein man bringt noch eine wichtige Beſchuldigung wider ihn vor, über welche in den neuern Zeiten viel geſchrieben worden iſt. Er war der Arianiſchen Ketzerey zugethan, ſagt man, und das letztere Werk, in welchem er von derſelben Nachricht ertheilet, unterhält den
Verdacht, daß er ihr auch, nachdem er das Nicäniſche
Glaubensbekenntniß unterſchrieben hatte, doch niemals
völlig entſagt habe. Wäre dieſes gleich unſtreitig, ſo
würde es doch allein ihn nicht gehindert haben, ein glaubwürdiger Geſchichtſchreiber zu ſeyn. Man muß erſt beweiſen, was man als ausgemacht annimmt; daß derjenige, welcher die Kirchenhiſtorie aufrichtig erzählen will,

durch-

durchaus dem herrschenden Lehrbegriff der Kirche folgen müsse. Der eifernde Rechtgläubige kann bey
dieser Arbeit eben so leicht partheyisch werden, als
der Irrende, welcher die Handlungen nach seinen
falschen Vorstellungen beurtheilt. Eusebius war,
wenn man alles sagen soll, im Anfange mehr ein Freund
des Arius als seiner Lehre; er hielt dieselbe vor weniger gefährlich, als andere Theologen: daher weigerte er
sich, das Glaubensbekenntniß von Nicäa, welches derselben entgegen gesetzt wurde, anzunehmen. Er that
endlich solches aufrichtig; allein er hat sich niemals ganz
gleichstimmig mit den Rechtgläubigen erkläret, ohne doch
den Arianern beyzutreten. Diese Gesinnungen haben
es gemacht, daß er die Geschichte des Arianischen Irrthums sehr glimpflich beschrieben hat: und dadurch setzt
er uns, wenn er gleich selbst in dem Urtheil über denselben fehlen sollte, mehr als die übrigen, welche von demselben Nachricht gegeben haben, in den Stand, diese
Irrlehre frey, durch den Geschichtschreiber nicht erhitzt,
zu prüfen.

Das Beyspiel des Eusebius, dessen Geschichte
großen Beyfall fand, und die blühende Verfassung der
christlichen Kirche unter Kaisern, welche sie ehrten und
beschützten, munterte bald mehrere auf, ihre Geschichte
zu beschreiben, die immer reicher an großen Begebenheiten
ward. Socrates, ein Sachwalter zu Constantinopel in der Mitte des fünften Jahrhunderts, folgte dem
Eusebius zuerst in der griechischen Kirche nach. Er
hat die Geschichte desselben vom Jahr 306 an, oder von
dem Anfange der Regierung Constantins des Grossen, bis zum Jahr 439, in sieben Büchern ergänzt und
fortgesetzt. Es ist nicht bloß sein Fleiß und seine Genauigkeit, die man loben muß; sondern vornämlich seine
großentheils feine Beurtheilungskraft, welche er durch
Anmerkungen über die Streitigkeiten der Christen, und

über

über andere merkwürdige Vorfälle, an den Tag gelegt hat. Eben so rühmlich ist die Billigkeit, die er gegen Partheyen äußert, welche von der großen Kirche getrennt waren, und sein Widerwille gegen alle Arten von Verfolgung. Viele haben ihn vor einen Anhänger der **Novatianer** ausgegeben; aber aus keinem andern Grunde, als weil er ihnen eben sowohl als seiner Kirche, Gerechtigkeit wiederfahren läßt. Hätte er nicht manche Erzählungen von vermeinten Wundern mit einem zu gefälligen Glauben angenommen: so würde er ein großer Geschichtschreiber heißen können.

Zu eben derselben Zeit lebte ein anderer Sachwalter zu Constantinopel, **Hermias Sozomenus,** der gleichfalls eine Kirchengeschichte in neun Büchern, vom 323sten Jahre der christlichen Zeitrechnung bis zum 423sten, herausgab. Er schreibt zierlicher als **Socrates;** aber in jeder andern Betrachtung ist er ihm nachzusetzen. Da er einerley Zeitraum mit demselben durchgeht, so bringt er doch wenig Erhebliches bey, das man in jenem nicht finden sollte; nur zuweilen stimmt er mit der Erzählung desselben nicht überein. Er ist ein ziemlicher Liebhaber von Mönchsgeschichten und Mährchen. Von seiner Schwäche im Urtheilen braucht man keinen andern Beweis zu fordern, als den Gedanken im ersten Buche, daß **Constantin der Große** die alten Römischen Gesetze wider die Unverehlichten, und wider die Kinderlosen Eltern, deswegen aufgehoben habe, weil er es vor thöricht gehalten habe, zu glauben, daß das menschliche Geschlecht durch menschliche Mittel ausgebreitet werden könne; indem vielmehr die Vermehrung oder Verminderung in der Natur, nach der einmal festgesetzten Ordnung Gottes vorgehe. Doch dieses alles ohngeachtet, kann man auch diesen Schriftsteller, mit andern, und sonderlich mit seinem Vorgänger verglichen, wohl gebrauchen.

Wenige

Wenige Jahre nach dieſen beyden ſchrieb Theodo‐
retus, Biſchof zu Cyrus in Syrien, eine Kirchengeſchich‐
te in fünf Büchern, welche vom Jahr 322 bis zum 427‐
ſten reichen. Er war ein ungemein gelehrter Mann, und
die wahre hiſtoriſche Schreibart hat unter dieſen alten
Geſchichtſchreibern der Chriſten keiner ſo glücklich als
er, getroffen. Seine hitzige Gemüthsart ſchien zwar
einer ſolchen Beſchäftigung nicht fähig zu ſeyn; allein
er wußte ſie in dieſem Werke größtentheils im Zaum zu
halten. Den ſchönſten Beweiß davon giebt die Stelle
des fünften Buchs ab, in welchem er des Cyrills von
Alexandrien gedenkt. Er hatte mit dieſem zankſüch‐
tigen Patriarchen heftige Streitigkeiten geführt, und
war von ihm als ein Neſtorianiſcher Ketzer verfolgt
worden, weil er öffentlich, und mit Recht, behauptete,
daß derſelbe mit dem Neſtorius unbillig umgienge.
Gleichwohl ſpricht er vom Cyrill ſo gelaſſen, als wenn
er ihn nur durch fremde Nachrichten kennen gelernet
hätte. Aber eben dieſer Theodoretus hat den Ruhm,
welchen ſeine Kirchengeſchichte verdienet, durch ein an‐
deres Werk, worinne er Lebensbeſchreibungen von Hei‐
ligen mittheilet, ſehr verdunkelt. Hier iſt nicht mehr
der ſcharfſinnige Lehrer ſichtbar; ſondern bloß ein Mönch,
der Fabeln oder abgeſchmackte Kleinigkeiten mit Be‐
wunderung erzählet.

Dieſes fünfte Jahrhundert war an griechiſchen Ge‐
ſchichtſchreibern der Kirche ſehr fruchtbar. Ein Aria‐
ner von derjenigen Gattung, welche man die Eunomi‐
aner nennt, Philoſtorgius, aus Cappadocien, ſchrieb
noch früher, als die vorher genannten, eine Kirchenge‐
ſchichte in zwölf Büchern, welche ſich vom Urſprunge
der Arianiſchen Ketzerey, bis zum Jahr 425 erſtreckte.
Sie iſt, bis auf wenige Stücke, verloren gegangen,
weil die Chriſten alle Schriften ſogenannter Ketzer haß‐
ten und unterdrückten. Wir müſſen uns daher an dem

Aus‐

Auszuge begnügen, welchen **Photius** im neunten Jahrhunderte daraus verfertiget hat. Dieser Patriarch sagt zwar, die Geschichte des **Philostorgius** sey mehr eine Lobrede der Ketzer; er widerspreche fast allen Erzählungen der Rechtgläubigen, und belege sie mit Schmähungen. Allein die Richtigkeit der Kirchengeschichte würde allem Ansehen nach dadurch gewinnen, wenn wir diese Geschichte gegen die Nachrichten der Vertheidiger des Nicänischen Lehrbegriffs halten könnten. Ich sage es hier noch einmal: Rechtgläubigkeit allein macht noch nicht schlechterdings glaubwürdig, und der Ketzer, wenn er gleich, welches nicht immer geschehen ist, durch ein gerechtes Urtheil verdammt worden, kann oft viele historische Wahrheit für sich anführen. **Philostorgius** irrte, bey einer sonst mannichfaltigen Gelehrsamkeit, im Glauben, und schrieb partheyisch für seine Sekte. Aber daß der große und ehrwürdige **Photius** ihn deswegen, in seinem Auszuge, den Gottlosen, den Lügner, den Feind Gottes, und mit einem witzigen Schimpfworte, **Kakostorchius** nennt, ist eben sowohl Partheylichkeit, nur von einer weniger merklichen, und durchgängig gutgeheißenen Art.

Noch im sechsten Jahrhunderte setzten die Christen ihren nützlichen Fleiß in der Kirchengeschichte fort. Ein Vorleser der Kirche zu Constantinopel, **Theodorus,** fieng die Begebenheiten der Kirche von derjenigen Zeit an, bey welcher **Socrates** aufhöret, und erzählte sie bis zum Jahre 518. Von diesem Werke aber sind nur die weitläuftigen Auszüge zu uns gekommen, welche **Nicephorus Callistus** daraus verfertigt hat: und man bedauert diesen Verlust desto mehr, da man weiß, daß der Verfasser viel merkwürdiges mit großer Genauigkeit vorgetragen habe. Gegen das Ende dieses Jahrhunderts, schrieb **Evagrius,** ein Rechtsgelehrter zu Antiochien, ebenfalls eine Kirchengeschichte in sechs Büchern.

chern. Er führte darinne die Geschichte des Socrates und Theodoretus vom 431sten bis zum 594sten Jahre fort. Man rühmt ihn ordentlich als den einzigen unter diesen alten Geschichtschreibern, der sich vollkommen zum wahren Glauben bekannt hätte; unterdessen sind doch die Abweichungen der übrigen von demselben, entweder nicht beträchtlich, oder noch manchen Zweifeln ausgesetzt. Evagrius hatte viel gelesen oder gesammlet; aber er glaubte alles zu geschwind, was er von Wunderwerken und ähnlichen Einbildungen der Andacht jener Zeit erzählet fand.

So wurde die christliche Geschichte in der griechischen Kirche, einige hundert Jahre hindurch, bearbeitet. Die Griechen waren auch in diesem Theil der Historie, wie ehemals in den übrigen, die ersten Muster der Welt: sie bildeten ihre Methode, und zum Theil ihren Ausdruck, offenbar genug nach den heidnischen Geschichtschreibern. Auch andere, welche keine Lehrer der Kirche waren, nahmen an dieser Ehre Antheil; ohne daß diese behauptet hätten, daß ihre Rechte dadurch beleidigt würden. Alle diese griechische Schriftsteller der Kirchenhistorie sind vom Heinrich de Valois (oder Valesius,) auf Verlangen der französischen Geistlichkeit, welche ihm ein Jahrgeld gab, im Jahr 1659 zu Paris in drey Foliobänden, mit einer lateinischen Uebersetzung, und sehr lesenswürdigen Anmerkungen, herausgegeben worden. Von dieser Ausgabe hat man zu Frankfurt am Mayn, unter der Aufschrift Maynz, einen schlechten Nachdruck, einen bessern zu Amsterdam, und den prächtigsten, auch mit einigen neuen Erläuterungen vermehrten, im Jahr 1720 zu Cambridge ans Licht gestellt: wozu noch der neuere Turiner Abdruck gekommen ist. Diese Ausgabe zum Grunde gelegt, könnte doch ein protestantischer Gelehrter dieselbe noch durch manche Untersuchungen brauch-

barer

barer machen. Ist es aber wohl zu hoffen, daß dieses, wie ich wünsche, in Deutschland geschehen werde?

Die ersten Bemühungen des Eusebius brachten auch in der abendländischen oder lateinischen Kirche eine kleine Nacheiferung hervor; aber alles was man in derselben zur Aufnahme der Kirchengeschichte in diesen Jahrhunderten vornahm, reicht gar nicht an die Verdienste der griechischen Geschichtschreiber. Die Gelehrsamkeit, die christliche Freyheit, und der gute Geschmack kamen in dieser Kirche später empor, und geriethen auch zeitiger wieder in Verfall, als in der morgenländischen. Der erste Lehrer derselben, der einen Versuch von dieser Art machte, war Rufinus ein Presbyter zu Aquileja, gegen das Ende des vierten Jahrhunderts. Er brachte die Kirchengeschichte des Eusebius in die lateinische Sprache; aber er ließ so viel aus derselben weg, und setzte so vieles hinzu, daß man dieses keine eigentliche Uebersetzung nennen kann. Er schrieb aber auch selbst eine Fortsetzung derselben, oder eine Kirchengeschichte in zwey Büchern, vom Auffommen der Arianischen Ketzerey, bis auf den Tod Theodosius des Großen. Er hat darinne Fehler gegen die Zeitrechnung, und noch größere aus Leichtgläubigkeit gegen jede gemeine Erzählung, begangen. Socrates war ihm Anfangs bey der Abfassung seiner Geschichte in den beyden ersten Büchern gefolgt; allein nachdem er erkannt hatte, was vor einen unsichern Führer er gewählt habe, arbeitete er dieselben von neuem aus. Der berühmte und mächtige Gegner des Rufinus, Hieronymus, hat durch die Uebersetzung, Vermehrung und Fortsetzung von dem allgemeinen chronologischen Abriß der Geschichte, welchen Eusebius unter dem Nahmen Chronicon und Canon Chronicus geschrieben hatte, eine auch für die Kirchengeschichte nützliche Arbeit unternommen, deren Gebrauch der jüngere Scaliger glücklich befördert hat. Doch im übrigen hat

Hiero-

Hieronymus der Kirchenhistorie durch die Erzählung und Anpreisung mancher Fabeln, welche auf sein Ansehen willig geglaubt wurden, auch einigen Schaden zugefügt. Man sieht an seinem Beyspiel, daß man ein sehr gelehrter, und um die Kirche verdienter Mann seyn, und gleichwohl mit einer guten Meinung ihre Geschichte verderben könne.

Um eben dieselbe Zeit verfertigte ein Geistlicher in Africa, **Sulpicius Severus**, einen Auszug der biblischen, und gewissermaaßen auch der heidnischen Völkergeschichte, unter der Aufschrift der Heiligen Historie, und setzte dazu auch die Begebenheiten der christlichen Kirche bis zum Ende des vierten Jahrhunderts. So kurz diese letztern Nachrichten sind, und so wenig Unbekanntes in dem ganzen Buche gefunden wird; so lieset man es doch mit Vergnügen, weil es in einer würklich Römischen Schreibart aufgesetzt ist. Wir wollen es auch nicht bedauern, daß Sulpicius keine besondere christliche Kirchengeschichte geschrieben hat. Seine Erzählungen von den Wundern des heiligen Martins, Bischofs zu Tours, die er besonders herausgegeben hat, versprechen die höhern Gaben eines Geschichtschreibers nicht, wenn ihm gleich ein historischer Auszug gelungen ist. Der Wunsch, den einige vorgebracht haben, daß man das Lesen desselben in den Schulen einführen möchte, ist nicht zu misbilligen; sollte diese Anstalt auch nur dazu dienen, den richtigen historischen Geschmack der Jugend bey Zeiten, und in einer für sie noch wichtigern Geschichte, als die griechische und römische ist, einzuflößen. Man hat von diesem Auszuge nützliche Ausgaben des Georg Horn und Johann le Clerc. Die neueste, welche Hieronymus de Prato, ein Geistlicher zu Verona, vom Jahr 1741 bis 1754 in zwey Quartbänden hat drucken lassen, ist mit weit mehr Gelehrsamkeit als Beurthei-

lung

lung angefüllt: man erwartet von derselben noch den
dritten Theil.

Die übrigen Schriftsteller, welche zu diesen Zeiten
die Kirchengeschichte in lateinischer Sprache vorzutragen versuchten, verdienen kaum genannt zu werden. Ihre
Arbeiten konnten damals, und nach den besondern Absichten, die sie damit verbanden, brauchbar seyn; die
Nachwelt aber würde sie eben nicht vermissen, wenige
Umstände ausgenommen, denen doch ihr Zeugniß allein
keine Gewißheit beylegt. So hat ein spanischer Geistlicher des fünften Jahrhunderts, **Paulus Orosius**, „sie-
„ben Bücher der Geschichte wider die Heiden„ aufgesetzt, worinne er der Verläumdung derselben, als wäre
die Einführung des Christenthums in das Römische
Reich, Schuld an allem Unglücke, welches diesem zu seiner Zeit widerfuhr, dadurch begegnete, daß er zeigte, dieses Reich habe, da noch das Heidenthum die herrschende Religion darinne war, noch größere und häufigere
Uebel ausgestanden. Er fängt aber ohne Ursache vom
Anfange der Welt an; und ist oft in seiner Erzählung
unrichtig. Die Kirchengeschichte hat den geringsten Antheil daran. Man war endlich im sechsten Jahrhunderte in der lateinischen Kirche so wenig im Stande, die
christliche Geschichte zu beschreiben, oder die griechischen
Geschichtschreiber derselben zu lesen, daß der berühmte
Staatsmann und nachmalige Mönch, **Cassiodorus**,
den **Socrates**, **Sozomenus** und **Theodoretus**, nach
der Uebersetzung, die er durch einen Rechtsgelehrten,
Epiphanius, von diesen Schriftstellern machen ließ, in
einen Auszug brachte, welcher lange Zeit ein Handbuch
der Kirchengeschichte abgeben mußte.

Doch die Kirchengeschichte konnte in keiner von
beyden Kirchen lange auf eine lehrreiche Art bearbeitet
werden. Der Aberglaube, ein Feind aller gründlichen
Ge-

Geschichte, erhob sich selbst in der morgenländischen Kir=
che schon zu derjenigen Zeit, da sie kaum die Früchte von
dem Fleiße des Eusebius einerndtete. Weder er, noch
seine Nachfolger, sind von derselben unbefleckt geblieben.
Die unreine, durch Einbildungskraft, falschen Eifer und
menschliche Erfindungen verdorbene Gottseeligkeit, wur=
de fast allein in der Kirche bewundert. Aus ihr flossen
die meisten Handlungen, welche zur Ehre und zum Vor=
theil der Religion vorgenommen seyn sollten, und eine
freye Beurtheilung derselben wurde sträflich. Die
Geistlichen und die Mönche insonderheit, welche ein Bey=
spiel von dieser Gottseeligkeit abgaben, und sie bey den
übrigen Christen zu vielen thörichten Ausbrüchen beför=
derten, bekamen auch den größten Antheil an dem Ruhm,
welche mit derselben verknüpft war. Sie wurden die
Helden der christlichen Geschichte, auf welche alles in der=
selben zurückgeführt wurde, von denen alles seine Bewe=
gung und Leitung erhielt. Man gewöhnte sich nach
und nach daran, alles zu glauben, was sie erzählten, weil
man ihnen weder aus Ehrfurcht widersprechen wollte;
noch wegen der Unwissenheit, in welcher die sogenannten
Layen steckten, widersprechen konnte. Und sie erzählten
der Welt nur solche Dinge, welche sie in den angenom=
menen Begriffen von Andacht stärkten, ihre Herrschaft
über dieselbe befestigten, ihre Einkünfte vergrößerten.
Wenn würkliche Begebenheiten, in einem abergläubi=
schen Schimmer vorgestellt, nicht zureichten, um diese Ab=
sichten zu erreichen: so wurden auch sogenannte heilige
Betrügereyen, und dreiste Unwahrheiten, durch welche
aber der Religion, das ist, den Geistlichen, ein Dienst
geleistet werden sollte, zu Hülfe gerufen. Durch alle
diese Absichten und Bemühungen wurde die Kirchenge=
schichte unter den Christen, bald nach den Zeiten Con=
stantins des Großen, nur eine Sammlung von Nach=
richten, welche der Geistlichkeit rühmlich, und den von
ihnen eingeführten Religionsmeinungen und Anstalten

zuträg=

zuträglich waren. Das Wahre verlor sich in derselben durch unzählige Fabeln, an welchen sich niemand zu zweifeln unterstand. Zu ihrem nützlichen und unterrichtenden Inhalte wurden hauptsächlich die Lebensbeschreibungen der neuen Heiligen, Märtyrer, Asceten, Einsiedler und Mönche, die von ihnen verrichteten Wunder, oder andere eben so unerwiesene Wunderwerke; Erscheinungen Gottes und der Verstorbenen; Entdeckungen von Ueberbleibseln der Heiligen; Erbauungen von Kirchen und Clöstern; alle Verrichtungen der Geistlichkeit bis auf die nichtswürdigsten Umstände; alle Ausschweifungen der selbst erwählten Heiligkeit; Verfolgungen von Ketzern, und die Siege, welche die herrschende Parthey unter den Christen auf den Kirchenversammlungen davon trug, dieses insgesammt aber in einem lobredneris schen und fanatischen Tone vorgetragen, gerechnet. Die Geistlichkeit besaß allein das Recht, diese fälschlich genannte Kirchengeschichte zu beschreiben. Bloß dieser Abriß von dem Zustande, in welchem sich diese Geschichte so viele Jahrhunderte befunden hat, macht es uns weniger befremdlich, daß sich die Geistlichen so ungeheure Rechte über den Verstand und das Gewissen der Christen erworben haben. Sie gründeten dieselben auf die Geschichte: wer konnte oder durfte ihnen beweisen, daß dasjenige, was sie Geschichte nannte, Träume und Lügen wären?

Vom fünften bis zum sechszehnten Jahrhunderte, gebührte ihr in der That dieser Nahme größtentheils: und diejenigen Erzählungen, welche in keine von diesen beyden Classen gehörten, bestanden, so wahr sie auch seyn mochten, aus abgeschmackten und unnützen Umständen. In diesem Zeitraum wurde der unerschöpfliche Vorrath von Heiligengeschichten und mannichfaltigen Legenden hauptsächlich zusammengetragen, aus welchem die Römische
Kirche

Kirche ihre Andacht, unter immer neuen Abwechselungen,
bis ans Ende der Welt versorgen kann, und welchen die
Antwerpischen Jesuiten bereits zu einem Commentario
über den Calender, von einigen vierzig Foliobänden, ge=
nützt haben. Palladius, Gregor von Tours, und Gre=
gor der Große, Simeon der Metaphrast, und so viele
andere, haben an diesen elenden Sammlungen gearbeitet,
und der wahren Frömmigkeit dadurch so sehr als der
Geschichte, einen empfindlichen Schaden zugefügt.

Wir finden allerdings auch in diesen mittlern Zei=
ten Beyträge zur Kirchengeschichte, die wir nicht ganz
verwerfen können; allein die besten unter denselben sind
nur mittelmäßig. In den allermeisten regt sich doch
die schwächste Leichtgläubigkeit, und die alberne Fröm=
migkeit der Mönche. Ihre Urheber raffen alles ohne
Wahl zusammen, was sie erfahren können; sie machen
es uns unbeschreiblich schwer, ihre brauchbaren Seiten
zu finden. Es sind Geistliche, welche die politische Ge=
schichte theologisch beschrieben haben, und gleichwohl in
derselben oft glaubwürdiger sind, als in ihren Nachrich=
ten über die Kirchenhistorie; Chronikenschreiber, welche
den Anfang ihrer Werke mit der Schöpfung der Welt
machen, und uns ihre eigene Zeiten wenig kennen lernen;
Verfasser von erträglichen Auszügen aus den ältern Ge=
schichtschreibern; mit einem Worte, Schriftsteller, de=
nen man meistentheils nur so lange trauen darf, als sie
von ihrem Vaterlande und Jahrhunderte reden. Die
Byzantinischen oder Constantinopolitanischen Ge=
schichtschreiber, welche eine lange Reihe vom sieben=
ten bis zum funfzehnten Jahrhunderte ausmachen, ver=
dienen noch die meiste Achtung, und erläutern die Mor=
genländische Kirchengeschichte vielfältig. Im neunten
Jahrhunderte schrieb ein Patriarch zu Alexandrien, Eu=
tychius, Jahrbücher vom Anfange der Welt bis auf
seine Zeiten, in arabischer Sprache. Man muß sie in
der

der Kirchengeschichte gebrauchen, weil sie sich durch viele
Nachrichten von andern Werken unterscheiden; aber ihrem Verfasser hätte man doch mehr Behutsamkeit gegen fabelhafte Erzählungen wünschen mögen. Noch
mehr wäre derselben **Nicephorus Calisti**, ein Geistlicher des vierzehnten Jahrhunderts zu Constantinopel,
benöthigt gewesen. Er hat aus dem **Eusebius**, den
übrigen Geschichtschreibern, und den alten Kirchenleh-
rern, eine Geschichte der Kirche in drey und zwanzig
Büchern verfertiget, von denen noch achtzehn übrig sind,
welche sich bis aufs Jahr 610 erstrecken. Seine eigene
Zusätze haben alles Gute, was er den Alten schuldig ist,
durch ungereimte Fabeln verdorben. Ueberhaupt gilt
sein Zeugniß, allein genommen, nichts; unterdessen hat
er doch das Verdienst, manche Stellen aus Schriften,
welche nachher untergegangen sind, aufbehalten zu haben.
In der Abendländischen Kirche gab **Beda**, mit dem
Zunahmen der **Ehrwürdige**, nicht allein ein großes
Werk über die sechs Weltalter, oder eine Chronik vom
Anfange der Welt bis zum Jahr 724 heraus; sondern
eben dieser Engländische Geistliche schrieb auch eine Kirchengeschichte von England, die bis aufs Jahr 731 geht,
und die erste Stelle in dieser Art der Historie verdienet.
Im neunten Jahrhunderte setzte ein Bischoff zu Halber-
stadt, **Haymo**, hauptsächlich aus dem **Rufinus**, einen
so wohlgerathenen Auszug der Kirchengeschichte in zehn
Büchern auf, als man zu seiner Zeit kaum hätte erwarten sollen. In eben diesem Jahrhunderte trug der
Römische Abt **Anastasius** aus den griechischen Chroni-
kenschreibern eine sogenannte Kirchengeschichte zusammen. — Doch die Nahmen unbeträchtlicher Schriftsteller sollen hier keinen Platz finden; einige wenige derselben bestätigen schon dasjenige, was ich von den historischen Arbeiten dieser Zeiten gesagt habe. Auch sehr
viele in der bürgerlichen Geschichte nicht unbrauchbare
Chronikenschreiber und Sammler lasse ich jetzt ungestört
ruhen,

ruhen, weil diejenigen unter ihnen sehr selten sind, welche, frei wie ein Luitprand, oder Sigbert von Gembloure und Matthäus Paris, auch die Laster der Päbste aufgedeckt hätten.

Nach so vielen Jahrhunderten, in welchen die Kirchengeschichte, besonders unter den Europäischen Christen, die sich einem allgemeinen geistlichen Fürsten unterworfen hatten, nur ein Gewebe von Erdichtungen, spielenden oder widersinnischen Erzählungen, und ungeprüften Nachrichten gewesen war, kam ein großer Mann, Laurentius Valla, Canonicus zu Florenz, im funfzehnten Jahrhunderte, welcher eben so viel Einsicht als Muth besaß, diesen Theil der historischen Gelehrsamkeit zu verbessern. Er fand, daß viele kirchliche Sagen, welche man so lange Zeit der Geistlichkeit als wirkliche Begebenheiten nachgesprochen hatte, aus eigennützigen Absichten, oder aus Einfalt und Aberglauben, entsprungen waren; kaum hatte er diese Entdeckung gemacht: so fieng er auch schon an, sie der Welt vorzulegen. Er gerieth unter andern auf eine der unverschämtesten Lügen, mit welchen die Römischen Bischöffe die Kirchengeschichte bereichert hatten, auf die Schenkung Constantins des Großen. Jedermann war damals so fest, als von einem Glaubensartikel, überzeugt, daß dieser Kaiser dem Bischoffe zu Rom Sylvester, nicht nur diese Hauptstadt, sondern auch einen Theil von Italien — wiewohl ich irre mich, nicht ihm, sondern dem heiligen Petrus, seinem ersten Vorgänger — geschenkt habe. Valla war der erste, der diese Erzählung untersuchte, gänzlich falsch befand, und in einer besondern Schrift, (de falso credita et ementita donatione Constantini M.) widerlegte. Man kann die Kühnheit und Heftigkeit, mit welcher er diese den Päbsten so nützliche Fabel angreift, nicht ohne Bewunderung betrachten: seine Beredsamkeit ist dem Unwillen, den er über diesen Betrug empfindet, gleich.

gleich. Er behauptet sogar, daß derjenige kein wahrer Kaiser sey, welcher nicht über Rom zu gebieten habe, und daß man ihn eidbrüchig nennen könne, wenn er sein Recht über diese Stadt nicht wieder hervor suche. Eben dieser Valla unterstand sich eine andere unrichtige, aber schon lange ehrwürdige, Erzählung zu leugnen: daß das Apostolische Glaubensbekenntniß von den Aposteln selbst aufgesetzt worden sey. Allein die Inquisition wollte durchaus nicht, daß in der Kirchengeschichte, welche einmal schon die gehörige Einrichtung für die Clerisey bekommen hatte, etwas anders geglaubt würde, als was die Kirche glaubte. Sie bedrohte den Valla mit dem Scheiterhaufen, und vielleicht würde er denselben haben besteigen müssen, wenn ihn nicht der König von Arragonien Alphonsus in seinen Schutz genommen hätte. Er mußte sich wenigstens, um für diese historische Dreistigkeit zu büßen, öffentlich mit einem Besen züchtigen lassen. Die Furcht vor einer solchen Begegnung hielt ohne Zweifel manchen Gelehrten zurück, sich neu gefundener Wahrheiten in der Kirchengeschichte zu rühmen.

Mit der Verbesserung der Kirche erschien endlich die Zeit, da auch die Geschichte derselben in einem neuen Glanze, oder, deutlicher zu reden, in ihrer ursprünglichen Reinigkeit wieder vorgestellt wurde. Der ganze Entwurf der Reformatoren machte eine freye und scharfe Untersuchung der Kirchenhistorie unentbehrlich. Man beschuldigte die Römischcatholischen einer völligen Abweichung von der ersten christlichen Kirche: dieses mußte aus dem Glauben und Zustande der letztern erwiesen werden. Indem man sich von der Tyranney des Römischen Bischofs loßzureißen suchte, mußte man aus der Kirchengeschichte zeigen, wie spät seine Ansprüche auf eine geistliche Monarchie unter den Christen aufgekommen seyen; durch welche Kunstgriffe, falsche Erzählungen, listige und boshafte Unternehmungen wider die Kaiser,

durch

durch wie viele Gewaltthätigkeiten er zu einem so un=
rechtmäßigen und gleichwohl fast unzerstörbaren Besitz
gelangt sey; wie viel Unglück die Christenheit von die=
sem ihr aufgedrungenem Oberhaupte in der Religion
und Kirche, im Staate und in der allgemeinen mensch=
lichen Gesellschaft, viele hundert Jahre erlitten habe.
Die Stifter der protestantischen Kirche behaupteten wei=
ter, daß das ganze Gebäude des Römischen Glaubens
und Kirchenregiments auf die herrschsüchtigen und ei=
gennützigen Absichten der Geistlichkeit gegründet worden
sey; daß es nur durch Aberglauben, Unwissenheit, knech=
tischen Zwang, ja sogar durch Todesfurcht, eine solche
Festigkeit unter den Christen erlangt habe; und daß es,
wenn die alte Freyheit der Prüfung und des Nachden=
kens, die Unabhängigkeit von der Geistlichkeit wieder
eingeführt würde, von selbst über den Haufen fallen wer=
de. Dieses sagten sie nicht bloß nach der Gewohnheit
von zwo streitenden Partheyen, deren jede der andern
den schimpflichsten Ursprung Schuld zu geben pflegt; sie
beriefen sich vielmehr auf die Geschichte, welche den of=
fenbarsten und ausführlichsten Beweis davon enthält.
Daju kam noch dieses, daß sie den Vorwurf beantwor=
ten mußten, welchen ihnen die Lehrer der Römischen Kir=
che sehr häufig, und bey denen, welche die Geschichte nicht
kannten, mit einigem Eindruck machten, als wenn der
Lehrbegriff der Protestanten erst mit dem sechszehnten
Jahrhunderte entstanden, und daher schon wegen seiner
Neuigkeit verwerflich sey. Diese Beschuldigung lehnten
sie durch Hülfe der Kirchenhistorie mit sehr leichter Mü=
he ab. Die Uebereinstimmung des Protestantischen
Glaubens mit dem ersten christlichen, wurde außer
Streit gesetzt. Man gieng den eigenmächtigen Verän=
derungen nach, welche die Geistlichkeit mit der Religion
in den folgenden Zeiten angestellt hatte, und vergaß
nicht zu zeigen, daß es niemals, auch bey der härtesten
Unterdrückung der Wahrheit, an Widerspruch dagegen

I. Theil. L in

in der Kirche gefehlt habe, bis dieſer endlich mit Nach=
druck und Freyheit hat vorgenommen werden können.
Die erſten Lehrer der Proteſtanten erkannten auch gleich
Anfangs, daß ſie der Kirchengeſchichte zu ihrer eigenen
Belehrung benöthigt wären, um daraus gute Muſter
und Hülfsmittel der theologiſchen Gelehrſamkeit zu neh=
men. Sie wollten ſich zwar nicht mehr von den Kir=
chenlehrern regieren laſſen; aber auch ihre Verdienſte
um die Religion, und was ſonſt unter den Chriſten
vorgefallen war, nicht ungebraucht verachten.

Daher nahmen unſere älteſten Lehrer in ihren
Schriften und mündlichen Streitigkeiten oft zur Kir=
chengeſchichte ihre Zuflucht. Unſere erſten ſymboliſchen
Bücher legen ſelbſt ein Zeugniß davon ab. Und wie
glücklich, faſt noch glücklicher als theologiſcher Gründe,
bediente man ſich damals in beyden proteſtantiſchen Kir=
chen, der hiſtoriſchen Beweiſe gegen das Pabſtthum!
Melanchthon, der die Geſchichtskunde zuerſt unter uns
in Aufnahme brachte, nützte inſonderheit die Kirchenhi=
ſtorie zur Beſtätigung unſerer Lehre vortrefflich. Ei=
ner ſeiner gelehrteſten Schüler, Matthias Flacius,
machte von derſelben in einem eigenen Werke gegen die
Römiſche Kirche einen ſchätzbaren Gebrauch. Er ſam=
melte alle diejenigen Beſchwerden, und zum Theil bittere
Klagen, welche viele hundert Jahre vor der Reforma=
tion, über das herrſchende Verderben in der Kirche, von
rechtſchaffenen Männern und Schriftſtellern aller Art
waren geführt worden. Sein Verzeichniß der Zeugen
der Wahrheit, wie er dieſelben nannte, bewies unwi=
derſprechlich, daß die Proteſtanten von ihnen, nur durch
mehr Dreiſtigkeit, einen erwünſchtern Erfolg, und eine
größere Ausbreitung ihres Entwurfs, unterſchieden wä=
ren. Ein anderer großer Mann aus eben dieſer Schu=
le, Martin Chemnitz, hat von dieſer Anwendung der
Kirchengeſchichte ein noch mehr ausgebreitetes und
                                           ſcharf=

scharfsinnigeres Beyspiel in dem unsterblichen Werke hinterlassen, in welchem er die Verordnungen der Kirchenversammlung zu Trident geprüft hat. Man fieng auch in unserer Kirche an, die Geschichte derselben auf eine würdige Art zu beschreiben: und Johann Sleidans lateinisches Werk „vom Zustande der Religion „und des Staats unter der Regierung Carls des Fünf„ten„ ist eines der ersten guten, sogar vortreflichen Geschichtbücher, die in Deutschland geschrieben worden sind. Allein auf der andern Seite waren die Protestantischen Theologen des sechszehnten Jahrhunderts mit der Wiederherstellung der wahren Auslegung der heiligen Schrift, und des erbaulichen Vortrags der Religion, mit der Erklärung, Bestimmung und Vertheidigung ihres Glaubens, auch mit der innern Verfassung ihrer Kirche, so sehr beschäftigt, daß ihnen keine Zeit übrig blieb, um die gesammte christliche Kirchengeschichte so fleißig zu untersuchen und zu beschreiben, als es das Ansehen und der Nutzen ihrer Gemeinen erforderten.

Die Ehre, zuerst in der verbesserten Kirche ein Werk unternommen zu haben, in welchem die Geschichte der christlichen Religion und Kirche, von ihrem Anfange her, wahr, lehrreich und vollständig aus den Quellen selbst erzählt würde, war unserm Flacius aufbehalten. Er hatte Wittenberg im Jahr 1547 verlassen, weil ihm die dortigen Theologen zu nachgebend in dem Evangelischen Lehrbegriff gegen die Römische Kirche vorkamen, und lebte seitdem zu Magdeburg, wo er unermüdet gegen Irrthümer, die er in und außer unserer Kirche zu finden glaubte, schrieb. Hier faßte er im Jahr 1553 den Vorsatz, eine allgemeine christliche Kirchengeschichte mit einigen andern zu schreiben, welche vornehmlich eine Schutzwehre für die Evangelische Kirche abgeben, und zum Beweis der Neuigkeit der Römischcatholischen Lehren gebraucht werden könnte. Er bekam an den beyden

Pres

Predigern daſelbſt, Johann Wigand und Matthäus
Juder, am Baſilius Faber, Andreas Corvinus, und
einigen andern Gelehrten geſchickte Gehülfen.   Nach
vielen Bemühungen um gedruckte Schriften und Urkunden, zu deren Aufſuchung ſie auch einige Freunde in und
außer Deutſchland herumſchickten, erſchien ihre Kirchenhiſtorie in lateiniſcher Sprache, vom Jahr 1559 bis
1574 zu Baſel in dreyzehn Foliobänden.   Jeder Band
enthielt eine Centuriam oder ein Jahrhundert: und weil
der Anfang der Ausarbeitung zu Magdeburg geſchehen
war, ſo hat man dieſes Werk, das nachher größtentheils
zu Wismar vollendet wurde, die Centurias Magdeburg-
genſes genannt.   Flacius, welcher während der Ausgabe an manchen entfernten Orten gelebt, und vielerley
Schickſale erfahren hat, iſt nur bis zum zwölften Jahrhunderte einer von den Verfaſſern deſſelben.   Die vierzehnte bis zur ſechszehnten Centurie waren vom Johann
Wigand ſchon völlig zu Stande gebracht worden; ſie
ſind aber niemals gedruckt erſchienen.   Man nahm dieſes Werk unter den Proteſtanten mit ungemeinem Beyfall auf.   Ludwig Lucius, Profeſſor zu Baſel, ſtellte
im Jahr 1624 eine neue Ausgabe davon ans Licht;
allein er ließ in derſelben vieles nach ſeinem Willkühr
weg, und ſetzte anderes hinzu. Noch vorher verfertigte
ein Würtenbergiſcher Theologus, Lucas Oſiander, einen Auszug aus dieſer Kirchengeſchichte, welche er zugleich bis zum Ende des ſechszehnten Jahrhunderts fort-
ſetzte, und ihre Erzählung nach der Zeitfolge abfaßte.
Seine nützliche Arbeit iſt zu Tübingen vom Jahr 1592
bis 1604 in neun Quartbänden herausgekommen, zu
eben derſelben Zeit ins Deutſche überſetzt, und im vorigen Jahrhunderte noch mehr als die Centurien ſelbſt geleſen worden.   Dieſe hat man jedoch niemals auf die
Seite gelegt, vielmehr oft gewünſcht, daß ſie verbeſſert,
vertheidigt und fortgeſetzt werden möchten.   Einige Gelehrte, inſonderheit Caſpar Sagittarius, und Johann
Andreas

Andreas Schmidt haben würklich Versprechungen dieser Art gethan, welche aber nicht zur Erfüllung gekommen sind. Endlich hat man im Jahr 1757 zu Nürnberg den Anfang gemacht, dieses Werk von neuem herauszugeben. Ein Prediger in Franken, Herr Baugk, hat dieses Unternehmen hauptsächlich befördert, und es ist seitdem schon beynahe die Hälfte des Werks in mehrern Quartbänden abgedruckt worden. Nächst den Fortsetzungen, welche von verschiedenen Gelehrten hinzukommen sollten, hatte einer unserer scharfsinnigsten Lehrer, Siegmund Jacob Baumgarten, die Berichtigung, Erläuterung und Vertheidigung des Werks über sich genommen; da aber dieser gleich nach dem Anfange dieser Ausgabe verstorben ist: so hofft man jetzt diese Sorgfalt von dem Herrn D. Semler, der eine solche Erwartung vollkommen erfüllen kann.

Flacius, und seine Mitarbeiter an der Kirchengeschichte, sind dieses einzigen Verdienstes wegen, eines unsterblichen Nachruhms würdig. Man muß ihren ungemeinen Fleiß, der zuerst in den neuern Jahrhunderten, die Anordnung zu einem Werke von solchem Umfange machte, mit Dankbarkeit bewundern: sie haben für alle Protestanten, welche seit zwey hundert Jahren die Kirchengeschichte untersuchen, die Bahn gebrochen. Die grossen Schwierigkeiten, welche sich ihnen in den Weg stellten, wurden standhaft überwunden. Sie befanden sich nicht an dem bequemsten Orte, wo sie aller Hülfsmittel zu ihrer Arbeit hätten theilhaftig werden können. Sie mußten, um sich dieselben, so viel es möglich war, zu verschaffen, einen gewissen Aufwand machen, auch eine Anzahl angehender Gelehrten besolden, welche ihnen Sammlungen und Auszüge aus einer Menge Schriften verfertigten: und hiebey unterstützte sie doch die Freygebigkeit einiger Fürsten und anderer begüterter Personen. In unserer Kirche selbst genossen sie lange nicht diejenige

L 3 Auf-

Aufmunterung, deren sie werth waren. Weil sie zu den heftigen Eiferern wider die übermäßige Gelindigkeit und Unbeständigkeit der Chursächsischen Lehrer gehörten: so wurde ihnen und ihrem Werke dafür mit Verachtung begegnet, und eben deswegen verloren sie auch manche Hülfe, die ihnen sehr brauchbar gewesen seyn würde. Gleichwohl haben sie die erste vollständige Kirchenge= schichte, ein Werk, das unserer Kirche beständig Ehre ma= chen wird, zu Stande gebracht. Man sieht demselben nicht bloß das Mühsame beym ersten Anblicke an; man entdeckt darinne auch eine geübte Beurtheilung, die Be= mühung, wahrhaftig, und nach den zuverläßigsten Zeug= nissen zu erzählen; insonderheit aber alles nutzbar und oft erbaulich zu machen. Nichts empfielt dasselbe mehr als die ausführliche Beschreibung von dem Glauben der Christen in jedem Jahrhunderte. Je flüchtiger selbst die alten griechischen Geschichtschreiber über diesen wich= tigen Theil der Kirchenhistorie weggeeilt waren, desto länger sind die Verfasser bey den Schriften der Kirchen= väter, den Schlüssen der Kirchenversammlungen, und andern Urkunden stehen geblieben, aus welchen die Be= schaffenheit der christlichen Lehre erwiesen werden kann. Ihr Werk hat unserer Kirche gegen die Römische un= vergleichliche Dienste geleistet, und ist zugleich einer der gelehrtesten und der mächtigsten Angriffe auf dieselbe ge= wesen. Was wir derselben in unsern ersten Streit= schriften nur vorwarfen, oder einzeln darthun konnten, daß sie von dem christlichen Alterthum abgefallen sey; ihre Lehren, Gebräuche und alle Anstalten der Kirchen= verfassung von einem Jahrhunderte zum andern bestän= dig geändert und verschlimmert habe: das wurde in die= sem Werke, durch die zusammenhängende Reihe aller Be= gebenheiten der Kirche, im Ganzen, ohne Kunst, und doch sehr begreiflich und überzeugend, der Welt vor die Augen gelegt. Man wird bald sehen, wie tief die Römische Kirche

Kirche durch das Geschütze dieses Magdeburgischen Zeug-
hauses der Evangelischen verwundet worden sey.

In einem Werke, wie dieses ist, welches das erste
seiner Art war, unter so vielen Hindernissen, und zu einer
Zeit, da die historische Wissenschaft erst zu blühen anfieng, geschrieben wurde, konnten nicht wohl alle Fehler
und Unvollkommenheiten vermieden werden: und es hat
deren einige beträchtliche. Schon die Ordnung und
Methode, nach welcher es aufgesetzt ist, gehöret darunter.
Man findet hier mehr reichliche Materialien zu einer
Geschichte, die nach gewissen Classen gestellt sind, als eine ununterbrochene Erzählung der Begebenheiten. Die
Materien selbst sind zum Theil durch eine unschickliche
Entfernung getrennt worden. Wenn im zweyten Hauptstücke eines jeden Jahrhunderts von den Verfolgungen
Nachricht gegeben worden ist: so erscheinen erst im zwölften die Märtyrer dieser Zeit. Im fünften Hauptstücke
werden die Ketzereyen, und erst im eilften die Ketzer beschrieben. Doch dieser Flecken des historischen Vortrags ist sehr erträglich gegen einen andern, welcher sich
über das ganze Werk ausgebreitet hat. Es ist der polemische Ton, die Stellung eines Streitenden, welche die
Verfasser sehr oft angenommen haben. Sobald sich
der Geschichtschreiber in diesen blicken läßt, so ist es ein
Merkmal, daß er seinen eigenthümlichen Platz zu verlassen anfängt: glücklich, wenn er geschwind zu demselben
zurückkehrt; fährt er aber fort, eine gelassene Erzählung
in Widerlegungen zu verwandeln, mit allen, welche sie
angefochten, oder zu ihrem besondern Vortheil genützt
haben, zu kämpfen, und jenen kleinen Umstand, den er
vor wahr hält, zu verfechten; so ermüdet er nicht nur
die Leser, sondern wird auch, ohne es selbst zu merken,
partheyisch, und über die strenge Wahrheit hinausgeris-
sen. Die Verfasser der Magdeburgischen Kirchengeschichte sahen das Werk, welches sie schreiben wollten,

als

als eine Stütze der Polemik an: sie unternahmen es
nicht bloß als Geschichtschreiber, sondern noch mehr als
Theologen, welche ihrer Kirche tüchtige Waffen gegen
ihre Feinde verschaffen wollten. Daher kommt die krie-
gerische Gestalt, welche sie ihm an so vielen Stellen gegeben haben. Sie sind sehr aufmerksam, der Römischen
Kirche alle Gründe zu entreißen, welche sie aus der Kirchengeschichte hernehmen wollte, sie durch das ganze Gebiete derselben zu verfolgen, und alles zum Besten der
Evangelischen Kirche anzuwenden. Manches wird daher, wir können es nicht läugnen, gerade so gedreht, wie
es diesen besondern Absichten gemäß war. Diese rechtschaffene Männer schrieben gewiß nicht mit Vorsatze unrichtig; allein ihr Eifer konnte es zuweilen an ihrer
Stelle thun. Auch dieses ist gewiß, daß sie manche
unterschobene, oder doch zweifelhafte Schriften als ächte
gebraucht, und die Stellen der Alten nicht immer so
glücklich erklärt haben, als wir wünschten; daß in ihren
Erzählungen sehr vieles zu ergänzen, genauer zu bestimmen, und besser zu bestätigen übrig sey. Allein die Critik stand auch damals noch in ihrer Kindheit; viele
Schriften der Kirchenlehrer waren zwar gedruckt, aber
ungeprüft und fehlerhaft; andere lagen noch in Handschriften verborgen, und die übrigen Hülfsmittel dieser
Geschichte kamen nur sparsam zum Vorschein. Mit
eben der Aufrichtigkeit also, mit welcher man die Mängel dieses Werks anzeigt, muß man auch erkennen, daß
die Zeiten, in welchen es unternommen worden ist, den
größten Antheil an denselben haben.

Ich sehe nebst andern Mitgliedern unserer Kirche
die neuen Bemühungen, welche man an dieses große
Werk wendet, mit Vergnügen. Es ist sehr billig, daß
man das Ansehen seiner Verfasser dankbarlich erhält:
und es kann gewissermaaßen zum Ansehen und Ruhm
unserer Kirche gerechnet werden, ein Hauptbuch über die
Kirchen-

Kirchengeschichte zu besitzen, das bald nach ihrem Ursprunge angefangen, und lange mit glücklichem Erfolge gegen die Römische Kirche, so wie stets zum gemeinnützigen Unterrichte, gebraucht worden ist; das man auch von einer Zeit zur andern vollkommener zu machen sucht. Wenn es jedoch nothwendig schien, eine neue Ausgabe von demselben zu besorgen; so hätte ein weit kürzerer und bequemerer Weg gewählt werden können, so viele Verbesserungen und Zusätze deren es bedarf, bey demselben anzubringen, als daß sie in besondern Bänden nachgeholt werden. Ich muß aber auch hinzusetzen, daß man auf die Nothwendigkeit, ein eigenes allgemeines System der Kirchengeschichte für unsere Gemeine zu haben, nicht zu stark dringen müsse: die uneingeschränkte Hochachtung gegen ein solches Werk kann verursachen, daß wir, so zu sagen, privilegirte Erzählungen und Urtheile in der Kirchenhistorie bekommen, die man endlich gar nicht mehr prüfen und bestreiten darf.

Nachdem die Magdeburgischen Centurien zu Stande gekommen waren, gieng es der Kirchengeschichte unter uns, wie es mehrmals einer Wissenschaft gegangen ist, wenn etwas Großes und Ausnehmendes in derselben war geleistet worden: man hat sich damit eine Zeitlang beholfen, und eben nicht geeilet, zur Vollkommenheit der Wissenschaft noch nähere Schritte zu thun. Wir haben uns also fast hundert und mehr Jahre an dem oft genannten Werke, und an Osianders Auszüge aus demselben, begnügt, ohne etwas Vortrefflicheres in der Kirchengeschichte zu leisten. Unsere Lehrer wurden noch durch eine besondere Ursache von dieser Art der Beschäftigung abgezogen. Ihr Streit mit den Römisch-catholischen, in welchem sie die Kirchenhistorie mit ungemeinem Nutzen gebraucht hatten, wurde fast lediglich exegetisch und philosophisch. Die Controversisten dieser Kirche, sonderlich die Jesuiten, fanden ihren Vor-

theil

theil nicht dabey, ſich in die Unterſuchung hiſtoriſcher Gründe, welche meiſtentheils nicht lang zu ſeyn brauchte, einzulaſſen; ſie ſtritten daher über den Verſtand derje= gen Schriftſtellen, welche den Glauben zwiſchen uns und ihnen entſcheiden müſſen, und riefen die Ariſtoteliſch= Scholaſtiſche Philoſophie, die wir als eine Stütze der verdorbenen Theologie ihrer Kirche weggeworfen hatten, zu Hülfe. Jetzt mußten wir uns derſelben aufs neue bedienen: und einige unter uns thaten es vielleicht auch aus Neigung. Aber dieſe philoſophiſche Einkleidung war den hiſtoriſchen Erörterungen gerade entgegenge= ſetzt. Daher wurden dieſe immer ſeltener. Ueber= haupt war im vorigen ganzen Jahrhunderte die Pole= mik faſt das herrſchende Studium in unſerer Kirche. Zu den übrigen Theilen der theologiſchen Gelehrſamkeit, welche ihr nachſtehen mußten, gehört inſonderheit die Kirchengeſchichte. Unſere Lehrer ließen ſie eben nicht ungebraucht; aber ſie kamen auch in derſelben nicht viel weiter.

Man wird mir hoffentlich nicht den Einwurf ma= chen, daß doch genug kleine Auszüge und Compendien der Kirchenhiſtorie im vorigen Jahrhunderte unter uns geſchrieben worden ſind. Ja wohl genug; aber eben dieſe ſind immer der ſchlechteſte Beweis von dem Fort= gange einer Wiſſenſchaft. Sie enthalten meiſtentheils nur den bekannten Umfang derſelben, nach einer verän= derten Ordnung beſchrieben, oder mit einem ſo geringen neuen Zuwachs bereichert, daß er in wenige beſondere Anmerkungen hätte gebracht werden können. Unſere alten Compendia der Kirchenhiſtorie ſind zum Theil nur magere Auszüge aus den Magdeburgiſchen Centurien; und immer nicht vielmehr als trockene Verzeichniſſe von Begebenheiten, Nahmen und Jahrzahlen. Das ein= zige darunter, welches ſich mit einiger Achtung bis auf unſere Zeiten erhalten hat, iſt das Compendium Go= thanum,

thanum, welches auf Befehl des Herzogs von Gotha,
Ernst des Frommen, im Jahr 1660 aufgesetzt wor=
den ist. Veit Ludewig, Freyherr von Seckendorf,
und Johann Heinrich Boekler, beydes sehr gelehrte
und kluge Männer, haben dasselbe ausgearbeitet, und
für weit mehrere als Anfänger in der Kirchenhistorie,
lehrreich gemacht. Es begreift zugleich die Kirchenge=
schichte des alten Bundes, welche sich eigentlich von dem
großen Seckendorf herschreibt. In unsern Zeiten ist
es vom Ernst Salomo Cyprian, und von dem Herrn
D. Walch zu Göttingen, mit vieler Geschicklichkeit
bis zum Jahr 1757 fortgesetzt worden.

Mitten in dieser streitbaren Zeit, zeigte ein großer
Mann, was er unter uns zur Aufnahme der Kirchenge=
schichte hätte beytragen können, wenn er nicht in lange
und heftige Zwistigkeiten verwickelt worden wäre.
Georg Calixtus, dem an Kenntniß der Kirchenhistorie,
so wie an ungemeinen Gaben des Geistes, in der Evan=
gelischen Kirche zu seiner Zeit niemand gleich kam, diente
dieser Wissenschaft sowohl durch mündliches Lehren, als
durch Schriften. Da er in der besondern Absicht, die
Vereinigung der Christen zu befördern, das christliche
Alterthum mit einer vorzüglichen Liebe empfohl: so führ=
te er auch diejenigen, welche sich seiner Unterweisung er=
gaben, zur Bekanntschaft mit demselben eifrig an,
und gieng auch bey andern Gelegenheiten gerne auf die=
se ersten und glückseeligen Zeiten der Kirche zurück. Seine
Streitschriften gegen die Römischkatholischen sind eben
darum noch jetzt so schätzbar, weil sie außer der übrigen
Scharfsinnigkeit und Gelehrsamkeit, welche ihm zu Ge=
bote stand, den glücklichsten Gebrauch von der Kirchen=
geschichte wider sie machen. Wir haben auch über diese
Geschichte eigene Bücher von ihm, welche man nie ver=
gessen wird. Sein lesenswürdiges „Fragment der
„abendländischen Kirchenhistorie des achten, neunten,

„zehnten und eilften Jahrhunderts, „ dieses Zeitalters, in welchem die Päbstliche Tyranney zu ihrer männlichen Stärke gelangt ist, ist seinem Apparatui Theologico von seinem Sohne beygefügt worden: und sein schönes Buch von der Ehe der Geistlichen, ist das vollständigste und gelehrteste, das man über diese Materie geschrieben hat. Viele seiner Schüler und Freunde nahmen diesen Geschmack an der Kirchenhistorie von ihm an. Joachim Hildebrand unter andern, der sich um die christlichen Alterthümer, wenigstens als ein gelehrter Sammler, wohl verdient gemacht hat, ist durch Calixti Beyspiel dazu aufgemuntert worden. Wir hatten noch einige geübte Kenner der Kirchenhistorie zu gleicher Zeit in unserer Kirche; die aber, wegen anderer Beschäftigungen, sich ihr nicht genug wiedmen konnten, oder wegen unbekannter Ursachen, keine zahlreiche Denkmäler von dieser Kenntniß aufrichteten. Ein solcher Mann war Johann Andreas Bose zu Jena, welcher wenige kleine, aber gründliche Schriften über die Kirchengeschichte hinterlassen hat.

Doch gegen das Ende des vorigen Jahrhunderts standen einige sehr gelehrte Männer in unserer Kirche auf, welche der Bearbeitung der Kirchenhistorie ein neues Leben gaben. Zu Wittenberg, wo sich unsere Theologen am hitzigsten unter allen in unaufhörliche Streitigkeiten verwickelt hatten, erschien um diese Zeit Conrad Samuel Schurzfleisch, der Stifter einer glücklichen Verbesserung in der Methode zu studieren und zu schreiben überhaupt. Er war keiner aus ihrem Mittel: denn er lehrte nach und nach die Dichtkunst, die Geschichte, die griechische Sprache und die Beredsamkeit; aber desto ungehinderter zog ihn sein feuriger Geist zu gemeinnützlichern Beschäftigungen mit vielen Theilen der Gelehrsamkeit, besonders der Geschichte fort. Angeführt zur Kenntniß der letztern vom Aegidius

dius Strauch, und Caſpar Zieglern, übertraf er
beyde in dieſer Wiſſenſchaft, und kam auch unter andern in der Kirchengeſchichte dem wahren Geſchmack ſehr
nahe. Er brachte zu derſelben eine für ſeine Zeiten und
Gegenden ungemeine Gelehrſamkeit, einen damals ſel-
tenen Umgang mit ihren beſten Quellen, geübte Beurtheilung, Bekanntſchaft mit der Welt, und eine gemäſ-
ſigte Denkungsart. In ſeinen zahlreichen akademiſchen
Abhandlungen, die noch immer hochgeſchätzt werden, findet man häufige Spuren davon. Wenn man ihm gleich
bey denſelben manche Eilfertigkeit, oder nicht völlig aus-
gewählte Sammlungen, auch wohl nach den herrſchenden Urtheilen gebildete Ausſprüche vorwerfen kann; ſo
trugen doch ſein Unterricht und Beyſpiel zu ſeiner und
in der gleich folgenden Zeit viele edle Früchte.

Unter den Theologen, welche ſich damals um die
Kirchengeſchichte verdient machten, gebührt Chriſtian
Kortholten, der zu Kiel lehrte, der erſte Rang. Er
unterſuchte in beſondern Büchern, deren wir uns noch
immer mit vielem Nutzen bedienen, die Geſchichte der
Verfolgungen, welche die erſten Chriſten ausgeſtanden
haben; die Verläumdungen der Heiden gegen eben dieſe
Bekenner der Religion; die Hochachtung, welche die
Chriſten der heiligen Schrift bezeigt haben; die Briefe
des Plinius und Trajanus von den Chriſten, und andere merkwürdige Gegenſtände mehr. Er erklärte auch
die apologetiſchen Schriften der älteſten chriſtlichen Lehrer. Und er war der vornehmſte in unſerer Kirche, welcher des Baronius Jahrbücher der chriſtlichen Kirche
zu widerlegen anfieng. Nur die Hiſtoria Eccleſiaſtica
Novi Teſtamenti, welche, nach ſeinem Tode, unter ſeinem
Namen gedruckt worden iſt, darf nicht zu ſeinen Verdienſten um die Kirchenhiſtorie gezählt werden. Er
kann ein ſo mittelmäßiges Werk, als dieſe Vorleſungen
ſind, ſchwerlich zum Drucke beſtimmt haben.

Zu

Zu gleicher Zeit mit ihm lebten Caspar Sagittarius, und sein berühmter Schüler und Freund, Johann Andreas Schmidt, zu Jena. Jener hat die Geschichte überhaupt, und in einigen Schriften auch die Kirchenhistorie mit besonderm Beyfall aufgekläret. Man kann seinem bereits oben genannten Buche noch diejenigen beyfügen, welche er von den ersten Märtyrern der Christen geschrieben hat. Schmidt, welcher erst vor vierzig Jahren zu Helmstädt verstorben ist, besaß in der Geschichte, und sonderlich auch in den Alterthümern der Kirche, eine sehr weitläuftige kritische Belesenheit, mit anderer großen Gelehrsamkeit verbunden. Er hat viele falsche oder fabelhafte Erzählungen in der Kirchengeschichte verbessert; ein Muster der Vorsichtigkeit und Mäßigung im Urtheilen dabey gegeben; viele ausgesuchte Materien aus dieser Geschichte in akademischen Abhandlungen glücklich untersucht, und unter der mühsamsten Arbeitsamkeit in derselben, doch das Nützliche und Lehrvolle stets im Gesichte behalten. Sein Compendium der Kirchenhistorie des Alten und Neuen Bundes, das Christian Gottlieb Jöcher, ein Kenner dieser Wissenschaft, wieder herausgegeben und fortgesetzt hat, verdient noch immer unter den brauchbarsten Schriften dieser Art seine Stelle. Ich sage nichts von seinen andern ähnlichen Arbeiten: genug, daß er einer der vornehmsten Wiederhersteller der Kirchengeschichte in unserer Kirche gewesen ist.

An eben dieser Ehre hat Adam Rechenberg zu Leipzig einen nicht geringen Antheil gehabt. Sein Compendium der Kirchengeschichte, welches so beliebt geworden, und in so vielen Auflagen erschienen ist, würde allein ihm dieselbe nicht erworben haben. Es ist so vieler Verbesserungen bedürftig, man mag auf die genaueste Richtigkeit der Erzählung, oder auf ihren pragmatischen Zusammenhang sehen, daß man sich durch dieses Beyspiel war-

warnen laſſen kann, Auszüge aus einer Wiſſenſchaft,
welche ſie ganz erſchöpfen ſollen, auch alsdenn nicht zu
eilfertig abzufaſſen, wenn man mit ihr ſchon lange bekannt worden iſt. Das Anſehen des Verfaſſers, und
die Kürze des Buchs, haben es gleichwohl bis jetzt beym
Leben erhalten. Seine große Kenntniß der Kirchenhiſtorie und der ganzen Geſchichte, hat ſich hauptſächlich
in ſeinen kleinen Abhandlungen gezeigt, von welchen man
eine Sammlung hat, die man noch beſtändig mit Nutzen durchgeht. Sie beweiſen, daß Rechenberg nicht
allein alle Quellen und Hülfsmittel der Geſchichte gebraucht, und aus denſelben Erzählungen zu verfertigen
gewußt habe; ſondern daß ihm auch die gute hiſtoriſche
Methode nach allen ihren Geſetzen bekannt geweſen ſey;
daß er die Verbindung der politiſchen Geſchichte und
ſelbſt der Staatsklugheit mit der Kirchenhiſtorie, aufmerkſamer beobachtet habe, als es noch zu ſeiner Zeit gewöhnlich war. Er war dazu gemacht, durch beſondere
Unterſuchungen, gewiſſen Theilen der Kirchengeſchichte
ein Licht zu ſchaffen; ſobald er aber das Ganze derſelben umſpannen wollte, ließ er in vielen Gegenden Dunkelheit und Unordnung übrig. Wie viele erhebliche
Dienſte hätte er dieſer Wiſſenſchaft nicht leiſten können,
wenn er ihr diejenige Zeit geſchenkt hätte, die er auf die
Verfertigung ſeines Hierolexici Realis, eines großen und
faſt unnützen Werks über die Theologie und Kirchengeſchichte, verwandt hat! Allein das Vorurtheil, welches
mit der Ausarbeitung eines ſyſtematiſchen oder ſonſt
vollſtändigen Buchs über eine Wiſſenſchaft, weit mehr
Ehre verknüpft, als mit den feinſten Beyträgen zur Aus-
beſſerung und Schönheit ihrer einzelen Theile, ſcheinet
auch dieſen rechtſchaffenen Mann verführt zu haben.

Sein Amtsgenoſſe, Thomas Jttig, war zwar
nicht in allen theologiſchen Lehrſätzen mit ihm einig; aber
an der Beförderung der Kirchengeſchichte haben ſie ge-
mein-

meinschaftlich gearbeitet. Ittig, welcher etwas mehr zur Heftigkeit aufgelegt war, als Rechenberg, war diesem hingegen wiederum an der ausgebreiteten gelehrten Einsicht in die Kirchenhistorie, ziemlich überlegen. Diese Wissenschaft machte seine ganze Stärke aus. Nachdem er sich um die älteste Ketzergeschichte, um die Schriften der Apostolischen Kirchenlehrer, und um manche andere besondere Materien dieser Historie, durch seine Schriften verdient gemacht hatte; fieng er kurz vor seinem Tode an, die Kirchenhistorie eines jeden Jahrhunderts unter der Aufschrift: Selecta Capita Historiae Ecclesiasticae, einzeln herauszugeben; er vollendete aber nur die beyden ersten Jahrhunderte. Sein Entwurf, welcher sich auf einmal nur einen mäßigen Zeitraum zur Untersuchung vornahm, war lobenswürdig; seine Methode ist, überhaupt genommen, bequem, und was er vorträgt, zuverläßig und gründlich. Er hat insonderheit den Glauben der ersten Kirche mit großem Fleiße aus den Schriften ihrer Lehrer herausgezogen; bisweilen aber die Stellen derselben, ihrer Rechtgläubigkeit zu Ehren, gezwungen ausgelegt.

Man stellte noch in völliger Ruhe Untersuchungen über die Kirchenhistorie in unserer Kirche an, glaubte den Kirchenvätern und Ketzern gleiche Gerechtigkeit wiederfahren zu lassen, und den Zustand, die Veränderungen unserer Gemeine, zwar nach gewissen angenommenen Grundsätzen, aber doch nicht unrichtig, vorzustellen; als plötzlich zween Männer hervortraten, welche unsere Theologen belehren wollten, daß sie bisher die Kirchengeschichte sehr irrig vorgetragen und gebraucht hätten. Der eine, ein Mann von großen Gaben und Verdiensten, gelehrt, scharfsichtig und unternehmend; ein Feind der Geistlichkeit aus Verachtung und Rache; geschickt alles über den Haufen zu werfen, und vieles zu verbessern; fast unfähig, Maaß und Schranken zu beobachten; aber doch

doch ein sehr nützlicher Poltergeist für seine Zeiten, noch ein schrecklicher Schatten nach seinem Tode, Christian Thomasius mit einem Worte, zog gegen die Theologen, mit der Absicht sie gänzlich zu erniedrigen, zu Felde, und richtete bey dieser Gelegenheit auch in ihren Systemen und Compendien der Kirchengeschichte eine gewaltige Verwüstung an. Der andere, sein blödsinniger und gutmeinender Freund, den er nach Gefallen in Bewegung setzen konnte; ein nicht ungelehrter, aber trübseliger Kopf; ein Feind der Geistlichkeit aus Schwärmerey und phantastischer Gottseligkeit; der eben so wenig als sein Anführer auf der Mittelstraße einhergehen konnte, und ihm zu ganz andern Absichten diente, als er selbst hatte; (Gottfried Arnold, wie jedermann sogleich hinzusetzen wird,) machte noch weit mehr ein Hauptgeschäfte daraus, unsern Theologen zu zeigen, daß sie die Kirchenhistorie bis dahin nicht verstanden, und sogar verfälscht hätten. Beyde haben zwar ihre ganze Absicht nicht erreicht; allein sie haben uns doch genöthigt, nicht allein unsern Fleiß in der Kirchengeschichte zu verdoppeln, sondern sie auch zum Theil aus einem neuen Gesichtspunkte zu betrachten.

Thomasius wollte unser Kirchenrecht reinigen, oder vielmehr im Grunde völlig aufheben. Er fand in unserer Kirche noch so viele Ueberbleibsale des Pabstthums, daß wir uns wundern mußten, durch die Reformation so wenig gebessert worden zu seyn: und zu diesen Ueberbleibsalen rechnete er insonderheit das noch übrige Ansehen der Geistlichkeit in Kirchensachen, welche er ganz der Willkühr des Landesherrn unterwerfen wollte. Er tadelte an den Symbolischen Büchern unserer Kirche, daß sie einen unerträglichen Gewissenszwang aufgerichtet, und eine neue Art von Pabstthum eingeführet hätten. Er war damit unzufrieden, daß den Fürsten nicht mehrere Rechte in unserer Kirche über die Reli-

I. Theil.　　　　　　　M　　　　　　　gion,

gion, den Gottesdienst, die theologischen Streitigkeiten, und alle geistliche Anstalten, beygelegt worden wären. Insonderheit griff er die Meinung mit vieler Heftigkeit an, die sich zum Theil aus der Römischen Kirche in die Protestantischen fortgepflanzt hatte, daß die Ketzerey als ein Verbrechen im Staate zu betrachten sey, und die Anhänger derselben, wo nicht mit Lebensstrafen belegt, doch sonst auf eine empfindliche Art bestraft werden müßten. Er wollte in der Kirchengeschichte aller Zeiten einen offenbaren und unchristlichen Mißbrauch des Ketzernahmens, und der damit verbundenen Beschuldigung entdeckt haben. Und wie er überhaupt die Begebenheiten und Veränderungen unserer Kirche mit strengen Augen durchgieng: so setzte er unter andern an dem ganzen Betragen unserer Geistlichkeit, an der abwechselnden Einrichtung des theologischen Vortrags, an gewissen in der Kirche herrschenden Meinungen, die er abergläubische Vorurtheile nannte, sehr viel aus. Auf alle diese Vorwürfe, darunter fast keiner gänzlich erdichtet, und manche nur zu sehr gegründet waren, alle aber eine zu bittere Sprache redeten, antworteten unsere Theologen, außer andern Vorstellungen, vornemlich auch aus der Kirchengeschichte: und wenn sie manche gewöhnliche Erzählungen oder Denkungsarten in derselben nicht völlig und sogleich verließen, — denn einem solchen Lehrer konnte man keinen so folgsamen Gefallen erweisen — so haben sie es entweder in der Folge gethan, oder doch ihre Urtheile, welche sich darauf bezogen, nach und nach gemildert.

Allein die Unternehmungen Gottfried Arnolds in der christlichen Geschichtskunde, waren für unsere Lehrer eine weit dringendere Ursache, sich dieser lebhaft anzunehmen, als alle Spöttereyen des Thomasius. Arnold, welcher von Natur schwermüthig, und von einer starken Einbildungskraft geplagt war, zugleich aber ein

gutes

gutes Herz nebst vielem düstern Eifer besaß, wurde von
dem Verderben der Sitten in unserer Kirche, und manchen Fehlern des Lehrstandes desto stärker gerührt, da
eben zu seiner Zeit ein Theologus von ungleich größerm
Verstande als der seinige war, wichtige Vorschläge zur
Verbesserung unserer Kirche that. Er wollte an dieser
Verbesserung ebenfalls seinen Antheil haben; er glaubte
aber zu bemerken, daß die Geistlichkeit derselben die grös-
sesten Hindernisse in den Weg legen würde; und daß sie
solches schon ehemals gethan hätte, wenn gottselige und
erleuchtete Männer sich ihren herrschenden Lehrsätzen widersetzten. Dieser Gedanke brachte ihn auf den Entschluß, aus der ganzen Kirchengeschichte der Christen zu
zeigen, wie viel Unheil ihre Lehrer angestiftet, wie viele
Bekenner der Wahrheit sie unterdrückt, und was vor
falsche, verläumderische Vorstellungen sie von den redlichsten Männern in dieser Geschichte ausgebreitet, und
immer erhalten hätten. Ein solcher Entschluß that den
Absichten des Thomasius gegen die Theologen vortreffliche Dienste. Er munterte daher den ehrlichen Arnold kräftig auf, ein so nützliches Werk zu vollenden:
er unterstützte es durch seine Beyträge; und ob er gleich
nachher daran tadelte, daß der Verfasser eine zu große
Liebe gegen die mystische Theologie habe blicken lassen,
und sich vor fabelhaften Erzählungen noch nicht genug
gehütet habe; so empfohl er es doch als das nützlichste
Buch, das nach der heiligen Schrift in dieser Art vorhanden sey.

Jedermann weiß, daß dieses Werk unter der Aufschrift: „Unpartheyische Kirchen- und Ketzerhistorie, vom
„Anfang des Neuen Testaments, bis auf das Jahr Chri-
„sti 1688,„ zu Frankfurt am Mayn, in den Jahren
1699 und 1700, in zween Foliobänden ans Licht getreten sey. Es ist seitdem wiederum gedruckt, mit Zusätzen vermehrt, auch in die holländische Sprache übersetzt
M 2   worden.

worden. Die ältere Kirchengeſchichte iſt darinne kurz
abgehandelt, und hat am wenigſten zu bedeuten; aber
die neuere, welche von der Reformation an geht, füllt
den größten Theil des Werks. Arnold kam zur Unterſuchung der chriſtlichen Kirchengeſchichte in einer Faſ-
ſung des Verſtandes und Gemüthes, von welcher er
glaubte, daß ſie ihn ohnfehlbar zu einem unpartheyiſchen
Geſchichtſchreiber machen müßte. Er hatte ſich vorgenommen, alle Fehler und Ausſchweifungen der chriſtlichen Lehrer aufzuſuchen; ihnen nicht das geringſte Verſehen zu ſchenken; die Lobſprüche, welche ihnen, oder von
ihnen den Beſchützern, welche ſie gehabt haben, gegeben
worden ſind, ſo viel es möglich war, zu vermindern; und
ungeſcheut zu ſagen, wie ſehr ſie durch Herrſchſucht, Eigennutzen und andere Leidenſchaften, der Kirche und Religion geſchadet hätten. Auf der andern Seite aber
war er entſchloſſen, alles zu ſammlen, was zur Recht-
fertigung oder Entſchuldigung des großen Haufens derer, welche als Irrlehrer von der Geiſtlichkeit beſtritten,
verurtheilt und verfolgt worden waren, angeführt werden konnte, und ihre Unſchuld wieder herzuſtellen. Denn
er glaubte gefunden zu haben, daß dieſe Partheyen allemal mehr Eifer für die Gottſeligkeit bezeigt hätten, als
ihre mächtigen Ankläger. Aber eben dieſes, daß er ſein
Werk in einer beſondern Abſicht ſchrieb, und bereits wider den einen Theil und für den andern vorläufig eingenommen war, verurſachte nothwendig, daß er, anſtatt
unpartheyiſch zu ſchreiben, in eine bis dahin in unſerer
Kirche ungewöhnliche Partheylichkeit verfiel, welche faſt
jedermann außer ihm und ſeinem großen Freunde merkte.
Arnold wurde in dieſem Buche der allgemeine Vertheidiger und Lobredner aller Ketzer und Schwärmer, und
der allgemeine Tadler aller Theologen, welche durch ihren
Eifer oder gewiſſe Verdienſte ſich einen berühmten und
ehrwürdigen Nahmen erworben haben. Jene ſtellte er
als lauter gutgeſinnte, Wahrheitliebende und treue
Knechte

Knechte Gottes vor, zog ihre Schutzschriften und andere Aufsätze, wenn gleich manchmal kein gesunder Menschenverstand in denselben zu finden ist, mit ungemeiner Sorgfalt ans Licht, und bewunderte oder legte doch alles zum Besten aus, was sie gesagt und gethan hatten. Ihre Gegner aber, nach deren Lehren und Rathschlägen die Kirche regiert worden war, hatten in seinen Augen fast immer Unrecht, und wurden von ihm, sowohl in Ansehung der Einsicht als Frömmigkeit, jenen sehr weit nachgesetzt.

Arnolds Werk machte ein unerhörtes Aufsehen. Man sahe es als eine Schmähschrift wider die Evangelische Kirche an, deren Verfasser nicht allein seinen Haß gegen dieselbe gezeigt, sondern sie auch der Verspottung ihrer Feinde muthwillig ausgesetzt hätte; ja man glaubte sogar zum Theil, daß es die Verachtung gegen die Religion selbst, Gleichgültigkeit im Glauben, und die traurigste Schwärmerey befördern könne. Eine so vorsetzliche Verschweigung von manchem Rühmlichen und Guten, das in unserer Kirche zu Stande gekommen war; eine so mühsame Sammlung alles dessen, was ihr und ihren Lehrern insonderheit zur Schande gereichen, oder zum Vorwurf gemacht werden kann; was nur wegen einigen Mißbrauchs tadelnswürdig ist, oder durch eine gütige Auslegung bedeckt werden könnte; und hingegen eine so gezwungene, oft vergebliche und ungereimte Vertheidigung aller derer, welche unsere Kirche durch besondere Meinungen, enthusiastische Anfälle und Träume, dunkle, anstößige Mystik, und vielerley andere Verwirrung der Religionsbegriffe beunruhigt hatten: alles dieses konnte weder von den Absichten des Verfassers eine gute Vorstellung erregen, noch ohne unausbleiblichen Schaden und Aergerniß gelesen werden. Man sahe in der That deutlich, daß Arnold, ob er gleich die Flecken und Mängel der christlichen Kirche zu allen Zeiten ans Licht bringen wollte, doch hauptsächlich bedacht war,

M 3 diese-

diejenigen bekannt zu machen, welche die proteſtantiſchen
Kirchen, und in derſelben wiederum vornehmlich die Ev-
angeliſche Gemeine, verunſtaltet hätten. Man erfuhr
bald mit dem höchſten Verdruß, daß die Gegner unſerer Kirche dieſes Werk zur Beſchimpfung derſelben gebrauchten: deſtoweniger konnte man ſich enthalten, den
Verfaſſer deſſelben einen ausgearteten, undankbaren und
verrätheriſchen Sohn der evangeliſchen Kirche zu nennen.
Polignac, der nachher als Cardinal ſo berühmt geworden iſt, ließ das Buch ins Franzöſiſche überſetzen, und
ſagte von demſelben zu Utrecht, bey den damaligen Frie-
denshandlungen in dieſer Stadt, zu einem proteſtantiſchen Gelehrten: „Dieſer Schriftſteller hat eure Blöße
„recht aufgedeckt.‟ Der Gelehrte antwortete zwar ſehr
wohl: „Unſere Ehre und gute Sache kömmt nicht auf
„Arnolds Treue und Glauben an.‟ Selbſt in der
römiſchen Kirche müſſen billige Richter geſtehen, daß
dieſes Buch in einer enthuſiaſtiſchen und partheyiſchen
Hitze aufgeſetzt ſey, die keinen Geſchichtſchreiber empfe-
len kann; und daß, wenn auch die Wahrheit aller darinne enthaltenen Beſchuldigungen vorausgeſetzt würde,
ſie doch nur die Schwachheiten und Verſehen der Menſchen, nicht aber einen baufälligen Grund unſers Glaubens anzeigen könnten. Allein auch die Fehler des äußerlichen Verhaltens machen bey heftigen und unbilligen
Widerſachern einen übeln Eindruck gegen die Religion
derer, welche ſie begangen haben: und wie unvorſichtig —
viele ſetzten auch hinzu, wie boshaft — handelte nicht
ein proteſtantiſcher Schriftſteller dadurch, daß er ſeine
Kirche in den Augen der Römiſchkatholiſchen von gewiſſen Seiten lächerlich oder verächtlich machte!

Beynahe jedermann ſchrieb daher unter uns wider
Arnolden, der nur die Feder führen konnte: viele gaben ihm die Bitterkeit und das verächtliche Urtheil, mit
welchem er den ſo genannten Rechtgläubigen begegnet
war,

war, reichlich zurück. Manche Widerlegungsschriften gegen ihn geriethen, nicht weniger partheyisch, als sein Werk, weil es sich ihre Verfasser zur Pflicht machten, eben sowohl alles zu vertheidigen, wie er alles getadelt hatte. Der erste, der sich ihm widersetzte, Ernst Salomon Cyprian, ist auch fast der einzige unter seinen Gegnern, der noch gelesen zu werden verdient, weil er unter denselben der gelehrteste Kenner der Kirchengeschichte war. Von ihm schreiben sich eigentlich die ganze Anlage und alle Materialien des Buchs her, welches der Prediger Georg Grosch im Jahr 1745 unter der Aufschrift herausgegeben hat: „Nothwendige Vertheidigung der Evangelischen Kirche wider die Arnoldische Ketzerhistorie:„ ein Buch, das zwar kürzer seyn könnte; aber beynahe alles enthält, was zur Ehre unserer Kirche gesagt werden konnte, und es auch durch Urkunden unterstützt. Man muß aber hierbey nicht vergessen, daß im Anfange dieses Jahrhunderts, da Arnolds Werk so viele Bewegungen stiftete, unsere Kirche in zwo große Partheyen getheilt gewesen sey. Und unter diesen waren es eigentlich die sich selbst so nennenden Rechtgläubigen, oder Orthodoxen, welche sich am meisten an demselben ärgerten: desto mehr, da sie den Verfasser als einen Anhänger ihrer Gegenparthey betrachteten, und derselben seine Ausschweifungen nicht undeutlich zuschrieben. Diese fand in der That vieles an Arnolds Geschichte zu loben. Da sie mehr auf das fromme Herz, und auf den guten Willen, als auf Verstand, Gelehrsamkeit, und die strengste Richtigkeit im Vortrage zu sehen gewohnt war: so war sie geneigt, wie Arnold selbst an den Ketzern und Phantasten, auch an ihm die schwache Seite zu übersehen, und nur seinen Eifer für das wahre Christenthum, der ihr überall hervorzublicken schien, zu rühmen. Kein Theil hat bey der Beurtheilung dieses Werks Maaß und Unpartheylichkeit genug beobachtet. Arnold selbst erkannte gegen das Ende seines

M 4

nes Lebens, daß ihm viele Fehler mit Recht wären vorgeworfen worden, und über andere Anklagen erklärte er
ſich dergeſtalt, daß man mit ihm zufrieden ſeyn konnte.

Ungeachtet ſo vieler hiſtoriſchen Fehler und über-
eilten Urtheile, einer ſo offenbaren Partheylichkeit, des
myſtiſchen Schwulſtes im Ausdrucke, und in der ganzen
Denkungsart, der Zuſammenſtoppelung ſo mancher
Nachrichten und Aufſätze von ſehr ungleichem Werthe;
ungeachtet dieſer und andrer Mängel, welche ſich über
Arnolds Werk durchgängig verbreiten, hat es doch auch
ſeine brauchbaren Stellen; es hat zugleich einen zufälligen, erheblichen Nutzen in unſerer Kirche geſtiftet. Seine bittern und gehäßigen Beurtheilungen haben uns
nach und nach weit mehr zu derjenigen Unpartheilichkeit
geführt, die er ſelbſt nicht leiſten konnte, und deren ſich
auch die wenigſten unſerer alten Geſchichtſchreiber rühmen durften. Indem er vieles zur Verunehrung der
Geiſtlichen ans Licht zog, lernten wir uns gewöhnen,
nicht zwar daſſelbe ſchlechterdings zu glauben: wohl
aber freyere Unterſuchungen auch über ſolche Männer
anzuſtellen, denen in der Kirchengeſchichte ein rühmliches
und faſt geheiligtes Andenken bisher aufbehalten worden
war, und deren Verdienſte wir daher nicht anders anzuſehen wagten, als alle vorhergehende Jahrhunderte.
Zwiſchen ſeinem kühnen Ungeſtüm und der eingeführten
Furchtſamkeit im Urtheilen, zeigte ſich bald ein Mittelweg, den wir ſicherer betreten konnten. Wir fanden
zwar nicht Urſache, alle Irrlehrer und Erfinder ſonder-
barer Glaubensvorſtellungen mit ihm vor unſchuldig
zu halten; aber wir fiengen doch an, ihre Geſchichte mit
mehrerer Billigkeit und Sanftmuth zu ſchreiben; wir
hörten ſeitdem dasjenige gelaſſener an, was zu ihrer Entſchuldigung angeführt werden kann; ſprachen manche
derſelben von boshaften Verdrehungen der Religion
los, und geſtanden, daß man mit ihnen öfters zu hart
und

und ungerecht umgegangen sey; daß ihre verworrene Begriffe, ihre entzündete Einbildungskraft, zuweilen auch ihre unverständliche Sprache, einige Nachsicht, oder mildere Auslegungen verlangen könnten. Dieser allgemeine Sachwalter aller in der Kirche übel berüchtigten Personen, brachte es zwar vor dem Gerichte der Historie nicht so weit, daß sie alle ihre Sache gewonnen hätten; aber ihm haben es gleichsam viele derselben zu danken, daß das über sie längst ausgesprochene Todesurtheil in eine Landesverweisung aus dem Gebiete der wahren Religion und der gesunden Vernunft, verwandelt worden ist; einige aber haben wenigstens das Recht der Duldung, als wahnwitzige, doch unschädliche Einwohner erhalten. Die Menge Urkunden und Nachrichten, welche Arnold von allen diesen Leuten gesammlet und in sein Werk eingerückt hat, giebt ihm eine gewisse vorzügliche Brauchbarkeit. Wenn man wissen will, was es insonderheit seit zweyhundert Jahren in und neben unserer Kirche vor kleine Sekten, Enthusiasten, Träumer, neue Propheten, unsinnige Mysticos, unglückliche Reformatoren, und andere geistliche Ungeheuer gegeben habe, so muß man sich auf ihren Sammelplatz, in Arnolds Ketzerhistorie verfügen.

Wer die Kirchengeschichte der Christen zuerst, oder bloß aus seinem Werke lernen wollte, würde sich eine beynahe eckelhafte Abbildung von derselben machen, und sie endlich verabscheuen müssen. Wer aber bereits mit derselben bekannt ist, und sich vielleicht, wie es meistentheils geschieht, zur Bewunderung und Vertheidigung alles dessen, was die herrschende Kirche vorgenommen hat, aufgelegt fühlet, dem kann dieses Buch nützlich werden. Es wird ihn nicht verführen können; wohl aber, wenn er es mit ruhigem Geiste durchgeht, auf manche richtigere Betrachtungen, als den Verfasser selbst, bringen. Hätte Arnold nicht in der ersten Hitze

M 5   des

des Fanaticismus und des Unwillens gegen die Geistlichkeit geschrieben; so würde man ihm mit wenigerm
Scheine des Rechts, feindselige Gesinnungen gegen die
Kirche und Religion selbst Schuld gegeben haben. Er
hätte sogar ein gutes Buch schreiben können. Man
hat von ihm ein paar andere, welche zur ältesten Kirchengeschichte gehören: eine „Abbildung der ersten Chri-
„sten nach ihrem Glauben und Leben,„ welche mehrmals in einem Foliobande gedruckt worden ist; und eine lateinisch geschriebene Geschichte der geistlichen Ver-
wandschaft unter den Christen, oder des Bruder - und
Schwesternahmens, den sie vom Anfange her unter sich
eingeführt hatten. Diese Schriften können noch mit Erbauung gelesen werden: hin und wieder ein Mangel an
Beurtheilung; sonst ist an denselben nichts zu tadeln.

Wir dürfen uns keineswegs schämen zu gestehen,
daß es Arnolds Ketzerhistorie gewesen sey, welche uns
veranlaßt, oder vielmehr genöthigt hat, die Kirchengeschichte weit mehr kritisch und pragmatisch zu bearbeiten,
als es bis auf seine Zeit geschehen war. Er selbst hatte
seiner Untersuchung, wie er ausdrücklich sagt, diese Eigenschaften geben wollen; aber weil er dieselbe nicht mit
kaltem Blute vornahm, verwandelten sie sich in beißen-
de, vergällte und partheyische Urtheile. Durch sein
Beyspiel gewarnet, aber auch durch die Prüfung seines
Werks selbst aufgeklärt, sahen wir wohl, daß unsere bis-
herige Methode bey der christlichen Geschichtskunde einer
beträchtlichen Verbesserung bedürfe. Unsere Schriftsteller gaben sich zwar alle Mühe, reine Quellen der Kirchengeschichte zu finden, und sie nützlich zu gebrauchen.
Sie erzählten dieselbe ordentlich, nach ihrer Ueberzeugung zuverläßig, nahmen viele gelehrte Untersuchungen
in derselben vor, und wandten sie sowohl überhaupt zur
Ehre der Religion, als insbesondere zur Erweckung der
Liebe gegen unsere Kirche an. Dieses alles war sehr lo-
bens-

benswürdig; aber wenn wir wahre und große Geſchicht‐
ſchreiber haben wollten, mußten wir noch mehr thun.
Gewiſſe Vorſtellungen von wichtigen, alten und neuern
Begebenheiten in der Kirche wurden noch zu folgſam,
und ohne Einſchränkung, beybehalten. Schriftſteller
von Anſehen und einem berühmten Nahmen, zumal aus
unſerer Kirche, wurden allein vor glaubwürdig angeſe‐
hen, und die geringern Zeugen, beſonders wenn ſie zu
einer unterdrückten Parthey, oder zu einer andern Kir‐
che, gehörten, durften gegen ſie nicht aufgeſtellet werden.
Viele zweifelhafte, auch wohl abergläubiſche Erzählun‐
gen wurden noch als richtig vorgetragen: bey manchen
hatten wir uns noch den Gedanken nicht einfallen laſſen,
daß ſie Fabeln ſeyn dürften, wie ſie es würklich waren;
weil ſo viele Jahrhunderte ſie mit großer Gewißheit wie‐
derholt hatten. Die Kirchenhiſtorie wurde damals über‐
haupt noch zu ſehr als eine Gedächtnißwiſſenſchaft un‐
ter uns abgehandelt. Sobald man wußte, was vor
berühmte Lehrer, Verfolgungen, Ketzereyen, Kirchenver‐
ſammlungen, und andere merkwürdige Vorfälle ſich un‐
ter den Chriſten gezeigt hätten, und in welche Zeiten ein
jeder davon gehörte: ſo glaubte man auch bereits die
Kirchenhiſtorie zu verſtehen: vornehmlich alsdenn, wenn
man von ſolchen Männern und Begebenheiten, die man
der Aufmerkſamkeit am würdigſten ſchätzte, viele kleine
Umſtände herſagen konnte. Die Triebfedern und Ur‐
ſachen der Handlungen wurden viel zu wenig aufgeſucht.
Das Gute, welches ſich in der Kirche zugetragen hatte,
ſchrieb man der göttlichen Vorſorge, und die ſchlimmen
Veränderungen, der Bosheit der Menſchen, oder dem
Teufel zu: eine kurze und ſehr unzulängliche Abferti‐
gung. Man war auch nicht ſonderlich beſorgt, den Zu‐
ſammenhang der Begebenheiten Einer Zeit zu entwickeln;
den beyderſeitigen Einfluß, welchen die Religion und der
Staat gegen einander äußerten, zu zeigen; die richtig‐
ſten Züge zu dem Charakter berühmter Perſonen zu ſam‐
meln;

meln; mit einem Worte, der Beurtheilung und Klug=
heit durch die Kirchengeschichte zu Hülfe zu kommen.
Endlich trug man sie auch in einzeln vom Ganzen ab=
gesonderten Stücken, trocken, mit Anführungen von
Schriftstellern beschwert, und in einer meistentheils zu
Schulmäßigen Ordnung und Schreibart vor.

Wir hatten also zwar gegen den Anfang dieses
Jahrhunderts einige sehr gelehrte Schriftsteller über die
Kirchengeschichte; aber fast noch keinen Geschichtschrei=
ber, nach der höhern Bedeutung dieses Nahmens. Es
fehlte auch unsern Schriftstellern von dieser Classe an
der Kenntniß der Welt und der politischen Geschichte,
deren große Nutzbarkeit bey der Kirchenhistorie man
schon am Sleidan bemerket hatte. Der Freyherr
von Seckendorf, welcher das Hauptwerk über die Re=
formationshistorie geschrieben hat, würde am ersten sich
zu dem Range eines solchen Geschichtschreibers haben
erheben können; allein, da er nicht bloß erzählen, son=
dern zugleich ein ganzes Buch, welches er in seine Ge=
schichte einrückte, widerlegen, und viele neue, ausführli=
che Erläuterungen über die große Kirchenveränderung,
welche er beschrieb, mittheilen wollte: so hinterließ er
zwar ein sehr schätzbares, in der Kirchenhistorie unent=
behrliches Werk; aber kein Muster einer Geschichte.
Unsere Fürsten wünschten selbst zuweilen, die Kirchen=
geschichte auf eine würdige Art beschrieben zu sehen.
Gegen das Ende des vorigen Jahrhunderts, wollte der
Herzog von Würtenberg eine Geschichte desselben geschrie=
ben haben. Aber seine Wahl fiel nicht zum glücklich=
sten aus; oder man muß vielmehr sagen: die wahre hi=
storische Methode war in unserer Kirche noch so wenig
bekannt, daß man sich nicht darüber verwundern darf,
wenn dieselbe schlecht ausgefallen ist. Der Canzler und
Professor der Theologie zu Tübingen, Johann Wolf=
gang Jäger, und der Abt Andreas Caroli, waren die
Geschicht=

Geſchichtſchreiber, welche er zu dieſer Arbeit beſtimmte. Beyde haben große Werke in lateiniſcher Sprache zuſammen getragen. Was Jäger (ein verdienter Theologus,) hinterlaſſen hat, iſt noch am erträglichſten gerathen: wo er aus bewährten Nachrichten Auszüge macht, oder Urkunden einrückt, kann man ihn wohl gebrauchen, ob er gleich ſonſt weder Wahl noch Zuſammenhang beobachtet, bald ausſchweifend weitläuftig, bald unverzeihlich mangelhaft und trocken iſt; aber das Werk des Caroli iſt faſt ein bloßer Schutthaufen.

Ernſt Salomo Cyprian war einer der erſten unter uns, der ſich den Verdienſten eines vortrefflichen Geſchichtſchreibers näherte. Er brachte eine feinere Critik der Zeugniſſe und Begebenheiten zur Kirchenhiſtorie. Er bauete alle ſeine Erzählungen auf Urkunden: und eine große Menge derſelben zog er ſelbſt ans Licht. Er war ein Philoſoph und Kenner der Menſchen, welches jeder Geſchichtſchreiber ſeyn muß, vielleicht aber derjenige am meiſten, der die Kirchenhiſtorie, das heißt, ſo viele tauſend Arten, wie die Religion von den Menſchen gebraucht und gemisbraucht worden iſt, in ihrer Klarheit zeigen will. Ihm entwiſchten keine geheime Abſichten, verſteckte Maaßregeln, und im Dunkeln ſchleichende Kunſtgriffe. Er überſah zu gleicher Zeit die Begebenheiten nach ihrem geſchäfftigen Daſeyn, nach den Urſachen, welche ſie hervorgebracht hatten, und nach den Folgen, welche ſie zurück ließen. In der ganzen übrigen Hiſtorie, und in der Kenntniß der allgemeinen Staatsrechte, war er ſo geübt, daß er auch dieſe mit der Kirchengeſchichte ſehr fruchtbar verbinden konnte. Auſſer vielen leſenswürdigen Beyträgen zu ihren alten und neuern Zeiten, hat er inſonderheit zwey Werke mit ihrer Hülfe geſchrieben, mit denen in ihrer Art noch keine andern verglichen werden können. Das erſte iſt ſeine Belehrung vom Urſprunge und Wachsthum des Pabſt-

thums,

thums, die ich bereits oben angepriesen habe, und die
man nicht genug anpreisen kann. In dem andern hat
er die Geschichte des ersten Glaubensbekenntnisses der
Evangelischen Kirche, der Augsburgischen Confeßion,
sehr richtig und lehrreich beschrieben. Ob er gleich von
der Geschichte eine polemische und apologetische Anwen=
dung zur Vertheidigung unserer Kirche gegen die Römi=
sche macht; so dreht er doch dieselbe keineswegs nach sei=
nem Endzwecke; sondern sie scheinet ihm freywillig zu
dienen. In seinem Ausdrucke herrscht eine gewisse ihm
eigene Stärke: er spricht kernhaft, und gleichsam mit
einem sichern Vertrauen auf die historische Wahrheit,
welche ihn begleitet. Wenn gleich übrigens sein deut=
scher Ausdruck nicht immer rein genug ist; so kann man
doch darüber am leichtesten wegsehen: denn er weiß da=
gegen in einer deutlichen und bündigen Kürze ungemein
viel zu sagen. Neben diesem Verdienstvollen Manne,
erhoben sich bereits in den ersten zwanzig Jahren dieses
Jahrhunderts mehrere unserer Lehrer durch Fleiß und
Einsicht in der Kirchengeschichte. Die Kenntniß der=
selben war nothwendiger und beliebter geworden, als je=
mals; man untersuchte sie schärfer, und brachte immer
neue Beyträge zu derselben, in denen bald die Gelehr=
samkeit der Verfasser, bald die scharfsinnige und gemein=
nützige Anwendung merkwürdig war. An dieser Ehre
hat **Johann Franz Buddeus, Johann Wilhelm
Janus, Johann Albrecht Fabricius, Gottlieb
Wernsdorf, Johann Fecht, Christian Friedrich
Börner, Salomo Deyling,** und andere mehr, haben
an derselben einen bleibenden Antheil.

Schon zu dieser Zeit fieng auch **Christoph Au=
gust Heumann** an, viele Erzählungen der Kirchenge=
schichte zu prüfen, dunkle Umstände in derselben zu er=
läutern, die Schriften der Kirchenlehrer kritisch durch=
zugehen, sie selbst freyer zu beurtheilen: und er hat diese
Bemü=

Bemühungen ein halbes Jahrhundert fortgesetzt. Heu‐
mann hat mir nicht nur mündlichen Unterricht in der ge‐
lehrten Geschichte gegeben; sondern ich erkenne auch mit
gleicher Dankbarkeit den Nutzen, welchen ich aus seinen
Schriften über die Kirchenhistorie gezogen habe. Er
hat in derselben manche gewöhnliche Nachrichten verbes‐
sert: seine weitläuftige Belesenheit und sein Witz tra‐
gen oft in einem kleinen Umfange von Blättern viel Le‐
senswürdiges vor. Er suchte sich von Bewunderung
und Vorurtheilen möglichst zu entfernen. Insonder‐
heit war er darauf bedacht, die Fabeln, welche lange Zeit
einen Platz in der Kirchengeschichte gefunden hatten,
aus derselben zu stoßen. Und dabey war es ihm nicht
genug, sie gestürzt zu haben; er forschte auch nach den
Ursachen und Veranlassungen, welche sie unter die wah‐
re Geschichte versetzt hatten. Nach allen diesen Absich‐
ten und Beschäfftigungen zu urtheilen, hätte Heumann
der Kirchenhistorie noch wichtigere Dienste leisten kön‐
nen, wenn er sie mehr zu seiner Hauptarbeit gemacht
hätte. Allein da er zugleich viele andere Theile der Ge‐
lehrsamkeit durchwanderte, manche derselben auch häufi‐
ger und anhaltender als diesen; so wohnte er nicht in
allen Gegenden derselben lang genug, um sie gleich ge‐
nau zu kennen. Die Liebe zu neuen Entdeckungen, zu
witzigen und gekünstelten Erklärungen, welche allemal
bey ihm herrschte, erstreckte sich auch auf seine Untersu‐
chungen in der Kirchengeschichte. Ich darf vielleicht
noch hinzusetzen, daß er in der Historie zu schnell ent‐
schieden habe. Er erklärte manche Erzählung sogleich
vor eine Fabel, die andern Gelehrten nur zweifelhaft
vorkam. Er ist übrigens meistentheils ein guter Kunst‐
richter, der weder Schönheiten noch Fehler bey andern
Schriftstellern, welche die Kirchengeschichte abgehandelt
haben, übersieht; nur für seine eigene Erfindungen in
derselben, ist er zu sehr eingenommen.

Um

Um eben dieſelbe Zeit gab **Chriſtian Eberhard Weismann** ſeine Introductionem in Memorabilia Ecclefiaſtica Hiſtoriae Sacrae Noui Teſtamenti heraus: und dieſes Werk iſt einige zwanzig Jahre darauf, zu Halle, im Jahr 1745 verbeſſert und vermehrt in zween Quartbänden wieder gedruckt worden. Man hat es lange als ein Handbuch der Kirchenhiſtorie in unſerer Kirche gebraucht: auch noch jetzt behält es dieſen Werth bey vielen. **Weismann** ſchrieb eben ſo ſehr zur Beförderung der Gottſeeligkeit, als des gelehrten Unterrichts in dieſer Geſchichte. Er beſaß Gelehrſamkeit, ein frommes Herz, Fleiß, Mäßigung, und eine geſunde Beurtheilung: mithin die meiſten Eigenſchaften, welche zu einem Geſchichtſchreiber der Religion erfordert werden; ſelbſt eine nicht geringe Freyheit und Unpartheylichkeit. Er ſuchte in dieſer ganzen Geſchichte überall auf den Kern zu dringen, das Große, Lehrreiche und Praktiſche vornehmlich in ſeinem Lichte zu zeigen; unerheblichere Unterſuchungen hingegen zu vermeiden. Es iſt in der That viel Pragmatiſches und Gemeinnütziges in ſeinem Werke. Den beſten und brauchbarſten Theil deſſelben aber machen ſeine ausführliche Nachrichten von den Lehrern der Kirche, und von den Religionsſtreitigkeiten aus. Gegen ſeine Urtheile wird man nicht ſehr oft etwas einzuwenden haben; wenigſtens blickt immer eine ſehr gute und rechtſchaffene Abſicht aus denſelben hervor. Auch ſeine Beleſenheit iſt nicht zu verachten: ſie gefällt mir inſonderheit alsdenn, wenn er Anmerkungen ſolcher Schriftſteller anführt, die ihn ſelbſt an Scharfſinnigkeit übertreffen; wenn er aus den Quellen ſelbſt und andern merkwürdigen Schriften getreue Auszüge, wiewohl nicht ſtets nach der beſten Wahl mittheilet. Am meiſten kann man ſich dieſes Werks bey der Kirchengeſchichte der beyden letzten Jahrhunderte bedienen, welche weit mehr als die Hälfte des Buchs füllen. Die erſtern Jahrhunderte erſcheinen in einer etwas zu magern Geſtalt. Ueberhaupt

haupt aber iſt doch dieſes Werk keine zuſammenhängende
Geſchichte: es enthält eine Sammlung ſehr vieler nützli=
cher Nachrichten zur Kirchengeſchichte, denen man mehr
Verbindung unter einander wünſchen möchte. Die hi=
ſtoriſche, und ſelbſt die reine lateiniſche Schreibart, ver=
mißt man faſt durchgehends darinne. Der Verfaſſer
hätte auch mehrere Uebung in der Philoſophie und Cri=
tik, eine größere Kenntniß der Weltgeſchichte mit ſeinen
Unterſuchungen verbinden ſollen. Er folgt öfters frem=
den Urtheilen zu ſehr auf dem Fuße nach, oder läßt ſie
wenigſtens ungeprüft ſtehen. Auch ſein Eifer für die
Frömmigkeit verführt ihn bisweilen, leichtgläubiger und
nachgebender zu ſeyn, als man es erwartet: hin und wie=
der findet man theologiſche Gründe, anſtatt der hiſtori=
ſchen; erbauliche Betrachtungen, anſtatt der Begeben=
heiten ſelbſt. Doch alles zuſammengenommen, läßt
uns dieſes Werk noch immer mit günſtigen Augen anſe=
hen. Es iſt keineswegs zu einem Handbuche hinläng=
lich; aber es empfielt ſich durch einen reichlichen Inhalt,
und giebt zum Nachdenken und Beurtheilen gute Gele=
genheit. Wenn das kritiſche Verzeichniß der vornehm=
ſten Schriftſteller, welche die Kirchengeſchichte bearbeitet
haben, das er am Ende des Werks beygefügt, genauer und
in manchen Stücken beſtimmter wäre, ſo würde ich es
oben unter die Verzeichniſſe dieſer Art geſetzt haben; jetzt
aber iſt es nur ein kleiner Anfang zu einer ſolchen Nach=
richt. Uebrigens iſt Weismann einer von denen in
unſerer Kirche, die von Arnolds Kirchen = und Ketzer=
geſchichte am billigſten und vortheilhafteſten geurtheilt
haben.

Aber alle dieſe Schriftſteller ſind von Johann Lo=
renz Mosheim, und Chriſtoph Matthäus Pfaff
gewiſſermaßen verdunkelt worden. Beyde haben ſich
ihren Weg in der Kirchengeſchichte ſelbſt gebahnet, gien=
gen in einiger Entfernung von einander, und haben erſt

dieſer Wiſſenſchaft unter uns eine allgemeine geneigte
Aufnahme, Fruchtbarkeit, Stärke, und einen gewiſſen
Grad der Vollkommenheit verſchafft. Der erſte ſchien
vor allen andern Lehrern, die wir in dieſem Jahrhunder=
te gehabt haben, zu dieſem Verdienſte gebohren zu ſeyn.
Er fieng frühzeitig an, ſich der Unterſuchung der Kirchen=
geſchichte zu ergeben: und er hat ihr auch den größten
Theil ſeines Lebens gewiedmet. Außer den unentbehr=
lichſten Fähigkeiten zu derſelben, der Sprachwiſſenſchaft,
dem kritiſchen und geduldigen Fleiße, der Bekanntſchaft
mit der bürgerlichen und philoſophiſchen Geſchichte, wel=
che letztere ihm inſonderheit bey der alten Ketzerhiſtorie
ſehr nützlich wurde, beſaß er noch andre weniger gemei=
ne. Er kannte die Welt und die Menſchen ſehr wohl:
eben dieſes machte ihn geſchickt, die erſten Quellen der
Begebenheiten in den menſchlichen Neigungen und Lei=
denſchaften zu finden; die ganze Gemüthsbildung merk=
würdiger Männer in der Kirche abzuſchildern, und bis
auf den Geiſt eines jeden Zeitalters der Chriſten zu drin=
gen. Dieſes pragmatiſche Gewand hat er zuerſt unter
uns der Kirchenhiſtorie nach ihrem völligen Umfange
angezogen. Er machte von den Nachrichten aller Art
einen ſcharfſinnigen Gebrauch, urtheilte faſt immer rich=
tig, weil er es erſt nach langer Ueberlegung that, erfand
ſinnreiche Muthmaaßungen oder Erläuterungen, war im
Zweifeln und in den Ausſprüchen über ſtreitige Erzäh=
lungen beſcheiden, und wählte oft eine gelehrte Unwiſſen=
heit oder Ungewißheit, wo andere entſchieden. Sein
ſanfter und liebreicher Charakter kam ihm in der Kir=
chengeſchichte beſonders zu ſtatten. Daraus entſtand
ſeine gütige Beurtheilung mancher Perſonen, die er in
derſelben beſchimpft und verhaßt antraf. Er hütete ſich
ungemein, ihnen Irrthümer und Ausſchweifungen bey=
zumeſſen, die nicht unwiderſprechlich erwieſen werden
können, und bey den übrigen ſetzte er doch nie voraus,
daß ein verdorbener Verſtand allemal auch von Bosheit

beglei=

begleitet sey. Er bedeckte die Schwachheiten der Lehrer und anderer verdienter Personen mit Nachsicht, ohne sie zu läugnen; aber er suchte das Gute auch bey denen hervor, welchen man kaum einen Schatten davon zutrauete. Man kann sagen, daß er die Ketzer als ein Christ und Menschenfreund, aber auch als ein Liebhaber der Wahrheit betrachtet habe; und lieber zu gelinde, als zu hart habe urtheilen wollen. Auf diese Art verfeinerte er gleichsam still und gelassen, die rauhere Arbeit, welche Arnold in der Kirchengeschichte mit zu großem Geräusche vorgenommen hatte. Er suchte insonderheit die Kirchengeschichte so vorzutragen, wie sie der Religion, dem geistlichen Lehramte, und der ganzen theologischen Gelehrsamkeit Dienste leisten kann. Alle Theile derselben sind von ihm mit einem gleichem beständigem Glücke aufgeklärt worden. Er hat viele unrichtige Erzählungen entweder zuerst verworfen, oder nach anderer wiederholten Angriffen, endlich unterdrücken helfen. Hingegen hat er andere bestrittene Nachrichten vertheidigt, und sehr vielen dunkeln Umständen, sonderlich in der Kirchengeschichte der ältern und mittlern Zeiten, ein neues Licht gegeben. Sein edler und beredter Ausdruck, die geschickte Verbindung seines Vortrags, seine Entfernung von allen zu trockenen Erörterungen, und eine gefällige, faßliche Philosophie, mit welcher er die Geschichte begleitet; alles dieses mußte die Welt für ihn einnehmen. Man zog auch bey solchen Materien, wo er nur bekannte Dinge sagen konnte, seine Erzählung allen unsern übrigen Schriftstellern vor; man erklärte ihn vor unsern ersten wahren Geschichtschreiber in der Kirchenhistorie.

Mosheim war mein mündlicher Lehrer in der Kirchengeschichte: und ich freue mich, daß er es gewesen ist. Wenn sich zu dieser Geschichte eine ausnehmende Neigung bey mir hervorgethan hat; wenn ich sie nach einer

nicht

nicht verwerflichen Methode untersucht, und vielleicht
mehr, als eine andere Gattung der Wissenschaften, ken=
nen gelernt habe: so bin ich dieses seiner Anweisung
vornehmlich schuldig. Allein die Leser wollen den dank=
baren Schüler nur einen Augenblick sehen; desto län=
ger hingegen und überall den Schriftsteller, der mit glei=
cher Partheylosigkeit seinen Lehrer und jeden andern Ge=
lehrten beurtheilt, wenn er sich einmal in die Nothwen=
digkeit zu urtheilen gesetzt hat. Ich darf also auch das=
jenige nicht verbergen, was man an Mosheims Be=
mühungen und Lehrart in der Kirchengeschichte geta=
delt hat, oder tadeln könnte. Bey dem ungemeinen
und glücklichen Fleiße, den er auf die Erläuterung der
ältesten Ketzergeschichte gewandt hat, scheinet oft sein
Witz geschäftiger gewesen zu seyn, als man es einem Ge=
schichtschreiber erlauben kann. Er bauet von den aus=
schweifenden Meinungen jener Irrlehrer künstliche Sy=
steme auf, von denen es nicht immer ganz erweislich ist, daß
sie denselben würklich zugehören. Er ergänzt zu gefällig den
Mangel an Zusammenhang, der sich zwischen den ketzeri=
schen Lehren einer Secte oder Person findet, und sucht
gewisse allgemeine Irrthümer auf, welche den Grund zu
allen übrigen abgeben konnten. Er ist auch wohl ge=
neigt, von einem irrigen Lehrgebäude sehr häufige Spu=
ren anzutreffen, welche andern nicht so sichtbar sind.
Wenn er in diese kleine Schwachheit gerathen ist, wie=
wohl man ihn bey einigen Beyspielen derselben, welche
angeführt werden, noch vertheidigen könnte: so ist es ge=
rade bey dem dunkelsten und schwersten Theil der Kir=
chengeschichte, bey der alten Ketzerhistorie, geschehen.
Wie leicht ist es aber zu vergeben, wenn man auf einem
verworrenen und nur halb erleuchtetem Wege sich durch
Muthmaaßungen zu helfen sucht, und sich durch diesel=
ben betrügt? Es war fast unmöglich, daß Mosheim
seinen sinnreichen Geist bey der Vorstellung jener Ge=
burten der Einbildungskraft und des Unsinnes verläug=
nen

nen konnte. Und es ist außerdem ein Zeichen seiner
Gutherzigkeit, daß er auch Träumer und Schwärmer
nicht gerne vor völlig unvernünftig halten, und noch eine
richtige Verbindung der Gedanken bey ihnen entdecken
möchte. Eben daher entstand auch überhaupt seine Bereitwilligkeit, Leute, welche die Kirchengeschichte in einem übeln Ruf erhalten hat, zu entschuldigen, ihre Irr-
lehren, so viel es nur möglich ist, erträglich abzubilden,
mehr das Mitleiden, als den Haß der jetzigen Welt, gegen sie zu erregen. Er nannte selbst dergleichen Bemühungen, wenn sie das Maaß nach und nach überschritten, einen **Fehler der Liebe**: und welche Art von Fehlern ist wohl verzeihlicher? Man kann weiter hinzusetzen, daß er in manchen Stellen der Alten mehr gesucht
hat, als darinne zu liegen scheint. Will man ihm noch
vorwerfen, daß er zuweilen seinen Vortrag mit zu vielen Blumen bestreuet, und dadurch von der unge-
schmückten Natur der Geschichte abweicht: so muß
man doch zugleich gestehen, daß nicht alle Geschichtschreiber an eine gleich ungekünstelte Einfalt gebunden
werden können; daß die einzige allgemeine Einschränkung, welche ihre Beredsamkeit zu leiden berechtiget ist,
die strenge Beobachtung der Wahrheit sey; und daß
Mosheim durch die Schönheiten seines Ausdrucks diese niemals, oder selten, und ohne es zu merken, verletzt
habe, wenn er gleich wortreicher schreibt, als es manche
Leser vertragen können.   -

Er machte in der Kirchengeschichte, wie man es
allemal thun sollte, mit vielen Untersuchungen einzeler
Materien den Anfang, schrieb darauf einen Auszug aus
derselben, und endigte mit großen Werken über diese
Geschichte. Die erste Art seiner Schriften ist meistentheils eines auserlesenen Inhalts. Man hat einen Theil
derselben, welche akademische Abhandlungen sind, in eine
Sammlung von zween Oktavbänden gebracht. An-

N 3   dere

dere machen besondere Bücher aus: und unter diesen sind
seine zween „Versuche einer unpartheyischen Ketzerge-
„schichte,„ die merkwürdigsten. Der erste derselben ist
zwar weniger beträchtlich. Die Ophiten oder Schlan-
genbrüder, welche einen großen Theil desselben füllen,
waren kaum einer so mühsamen Besichtigung werth,
als Mosheim mit ihnen angestellet hat. Allein sein
zweyter Versuch, in welchem Michael Servets Geschichte beschrieben wird, ist nicht nur eines der schönsten
historischen Werke, die in unserer Sprache geschrieben
worden sind; sondern es war auch so lange das einzige
beredte deutsche Geschichtbuch, bis der Herr Hofprediger
Cramer ebenfalls ein Muster wurde. Ich nenne auch
noch an diesem Orte Mosheims „Erzählung der neue-
„sten chinesischen Kirchengeschichte.„ Wenn er mehr
historische Werke in der deutschen Sprache aufgesetzt
hätte, so würde sich der Geschmack der Deutschen in der
Geschichte, welcher kaum aufzublühen anfängt, weit früher gebessert haben. Sein Auszug der Kirchengeschichte in zween Oktavbänden ist der bequemste und nützlichste,
der in unserer Kirche zum Vorschein gekommen ist. Eine gute Ordnung und Schreibart, die Wahl der Begebenheiten, und die Verbindung der politischen und gelehrten Geschichte mit der Kirchenhistorie, haben daran
insonderheit gefallen. Diesen Auszug hat Herr D.
Miller, sein würdiger Freund, dem er viele seiner Gaben gleichsam hinterlassen hat, abgekürzt, und zu Vorlesungen noch geschickter gemacht. Bey diesen kann
auch seine Arbeit, welcher ich nur noch einige Veränderungen wünsche, wohl gebraucht werden. Mosheim
selbst hat seinen Auszug kurz vor seinem Tode mit so
vielen Verbesserungen und Vermehrungen, unter der
Aufschrift: Institutionum Historiae Ecclesiasticae Anti-
quae et Recentioris Libri Quatuor, in einem Quartbande
herausgegeben, daß ein würklich neues Werk daraus erwachsen ist. Jetzt ist dasselbe das bündigste Handbuch
der

der Kirchengeschichte, das unter den Protestanten vorhanden ist: in einer mäßigen Größe vollständig, stets auf angeführte Zeugen gegründet, voll scharfsinniger Urtheile, und lehrreicher Anmerkungen. Das einzige, was ich noch daran vermisse, ist eine ausführlichere Nachricht und Beurtheilung von den berühmten Lehrern, welche die Kirche zu allen Zeiten gehabt hat. Zween Jahre vor der Ausgabe dieses Werks hatte Mosheim ein weit größeres über die christliche Kirchengeschichte unternommen. Er war entschlossen, sie nach ihren besondern Perioden weitläuftiger abzuhandeln, und nach und nach bis auf die neuere Zeit fortzuführen. Allein sein Tod hinderte ihn, mehr als die erste Periode durchzugehen. Dieses ist in seinen Commentariis de Rebus Christianorum ante Constantinum M. geschehen. Die Geschichte des ersten Jahrhunderts ist zwar darinne nur kurz vorgetragen, weil sie der Verfasser schon ehemals in einem eigenen Buche beschrieben hatte; im übrigen aber ist es ein Werk, das an treflichen Untersuchungen und Anmerkungen, die sich über das Gemeine erheben, einen wahren Reichthum besitzt. Statt aller Vorlesungen des Verfassers, die man nach seinem Tode herausgegeben hat, hätte man seine Sammlungen zu den folgenden Perioden der christlichen Geschichte als seinen wichtigsten Nachlaß, aus Licht stellen; oder sie hätten wenigstens in die Hände eines Gelehrten kommen sollen, der sie zu bearbeiten, und zur Aufklärung der mittlern Kirchengeschichte insonderheit, zu nützen wüßte.

Der andere unserer Lehrer, der zu gleicher Zeit zum Glück der Kirchengeschichte lebte, Christoph Matthäus Pfaff, verband mit einer noch weitläuftigern Gelehrsamkeit und ausgebreiteten Belesenheit in allem was Theologie, Weltweisheit, und Geschichte heißt, den Vortheil langer Reisen durch die blühendesten Länder von Europa, auf welchen er mit so vielen christlichen Gemeinen

nen und Glaubensgenossen, mit der großen Welt überhaupt, bekannt wurde, dadurch eine freye, leutselige und gemäßigte Beurtheilung annahm, auch geheime Urkunden und Nachrichten erlangte, die er zum Dienste der Kirche selbst sowohl als ihrer Geschichte, gebrauchte. Er zog mitten aus den verborgenen Bücherschätzen der Römischen Kirche, (aus den Handschriften der Königlichen Bibliothek zu Turin,) ein Fragment eines großsen christlichen Lehrers aus dem zweyten Jahrhunderte, des Jrenäus, hervor, und verstärkte damit den bereits tüchtigen Beweis der Evangelischen gegen die Römische Kirche, das die ältesten Christen in der Lehre vom heiligen Abendmahl mit uns übereinstimmend gedacht haben. Dieses berühmte Fragment ist von ihm vortrefflich erläutert, und mit beygefügten Abhandlungen über die liturgischen Alterthümer des heiligen Abendmahls, bestätigt worden. Dann schrieb er sein unvergängliches Werk vom Ursprunge des Kirchenrechtes, dessen ich bereits oben Erwähnung gethan habe, und welches eine der nützlichsten Anwendungen von der Kenntniß der alten Kirchengeschichte ist. Er gab einzele Abhandlungen über diese Geschichte, und ein paar beträchtliche Werke zur Erläuterung der neuern Kirchenhistorie heraus. Er verfertigte endlich auch ein Compendium von dieser historischen Wissenschaft, welches zwar wegen der Ordnung, der überhäuften Anführung von Schriftstellern, der Länge der Perioden, und wegen der Nebenanmerkungen, welche den Hauptbegebenheiten darinne zur Seite stehen, zur Unterweisung der Anfänger nicht sehr dienlich ist: aber bey einigem Fortgange in der Kirchengeschichte, von ihnen nützlich gebraucht werden kann. Pfaff richtete auch die Kirchenhistorie gegen die Römische Kirche sehr glücklich; seine Urtheile in derselben und seine freygebige Sammlungen sind überhaupt von beständigem Werthe.

Zu

Zu diesen beyden großen Lehrern kam in den neuern Jahren noch ein anderer Mann von ungemeinen Gaben, dem die Kirchengeschichte gleichfalls einige schätzbare Beyträge schuldig ist. Siegmund Jakob Baumgarten, denn dieser ist es, von dem ich rede, ließ unter allen andern Arten der theologischen Gelehrsamkeit, die er bearbeitete, auch diese nicht aus der Acht. Ausnehmender Fleiß, sehr genaue Prüfung, und ein vorzüglicher Scharfsinn im Urtheilen, begleiteten ihn dabey. Man hat von ihm, außer einigen kleinern Abhandlungen über die Kirchenhistorie, ein Breviarium Historiae Christianae, dem an fruchtbarer Kürze, Zusammenhang und Richtigkeit des Inhalts, sehr wenige Compendien gleich kommen; nur die Gestalt eines Jahrbuchs, in welcher es abgefaßt ist, macht es zu Vorlesungen weniger bequem. Allein vornehmlich gehört sein „Auszug „der Kirchengeschichte„ hieher, in welchem er die ersten neun Jahrhunderte in drey Octavbänden, und nach seinem Tode Herr D. Semler das zehnte im vierten Bande beschrieben hat. Seiner ersten Absicht nach, sollte dieses Buch einen Grund des akademischen Unterrichts abgeben; ohne Zweifel aber hat er selbst bald empfunden, wie wenig es schon seiner Weitläuftigkeit wegen, dazu dienen könne. Es ist im eigentlichen Verstande ein ziemlich vollständiger Auszug der Kirchengeschichte, indem es nicht allein die Hauptbegebenheiten derselben umständlich vorträgt; sondern auch kleinere Vorfälle, und weniger erhebliche Personen, alles nach der zusammenhängenden Zeitfolge, beschreibt. Daraus ist an vielen Stellen eine unvermeidliche Trockenheit erwachsen; sie wird aber durch manche gelehrte und erhebliche Untersuchungen, auch pragmatische Beurtheilungen, einigermaaßen wieder ersetzt. Die Geschichte des ersten Jahrhunderts ist darinne die lesenswürdigste. Baumgarten ließ zwar die Anführung der alten Zeugnisse und neuern Schriften, von den erzählten Begeben-

N 5

heiten,

heiten, ingleichen die christlichen Alterthümer, und die
Geschichte der Lehre, mit Vorsatze weg; allein man hat
mit seinen Ursachen nicht wohl zufrieden seyn können.
Wenn er unter andern behauptet, die Vorstellung des
Glaubens der Christen könne nicht vor ein wesentliches
Stück der Kirchenhistorie angesehen werden, und gehöre
gar nicht zur Historie, weil diese, ihrem eigentlichen Begriffe nach, nur Begebenheiten enthalte: so dürfte die
Beantwortung keineswegs gezwungen seyn, daß der Zustand und die Veränderungen der christlichen Lehre eben
sowohl den Gegenstand einer Geschichte abgeben können, als die Schicksale einer Wissenschaft: indem es
weder diese noch jene selbst ist, welche handelnd eingeführt werden soll; sondern die größten Lehrer und
Schriftsteller, welche, um bey der Kirchengeschichte stehen zu bleiben, theils die Religion in ihrer Lauterkeit erhalten, theils ihr neue Einkleidungen von mancherley
Werthe gegeben haben. Fällt die Geschichte des christlichen Glaubens weg, so haben wir mehr eine Historie
der Christen, als der Religion selbst, und der edelste
Theil dieser Geschichte wird nicht genugsam aufgekläret.
Denn wird gleich durch die Erzählung der Irrthümer
und Ketzereyen, auch durch andere Nachrichten, gezeigt,
wie der Lehrbegriff der Christen angegriffen, oder verändert worden sey; so muß doch billig ein Abriß von diesem Lehrbegriffe vorhergehen, und man muß die nicht
immer gleiche Beschaffenheit der Religion selbst kennen,
welche siebzehnhundert Jahre hindurch in der Welt so
würksam gewesen ist. Bey einer großen Bekanntschaft
mit allen Quellen und brauchbaren Hülfsmitteln der
Geschichte, war Baumgarten doch mehr zu Erörterungen und Prüfungen in derselben aufgelegt, als zur Beschreibung der Geschichte selbst; ob er gleich über ihre
Theorie vortreffliche Anmerkungen gemacht hat. In
der gedachten Fortsetzung seines Buchs hat Herr D.
Semler den Entwurf desselben verlassen, und mehr

einen

einen zuverläßigen und vollständigen Auszug aus der allgemeinen Geschichte des zehnten Jahrhunderts, überall durch Zeugnisse bewährt, vorgetragen, als die bloße Kirchengeschichte desselben. Eben derselbe hat auch dem einzigen Compendio der christlichen Alterthümer, über welches eine mündliche Anweisung gegeben werden kann, und welches Baumgarten gleichfalls aufgesetzt hatte, durch seine Erläuterungen und Zusätze einen neuen Vorzug verschafft.

Durch solche Männer aufgemuntert und geleitet, ist die Bearbeitung der christlichen Geschichtskunde in den neuesten Zeiten unserer Kirche ohne Zweifel lebhafter, gründlicher und nützlicher geworden. Freylich wäre sie noch einer größern und merklichern Aufnahme unter uns fähig gewesen. Diese besteht nicht darinne, daß jeder angehende Kenner derselben über die Kirchengeschichte Bücher schreiben, und sich durch Auszüge von ihr, die jetzt überaus leicht zu verfertigen sind, bekannt machen sollte. Allein man sieht noch keinen so allgemeinen und kräftigen Einfluß von der Kenntniß der Kirchenhistorie in den Vortrag der übrigen theologischen Wissenschaft; keinen solchen Eifer, sie aus ihren Quellen zu schöpfen, und ihre noch übrige Dunkelheiten zu vertreiben; auch nicht so viele Neigung, eine freye Beurtheilung derselben anzunehmen, oder zu befördern, als man wohl wünschen sollte. Doch wir sind glücklich genug, daß sich die Kirchengeschichte bisher unter uns in einem gewissen Ansehen erhalten hat, und daß wir Lehrer besitzen, welche dasselbe vermehren, sie beliebt und gemeinnützig machen.

Der größte und gelehrteste unter ihnen, der lange vorher schon Theologe war, ehe er noch diesen Nahmen führte, der Herr D. Ernesti, vereinigt alles, was eine ausnehmende Einsicht in die Kirchengeschichte, und den
richtig=

richtigsten Gebrauch derselben, hervor bringen kann:
insonderheit die gründlichste und edelste Sprachwissen=
schaft; eine lange Zeit in den besten Mustern des Alter=
thums gebildete Critik; eine so vertraute Bekanntschaft
mit den Schriften der Kirchenlehrer, und mit allen
Denkmälern der ältern Kirche, daß man ihr einen ganz
fremden Nahmen geben würde, wenn man sie Belesen=
heit nennen wollte; über alles aber eine so reife und fe=
ste Beurtheilung, daß dieser einzige Vorzug ihn von al=
len andern Lehrern der Kirchengeschichte unterscheiden
könnte. Sein Anti-Muratorius, in welchem die Lehre
der Evangelischen Kirche vom heiligen Abendmahl so
glücklich durch die Uebereinstimmung der ältesten christ=
lichen Kirche bestätigt wird, hat ein sehr lautes und bil=
liges Verlangen nach ähnlichen Arbeiten von ihm er=
regt. Dieses Buch zeigt, wie wenig noch die Kirchen=
geschichte, und sonderlich die Geschichte der Lehre, zum
Vortheil unserer Kirche erschöpft worden sey; aber auch,
wie viele Gelehrsamkeit und Scharfsinnigkeit dazu er=
fordert werde, gelehrten Schriftstellern der Römischen
Kirche, welche sich der Kirchenhistorie wider die unsrige
zu bedienen suchen, mit Nachdruck zu begegnen. Der
Herr D. Ernesti hat auch in einer kleinen Schrift die
Verbindung der historischen Theologie mit der lehren=
den sehr bündig empfohlen: ohne diese Schrift gelesen
zu haben, sollte künftig niemand die Theologie zu studi=
ren anfangen. Eine Kirchengeschichte nur von dem
ersten Zeitalter der Christen, oder auch von ihren ersten
sechs Jahrhunderten, aus den Händen dieses großen
Mannes, würde ein desto erwünschteres Geschenk für un=
sere Kirche seyn, da neben den bereits angeführten Fä=
higkeiten, niemand die wahre historische Methode, die
man ohne Zweifel von den Alten lernen muß, besser ver=
steht; niemand auch den würdigen Ausdruck der Ge=
schichte in der Sprache der Gelehrten so sehr in seiner
Gewalt haben würde, als er.

Der

Der zweyte nach ihm, insonderheit auch in dieser großen und scharffichtigen Kenntniß der Kirchengeschichte — wenn es mir anders erlaubt ist, der Nachwelt, welche die Rangordnung unter unsern Theologen erst festsetzen wird, vorzugreifen — ist, so viel ich urtheilen kann, der Herr D. Semler. Mit einem bewundernswürdigen Fleiße, und durchdringender Aufmerksamkeit, hat er bereits fast alles gelesen und untersucht, was insonderheit der ältern Kirchengeschichte Licht verschaffen kann. Und mit einer seltenen Aufrichtigkeit, bisweilen auch anstößigen Freymüthigkeit, macht er dasjenige bekannt, was er durch diesen Gebrauch der Quellen gefunden hat: unbesorgt darum, ob es gewöhnlichen, auch wohl vortheilhaften und unterscheidenden kirchlichen Erzählungen gemäß sey. Er sucht sich immer ganz in die Zeiten, deren Geschichte er beschreibt, zu versetzen, und weder die Denkungsart eines ältern Jahrhunderts nach unsern Vorstellungen zu drehen; noch alle Meinungen und Verbindlichkeiten jener Zeiten schlechterdings den unsrigen aufzudringen. Seine Abbildungen und Urtheile in der Kirchengeschichte hängen bloß von der erkannten Wahrheit ab, und seine Genauigkeit in der Anzeige und Sammlung merkwürdiger Stellen kann nicht übertroffen werden. Man findet zwar in seinen Büchern keine zusammenhängende Kirchenhistorie; wohl aber vortreffliche Auszüge aus den besten Nachrichten derselben, geprüfte und mit einer kritischen Anleitung gesammlete Materialien. Und wenn seine eigenthümliche Schreibart in beyden Sprachen dunkel und schwer ist: so kann man dieses einem solchen Schriftsteller, der in einem kleinen Raume so viel ausgesuchtes zusammen zu fassen weiß, willig vergeben: ja sie wird auch durch die Gewohnheit der Lesenden immer leichter. Das wichtigste Verdienst, welches sich Herr D. Semler bisher um die Kirchengeschichte erworben hat, ist seine Geschichte der christlichen Glaubenslehre, welche er

Baum-

Baumgartens Untersuchung theologischer Streitigkeiten, als eine Einleitung vorgesetzt hat. Sie ist die erste in ihrer Art, voll neuer Aussichten, unpartheyisch und zuverläßig; ungemein würdig fortgesetzt, in eine bequemere Ordnung gebracht, und in ein besonderes Buch verwandelt zu werden. Einige harte Urtheile über die ältesten Kirchenlehrer dürften vielleicht alsdenn auch gemildert werden. Nicht viel geringer ist sein Werk über die ersten funfzehn Jahrhunderte dieser Geschichte: Historiae Ecclesiasticae Selecta Capita, zu schätzen. Die Verbindung der chronologischen Methode mit derjenigen, welche die Geschichte nach gewissen Materien erzählt; die dogmatischen Auszüge aus den Schriften der Kirchenlehrer; die Nachrichten von den Kirchenversammlungen und Kirchengesetzen; und der allgemeine Entwurf des Herrn Verfassers, alles aus den Quellen selbst so sorgfältig zu schöpfen, als wenn sie noch nie gebraucht worden wäre; dieses sind einige besondere Vorzüge seiner Arbeit. In seinem vor kurzem angefangenem Buche, Commentarii historici de antiquo Christianorum statu, sind zwar viele gewagte Meinungen und Beurtheilungen der ältesten Kirchengeschichte vorgetragen, deren Grund ich wenigstens nicht einsehen kann; allein den Kenner dieser Geschichte, der besonders äußerst mißtrauisch gegen alle hergebrachte Vorstellungsarten ist, vermißt man auch darinne nicht.

Die beyden Herren Walch, Vater und Sohn, zu Jena und Göttingen, haben sich der Kirchengeschichte mit einem vieljährigen Eifer ergeben, welcher sehr schöne und sehr nützliche Früchte getragen hat. Eine ihrer unterscheidenden Eigenschaften ist die weitläuftigste Kenntniß und der fleißigste Gebrauch aller Schriften, welche jemals zur Erläuterung der Kirchengeschichte etwas beygetragen, oder beyzutragen gesucht haben; auch die Beurtheilung aller Meinungen, welche über streitige
Bege-

Begebenheiten und Umſtände dieſer Geſchichte aufgekommen ſind.   Wenn man ihre Schriften lieſet, hat
man zugleich einige hundert andere geleſen: und man
dankt ihnen für die Zeit und Mühe, welche ſie uns er-
ſparen wollen.   Die Kirchengeſchichte der vier erſten
Jahrhunderte, welche der Herr Kirchenrath Walch in
lateiniſcher Sprache geſchrieben hat, kann eben hauptſächlich in dieſer Betrachtung genützt werden.   Seine
Nachrichten von den Religionsſtreitigkeiten, welche in
der Evangeliſchen Kirche geführt worden ſind, und viele
beſondere Unterſuchungen, welche er in kleinern Schriften über die Kirchengeſchichte angeſtellt hat, werden ſtets
brauchbare Arbeiten bleiben.   Die Bücher, mit welchen
ſein Sohn, der Herr D. Walch zu Göttingen, die Kirchenhiſtorie bisher aufgeklärt hat, zeichnen ſich noch auf
eine vortheilhaftere Weiſe aus.   Er geht in dieſer Geſchichte einen überaus bedachtſamen Schritt. Man kann
die Genauigkeit in der Anführung aller Quellen und Er-
läuterungsſchriften, in der Erörterung der kleinſten Umſtände, nicht höher treiben, als es von ihm geſchehen iſt.
Er prüft die Zeugniſſe und Nachrichten aller Art mit
der ſchärfſten Aufmerkſamkeit, vereinigt widerſprechen-
de Erzählungen, und erheitert die dunkeln mit großer
Geſchicklichkeit.   Die geübte Beurtheilung und anſtändige Mäßigung, mit welcher er ſchreibt, die Wahrheitsliebe, welche ihn ſichtbarlich leitet, auch die gute Ordnung in ſeinen Sammlungen, dieſes alles gehöret noch
vorzüglich zu ſeinen eigenthümlichen Verdienſten.   Er
hat inſonderheit gewiſſe Claſſen der kirchlichen Begebenheiten und Perſonen einzeln betrachtet, mit vielem Beyfall bearbeitet.   In ſeinem „Entwurf einer vollſtändi-
„gen Hiſtorie der Römiſchen Päbſte,„ welcher bereits
zweymal gedruckt, auch in die engliſche Sprache überſetzt worden iſt, trifft man eine ſo gründliche Anlage zu
dieſer wichtigen Geſchichte an, daß ich wünſchte, es
möchte ihm gefallen, vor andern ähnlichen Beſchäfti-

gungen,

gungen, eine ausführliche Historie der Römischen Bischöffe, in einer noch mehr pragmatischen Verbindung,
zu schreiben. Was er von den Kirchenversammlungen,
und in einem andern Buche, von den Ketzereyen, Spaltungen und Religionsstreitigkeiten bis auf die Reformation, vorgetragen hat, ist beydes die lehrreichste
Sammlung, und gleichsam die bequemste Handbiblio-
thek, welche wir noch über diese Materien besitzen.
Ob man gleich dem letztern dieser Werke eine gewisse
Weitschweifigkeit vorwerfen kann; so muß man doch
die ungemeine Mühe, welche es seinem Verfasser geko-
stet hat, mit Dank annehmen: ohne Zweifel übertrifft
es an Unpartheylichkeit alle Ketzergeschichten, welche bis
jetzt vorhanden sind. Seine sogenannten „Grundsätze
„der Kirchengeschichte des Neuen Testaments, „ sind
zwar eines so gelehrten Kenners dieser Geschichte nicht
ganz unwürdig; doch scheint sie mir diejenige Zeit, welche er auf die Verfertigung derselben gewandt hat, noch
von ihm zurück zu fordern.

In dem edeln deutschen Ausdrucke der Geschichte,
und in dem würdigsten Vortrage alles dessen, was die
Kirchenhistorie großes und unterrichtendes hat, läßt zu
unsern Zeiten der Herr Hofprediger Cramer alle andere Schriftsteller, welche dieses Feld betreten haben, weit
hinter sich zurück, und ist in der Kirchenhistorie unser
einziger deutscher Geschichtschreiber. Jedermann weiß,
mit welchem Glücke er Boßuets Einleitung in die Geschichte der Welt und der Religion fortgesetzt, wie weit
brauchbarer er dieses Meisterstück der historischen Beredsamkeit durch seine Zusätze gemacht habe. Wäre
nicht der Entwurf dieses Werks von dem meinigen sehr
unterschieden, indem es die allgemeine Geschichte der
Welt und der Religion beschreibt; beyde, insonderheit
aber die Kirchenhistorie durch ausführliche Abhandlungen über die Geschichte der Lehre, der Kirchenregierung,

der

der Religionsstreitigkeiten, und andere Theile derselben,
nach der wahren pragmatischen Methode erläutert; und
eben dadurch eine Vollständigkeit erreicht, nach welcher
ich so wenig, als nach den andern Vorzügen dieser Geschichte streben kann: so würde ich es niemals gewagt
haben, die gegenwärtige Arbeit zu unternehmen. Ich
weiß, wie viel sie in der Vergleichung mit seinem Werke verlieren wird: und gleichwohl würde ich jeden meiner Leser, der dasselbe nicht kennt, noch gebraucht hat,
bedauern. Ich setze sogar noch dieses hinzu, was manchen unter ihnen befremden kann: Wenn ich die bündigen Nachrichten und die vortrefflichen Betrachtungen
des Herrn Cramer über einen Theil der Kirchengeschichte, welchen ich beschreiben will, werde gelesen haben, werde ich sogleich sein Buch sorgfältig zumachen,
und auf die Seite legen, um nicht in die Versuchung zu
gerathen, mir von seinen Schönheiten, auch nur unvermerkt, etwas zuzueignen.

Viele andere Lehrer unserer Kirche, welche sich jetzt
durch eine mehr als gemeine Kenntniß der Kirchengeschichte unterscheiden, sie durch Schriften beweisen, und
durch mündlichen Unterricht empfehlen, bedürfen eben so
wenig meines Lobes. Ich müßte einen Hermann,
Am-Ende, Kiesling Gottlieb und Ernst Friedrich Wernsdorf, Köcher, Dietelmaier, Cotta,
Carpzov, Schelhorn, Winckler, Stemler, Nößelt,
Teller, Fromman, Leß, Gruner, und andere mehr,
anführen, wenn ich allen Gerechtigkeit wiederfahren
lassen wollte. Und doch würde ich Gefahr laufen, manche zu vergessen, deren immer ruhmwürdiges Verdienst
sich nur auf akademische Vorlesungen über die Kirchengeschichte einschränkt.

Durch diese muß der Grund zu einer noch größern
und allgemeinen Aufnahme der christlichen Geschichts-

I. Theil.   O   kunde

kunde unter uns gelegt werden. Fast noch gewisser als durch Bücher, können angehende Theologen und andere Anfänger in der Gelehrsamkeit, durch dieselben zur lebhaftesten Neigung, und zum richtigsten Geschmack an der Kirchenhistorie geleitet werden. Aber alsdenn ist es nöthig, sie zu den Quellen selbst zu führen, nicht bloß in den engen Kreis einiger Compendien und Handbücher zu verbannen. Diese Erinnerung ist desto nothwendiger, da bisweilen selbst Schriftsteller die ganze Bekanntschaft mit der Kirchengeschichte, die sie bey gewissen Gelegenheiten zeigen müssen, Weismanns Werke, oder des Prediger Heinsius „Unpartheyischen Kirchen=„historie Alten und Neuen Testaments,„ zu danken haben. Das letztere dieser Werke wurde zu derjenigen Zeit angefangen, da Johann Hübner den Ton in der Geschichtbeschreibung unter uns angab. Der Fleiß des Urhebers und seiner Nachfolger, mit sehr guten Absichten verbunden, haben gleichwohl nur eine mittelmäßige Sammlung für Anfänger in der Kirchengeschichte, daraus machen können. Und selbst diese Sammlung ist in den ältern Zeiten bis auf die Reformation, noch ziemlich fehlerhaft. In Ansehung der neuern Kirchenhistorie kann dieses Werk noch am ersten gebraucht werden, weil es oft sehr vollständige Nachrichten zu derselben enthält, die man dereinst, mit andern verglichen, zur Aufsetzung einer würklichen Geschichte nützen kann. Ich habe selbst, durch einen außerordentlichen Beruf erweckt, die letzte Sammlung oder Fortsetzung desselben zusammengetragen; doch mit der gewissen Ueberzeugung, daß dieses eben so wenig eine Geschichte sey, als Hübners kurze Fragen und lange Antworten.

Vielleicht scheint es einigen Lesern, daß des Freyherrn von Holberg „allgemeine Kirchenhistorie vom „ersten Anfange des Christenthums bis auf die Refor=„mation Lutheri,„ welche man in zween Quartbänden

aus

aus dem Dänischen übersetzt hat, einer besondern Empfehlung würdig sey. Aber auß der fließenden nicht
unangenehmen Schreibart, und manchen lehrreichen
Anmerkungen oder freyern Urtheilen, dürfte man schwer-
lich einige Vorzüge an diesem Werke eines sonst um den
Geschmack und die Geschichte seines Vaterlandes ungemein verdienten Mannes angeben können. Viele wichtige Begebenheiten und Personen sind von ihm überaus
seicht, oder auch fehlerhaft und unrichtig vorgestellt worden. Und seine Erzählungen sind allem Ansehen nach
hauptsächlich aus dem Tillemont, Fleury, Mosheim
und andern Neuern zusammengetragen. Die Fortsetzung dieses Werks in zween Bänden, die bis in unser
Jahrhundert geht, verdient wenigstens als eine fleißige,
großentheils zuverläßige Sammlung mehr Lob, und
auch eine gänzliche Vollendung.

Wenn der Anbau der Kirchengeschichte in irgend
einem Theil unserer Kirche eifrig besorgt und aufgemuntert wird: so geschieht dieses gewiß in Sachsen, welches
mein zweytes Vaterland geworden ist. Und ich rede
hier nicht bloß von demjenigen, was öffentliche Lehrer
dazu beytragen: auch höhere Beförderungen vereinigen sich mit ihrer Bemühung. So wenig es unbekannt seyn kann, so darf ich es doch zu wiederholen vergessen, daß Se. Gn. der Freyherr von Hohenthal,
Vice-Präsident des Churfürstl. Ober-Consistorii zu
Dreßden, vor einigen Jahren mehr als einmal demjenigen einen ansehnlichen Preis versprochen habe, welcher einen Theil der christlichen Kirchengeschichte pragmatisch und lehrreich in einer Schrift abhandeln würde. Wenn eine so rühmliche Absicht nicht völlig erreicht worden ist: so muß man solches vielleicht dem
Mißtrauen zuschreiben, das manche fähige Schriftsteller in ihre Kräfte gesetzt haben; allein der Eindruck,
der dadurch verursacht wurde, ist ohne Zweifel groß und

O 2   dauer-

dauerhaft gewesen. Man glaube nicht, als wenn dieses Werk einigermaaßen zur Erfüllung jener Forderung geschrieben würde; bloß eine Rechenschaft kann es vorstellen, welche ich diesem Herrn von meinen Beschäftigungen auf den hohen Schulen dieses Landes abzulegen schuldig bin.

Solche Schicksale hat die christliche Geschichtskunde bisher in der Evangelischen Kirche gehabt. Aber auch in der Reformirten Kirche hat sie, vom Anfange derselben her, eine sehr gute Aufnahme genossen, und ist glücklich gebraucht worden. Es war dieser Kirche so viel als der unsrigen daran gelegen, die Uebereinstimmung ihres Glaubens mit dem christlichen Alterthum, und die Abweichung der Römischen Kirche, von demselben, zu zeigen. Dazu kam noch dieses, daß die Stifter der Reformirten Kirche die Regierung und die Gebräuche der Kirche weit strenger, als die Evangelischen, nach dem Muster der ersten Christen einzurichten suchten. Es ist zwar selbst hierinne einige Uneinigkeit entstanden: denn so sehr die Schweizerische Kirche auf die Gleichheit aller Lehrer, und auf die Abschaffung der päbstlichen Cärimonien drang, eben so eifrig behauptete die Englische Kirche, daß die Bischöfliche Regierung die erste und älteste sey, und daß man alle andere Gebräuche und Anstalten, die unter den Christen der fünf ersten Jahrhunderte schon üblich gewesen wären, auch die Einfalt des Lehrvortrags in den damaligen Zeiten, beybehalten müsse; eine Denkungsart, welche es verursacht hat, daß die Englische Kirche in der Mitte zwischen beyden Protestantischen Kirchen stehen geblieben ist. Allein eben dieses machte die Untersuchung der Kirchengeschichte noch nothwendiger. Die Reformirten Lehrer stritten mit Hülfe derselben gegen die Römischkatholischen, wider die unsrigen, und zum Theil unter einander selbst. Oekolampadius war der erste, der die Lehre
der

der Schweizerischen Kirche vom heiligen Abendmahl aus den Schriften der alten Kirchenväter, mit einer ausnehmenden Geschicklichkeit zu beweisen suchte, und andere ihrer Reformatoren bedienten sich der Kirchenhistorie gegen die Römischkatholischen noch nachdrücklicher.

Es ist wahr, die Reformirten Lehrer haben nicht das frühe Verdienst um diese Geschichte erlangt, ein so nützliches System derselben aufzurichten, als es den unsrigen schon im sechszehnten Jahrhunderte gelungen ist; allein eine andere Art von Verdienste, das sie sich in derselben zeitig genug erwarben, ist beynahe eben so groß. Sie bearbeiteten viele besondere Theile der Kirchenhistorie, insonderheit aber die Geschichte des christlichen Glaubens und der Kirchenregierung, gleich gelehrt und überzeugend: und dieses zu einer Zeit, da die Kirchengeschichte unter uns keine von den Hauptbeschäftigungen eines Theologen ausmachte, fast im ganzen vorigen Jahrhunderte. Ihre Arbeiten sind eben so viele Stufen, auf welchen diese Geschichtswissenschaft unter den Protestanten zu einer gewissen Vollkommenheit empor gestiegen ist. Hätten sie bloß Auszüge derselben geschrieben, so wären diese mit ihnen längst vergessen, und die Kirchengeschichte hätte nichts durch sie gewonnen.

Noch in dem Jahrhunderte der Reformation sahe man einige brauchbare Schriften der Reformirten Theologen über die christliche Geschichte zum Vorschein kommen. Rudolph Hospinian, ein Prediger zu Zürich, ist einer der ersten, der die christlichen Alterthümer damals mit besonderm Fleiße untersucht und beschrieben hat. Seine Werke, welche dazu gehören, werden zwar nicht mehr so hoch geschätzt, als in den ältern Zeiten; wenn man aber zu seinen Sammlungen Wahl und Beurtheilung hinzusetzt, so können sie noch einigen Nutzen schaffen. Beza, Joh. Serres, und andere mehr in eben dieser

D 3   Kir=

Kirche haben ſonderlich die neuere Kirchengeſchichte beſchrieben. Allein der Fleiß der Reformirten in der
Kirchenhiſtorie wurde nirgends mehr geſchärft, als in
Frankreich. Dort, wo ſie mitten unter den Römiſchkatholiſchen lebten, und endlich faſt gleiche Rechte mit ihnen erhielten, hatten ſie auch mit weit gelehrtern und be-
redtern Gegnern zu kämpfen, als die Proteſtanten in
andern Ländern vor ſich fanden. Wider dieſe ließen ſie
die Kirchengeſchichte ſprechen: man antwortete ihnen aus
eben derſelben, ſo gut man konnte, das heißt, ſo ſehr es
nur immer möglich war, das Zeugniß der erſten Kirche
wider die Römiſche zu verdrehen: und faſt alles, was
aus den Schriften der Kirchenväter, ja aus der ganzen
übrigen Kirchengeſchichte, in dem großen Streite der
Proteſtanten mit den Römiſchkatholiſchen, entweder zu
einer Entſcheidung des Glaubens, wie dieſe verlangen,
oder zu einer wichtigen Erläuterung und Beſtätigung,
wie ſolches die Proteſtanten zugeben, beygebracht werden kann, haben beyde Theile bereits im vorigen Jahrhunderte in Frankreich aufgeſucht, und einander entgegen geſetzt.

Der große **Dü Pleßis-Mornay,** der zugleich
ein Held im Kriege, ein treflicher Staatsmann, und
einer der vornehmſten Reformirten, wenn gleich nicht
ſeinem Stande nach, in Frankreich war, griff die Römiſche Kirche aus ihrer eigenen Geſchichte an. Er
ſchrieb in dieſer Abſicht unter andern Büchern ſein berühmtes „Geheimniß der Bosheit, oder Geſchichte des
„Pabſtthums,„ das erſte beſondere Werk dieſer Art,
welches aus der Franzöſiſchen Sprache in die Lateiniſche und Engliſche überſetzt worden iſt. So wie er darinne das ſpäte Aufkommen, und die gewaltſame Unterſtützung der päbſtlichen Regierung über die Kirche, erwieſen hatte: ſo zeigte **Peter Dümoulin** in ſeinem
Buche „von der Neuigkeit des Pabſtthums,„ eben dieſes

ses in Ansehung der eigenthümlichen Lehren und Gebräuche der Römischen Kirche. Beyde Bücher verdienten mehr gelesen zu werden, wenn nicht theils ihre veraltete Schreibart, theils einige Unbequemlichkeiten der Methode, nach welcher sie abgefaßt sind, sich dagegen setzten.

Mit noch größerer Scharfsinnigkeit und Gelehrsamkeit wußte Johann Daille, (oder Dalläus,) die Kirchengeschichte gegen die Römische Kirche zu nützen. In einer Bibliothek dieser Geschichte können seine Schriften stets als eine Zierde angesehen werden, wenn er gleich zuweilen, wie es allen gegangen ist, welche die Historie polemisch untersucht haben, manches umstößt und widerlegt, was er ohne Schaden der Wahrheit stehen lassen konnte. Sein Buch vom Gebrauch der Kirchenväter, das unter der Aufschrift der lateinischen Uebersetzung, de usu Patrum, am bekanntesten ist, beweiset überaus wohl, daß die Schriften der ältesten Kirchenlehrer in streitigen Glaubensartickeln die Ehre der Entscheidung mit der heiligen Schrift nicht theilen können. Wollte man jedoch überhaupt die Kirchenväter nach dem schlechten Begriffe beurtheilen, den er von ihnen bloß in der rechtmäßigen Absicht macht, ihnen das richterliche Ansehen abzusprechen: so würde man kaum glauben können, daß sie einige Nutzbarkeit darreichen. Seine übrigen Werke von ähnlichem Inhalte, den er aus der Kirchengeschichte wider die Römischkatholischen zog, sind nicht weniger schätzbar: unter andern dasjenige, in welchem er darthut, daß die Christen der ersten acht hundert Jahre weder dem heiligen Abendmahl, noch den Heiligen, ihren Ueberbleibsalen, Bildern und Kreuzen, sondern Gott allein eine gottesdienstliche Verehrung erwiesen haben, (Disputatio adversus Latinorum de cultus religiosi objecto traditionem,) vielleicht die vortrefflichste aller seiner Schriften; zu welcher man die Ergänzung dieses Werks, die nach seinem Tode herausgekommen ist;

O 4   seine

seine Bücher von den Sacramenten der Römischen Kirche, vom Fasten, von unächten Schriften, welche dem christlichen Alterthum beygelegt werden, und andere mehr, hinzusetzen kann.

Andere Gelehrte der Reformirten Kirche leisteten der Kirchengeschichte dadurch einen nützlichen Dienst, daß sie die Jahrbücher des Baronius, welche dieselbe ganz nach den Absichten der Päbstlichen Regierung verfälschten, zu prüfen anfiengen. Isaac Casaubonus setzte ihnen seine Exercitationes entgegen, und außerdem Jac. Capellus, vertheidigte diese Rich. Montacutius nicht nur, sondern klärte auch in andern Schriften die älteste Kirchengeschichte auf; ob er gleich seinem Vorgänger an Gelehrsamkeit und Mäßigung weit nachsteht. Salmasius, der nicht in dieser besondern Absicht schrieb, verdunkelte durch sein Werk de Primatu Papae das meiste, was bisher über diesen vorgeblichen ersten Rang, und die damit verbundene Oberherrschaft des Römischen Bischofs, aus der Kirchengeschichte erwiesen worden war. Dieses Werk, das nicht völlig zu Stande gekommen ist, wird jetzt, wie so viele andere ältere Bücher, welche man nicht durchblättern kann, sondern ganz und mit großer Aufmerksamkeit durchgehen muß, wenig mehr gelesen. Eben derselbe hat in seinem, unter dem Nahmen Meßalinus, herausgegebenem Buche von den Bischöfen und Ältesten, die älteste Verfassung derselben gegen den Jesuiten Petavius mit vieler Gelehrsamkeit aufgeklärt.

Zu gleicher Zeit, gegen die Mitte des vorigen Jahrhundertes, erlangte David Blondel, durch seine Arbeiten in der Kirchengeschichte, einen ausnehmenden Ruhm. Er hatte bey denselben eine so einsichtsvolle Critik, als die vorhergehenden, zur Gehülfinn; aber er besaß noch mehr Muth als sie. Er ist der erste unter den

den Protestanten, der es gewagt hat, nicht allein zu ge=
stehen, sondern auch zu beweisen, daß die Erzählung von
einer Päbstinn **Johanna** im neunten Jahrhunderte,
eine Erzählung, welche wir selbst aus der Römischen
Kirche bekommen hatten, und welche wir gegen dieselbe
sehr vortheilhaft gebrauchen konnten, daß sie eine lange
geglaubte, aber der Geschichte widersprechende Fabel
sey. Je leichter es ist, diese Erzählung wahrscheinlich
zu machen, und ihre historische Schwäche zu verkleistern;
je mehr ihm solches der Nutzen der Protestantischen Kirche
anzurathen schien: desto größeres Lob verdienet seine ge=
wissenhafte Ehrlichkeit; zumal, da er voraus sah, daß sie
von den wenigsten seiner Glaubensgenossen wohl aufge=
nommen werden würde. In einem andern Werke zer=
störte er das Ansehen der falschen Sibyllinischen Weis=
sagungen, welche die Christen so lange Zeit zur Ehre
ihrer Religion gebraucht hatten. Er schrieb ein lesens=
würdiges Buch zur Vertheidigung einer Stelle des **Hie=
ronymus** von der ersten Gleichheit der Aeltesten und
Bischöfe unter den Christen; ein anderes vom Gebrauch
der Redensart, welche auf ihren ältern Denkmälern vor=
kommt: „**Unter der Regierung Christi**,„ auch ein be=
sonders schönes, vom ersten Range in der Kirche, den sich
die Römischen Bischöfe zugeeignet haben: und, um es
mit wenigem zu sagen, ihm ist die kritische und freye
Vearbeitung der Kirchengeschichte unter den Protestan=
ten, vereinigt mit einer großen Kenntniß der bürgerli=
chen sehr viel schuldig.

Der gelehrte Krieg der Reformirten in Frank=
reich mit den Römischkatholischen wurde immerfort am
nachdrücklichsten mit den Waffen der Kirchengeschichte
geführt. Ich will der merkwürdigen Streitigkeit nicht
gedenken, in welche **Godefroy** und **Saumaise** (ihre
schriftstellerische Nahmen sind, **Gothofredus** und **Sal=
masius**,) mit dem Jesuiten **Sirmond** über die ecclesias
D 5 subur-

suburbicarias, oder über das geistliche Gebiet des Römischen Bischofs im vierten Jahrhunderte, geriethen: einer Streitigkeit, die so gelehrte Untersuchungen hervorgebracht hat. Ich kann auch hier das berühmte Werk des Aubertin nur nennen, in welchem dieser Reformirte Prediger zu beweisen suchte, daß die Lehre seiner Kirche vom heiligen Abendmahl in den ältern Zeiten unter den Christen stets die herrschende gewesen sey. Aber über eben diese historische Frage entstand gerade vor hundert Jahren zwischen dem gelehrtesten, beredtesten und sinnreichsten Schriftsteller, den die Reformirte Kirche damals in Frankreich hatte, **Johann Claude,** und zwischen den größten Männern der Jansenistischen Parthey, auch einigen Gelehrten der strengern Römischen Kirche, der berühmteste Streit, welchen beyde Kirchen in Frankreich mit einander geführet haben: ich meine denjenigen, welcher den stets unveränderten Glauben der christlichen Kirche in Ansehung der Lehre vom heiligen Abendmahl betraf. Claude wehrte alle Angriffe mit einer seltenen Geschicklichkeit ab, und setzte zuletzt, da sich die Materie des Streits veränderte, seine vortreffliche Schutzschrift für die Reformation, (Defense de la Reformation,) auf: das beste und einnehmendeste Buch, das in dieser Absicht noch geschrieben worden ist.

Aber auch außer Frankreich trugen die Reformirten Theologen im vorigen Jahrhunderte vieles zum Wachsthum der christlichen Geschichtskunde bey. Der Bischof **Pearson** in England war ein sehr gelehrter Kenner derselben: seine Schriften über die Geschichte des Apostels **Pauli,** und des Kirchenlehrers **Cyprian,** über das Apostolische Glaubensbekenntniß, und über die ersten Römischen Bischöfe, werden noch immer hochgeachtet. **Wilhelm Cave,** der noch im Anfange unsers Jahrhunderts eben daselbst lebte, hat ähnliche große Verdienste. Man wird sich seiner Historiae Literariae
riae

riae Scriptorum Ecclesiasticorum stets als eines Hand=
buchs bedienen können, welches die erheblichsten Nach=
richten von den christlichen Kirchenscribenten in einer ge=
wissen Vollständigkeit und Genauigkeit zusammen faßt;
ob gleich dieses Werk nicht überall kritisch genug heißen
kann, auch anderer kleiner Verbesserungen benöthigt ist.
Seine Apostolischen Alterthümer, und sein Buch vom
ersten Christenthum gehören ebenfalls unter die nützli=
chen, ja selbst erbaulichen Arbeiten, zu denen die Kirchen=
geschichte den ganzen Inhalt hergegeben hat. Heinr.
Dodwell brachte zu dieser Geschichte eine noch größere
historische Gelehrsamkeit, und eine weit schärfere Beur=
theilung: seine Schriften über dieselbe sind selbst durch
die sonderbaren Meinungen, welche er wagt, nicht un=
brauchbar geworden. Weit eher hätte ich noch den Bi=
schof Ußer nennen sollen, dem wir so schöne Jahrbücher
der Geschichte des Alten und Neuen Bundes, so schätz=
bare Beyträge zur Ketzerhistorie, und andere Werke über
verwandte Materien zu danken haben. Beveridge
sammlete und erläuterte die Kirchengesetze der ältern
Christen glücklich. Die mühsame und apologetische Un=
tersuchung, welche der Bischof Bull über den Glauben
der ersten Kirche von der heiligen Dreyeinigkeit ange=
stellt hat, darf eben so wenig vergessen werden: er schei=
net überhaupt seinen Endzweck nicht verfehlt zu haben;
wohl aber bey vielen einzelen Vorstellungen und Re=
densarten der Kirchenväter. Es ist außerdem werth,
bemerkt zu werden, daß, wenn die Theologen der Engli=
schen Bischöflichen Kirche mehr als andere zur Bekannt=
schaft mit der ältern Kirchengeschichte dadurch angetrie=
ben worden sind, weil ihre Kirche vorzüglich nach dem
Muster der ersten gebildet worden ist; sie hingegen auch
desto häufiger in den Fehler verfallen sind, das hohe Al=
ter und die Rechte der Bischöflichen Würde, die in ih=
ren Augen ein Kennzeichen der wahren Kirche ist, nicht
ohne der Geschichte Gewalt anzuthun, in derselben auf=
zusu=

zusuchen, und sie nach dieser eigennützigen Absicht zu drehen.

In Holland hinterließ der ältere **Voßius**, dem so viele Theile der Gelehrsamkeit ein neues Licht schuldig sind, auch von seiner Kenntniß der Kirchengeschichte, an seiner, obgleich etwas partheyischen Historie der Pelagianischen Ketzerey, und andern Schriften, bleibende Denkmäler. Eben daselbst fieng zwar **Coccejus** an, die christliche Kirchengeschichte in die Erklärung der heiligen Schrift einzuflechten: er fand alles, was sich in der Kirche zugetragen hat, und noch zutragen soll, in der Bibel vorher verkündigt; selbst in solchen Büchern derselben, wo man nach den ordentlichen Regeln der Auslegung, keine Spur davon antreffen kann, wie in dem Hohenliede **Salomons.** Die Kirchengeschichte wurde durch ihn und seine zahlreichen Anhänger fast prophetisch. Andere Umstände, sonderlich die Verfolgung der Reformirten in Frankreich, kamen dazu, um die Einbildungskraft, welche die vornehmste Stärke der Coccejanischen Hermenevtik ausmacht, zu erhitzen. Man weissagte die wichtigsten Veränderungen in der Kirche mit großer Zuversicht: so wie man die bereits vorgegangenen als lauter Erfüllungen biblischer Prophezeyungen vorstellte, und dadurch sowohl der Kirchengeschichte als der Religion selbst, ein neues Ansehen zu geben glaubte. Allein nachdem man sich müde gedeutet und vorherverkündigt, auch zuweilen einen falschen Propheten abgegeben hatte, war es mehr als jemals ausgemacht, daß man die Kirchengeschichte, wie jede andere Historie, nicht mit allegorischen Anwendungen biblischer Stellen auf vergangene Begebenheiten, noch mit vorwitzigen Blicken in die Zukunft, betrachten müsse.

Jurieu, einer von denen, welche in diese Ausschweifungen verfielen, hat gleichwohl eine brauchbare Geschichte

schichte der Reformirten Kirche in Frankreich geschrieben: man würde sie mit noch mehrerm Beyfall lesen,
wenn sie weniger bitter und polemisch aufgesetzt wäre:
und Baylens Kritik über Mainbourgs Geschichte
des Calvinismus, welche Jurieu bestritt, macht uns
ungleich mehr Vergnügen, als das Werk dieses letztern.
Unter den übrigen Reformirten Theologen, welche die
neuere Kirchengeschichte beschrieben haben, ist Abraham Skultet merkwürdig, dessen schöne Jahrbücher
der Reformation nicht völlig zu Stande gekommen sind;
der aber dagegen einen mit großem Fleiß geschriebenen
Auszug aus dem Lehrbegriff der alten Kirchenlehrer
(Medulla Patrum) hinterlassen hat. Keine protestantische Gemeine kann sich einer so zuverläßigen und pragmatischen Reformationsgeschichte rühmen, als der Bischof Burnet von der Englischen Kirche verfertiget
hat, von welcher auch vor kurzem ein deutscher Auszug
ans Licht getreten ist.

Mittlerweile, daß so viele Gelehrte der Reformirten Kirche, mit einem merklichen Vorzuge vor der unsrigen, die christliche Kirchengeschichte bald in dieser Gegend, bald in einer andern, sehr geschickt aufheiterten,
und gebrauchten, schrieben auch einige ihrer Glaubensgenossen größere Werke, welche fast diese ganze Geschichte einschließen. Der erste, welcher sich dadurch Ruhm
erworben hat, war der Zürchische Theologe, Johann
Heinrich Hottinger. Seine lateinische Kirchengeschichte des Neuen Testaments beträgt neun Octavbän-
de: sie reicht bis zum Ende des sechszehnten Jahrhunderts, welches allein fünf Bände ausmacht, und dessen
ausführliche Geschichte ein besonderer Vorzug dieses
Werks zu nennen ist. Auch ist die Jüdische, Muham-
medanische, und überhaupt die Morgenländische Historie darinne weitläuftiger und besser abgehandelt, als in
andern Büchern dieser Art: wie solches der Verfasser
auch

auch noch in einem eigenen Buche, (Hiſtoria Orientalis)
gethan hat. Sein Sohn Johann Jakob Hottinger folgte ihm in dieſer Anwendung ſeines Fleißes nicht
unglücklich nach. Man lieſet unter andern ſeine „Hel-
„vetiſche Kirchengeſchichte,„ welche aus vier Quartbänden beſteht, und das zuverläßigſte Werk dieſes Inhalts
iſt; aber in einen ſo unangenehmen Vortrag einge-
hüllt worden, daß man die Schweizeriſche Reformationsgeſchichte ſich weit lieber vom Rüchat Franzöſiſch
erzählen läßt.

Allein der jüngere Friedrich Spanheim hat
nicht nur Hottingers allgemeine Kirchenhiſtorie übertroffen; ſondern iſt auch ſeitdem von keinem Schriftſteller ſeiner Kirche in Anſehung des Umfangs, der Vollſtändigkeit, und der ungemeinen Genauigkeit, übertroffen worden. Man hat einen kurzen Auszug der Kirchengeſchichte von ihm, und auch ein großes Werk über
dieſelbe, von welchem ich hier rede. Es faßt die funfzehn erſten Jahrhunderte nebſt dem Anfange der Reformation in ſich, und kann zwar eben nicht zum Muſter der hiſtoriſchen Methode genommen werden, indem
es eigentlich nur ein ſehr reicher und brauchbarer Vorrath zur Kirchengeſchichte iſt; aber beynahe alles was
er geſammlet hat, iſt bewährt befunden worden. Daher hat dieſes Werk ſo lange die Dienſte eines Nach-
ſchlagebuchs, wie man zu reden pflegt, verrichten müſſen, und manche ältere Compendia ſind aus der Plün-
derung deſſelben entſtanden. Spanheims beſondere
Schriften über die Kirchenhiſtorie haben eben denſelben
Charakter der hiſtoriſchen und chronologiſchen Richtigkeit, und der überausfleißigen Sammlung, der es an
Beurtheilung nicht mangelt. Seine Abhandlung, in
welcher er die alte Erzählung von der Päbſtinn Johanna vertheidigt, zeigt zwar, daß ihm die höhere Kritik
in der Geſchichte gefehlt habe; allein verächtlich darf
man

man dieſes Buch nicht anſehen: es iſt doch das vornehmſte, ſonderlich nach der franzöſiſchen Ausgabe, worinne die Gründe für jene Erzählung mit vieler Mühe
und Beredſamkeit geſchärft worden ſind.

Auf einmal ſtanden noch mehrere Reformirte
Theologen auf, welche die chriſtliche Kirchengeſchichte
von ihrem Anfange her, in großen Syſtemen vortrugen. Dieſes waren die beyden Basnage, Jakob
und Samuel, beyde franzöſiſche Prediger in Holland.
Der erſtere, welcher zugleich ein Geſchichtſchreiber und
ein Staatsmann war, ſchrieb eine von ihm ſogenannte
Kirchengeſchichte in zween Foliobänden, welche im Jahr
1699 erſchienen, in franzöſiſcher Sprache. Im Grunde iſt es nur eine Geſchichte der Kirchenregierung, der
vornehmſten zwiſchen den Reformirten und Römiſchkatholiſchen ſtreitigen Lehren, und anderer Materien wider den Biſchof Boßüet. Dalläus und andere ältere Schriftſteller hatten ihm vieles vorgearbeitet; aber
die geſchickte Verbindung und Beurtheilung, unter welche er alles gezogen hat, ſeine beredte und angenehme
Schreibart, und der Vortheil, die wichtigſten Veränderungen in der Religion und Kirchenverfaſſung, ausführlich beyſammen erzählt zu ſehen; dieſes mit einander macht, daß man ſein Werk mit Vergnügen und
Nutzen leſen kann; beſonders wenn man im Stande iſt,
ſeinen Erzählungen bis auf die Quellen nachzugehen,
und manche ſeiner Fehler zu verbeſſern. Seine Geſchichte des Glaubens der Reformirten Kirchen, welche
Boßüets Geſchichte der Veränderungen des Proteſtantiſchen Lehrbegrifs entgegengeſetzt iſt, und ſeine Geſchichte des Jüdiſchen Volks, haben ebenfalls Beyfall
erhalten: die letztere verdiente die Berichtigung in einer
neuen Ausgabe. Der andere, Samuel Basnage,
nahm ſich vor, Baronii Jahrbücher zu widerlegen:
und gegen dieſelben ſind alſo ſeine Annales Politico-Ec-
cleſia-

clesiastici, in drey Foliobänden, hauptsächlich gerichtet. Sie gehen nicht über das Jahr 602 hinaus. Die weltliche Geschichte ist darinne mit der geistlichen verbunden; Baronii Fehler sind aufgedeckt, und noch besondere Abhandlungen hinzugefügt worden. Dieses Buch, dessen Verfasser Gelehrsamkeit, Fleiß und Scharfsinn genug bewiesen hat, braucht doch mehr, als ein anderes, prüfende Leser, weil es viele Muthmaaßungen enthält, die man leicht vor Geschichte annehmen könnte. Die angehängten Abhandlungen verdienen eine besondere Aufmerksamkeit: sie erläutern die christlichen Alterthümer.

Diese Verdienste der Reformirten Lehrer um die Kirchenhistorie sind von ihren Nachfolgern im jetzigen Jahrhunderte mit neuen vermehrt worden. Es scheinet zwar, daß sie diese Geschichtskunde in den neuesten Zeiten nicht mehr so eifrig bearbeitet haben, als ehemals; ihre Schriften über dieselbe sind seltner geworden, und die Reihe ist hierinne gleichsam an die Evangelischen Theologen gekommen. Allein sie ist doch in der Reformirten Kirche, und besonders in der Englischen, immer noch in Ehren geblieben. In dieser letztern haben außer einigen schon genannten, welche noch in diesem Jahrhunderte lebten, Grabe, Waterland, Whitby, Prideaux, Lardner, Benson, Wall, und andere mehr, sich in der ältesten Kirchengeschichte, einem Lieblingsfelde der Englischen Theologen, ungemein hervorgethan. Bingham hat das erste vollständige und brauchbare System der christlichen Kirchenalterthümer geschrieben: sein Verdienst wird durch die Partheylichkeit, welche er für die Bischöfliche Kirche blicken läßt, und durch manche Vermischung älterer und neuerer Gebräuche, nicht sonderlich verringert. Zu dem lebhaften Gebrauch der Kirchengeschichte in England, haben in unserm Jahrhunderte diejenigen Streitigkeiten sehr

sehr viel beygetragen, welche mit Samuel Clarken, Wilhelm Whiston, und andern Gegnern der christlichen Lehre von der heiligen Dreyeinigkeit, geführt worden sind, weil sie zu beweisen suchten, daß dieselbe nicht der älteste Lehrbegriff der Christen, noch in der heiligen Schrift gegründet sey. Die Feinde des Christenthums überhaupt, haben gleichfalls in England Gelegenheit dazu gegeben, daß einige schärfere Untersuchungen in der christlichen Kirchengeschichte angestellt worden, welche zur Ehre der Religion ausgefallen sind. Einer der neuesten Schriftsteller dieses Landes, die ich hier anzuführen berechtiget bin, ist Johann Jortin, dessen Anmerkungen über die Kirchengeschichte man auch in die deutsche Sprache, obgleich weder geschmeidig noch richtig genug, übersetzt hat. In diesen Anmerkungen ist vieles, zum Theil auch aus andern Schriftstellern, über die Geschichte der Christen bis auf Constantins des Großen Tod, scharfsinnig und sehr freymüthig vorgetragen; aber es kommen auch darunter so manche Ausschweifungen, und halbreife Einfälle vor, daß nur ein geübter Kenner der Kirchengeschichte im Stande ist, das Buch zu nützen.

Einige Französische Gelehrte unter den Reformirten, sind in unsern Zeiten durch ihre ausnehmende Bekanntschaft mit der Kirchenhistorie ebenfalls berühmt worden. Isaac von Beausobre, ein Prediger zu Berlin, hat das gelehrteste, an Bemerkungen aller Art fruchtbarste, das sinnreichste und beredteste Werk über die alte Ketzergeschichte geschrieben, indem er die Geschichte des Manes oder Manichäus, und der von ihm gestifteten Sekte des Manichäismus, in zween Quartbänden französisch erzählt, oder vielmehr so sehr ausgeschmückt und erweitert hat, daß der Hauptinhalt des Werks oft darinne unsichtbar geworden ist. Vieles von demjenigen, was man daran getadelt hat, ist

I. Theil.   P   unläug-

unläugbar: unter andern der künstlich geschäftige Witz des Verfassers; die oft zu gesuchten Entschuldigungen der alten Irrlehrer, und Verschönerungen ihrer Ausschweifungen; die überflüßige Weitläuftigkeit, und dergleichen mehr; man kann aber immer an diesem Buche seine Kenntniß der Kirchengeschichte und der theologischen Gelehrsamkeit überhaupt, prüfen und stärken. Eben daselbst hat **Jakob Lenfant** durch seine Geschichte der drey Kirchenversammlungen zu **Pisa, Costnitz**, und zum Theil auch der zu **Basel** gehaltenen, ein Meisterstück hinterlassen, das ich wegen der Unpartheylichkeit, Wahrhaftigkeit, Mäßigung im Urtheilen und anderer historischen Schönheiten, der Kunst, welche sein berühmter Amtsgenosse an die Ketzerhistorie verschwendet hat, weit vorziehe. Ein anderer sehr gelehrter Mann zu **Berlin, La Croze,** erläuterte die Geschichte der morgenländischen Christen in einigen nützlichen Büchern. **Casimir Oudin** zu Leiden, schrieb eine große Ergänzung von **Cavens** Historia Literaria Scriptorum Ecclesiasticorum, in drey Foliobänden. Seine mühsamen Sammlungen und Auszüge verdienen unsern Dank; aber wenige Arbeiten sind so schwerfällig und finster als die seinige.

Das übrige, was man in den neuesten Zeiten, in der Reformirten Kirche zur Aufnahme der Kirchenhistorie gethan hat, kann kurz zusammengefaßt werden. Es sind einige Compendien derselben geschrieben worden, unter deren Verfassern **Friedrich Adolph Lampe**, noch mehr aber der jüngere **Jablonsky**, einen Vorzug behaupten. Des letztern Institutiones Historiae Christianae enthalten einige feine Anmerkungen, die man sonst in Compendien nicht leicht suchen darf, und Herr Prof. **Stosch** hat sie brauchbar fortgesetzt. **Turretins** Auszug aus der Kirchengeschichte ist zu sehr in eine trockene Kürze zusammengedrängt. Aus des **Vitringa**

tringa Hypotypoſi Hiſtoriae Sacrae ſieht man eine
nicht geringe Stärke in der Kirchenhiſtorie hervorbli-
cken, die er auch in ſeinem Werke von der Jüdiſchen
Synagoge, und ihrer Nachahmung in der Verfaſſung
der chriſtlichen Kirche, (wiewohl das letztere etwas zu
gezwungen,) gezeigt hat.   Dem Gröningiſchen Theologen, Daniel Gerdes, iſt man ſehr brauchbare Beyträge zur Reformationsgeſchichte ſchuldig.   Man kann
noch einen Frey, Fueßli, und einige andere dazu ſetzen,
deren Nahmen in dieſer Geſchichtskunde bekannt worden ſind; allein der Eifer um dieſelbe ſcheinet insbeſon-
dere in der holländiſchen Reformirten Kirche merklich
abgenommen zu haben.   Es iſt mir nur vergönnt, aus
der ſeltnern Erſcheinung von Schriften dieſer Art, davon zu urtheilen: andere, welche den innern Zuſtand
dieſer Kirche beſſer kennen, werden vielleicht hierinne mit
mir nicht einig ſeyn.

Der gemeinſchaftliche Fleiß der Evangeliſchen
und Reformirten in der Kirchengeſchichte, hat auch die
Römiſchkatholiſchen Lehrer aufgemuntert, und ſogar genöthigt, ſich dieſer Geſchichte ernſtlicher zu ergeben.
Zwar würde die Römiſche Kirche, wenn ſie auch durch
die Reformation nicht erſchüttert worden wäre, keinen
Mangel an Schriftſtellern gehabt haben, welche gewiſſe
Theile ihrer Geſchichte bearbeitet hätten.   So viele
tauſend Erzählungen von Märtyrern, Wunderthätern
und Heiligen; der Urſprung und die Schickſale ſo vieler
Kirchen, Klöſter und Bißthümer; eine ſo lange Reihe
von Mönchsorden, Begebenheiten und Streitigkeiten
derſelben; ſo viele Unterſuchungen über die Liturgie und
das geiſtliche Cärimoniell; das Leben einer ſolchen Menge von Päbſten, Cardinälen und berühmten Lehrern;
lauter eigene Materien der Römiſchen Kirche, könnten
alle Geiſtlichen derſelben allein beſchäftigen, und haben
auch würklich eine große Anzahl derſelben in Bewegung

gesetzt. Aber diese Schriftsteller sind meistentheils nur
Geschichtschreiber, welche der Aberglaube, der geistliche
Stolz und Eigennutzen besoldet zu haben scheinen. Und
da der Lehrbegriff nebst der ganzen Verfassung der Römischen Kirche auf der Ehre und den Vortheilen ihrer
Geistlichkeit beruhet: so begreift man leicht, wie schwer
und beynahe unmöglich es einem Römischkatholischen
Lehrer fallen müsse, die Kirchengeschichte überhaupt anders zu beschreiben, als wie sie seinen Mitbrüdern rühmlich seyn kann. Diese Ursachen machen einen Gelehrten der Römischen Kirche beynahe völlig untüchtig, die
Kirchenhistorie in ihrem Zusammenhange kritisch und
unpartheyisch vorzustellen; oder er wird, wenn er solches zu thun versucht, mit dem Hasse seiner Kirche
belohnet.

Allein so unangenehm und schädlich auch den Römischkatholischen Lehrern eine schärfere Prüfung ihrer
bisherigen Erzählungen von der Kirchengeschichte werden mußte; so verstatteten ihnen doch die Protestanten
die Freyheit nicht, derselben gänzlich auszuweichen. Sie
griffen, wie ich bereits mehr als einmal gesagt habe, die
Römische Kirche mit so treffenden Waffen aus dieser
Geschichte an, daß diese bey einer offenbar verlornen
Sache, doch wenigstens auf einige Gegenwehr bedacht seyn mußte. Die traurige und schimpfliche Zeit
war gekommen, da man vor den Augen der Welt zeigte,
daß ihr Oberhaupt sehr spät, unrechtmäßig und gewalt-
thätig seinen Rang eingenommen, und daher von demselben wieder herabgestürzt werden müsse; daß die meisten ihrer Lehren, Gebräuche, vermeinten Wunder, Gesetze, und andere Anstalten, eben so neu, dem wahren
und alten Christenthum zuwiderlaufend wären. Die
Römische Kirche fühlte diese Streiche, und keinen
schmerzlicher, als denjenigen, der ihr durch die **Magdeburgischen Centurien** beygebracht wurde. Kein
Wun-

Wunder also, daß sie Baronius die Centurien des Satanas nennt, welche aus den Pforten der Hölle zum Schaden der Kirche hervorgekommen wären. Allein die Schimpfwörter halfen damals nicht viel: denn es waren nicht die sogenannten Ketzer; es war die Geschichte selbst, welche für sie sprach, und man mußte ihr also entweder den Mund stopfen, oder sie ganz anders reden lassen.

Nach einigen unerheblichen Bestreitungen der Magdeburgischen Kirchengeschichte, trat Cäsar Baronius, ein Geistlicher aus der Congregation des Oratorii, gegen dieselbe auf, und setzte ihr seine Annales Ecclefiasticos entgegen, welche in zwölf Foliobänden, eben so viele Jahrhunderte der christlichen Geschichte beschreiben. Dieses Werk, das vom Jahr 1588 an bis 1607 zu Rom herauskam, ist seitdem öfters wieder gedruckt worden. Die Mäynzer Ausgabe vom Jahr 1601, ist von dem Verfasser selbst gebilligt worden: und man hat sie daher bey allen folgenden zum Grunde gelegt. Die neueste, prächtigste und vollständigste, in welcher man die Fortsetzung des Raynaldi, die Kritik des Pagi, und andere erläuternde Schriften findet, ist zu Lucca vom Jahr 1738 bis 1756 in acht und dreyßig Foliobänden zum Vorschein gekommen. Baronius erwarb sich durch diese Jahrbücher die Cardinalswürde. Sie werden in der Römischen Kirche, wenigstens in dem eifrigern Theile derselben, vor ihr Hauptwerk in der Kirchengeschichte angesehen, und mit unmäßigen Lobsprüchen belegt. Man hat Auszüge, Fortsetzungen, angefangene Uebersetzungen und Vertheidigungen derselben herausgegeben; ja die Protestanten selbst erkennen, daß sie dieses Werks nicht entbehren können. Mit einem ungemeinen Fleiße hat darinne Baronius zuerst fast vollständige und zusammenhängende Jahrbücher der ganzen christlichen Geschichte in ihren ersten zwölfhun-

dert

dert Jahren gesammlet. Er hat aus dem päbstlichen
Archiv eine große Menge Urkunden hervor gezogen, welche ein neues Licht über die Geschichte ausgebreitet haben. Und es ist nicht bloß die Kirchenhistorie, sondern
jede andere Art der Geschichte, zu welcher in seinem
Werke ein trefflicher Vorrath verborgen liegt.

Allein die Fehler dieses Werks sind eben so groß
und zahlreich, als die brauchbaren Eigenschaften desselben. Der vornehmste und sichtbarste darunter, ist die
Absicht selbst, in welcher es geschrieben worden ist. Baronius wollte durch dasselbe beweisen, daß die geistliche
Monarchie der Römischen Bischöfe von **Christo** selbst
gestiftet, und dem Apostel **Petrus** die erste Verwal-
tung derselben aufgetragen worden sey; daß die Christen sie stets erkannt, und die ganze Kirche sich ihr unterworfen habe; daß alle Vorzüge, welche die Päbste in
den neuern Jahrhunderten behauptet haben, ihnen vom
Anfange des Christenthums her eigen gewesen seyen;
daß sie selbst über die weltliche Fürsten beständig zu gebieten gehabt; daß die Verfassung und Lehre der Römischen Kirche, so wie man sie jetzt sehe, vom ersten Jahrhunderte an da gewesen, und allen Christen zu einer
Richtschnur gedient habe; endlich, daß die Bischöfe von
Rom in einer unverrückten Reihe, von dem Apostel Petrus an, die Lehrer und Herren der Welt vorgestellet haben. Aus dieser Absicht ist eine so offenbare, und für
jeden Leser, der nicht ein eifriger Unterthan des Römischen Stuhls ist, so beleidigende Partheylichkeit entstanden, daß man sie an unzählichen Stellen nicht ohne
Eckel und Unwillen betrachten kann. Die ganze Geschichte wird so gedreht, daß jener vorgegebene Ursprung
der päbstlichen Regierung sich in derselben finden muß.
Eine Menge falscher, fabelhafter und ungewisser Erzählungen, welche zu diesem Zwecke dienen können, wird
vertheidigt; alle Handlungen der Römischen Bischöfe
wer-

werden gerechtfertigt, oder in Entschuldigungen einge=
hüllt; und alles, was sich ihnen, oft mit dem augenschein=
lichsten Rechte, widersetzt hat, wird mit den häßlichsten
Farben abgebildet. Dieses ist also im Grunde nicht
eine Geschichte der Kirche, sondern die gewaltsamste
Verunstaltung derselben zum Vortheil der Römischen
Bischöfe. Wie überhaupt in diesem Werke die unläug=
barsten Rechte der Fürsten, dergleichen ihre Unabhän=
gigkeit, ihre Gewalt über ihre Unterthanen, und andere
mehr sind, sehr häufig angegriffen, und so schädliche
Grundsätze gegen die Staaten darinne verfochten wer=
den, daß die Römischkatholischen Fürsten den Verkauf
desselben in ihren Ländern unmöglich dulden könnten,
wenn sie nicht bereits gewohnt wären, an ihren Geist=
lichen Unterthanen zu haben, welche es mehr von dem
Pabste sind, und eben solche Grundsätze behaupten: so
ist doch insonderheit eine in demselben befindliche Ab=
handlung von dem höchsten geistlichen Gerichte in Si=
cilien, (Monarchia Sicula) in allen Ländern des spani=
schen Gebiets verboten worden, weil Baronius darinne
das Recht der Könige beyder Sicilien, dieses Gericht
unter ihrem Ansehen halten zu lassen, bestritten hat.

Bey den Urkunden, welche er herausgegeben hat,
kann ebenfalls genug erinnert werden. Viele dersel=
ben sind untergeschoben, oder wenigstens verfälscht; und
der Verdacht ist allemal gegründet, daß er nichts ans
Licht werde gestellt haben, was dem Römischen Stuhl
im geringsten nachtheilig seyn konnte. Gegen die Zeit=
rechnung, die Geschichte überhaupt, und die Alterthü=
mer, hat Baronius so viele Fehler begangen, daß ein
Franziskaner in Frankreich, Anton Pagi, dieselben in
einem Werke von vier Foliobänden, (Critica historico-
chronologica in Annales Baronii,) verbessert hat. Diese
sehr schätzbare Arbeit, die aber manche Abkürzungen ver=
tragen hätte, ist zugleich eine der besten Erläuterungen

der ältern Geschichte und Zeitrechnung. Endlich hat Baronius auch öfters aus Mangel einer hinlänglichen Kenntniß der griechischen Sprache geirrt.

Die Protestantischen Gelehrten haben bald erkannt, daß es eine würdige Beschäfftigung für sie sey, dieses ansehnliche Werk öffentlich zu prüfen, und noch Fehler von einer andern und wichtigern Art, als Pagi in demselben gezeigt hat, zu rügen. Obgleich Baronius die Magdeburgischen Centurien, denen er es entgegengesetzt hat, wenig nennt; so ist es doch deutlich genug gegen die Protestantische Kirche gerichtet. Er glaubte, die Hoheit der Päbste, und den Vorzug seiner Kirche vor allen übrigen, darinne durch die Geschichte vollkommen bestätigt zu haben: und in dieser Einbildung stützt sich auch die Römische Kirche auf seine Jahrbücher. Um ihr dieselbe zu benehmen, haben verschiedene Protestanten das Werk des Baronius angegriffen: die vornehmsten sind bereits oben genannt worden. Allein sie haben sich weder weit ausgebreitet, noch mit gleicher Stärke geschrieben. Dieses würde eine rühmliche Arbeit für eine Gesellschaft von Gelehrten seyn, welche mit der Geschichte und Kritik wohl bekannt sind. Sollte sie aber auch nicht zu Stande kommen, so fehlt es nicht an Gelegenheit zu ähnlichen wichtigen Bemühungen. Vielleicht kann man sich unter andern von dem Herrn Hofrath Ritter eine neue Ausgabe und Erläuterung des Codicis Carolini et Rudolphini versprechen, welche neulich Herr Cenni in seinen Monumentis dominationis Pontificiae mit so vieler Partheylichkeit gemißbraucht hat.

Die große Hochachtung der Römischen Kirche gegen das Werk des Baronius, hat sich sonderlich durch viele Fortsetzungen desselben gezeigt. Diese sind zum Theil auf Befehl der Päbste, zum Theil aber auf eigenen **Antrieb**

Antrieb ihrer Verfasser, unternommen worden. Unter jenen steht die weitläuftige Fortsetzung des Cardinals Odorich Raynaldi in der Römischen Kirche am meisten in Ansehen. Sie geht bis zum Jahr 1565, und empfielt sich durch die Bekanntmachung fast eben so vieler Urkunden, als man seinem Vorgänger zu danken hat, ob es gleich wiederum nur einseitige, aus dem Päbstlichen Archive genommene Beweise sind; sie ist aber auch eben so partheyisch, und beynahe noch mehr als die Jahrbücher des Baronius, weil Raynalds Erzählungen schon bis in die Zeiten der Protestanten reichen. Auf ihn ist Jakob von Laderchio, ebenfalls, so wie jene, aus der Congregation des Oratorii, gefolgt, welcher diese Geschichte weiter bis zum Jahr 1572 fortgeführet hat; allein außer dem Lobe des Fleißes und der Ergebenheit gegen den Römischen Bischof, hat man selbst in seiner Kirche nichts an ihm gefunden, weswegen er mit den beyden vorhergehenden, denen es wenigstens an Scharfsinnigkeit nicht fehlet, verglichen werden könnte.

Zween andere Fortsetzer des Baronius haben nur ihre Begierde, der Römischen Kirche nützlich zu werden, zu Rathe gezogen. Heinrich von Sponde, oder Spondanus, Bischof zu Pamiers, der von der Reformirten Kirche abgefallen war, setzte die Geschichte des Baronius bis zum Jahr 1640 fort. Mit einer nicht geringern Partheylichkeit als die bisher genannten, verbindet er doch eine bedachtsamere Beurtheilung, und man merkt es ihm gleichsam öfters an, daß er ein Protestant gewesen; aber nicht, daß er ein Franzose ist, der an den Vorrechten des Pabstes zweifeln darf. Seine Fortsetzung ist auch durch ihre Kürze beliebt worden, indem sie nur drey Foliobände ausmacht: und unter allen Auszügen, welche man von Baronii Jahrbüchern gemacht hat, ist Spondans Epitome mit dem größten

P 5 Bey-

Beyfall aufgenommen worden. Allein der Pohlnische
Dominikaner, Abraham Bzovius, welcher das Werk
des Baronius gleichfalls, in acht Bänden, bis zum
Jahr 1572 fortgesetzt hat, übertrift den Baronius
selbst an niederträchtiger Unterwürfigkeit und Schmei=
cheley gegen den Römischen Stuhl. Er ist ein uner=
träglicher Lobredner seines Ordens, unerschöpflich an
Fabeln, schmähsüchtig und verläumderisch: und obgleich
weder Baronius noch seine Fortsetzer der Ehre und
Würde der Fürsten schonen, sobald dieselbe sich in einem
gewissen Verhältnisse gegen die Hoheit der Römischen
Bischöfe befindet; so hat doch Bzovius das Maaß die=
ses geistlichen Uebermuths so sehr überschritten, daß selbst
auf Befehl des Herzoglichen Bayrischen Hofes, eine
Vertheidigung Ludwigs des Bayern, wider ihn ge=
schrieben worden ist.

Nach dieser großen Unternehmung des Baro=
nius, und derer, welche sich an sein Werk angehängt
haben, hat es der christlichen Geschichtskunde in der Rö=
mischen Kirche nicht an gelehrten Männern gefehlet,
welche sie mit ausnehmendem Fleiße bearbeiteten. Es
sind sogar in dieser Kirche ungleich mehr Werke von die=
ser Art erschienen, als unter den Protestanten, weil die
Schriftsteller derselben, wie ich bereits bemerkt habe,
nach einer besondern und gewissermaaßen eigennützigen
Neigung, sich mit der Geschichte der Heiligen, der Kir=
chenlehrer, der Päbste, der Mönchsgesellschaften, der
Kirchenversammlungen, mit den christlichen Alterthü=
mern, und andern Materien, von einem fast unbegränz=
ten Umfange, beschäftigt haben: alles in der Absicht,
um das Ansehen ihrer Kirche dadurch zu befestigen, oder
dem Aberglauben Nahrung genug zu verschaffen. Die=
se unzählige Beyträge zur Kirchengeschichte haben fast
alle einerley Hauptfehler: ihre Verfasser untersuchen
dieselbe nicht mit dem Vorsatze, die historische Wahrheit
vorzu=

vorzutragen, wie sie dieselbe finden; sondern sie sind fest
entschlossen, in der Kirchenhistorie nichts anders zu se=
hen und zu glauben, als was der Römischen Kirche vor=
theilhaft und rühmlich ist; oder wenigstens alles so lan=
ge zu drehen, bis es sich aus diesem Gesichtspunkte dar=
stellet. Ihre zum Theil sehr gelehrte und arbeitsame
Werke können bey der Geschichte der Kirche erhebliche
Dienste thun, wenn man die unzuverläßigen Nachrich=
ten und partheyischen Vorstellungen, mit welchen sie an=
gefüllt sind, von dem gesündern Theil derselben abzuson=
dern weiß; wenn man die Kritik, vor welcher sie sich in
der Geschichte scheuen, bey ihnen selbst anbringt.

So hat sich ein Theil der Römischkatholischen
Schriftsteller um die Gebräuche und die ganze innere
Verfassung der ältern Kirche verdient gemacht. Das
gelehrteste Werk von dieser Art hat der Französische Be=
nediktiner **Edmund Martene** in drey Bänden in la=
teinischer Sprache zu schreiben angefangen. Ihm steht
der Pater des Oratorii, **Johann Morinus**, zur Sei=
te, dessen Werk über die Geschichte der kirchlichen Buße
so bekannt ist. Der Cardinal **Bona**, **Renaudot**,
Muratori, und andere mehr, haben die alten Kirchen=
liturgien sehr geschickt erläutert. Von dem Bischof
Aubespine hat man schätzbare Anmerkungen über die
alten kirchlichen Gebräuche, und von vielen andern, ein=
zele Schriften, auch große Werke, über eben dieselben.
Das vollständigste System der christlichen Alterthümer,
zugleich durch Denkmäler derselben erläutert, würde das=
jenige werden, welches der Dominikaner **Mamachi**
seit zwanzig Jahren angefangen hat, wenn nicht die
ungeheure Weitläuftigkeit, in welche er sich verlieret,
alle Hofnung, dieses Werk von ihm geendigt zu sehen,
zernichtete.

Andere

Andere haben die Schlüsse und andere Urkunden
der Kirchenversammlungen in große Werke eingeschlossen, welche zusammengenommen allein eine kleine Bibliothek ausmachen. Die vornehmsten derselben schreiben sich vom **Labbe**, **Harduin** und **Mansi** her. **Sirmond**, **Aguirre**, **Hartzheim**, und andere mehr, haben die Kirchenversammlungen einzeler Länder zusammengetragen. Und eine Menge Schriftsteller aus dieser Kirche hat Einleitungen, Auszüge und Erläuterungen aller Art über die Kirchenversammlungen geschrieben, von denen ich nur den **Salmon**, den brauchbarsten unter allen, ingleichen den **Carranza**, **Cabaßutius** und **Thomaßin** nennen will.

Ein noch weitläuftigeres, und für die Römischkatholischen Gelehrten eben so geliebtes Feld der Kirchengeschichte, sind die Lebensbeschreibungen und Schriften der Kirchenlehrer gewesen. Neben der großen Sammlung ihrer Werke, in sieben und zwanzig Foliobänden, sind nicht allein kleinere erschienen, sondern auch die Schriften eines jeden besonders häufig genug herausgegeben worden. Insonderheit haben sich die Französischen Benediktiner von der Congregation des heiligen **Maurus**, wie **Mabillon**, **Maßüet**, **Touttee**, **Montfaucon**, **Martianay**, **Maran**, und andere mehr, durch ihre Ausgaben von den Werken der Kirchenväter einen bleibenden Ruhm erworben. **Cotelier**, **Lequien**, **Aßeman**, theilen denselben gleichfalls mit ihnen. Auch die großen Sammlungen von sehr mancherley Schriften und Urkunden, welche die Kirchenhistorie mit Nachrichten bereichern, und vom **Canisius**, **Martene**, **D'Acherey**, **D'Argentre**, **Petz**, und andern, veranstaltet worden sind, gehören an diesen Ort. Unter so vielen Leben der Kirchenschriftsteller, und Verzeichnissen oder Beschreibungen ihrer Werke, sind zwey vornehmlich merkwürdig. **Ludwig Ellies Dü Pin**, ein
Doktor

Doktor der Sorbonne, hat das erstere dieser Bücher, unter der Aufschrift: Neue Bibliothek der Kirchenschriftsteller, in vielen Quartbänden französisch geschrieben. Es hat viele Vorzüge von Seiten der Vollständigkeit, der Urtheile und der Schreibart: und es würde auch den Vorzug der Genauigkeit haben, wenn der Verfasser mit weniger Eilfertigkeit daran gearbeitet hätte, erst nach langen Untersuchungen zu demselben geschritten wäre. Das zweyte Werk ist von dem Benediktiner Remy Ceillier herausgegeben, und noch nicht völlig zu Stande gebracht worden. Er hat mehr arbeitsamen Fleiß als Du Pin gezeigt; aber eine schwache, bloß nach den herrschenden Grundsätzen seiner Kirche gestimmte Beurtheilungskraft.

An Lebensbeschreibungen von Heiligen und Märtyrern, alten und neuen, wahren, zweydeutigen und erdichteten, haben sich die Schriftsteller der Römischen Kirche beynahe müde geschrieben. Vom Surius an, einem deutschen Carthäuser, der nur Fabeln zu sammeln wußte, bis auf den vorsichtigern Benediktiner Ruinart, der die erweislichen wenigstens nicht so sehr verdächtigen Urkunden der Märtyrergeschichte in einem kleinen Bande zusammenfaßte, sind die Bücher dieser Art in ganzen Heeren zum Vorschein gekommen. Eines aber derselben hat gleichsam alle übrige verschlungen. Dieses sind die Acta Sanctorum, welche seit dem Jahr 1643 zu Antwerpen herauskommen, und die Heiligen der Römischen Kirche nach den Tagen des Calenders durchgehen. Die Verfasser desselben, die Jesuiten zu Antwerpen, sind im Jahr 1762 mit dem sechs und vierzigsten Foliobande, erst bis zum Ende des September gekommen. Kein anderes historisches Werk ist mit so vielen fabelhaften und abgeschmackten Erzählungen, mit so weitläuftigen Erörterungen unbeträchtlicher oder unnützer Nachrichten, mit so ekelhaften lobrednerischen Deklama=

flamationen, und mit so vielen Aufsätzen in der elende-
sten Mönchssprache, angefüllt. Aber alles dieses wird
hinwiederum durch eine so große Anzahl gelehrter Untersuchungen über die Kirchengeschichte, Zeitrechnung,
Erdbeschreibung, und die kirchlichen Alterthümer, ver-
golten, daß man es immer ein wichtiges Werk zur ältern
Geschichte nennen kann. Diese Jesuiten, welche überhaupt so gefällig gegen die verdächtigsten Zeugnisse und
Urkunden sind, geben doch auch scharfe Kunstrichter ab,
wenn es ihnen beliebt: und sie sind daher mit dem Car-
meliterorden, über den vermeinten Ursprung desselben
von dem Propheten Elias, und mit den Dominikanern,
über die adeliche Herkunft ihres Stifters, des heiligen
Dominicus, in heftige Streitigkeiten gerathen.

Ich würde kein Ende finden, wenn ich alle Beyträge Römischkatholischer Schriftsteller zu solchen Theilen
der Kirchengeschichte, welche insonderheit zur Ehre des
geistlichen Standes, und zur Unterhaltung der den Begriffen ihrer Kirche gemäßen Gottseeligkeit dienen, nur
nach ihren Gattungen anführen wollte. Ein jeder
Mönchsorden hat seinen Geschichtschreiber, oder vielmehr seine Panegyristen; fast jedes ansehnliche Biß-
thum und Kloster haben bereits die ihrigen. Die Jesuiten sind in ihrer Geschichte noch nicht weit über den
Anfang des vorigen Jahrhunderts gekommen, wie ich
aus der neuesten Fortsetzung derselben von dem P. Cor-
dara sehe; aber andere Römischkatholische, und auch
Protestantische Schriftsteller, haben ihnen längst die
Mühe ersparet, ihre Geschichte bis auf unsere Zeiten
fortzuführen. Mabillon hat die Geschichte des Be-
nediktinerordens mit vieler Gelehrsamkeit beschrieben.
Einen ähnlichen Dienst haben Echard, Quetif und
Touron dem Dominikanerorden geleistet, und Wad-
ding hat Jahrbücher des Franziskaner-Ordens in achtzehn Foliobänden aufgesetzt. Die Sammlung der
Mönchs-

Mönchsregeln vom Holstenius muß hier auch vorzüglich genannt werden. Selbst jedes Römischkatholische
Land hat einen Geschichtschreiber seiner Kirchen gefunden: Ughelli, Le Cointe, Florez, Hansiz, und andere mehr, sind den Gelehrten nicht unbekannt.

Doch diese Reihe von Nahmen ermüdet den Leser,
welcher Wahrheitsliebe, Unpartheylichkeit und Kritik in
der Geschichtbeschreibung sucht, und sie fast bey allen
angeführten Schriftstellern vermißt. Diese Eigenschaften haben nur in Frankreich bis zur Kirchengeschichte
dringen können. Es war einem Wunder ähnlich, daß
vor anderthalb hundert Jahren ein Servitenmönch zu
Venedig, Paul Sarpi, die Geschichte der Tridentinischen Kirchenversammlung, auf welche die Römische Kirche ohne Ursache stolz zu seyn pflegt, mit einer Freymüthigkeit und pragmatischen Strenge beschrieb, welche ihr
diesen Wahn völlig benehmen mußte. Was sonst der
Erfolg von Widerlegungsschriften nicht zu seyn pflegt,
das geschah durch die Geschichte des Tridentinischen Con-
cilii, welche der Cardinal Pallavicini dem Sarpi entgegen setzte: er bestätigte die Erzählungen desselben desto mehr, je mehr er sich bemühte, ihnen alle Glaubwürdigkeit zu benehmen. Die schöne Französische Uebersetzung und Erläuterung von dem Werke des Sarpi,
welche Courayer ans Licht gestellt hat, und die deutsche
Uebersetzung desselben, die erst geendigt worden, machen,
daß es jetzt in jedermanns Händen ist.

Allein weit häufigere Versuche einer freyen und
kritischen Kirchengeschichte, sind in der Französischen Römischkatholischen Kirche gemacht worden. Der wahre
Grund davon ist in den übrig gebliebenen Freyheiten
und Rechten dieser Kirche zu suchen. Sie allein unter
allen dem Römischen Bischofe unterworfenen Gemeinen, hat größtentheils bis auf unsere Zeiten die Unfehlbarkeit,

barkeit, welche er ſich anmaaßt, beſtritten; die oberſte
Gewalt einer allgemeinen Kirchenverſammlung über ihn,
ſo wie ſchon zwo derſelben, zu Coſtnitz und zu Baſel, dieſelbe feſtgeſetzt haben, vertheidigt, und die Unabhängigkeit der Fürſten von ſeinen Befehlen behauptet. Eine
ſolche Denkungsart hat, wie man leicht ſiehet, ihren gewiſſen Einfluß in die Betrachtung der ganzen Kirchengeſchichte: denn ſobald man dieſelbe angenommen hat,
ſteht kein Tyrann mit Bann und Schwerdte mehr zur
Seite, nach deſſen Willen und Vortheil man alle Begebenheiten vorſtellen muß. Der erſte Franzoſe, der
nach ſolchen beſſern Grundſätzen über die Kirchenhiſtorie geſchrieben hat, war im Anfange des letzten Jahrhunderts, der muthige aber endlich unterdrückte Verfech-
ter von den Freyheiten der Franzöſiſchen Kirche, Edmund Richer, Doktor und Syndicus der Sorbonne.
Seine Geſchichte der allgemeinen Kirchenverſammlungen hätte von keinem Proteſtanten unpartheyiſcher abgefaßt werden können: man kann ſie überaus wohl gebrauchen, um die Päbſtlichen Anſprüche durch Hülfe der
Kirchengeſchichte umzuſtoßen. Einige Zeit darauf wollte Petrus de Marca jene Freyheiten der Franzöſiſchen
Kirche mit der Hoheit des Pabſtes einigermaaßen in
Vereinigung bringen: er ſchrieb daher ſein berühmtes
und gelehrtes Buch de concordia Sacerdotii et Imperii,
welches J. H. Böhmer mit ſeinen Anmerkungen unter uns herausgegeben hat. So ſchätzbar auch daſſelbe
in der Kirchengeſchichte iſt; ſo erreichte er doch ſeine Abſicht mit demſelben ſo wenig, daß es zu Rom unter die
verbotenen Bücher geſetzt wurde: denn man muß ſich
dem jetzigen Rom, ſo wie ehemals dem alten, ohne alle
Einſchränkung ergeben, wenn man Beyfall und Gnade
von demſelben erlangen will. Du Pin hingegen handelte die Kirchenhiſtorie viel offenherziger ab: er zeigte
unter andern in ſeinem Buche de antiqua Ecclesiae di-
sciplina, wie wenig der alten chriſtlichen Kirche von den
Anfor-

Anforderungen der Römiſchen Päbſte, auf welche ſie ihre Herrſchaft über die Europäiſche Kirche gegründet haben, bekannt geweſen ſey: und ſeine bereits genannte Bibliothek der Kirchenſchriftſteller iſt durch eben dieſe freye und Wahrheitsliebende Beurtheilung, welche ihn durch die ganze Kirchengeſchichte geführt hat, zu Rom ungemein verhaßt worden.

Er hatte den **Johann Launoi,** wo nicht zum Lehrer in der Kirchengeſchichte, doch zu einem Vorgänger, der ihn überaus ermunterte. Kein Theologus der Franzöſiſchen Kirche hat mit ſo vieler Unerſchrockenheit und Gelehrſamkeit, als dieſer, die Fabeln beſtritten, welche ſich ſeit Jahrhunderten in die Kirchenhiſtorie eingeſchlichen hatten, und darunter meiſtentheils ſolche, die in Frankreich die mächtigſte Unterſtützung fanden. Er bewieß, daß **Dionyſius der Areopagit,** dieſer Schutzheilige von Frankreich, niemals in dieſes Land gekommen ſey, noch viel weniger die erſte chriſtliche Kirche daſelbſt angelegt habe: daß auch **Lazarus** und **Magdalena** nie in Provence, wie man glaubte, gelandet wären; daß die gemeine Erzählung von dem Bewegungsgrunde, aus welchem der heil. **Bruno** den Carthäuſerorden geſtiftet habe, erdichtet ſey; daß man auch dasjenige unter die Fabeln rechnen müſſe, was die Carmeliter von dem Geſichte ihres Generals **Simon Stock,** und von der wunderbaren Kraft ihres Skapuliers, in der Welt ausgebreitet haben. **Launoi** war inſonderheit ein gefährlicher Feind der unächten Heiligen, von welchen der Calender der Römiſchen Kirche voll iſt. Er zeigte von verſchiedenen derſelben, daß ſie nie in der Welt geweſen wären. Weit dreiſter als alle, die ich bisher angeführt habe, behauptete er die Rechte des Königs und der Franzöſiſchen Kirche gegen die Eingriffe des Pabſtes. Auch ſeine Schriften von anderm Inhalte ſind meiſtentheils ſehr nützliche Beyträge zur Kirchengeſchichte. Nach

I. Theil.   Q   ſeinem

feinem Beyspiel haben andere Franzosen in der Kirchen=
und besonders in der Heiligen=Geschichte einige Verbesse=
rungen angebracht. So hat Adrian Baillet die Leben
der Heiligen von manchen Fabeln gereinigt, und Mabil=
lon hat in einer kleinen Schrift von der Verehrung un=
bekannter Heiligen, sich denselben nicht günstig bezeigt.

Zu eben der Zeit, da die Kirchengeschichte in Frank=
reich auf diese freyere Art bearbeitet wurde, von der
Mitte des vorigen Jahrhunderts an, klärten einige an=
dere Schriftsteller dieses Reichs sie wenigstens durch sehr
gelehrte Bemühungen auf, wenn sie gleich die Vorstel=
lungen, welche ihre Kirche in dieselbe gebracht hatte, ei=
frig fortpflanzten. Die beyden Jesuiten, Petau und
Sirmond, waren große Kenner der Kirchenhistorie;
alles was sie aus derselben hervorgezogen haben, ist noch
lesenswürdig; allein ihr Orden und ihre Kirche leuchten,
sonderlich bey dem erstern, immer hervor. Der große
Arnauld war neben vielen andern Theilen der Wissen=
schaften, auch in der Kirchengeschichte sehr geübt. Er
wandte dieselbe insonderheit an, um die Lehre seiner Kir=
che vom heiligen Abendmahle durch übereinstimmende
Zeugnisse der Kirche von ihrem Ursprunge an bis auf
die neuern Zeiten, zu bestätigen: und der berühmte
Streit, welchen er und Nicole mit Claude darüber
führten, hat ihnen Ehre genug, aber ihrer Kirche keinen
Vortheil gebracht. Doch als das Haupt der Janseni=
sten, griff Arnauld sogar mit Hülfe der Kirchenhistorie
eine Lieblingsmeinung des Römischen Stuhls an, indem
er in einigen Schriften zeigte, daß nicht Petrus allein,
sondern auch der Apostel Paulus mit gleichem Rechte,
das Haupt der Kirche zu nennen sey. Zu diesen Ge=
lehrten setze ich noch besonders die schönen Arbeiten des
Heinrich du Valois über die alten Kirchengeschicht=
schreiber. Was er in der Zueignungsschrift derselben
an die Französische Geistlichkeit rühmt, daß die Kirchen=

histotie

historie vorzüglich geschickt sey, die Ketzer von der Wahr=
heit der Römischen Kirche zu überzeugen, klingt in den
Ohren der Protestanten sehr unerwartet; sobald sie aber
hören, daß er sich auf die ununterbrochene Folge von
Bischöfen beruft, deren seine Kirche seit den Zeiten der
Apostel genossen habe: so schenken sie ihm dieses ange=
botene Mittel zur Ueberzeugung, ohne alle Unruhe.

Der Bischof Boßuet verdienet ohne Zweifel eine
besondere Stelle, unter den Franzosen, welche die Kir=
chengeschichte mit Ruhm abgehandelt haben. Seine
Werke, die dahin gehören, sind Meisterstücke der histori=
schen Beredsamkeit; aber man möchte wünschen, daß
sie es weniger wären. Zwar seine Einleitung in die
allgemeine Geschichte der Welt bis auf Carln den
Großen, welche der Herr Hofprediger Cramer so
brauchbar gemacht, und mit einem so beneidenswürdi=
gen Glücke fortgesetzt hat, giebt der Geschichte seltner ei=
nen Anstrich zum Besten seiner Kirche; er führt dagegen
die ganze Geschichte auf die Religion, und auf die Spu=
ren der göttlichen Vorsehung in ihrer Ausbreitung und
Erhaltung zurücke: und wenn er bey dieser Gelegenheit die
Wahrheit in der Geschichte ergreift, so könnte sie nicht ein=
nehmender vorgestellt werden. Aber in der Geschichte der
Veränderungen des Lehrbegriffs der Protestanten, ist er
weniger ein Geschichtschreiber als ein schlauer und beredter
Sachwalter, der alles, was seine Gegenparthey gethan
hat, zu ihrem Schaden zu vergrößern, und gehäßig abzu=
bilden weiß. Basnage hat diese sogenannte Geschichte
sehr wohl widerlegt; gleichwohl wird sie für diejenigen,
welche über einige abgerissene Stücke aus der Historie der
Protestanten urtheilen, ohne sie ganz zu kennen, immer
ein verführerisches Buch bleiben.

Doch Boßuet ist gegen die beyden unverschämten
Verfälscher der Kirchengeschichte, so wie der Historie
überhaupt, den Anton Varillas, und Ludwig Maim=

Q 2 bourg,

bourg, noch sehr bescheiden zu nennen. Beyde verstanden die Kunst, welche Bayle nur einem von ihnen zuschreibt, die Geschichte in Romanen, und Romanen in Geschichte zu verwandeln. Sie sind die wahren Muster und Vorläufer von der neuern Französischen Art, die Historie mit einer Schminke zu überziehen, welche sie ganz unkenntlich macht; Anekdoten zu erzählen, ohne sie durch Zeugen zu bekräftigen; um dem Leser zu gefallen, und Bewunderung bey ihm zu erregen, in einer artigen und witzigen Schreibart von der historischen Wahrheit nur so viel beyzubehalten, als ihnen anständig ist; desto mehr aber aus ihrer Einbildungskraft und ihrem fast immer zu frühzeitigen Urtheil dazu zu setzen: ein Bild, das Voltaire zur Vollkommenheit gebracht hat, und welches sich unglücklicher Weise auch in Deutschland der kaum aufwachsenden Geschichtbeschreibung bemächtigen will. In diesem Tone haben Varillas und Maimbourg die Geschichte der neuern Ketzereyen, wie man in der römischen Kirche zu reden pflegt, und der letztere auch einige Theile der ältern Kirchenhistorie, beschrieben. Ich habe keine angenehmere Lügner aus dem vorigen Jahrhunderte gelesen, als diese beyden in der That theatralischen Schriftsteller. Wenn man unterdessen mit der Geschichte bekannt ist, so kann Maimbourg noch einigermaßen genützt werden.

Von diesen beyden unterscheidet sich der Französische Dominicaner Natalis Alexander desto vortheilhafter. Er hat in lateinischer Sprache eine Kirchengeschichte des Alten und Neuen Testaments geschrieben, die seit dem Ende des vorigen Jahrhunderts bereits mehrmals, in acht Foliobänden, auch zwey und dreyßig Oktavbänden, gedruckt worden ist. Sie ist das gelehrteste und beste Werk, das man bis auf unsere Zeiten über die gesammte Kirchenhistorie, von einem römischkatholischen Schriftsteller erhalten hat. Nach den strengern Begriffen einer Geschichte beurtheilt, kann sie zwar diesen Namen nicht führen: denn sie ist mehr eine brauchbare Sammlung zur Kirchengeschichte, und die
schola=

scholastische Methode der Klöster war dem Verfasser so natürlich geworden, daß er seine Beweise oft durch ordentliche
Syllogismen führt. Sonst aber ist doch sein Vortrag ziemlich deutlich und zusammenhängend: ja die Seltenheit, einen Mönch mit so vieler Freyheit und Ehrlichkeit schreiben
zu sehen, macht, daß man jenen Anstoß leicht überwindet.
Der P. Alexander hatte die Kirchengeschichte bey ihren
Quellen untersucht; er nennt dieselben aufrichtig, und scheinet sie nicht mit Vorsatze trüb zu machen. In dieser Gesin-
nung, und für die Freyheiten der französischen Kirche eingenommen, zeigt er ihren Grund in der Geschichte, ohne
Zurückhaltung: er wirft mit eben diesem Beystande alle
Stützen um, welche die Päbste in einer nach ihrer Vorschrift abgefaßten Kirchenhistorie aufgerichtet haben.
Dieser Dominicaner glaubt nichts von der unglaublichen
Schenkung Constantins des Großen an den römischen
Bischof; er erkennt, daß der Pabst Honorius auf der
sechsten allgemeinen Kirchenversammlung mit Recht als
ein Ketzer verdammt worden sey; er mißbilligt die kühne
Gewaltthätigkeit Gregors des Siebenten, mit welcher
er dem Kaiser seine Krone entriß: und alle andere Eingriffe
der Päbste in die Rechte der Fürsten, der allgemeinen Kirche, und der übrigen christlichen Lehrer, bestreitet er mit gleichem Ernste aus der Kirchenhistorie. Der Pabst Inno-
cenz der eilfte ergrimmte über den aufrührerischen, obgleich gegen die Päbste noch sehr ehrerbietigen, Dominicaner, und verbot bey Strafe des Banns, seine Kirchengeschichte zu lesen. Dieser fühlte selbst die natürliche Abhängigkeit, welche die Mönche mit dem römischen Bischofe verbindet: er legte daher bey dem Ende des sechszehnten Jahrhunderts, die Feder nieder. Allein in unsern Zeiten hat ihn
sein Ordensbruder, der Past Benedikt der dreyzehnte,
aus dem Verzeichnisse der verbotenen Schriftsteller wieder
herausgenommen. Wäre dieser Schriftsteller kein Mönch
gewesen, so würde er in der Entdeckung der Wahrheit noch
viel weiter gekommen seyn. Die Abhandlungen, welche er

Q 3　　　　　　　　　　in

in diesem Werke theils Dallä Schriften entgegen gesetzt
hat, um das Alterthum der Lehre und der gottesdienstlichen
Gebräuche seiner Kirche zu retten, theils über viele andere
Materien eingerückt hat, sind unterdessen keineswegs zu
verachten.

Der Fleiß, den zu eben derselben Zeit ein französischer
Edelmann und Geistlicher, Sebastian le Main de Tillemont, auf die christliche Kirchengeschichte gewandt hat,
ist bewundernswürdig groß. Dieser berühmte Freund der
Jansenisten sammlete vierzig Jahre an einem Werke, von
welchem er im Jahr 1693 den ersten Quartband zu Paris
herausgab; die übrigen funfzehn aber sind eben daselbst
nach seinem Tode ans Licht gestellt, und das ganze Werk ist
seitdem ein paarmal in dreyßig Oktavbänden wieder gedruckt worden. Er nannte es „Nachrichten (Memoires)
„zur Kirchengeschichte der sechs ersten Jahrhunderte, wel-
„che durch die Anführungen der ersten und ältesten
„Schriftsteller unterstützt werden.„ Nie hat ein Werk
diese Aufschrift besser verdienet. Es ist eigentlich eine zusammenhängende Sammlung von allen Stellen der alten, öfters auch neuerer beträchtlicher Schriftsteller, welche die Geschichte der Christen in ihren ersten 513 Jahren,
erzählen oder erläutern. Diese unübersehliche Belesenheit
ist gleichwohl mit einer eben so großen Genauigkeit verbunden. Zwischen diesen fremden Stellen stehen seine
kurzen Urtheile und aufklärenden Anmerkungen; aber
allemal in Klammern eingeschlossen, um zu verhüten, daß
die Leser nicht eine einzige Zeile, nicht ein Verbindungs-
wort, das er hinzusetzt, auf die Rechnung der angeführten
Zeugen schreiben möchten. Die Geschichte selbst steht eigentlich bey ihm in keiner Verbindung. Er theilt lauter
abgesonderte Lebensbeschreibungen, ausführliche Erzählungen von ketzerischen Partheyen, Kirchenversammlungen, und andern dergleichen Begebenheiten, welche allein
gestellet sind, mit. Seinen sehr gelehrten weitläuftigern

Unter-

Untersuchungen hat er den Nahmen der Anmerkungen gegeben: er ist größtentheils unpartheyisch, scharfsinnig,
aber auch bescheiden im Urtheilen, und sehr oft glücklich in
Vermeidung der Fabeln. Sein Werk kann wegen der
Trockenheit, welche es durch diese Einrichtung angenommen hat, nicht zum Vergnügen gelesen werden; aber es ist
ungemein bequem, um die Wahrheit der Geschichte zu er-
örtern; denn er hat gleichsam alle Zeugen persönlich ver-
sammelt, und den richterlichen Ausspruch über streitige
Erzählungen möglichst erleichtert. Zwar findet man selbst
die Geschichte der ersten sechs Jahrhunderte bey ihm nicht
ganz vollständig; allein man kann mit dem vortrefflichen
Stoff, den er zur Geschichte vorbereitet hat, wohl zufrieden seyn. Es ist auch derselbe bis auf unsere Zeiten von
vielen Schriftstellern gut genützt worden.

Diese Zeit schien in Frankreich dazu bestimmt zu seyn,
gute Bücher über die Kirchenhistorie hervorzubringen.
Der Dritte, der damals ein solches Werk schrieb, aber in
Ansehung des Geschmacks und der Methode so weit vom
Tillemont als vom Natalis Alexander entfernt, war
der Abt Claudius Fleury, Beichtvater des jetzigen Königs von Frankreich während seiner Minderjährigkeit.
Seine französisch abgefaßte Kirchengeschichte geht bis
zum Jahr 1414, und ist vom Jahr 1691 an, in zwanzig
Quartbänden zu Paris zum Vorschein gekommen, nachher einigemal in Oktav von neuem gedruckt, auch von dem
P. Faber fortgesetzt worden. Fleury schreibt sehr angenehm, ordentlich und zusammenhängend: zwar etwas
weitschweifig, aber doch meistentheils unterrichtend. Er
urtheilt frey und oft richtig: er verwirft auch viele Fabeln; doch hat er noch genug derselben, so wie Unrichtig-
keiten anderer Art, beybehalten. Und wenn gleich seine
Erzählung in einer natürlich guten Verbindung fort-
fließt; so fehlt ihr doch noch hin und wieder viel, um pragmatisch heißen zu können: und eben so viel findet auch die

Q 4   Kritik

Kritik noch in derſelben zu thun. Man darf ſich nicht wundern, daß dieſes Werk das Lieblingsbuch der Franzoſen in
der Kirchengeſchichte iſt; zumal, da Alexander lateiniſch,
und weit mehr für die Gelehrten, Fleury hingegen für jedermann geſchrieben hat. Aber daß man dieſes Werk in
die deutſche Sprache zu überſetzen angefangen hat, darüber muß man ſich mit Recht verwundern. Wir ſind nicht
ſo arm an Schriftſtellern, daß es unmöglich wäre, eine
Kirchengeſchichte zum allgemeinen Gebrauch für deutſche
Proteſtanten aufzuſetzen, welche einerley Annehmlichkeiten des Vortrags mit dem Werke des Fleury, noch mehr
durchgehends herrſchende Richtigkeit, eine ſtrengere Wahl
der Begebenheiten, und keinen ſo ungeheuren Umfang hätte; deren Verfaſſer auch kein ſo williger Bewunderer von
Heiligen wäre, noch ſo deutliche Spuren hinterließe, daß
er ein Mitglied der Römiſchen Kirche ſey. Wird aber die
Geſchichte des Fleury bloß für die Gelehrten überſetzt, ſo
weiß ich nicht, ob ſie dieſes Geſchenk vor ſehr wichtig halten, und ob ſie nicht wenigſtens die Urkunde ſelbſt, welche
nach dem Brüßler Nachdrucke nicht ſonderlich koſtbar iſt,
lieber leſen möchten. Die beſondern Abhandlungen und
Unterſuchungen hingegen, welche Fleury in ſein Werk eingerückt hat, hätten weit eher verdient, in einigen Bänden
abgedruckt zu werden, wie ſolches ſchon ehemals zu Paris
geſchehen iſt. Ich ſehe würklich, daß diejenigen, welche den
Fleury deutſch ankleiden, mehr Geſchicklichkeit beſitzen,
als bloße Ueberſetzer. Um deſtomehr wünſchte ich, daß ſie
uns ein urſprünglich deutſches Werk mitgetheilt hätten:
denn an ſolchen fehlt es unſerer ganzen Geſchichtskunde
noch am merklichſten, und in der Kirchengeſchichte ſollte
uns dieſes am wenigſten gleichgültig ſeyn. Die Franzoſen
haben wohl zuweilen auch der Kirchenhiſtorie des Fleury
das ähnliche Buch des Choiſy an die Seite geſetzt; allein
dieſer Schriftſteller, der bloß zum Vergnügen ſolcher Leſer ſchreibt, bey denen die Gelehrſamkeit eine Nebenſache
iſt, der außerdem das meiſte dem *Natalis Alexander*
und

und Tillemont zu danken hat, kann wohl mit einem niedrigern Range zufrieden seyn. Auch die Kirchengeschichte
des Bischofs Godeau, welche jetzt für die Römischkatholischen in Deutschland übersetzt wird, ist ein sehr mittelmäßiges Werk.

Außer diesen Bemühungen, welche in der Römischkatholischen Kirche von Frankreich auf die Kirchengeschichte
gewandt worden sind, hat sie zwar noch eine Anzahl gelehrter Schriften über dieselbe, und eine Menge angenehmer
Nachrichten zu einzelen Theilen derselben, hervorgebracht.
Allein ich sehe hier nur auf das Große und Ausnehmende;
auf den allgemeinen Zustand, in welchem sich diese Wissenschaft bisher in Frankreich befunden hat. Er ist glücklicher als in irgend einem andern Lande der Römischen Kirche: gleichwohl sieht man leicht, daß die Franzosen in der
Kirchenhistorie noch viel mehr hätten ausrichten können,
wenn sie die Freyheit, auf welche sie stolz sind, zur genauen
Wahrhaftigkeit und Unpartheylichkeit in derselben hätten
nützen wollen. Sie haben einen großen Mann gehabt,
welcher ihr Muster in der Beschreibung der geistlichen und
weltlichen Geschichte hätte werden können: den Präsiden-
ten Jacob August de Thou, (im Lateinischen Thua-
nus,) vielleicht den vollkommensten Geschichtschreiber der
neuern Zeiten. Es scheinet aber fast, als wäre diese Nation nicht zu dem ernsthaften und abgemessenen Schritte
der Geschichtbeschreibung gebauet: sie hüpft und tanzt,
wie im gemeinen Leben, also auch in der Geschichte, fast immer über den Weg hinaus, und selbst die guten Geschichtschreiber, welche sie aufweisen kann, sind meistentheils entweder zu witzig oder zu spöttisch: mehr bemüht zu gefallen,
als von der Wahrheit ungetrennt, zu unterrichten. Dazu
kommt noch dieses, daß die Kirchenhistorie in Frankreich
fast von lauter Geistlichen bearbeitet worden ist: und diese sind keineswegs die geschicktesten, um ihr gewisse Arten der Vollkommenheit zu verschaffen.

Q 5　　　　　　　　　Nächst

Nächst Frankreich hat die christliche Geschichtskunde noch in Italien die günstigste Aufnahme unter Römisch-katholischen Gelehrten erhalten; aber, hier äußert sich schon der Mangel an derjenigen Freyheit, die ihr so unentbehrlich ist. Wo es in derselben auf gelehrte Untersuchungen, alte Gebräuche, Zeitrechnung, Sammlungen von Stellen der Kirchenväter, und andere Gegenden, in denen Fleiß und Wissenschaft geschäftig seyn können, ankommt, da sind die Arbeiten der Italiäner zum Theil vortrefflich. So hat der Cardinal Noris, um nur einen der vornehmsten Schriftsteller dieser Art zu nennen, sehr brauchbare Erörterungen über die alte Kirchengeschichte angestellt. Aber alle Vorurtheile und falsche Gestalten, welche die Päbste in die Kirchenhistorie eingeführt haben, bleiben in den Schriften der Italiäner nicht allein unangetastet stehen; sondern werden auch oft von ihnen mit Hitze und Eifer verfochten. Ein sehr gelehrter Mann dieser Nation, Carolus Sigonius, hat eine christliche Kirchengeschichte bis zum Jahr 311 geschrieben; wenn man aber die schöne lateinische Schreibart von derselben abzieht, so bleibt beynahe nichts übrig, wodurch sie sich von den gewöhnlichen Erzählungen der Römischen Kirche unterschiede. Sie steht nicht allein in der großen Sammlung seiner Werke, sondern ist auch vom Horatius Blancus oder Bianchi besonders (zu Meyland 1734. 8.) herausgegeben worden, dessen Vorrede zwar lesenswürdig, aber sehr heftig zugleich gegen die Protestanten geschrieben ist. In den neuesten Zeiten hat der Dominicanermönch, Joseph Augustin Orsi, der erst vor einigen Jahren als Cardinal gestorben ist, ein großes Werk über die Kirchengeschichte in Italiänischer Sprache angefangen, und, so viel ich weiß, hat ihn Benedikt der Vierzehnte selbst dazu aufgemuntert. Dieser Schriftsteller, der auch durch andere Arbeiten seine Fähigkeit zu einem solchen Unternehmen gezeigt hat, besitzt ebenfalls außer seinem feinen Ausdrucke, seiner Gelehrsamkeit, und einiger Vorsichtigkeit bey unerträglichen

chen Fabeln, keine wichtigen Vorzüge: er schreibt außer=
dem so weitläuftig, daß er in sechszehn Bänden nur die
fünf ersten christlichen Jahrhunderte zusammen gefaßt
hat. Unterdessen ist doch sein Werk der Kirchengeschichte
des P. Berti, eines berühmten Augustinermönchs, wel=
cher im Jahr 1766 zu Pisa verstarb, vorzuziehen. Diese
ist zwar selbst in Deutschland nachgedruckt worden, weil
die Römischkatholischen in unserm Vaterlande, kein besse=
res Handbuch der Kirchenhistorie finden können; sie ist
aber der übrigen Gelehrsamkeit des Verfassers keineswegs
würdig: nur in der einzigen Betrachtung kann sie bey sei=
nen Glaubensgenossen einen Nutzen schaffen, daß sie sich
dem Verderben, welches ihre Kirche den Jesuiten schul=
dig ist, an vielen Stellen muthig widersetzt.

Jetzt scheinet in der deutschen Römischkatholischen
Kirche, welche bisher keine andere Einsichten in der Kir=
chenhistorie verlangte, als die sie von Rom empfieng, durch
die Hülfe dieser Wissenschaft ein Licht aufzugehen, welches,
wenn ihm der Eingang nicht gewaltsam versperrt wird,
die Gemüther sehr geschwind erleuchten kann. Ein Pro=
fessor des kanonischen Rechts zu Trier, Herr D. Neller,
(oder nach andern Nachrichten, ein gewisser Herr Morel=
li,) ist durch die Untersuchung der Kirchengeschichte auf
eben denjenigen Weg gerathen, auf welchem die Verthei=
diger der Freyheiten der Französischen Kirche die Nichtig=
keit der vorgegebenen Unfehlbarkeit, und anderer damit
verbundener Ansprüche des Römischen Bischofs, schon
seit so langer Zeit erkannt haben. Dieses hat er in seinem
berühmten Werke, welches er unter dem angenommenen
Nahmen Justinus Febronius im Jahr 1763 heraus=
gegeben hat, freymüthig gestanden. Es hat in Deutsch=
land großes Aufsehen verursacht, in Frankreich würde es
fast gar keines gemacht haben. Die Früchte desselben mö=
gen so klein oder so ansehnlich seyn als sie wollen; so ist die
Erscheinung selbst immer wichtig. Man braucht, wie man
hieraus

hieraus sieht, die christliche Geschichte nur mit einiger Aufmerksamkeit und Liebe zur Wahrheit in der Römischen
Kirche durchzugehen, um durch dieselbe belehrt zu werden,
wie viel der Geistlichkeit und der ganzen Kirche von ihren
Rechten durch die römischen Bischöfe geraubt worden sey.
Von dieser Erkenntniß, welche der Gelehrte, den ich eben
genannt habe, erlangt hat, giebt es nur noch wenige
Schritte bis zur Einsicht in die Verfälschung der Lehre
selbst, welche gleichfalls bloß durch die Kirchengeschichte
sichtbar werden kann, wenn sich die Mitglieder dieser Kirche vor andern Untersuchungen scheuen. Reißt sich jemals
ein Theil der römischen Kirche von dem päbstlichen Joche
loß, (und welche Gemeine hat mehr Bequemlichkeiten,
dringendere Bewegungsgründe dazu, als die Deutsche
und Französische?) so wird ihr glücklicher Entschluß entweder durch die Empfindung des Unheils, das jene Regierung in allen Staaten hervorbringt; oder durch die Betrachtung ihres späten Gesetzwidrigen Ursprungs und des
Unglücks, das sie schon seit vielen hundert Jahren unter den
Christen gestiftet hat, mit einem Worte, durch öftere Blicke
in die Kirchengeschichte, am kräftigsten befördert werden.

Es giebt noch kleinere Gemeinen unter den Christen,
deren Lehrer sich zuweilen um die Kirchengeschichte verdient
gemacht haben; aber ihre Arbeiten sind gegen diejenigen
gehalten, welche ich bisher angezeigt habe, insgesammt
nur unbeträchtlich. Sie erläutern entweder nur die Geschichte dieser Gemeinen selbst; oder sie stellen die ältere
Kirchenhistorie auf eine ihnen vortheilhafte Weise vor.
Die allgemeine Begierde aller Kirchen und Partheyen in
der christlichen Welt, den ersten Christen ähnlich zu sehen,
spricht oft aus den kleinsten, aus denjenigen, welche von
dem christlichen Alterthum am weitesten abgewichen sind,
am eifrigsten. Wenn sie diese Abweichung in Ansehung
ihres Lehrbegriffs selbst fühlen: so soll sie durch die Erneuerung gewisser Gebräuche wieder ersetzt werden. Der
Bru-

Bruder- und Schwester-Nahme, der unter den ersten Christen üblich war, ihre Liebesmahle, die Taufe durch das Eintauchen, und andere Anstalten dieser Art, haben von Zeit zu Zeit eine neue Sekte unter den Christen empfehlen sollen. Doch ich rede von der Aufnahme der christlichen Geschichtskunde selbst, nicht von dem partheyischen Mißbrauche, den die Stifter neuer Gemeinen von derselben gemacht haben. Unter diesen allen findet sich kein Schriftsteller, der in diesem Verzeichnisse einen vorzüglichen Platz einnehmen könnte, als Johannes Clericus. Dieser berühmte Professor der Philosophie an dem Gymnasio der Remonstranten zu Amsterdam, der etwas zu leicht von Dingen schrieb, welche er nicht genugsam untersucht hatte, aber doch in allen seinen Schriften viele scharfsinnige und nützliche Anmerkungen, Urtheile und Meinungen, welche die Gelehrten in Bewegung setzten, vorgetragen hat, war in der Kirchengeschichte geübter, als es die meisten Lehrer dieser Gemeine gewesen sind. Die Arminianischen Gelehrten scheinen bereits vom Episcopius an, die Kirchengeschichte nicht sonderlich geachtet zu haben: und ihr Lehrbegriff, der so kurz und so gleichgültig ist, kann in der That der Untersuchungen über den Glauben der ersten Kirche gar wohl entrathen. Clericus brauchte die Kirchenhistorie zu andern Absichten. Er glaubte, ohngefähr wie Arnold unter uns, dem er doch in aller Art überlegen war, daß diese Geschichte mit falschen Vorstellungen angefüllt, und insonderheit mit einem viel zu partheyischen Lobe der Kirchenlehrer beladen worden sey. Seine Beurtheilung ist auch öfters richtig; aber eben so oft zu bitter und verächtlich gegen verdiente Männer, zu gewagt bey streitigen Materien, und nicht immer ehrerbietig genug gegen die Religion. Cave schien ihm, nicht eben ohne Grund, ein eifriger Freund der Kirchenväter zu seyn, als es einem Geschichtschreiber erlaubt ist; aber er war dagegen nicht ihr billigster Richter. Ich spreche deswegen seinen Lebensbeschreibungen einiger Kirchenväter, welche man auch ins

Deut-

Deutsche übersetzt hat, keineswegs ihren Nutzen ab: ich wünsche vielmehr, daß sie von allen gelesen werden mögen, die sich der Kirchengeschichte ergeben; aber das eingenommene Gemüthe wider die Lehrer, und die Strenge, mit welcher er ihnen, ohne Rücksicht auf ihre Zeiten, begegnet hat, können sehr bald ansteckend werden; zumal in einem Zeitalter, wie das unsrige ist, wo die historische Kritik nach und nach in Satyre und Schmähschriften auszuarten drohet. Die Quaestiones Hieronymianae sind eines verwandten Inhalts mit den erstgenannten Schriften des Clericus: er erniedrigt darinne ebenfalls diesen Kirchenlehrer etwas zu tief; unterdessen wird dadurch seine Schrift zu einem guten Gegenmittel wider die unmäßige Bewunderung, mit welcher Hieronymus in der Römischen Kirche angesehen wird. Er hat auch die Kirchengeschichte der ersten zwey Jahrhunderte in einem besondern Buche beschrieben; zwar nicht überall vorsichtig und geprüft in seinen Urtheilen; aber frey und gelehrt, zum Gebrauche derer, welche es vertragen können, daß manche Begebenheiten von andern Schriftstellern weit anders als von ihnen betrachtet werden; auch mit manchen schönen Betrachtungen begleitet.

Diese lange Reihe von Gelehrten, welche die christliche Kirchengeschichte seit ihren ersten Zeiten aufbehalten, oder sie von neuem aufgeklärt und nutzbar gemacht haben, leistet meinen Lesern nicht allein den Dienst, zu zeigen, was vor Führern sie sich in dieser Geschichte anvertrauen können, und wie mißlich es sey, nur den Schriftstellern gewisser Kirchen, nur solchen zu folgen, welche glauben, daß die Erzählungen, Begriffe und Urtheile in der christlichen Geschichte einmal für allemal bestimmt und festgesetzt seyn müssen. Sie leitet sie auch überhaupt zu fruchtbaren Betrachtungen über die wahre Methode, nach welcher diese Geschichte untersucht, vorgetragen und gebraucht werden muß. Die wichtige und unentbehrliche Frage, welches diese Methode sey, wird den Inhalt des letzten Abschnittes ausmachen.

Vierter

Vierter Abschnitt.

Methode
der Untersuchung und des Vortrags
der
christlichen Kirchengeschichte.

———

Je näher ich der Geschichte trete, welche in diesem
Werke beschrieben werden soll; desto weniger
kann ich eine gewisse Furchtsamkeit verbergen,
die mir auf dem Fuße nachfolget. Die Würde eines
Geschichtschreibers ist in meinen Augen allemal groß und
vortrefflich gewesen; aber jetzt fange ich an zu besorgen,
daß ich mir dieselbe nicht lebhaft genug möchte vorgestellet haben, da ich den Vorsatz, ein Buch, wie das
gegenwärtige ist, aufzusetzen, bey mir entstehen ließ.
Es kann seyn, daß ich den Begriff der Kirchengeschichte richtig bestimmt, daß ich keine erhebliche
Brauchbarkeit derselben vorbeygelassen, und sowohl
von den Quellen als Hülfsmitteln derselben auf eine Art
geurtheilet habe, mit welcher meine Leser nicht unzufrieden sind. Diese Kenntniß vorausgesetzt, ist also wohl
nichts weiter übrig, und nichts leichter, als diese Geschichte selbst zu erzählen? Doch nein, sehr vieles und das
schwerste fehlet mir noch, wenn ich mit einem Geschichtschreiber einige Aehnlichkeit haben soll. Die Bücher und
die Begebenheiten liegen vor mir offen: ich sehe eine un-
ermeßliche, überhaupt genommen sehr wichtige und nützliche Geschichte, von der sich ein ganzes Leben hindurch
schreiben läßt. Aber was kann ich von derselben mit
Gewiß-

Gewißheit, mit lehrreichem Eindruck, würdig gelesen, wiederholt, dem Gedächtniß und dem Herzen eingeprägt zu werden, schreiben? und wie muß ich es vortragen, wenn es die Beurtheilung schärfen, die Menschen mit sich selbst bekannt machen, unterrichten, gefallen und rühren soll? Einen niedrigern Endzweck habe ich mir nicht vorgesetzt; allein diesen zu erreichen, wird mehr mein Wunsch und Bestreben, als meine Hoffnung seyn. Hier muß ich mir selbst die Gesetze vorschreiben, nach welchen ich gerichtet werden will. Sie hängen nicht von meinem Willkühr ab; sie sind streng und vielfordernd: vielleicht schenkt man der sichtbaren Bemühung sie zu erfüllen, die häufigen Abweichungen, in welche ich von denselben gerathen werde.

Allein dieser Abschnitt soll zugleich von einer allgemeinen Brauchbarkeit seyn. Wenn meine Leser gleich von dem Nutzen der Kirchengeschichte überzeugt sind, und die vornehmsten Schriftsteller zu schätzen wissen, die sich mit derselben beschäftigt haben: so merken sie doch ohne Zweifel, daß ihnen noch etwas mangele, um diese Anführer begleiten, und jene Brauchbarkeit genießen zu können. Und dieses ist der Weg, die Vorsichtigkeit, die Richtung und Anstrengung der Gemüthskräfte, welche den Absichten dieser Wissenschaft angemessen ist: kurz die bewährte Methode, die uns gerade zu in ihr Innerstes führet. Ich verbinde, wie man sieht, die Art sie zu erlernen, mit der geschicktesten Weise, sie vorzutragen: und ich werde dabey keine Schwierigkeit finden. Wer die Kirchengeschichte lehrreich und einnehmend beschreiben will, muß sie nach eben denselben Regeln studirt haben, nach welchen sie ein anderer untersucht, der sie bloß zu seinem eigenen Gebrauche zu kennen verlangt: er muß sich also auch nach denselben beurtheilen lassen.

Wäre

Wäre die Kirchenhistorie bloß für das Gedächtniß bestimmt, so würde die Frage von der Methode, welche bey derselben beobachtet werden muß, beynahe überflüßig seyn. Man würde alsdenn keine andere Sorge haben, als Schriftsteller, welche in dem Rufe der Zuverläßigkeit stehen, fleißig zu lesen, und von ihren Erzählungen so viel zur künftigen Erinnerung zu sammeln, als es der Platz erlaubt, den man gleichsam in seinem Kopfe dazu finden kann. Die Beschreibung dieser Geschichte könnte in dem gedachten Falle schon sehr brauchbar heißen, wenn sie bloß auf die sorgfältigste Genauigkeit und Weitläuftigkeit gebauet wäre. Höchstens würde man noch begehren können, daß die Mühe des Merkens durch eine bequeme Ordnung erleichtert werde. Allein diese Art, die Kirchengeschichte kennen zu lernen, oder sie vorzutragen, ist keines denkenden Lesers werth. Man hat sehr wohl gesagt, daß wir, ohne mit der Geschichte bekannt zu seyn, stets Kinder bleiben. Ich glaube hingegen mit gleichem Rechte sagen zu können: Wer alles weiß, was zur Geschichte gehöret, sollte ihm auch kein einziger beträchtlicher Umstand entwischen, und hat diesen großen Vorrath nicht anders in seiner Gewalt, als daß er ihn wieder hergeben, ohngefähr wie auswendig gelernt mittheilen kann, der ist nur ein Kind von glücklichem Gedächtnisse. Die mühsamen Sammlungen zu dieser Geschichte, die Erörterungen der kleinsten Vorfälle, und zweifelhafter Nachrichten, Erläuterungen, Beweise, und was es sonst vor historische Baumaterialien giebt, sind alle sehr nothwendig: man muß auch denjenigen Köpfen, welche sich damit allein beschäftigen können, alle Dankbarkeit bezeigen: aber erst das Gebäude, welches daraus aufgeführt wird, heißt Geschichte, und an diesem müssen Geschmack, Kunst und Brauchbarkeit einen gleich starken Antheil haben. Ich würde diese Anmerkungen, welche die Geschichte überhaupt betreffen, hier nicht beygebracht haben, wenn es nicht noch ein zu gewöhnliches Schicksal der Kirchen= geschichte wäre, eine Gedächtnißwissenschaft zu seyn; auch nach den Bemühungen, welche man, wie ich oben gezeigt habe, in diesem Jahrhunderte angewandt hat, sie aus der niedrigen Gattung der Handarbeiten her= auszureißen. Es ist also desto weniger unnöthig zu er= klären, wie viel sie den edelsten Uebungen des Verstan= des zu verrichten auflege.

Die Wahrheit ist das erste, was man in der Kir= chenhistorie, so wie in der ganzen Geschichte, suchen muß. Allein es ist schwerer, sie in derselben zu finden, als man nach der gemeinen Einbildung denken mag. In kei= nem Theile der Geschichte haben sich die Fabeln und ver= fälschten Erzählungen so zahlreich gelagert, so unbe= zwinglich festgesezt, als in diesem. Die vornehmste Ursache davon ist diese, weil nichts in den Gemüthern der Menschen so tiefe Wurzeln schlägt, als was zur vermeinten Ehre der Religion ersonnen, und lange ge= glaubt worden ist. Die allermeisten Gelehrten der Rö= mischen Kirche, und sehr viele Mitglieder der Protestan= tischen, werden eher ein ganzes Jahrhundert der heyd= nischen Geschichte verwerfen, als daß sie daran zweifeln sollten, ob Constantin der Große griechische Worte am Himmel gesehen habe, welche ihm den Sieg ver= kündigten. Wenn man kirchliche Begebenheiten an= greift, so scheinet man sich an eine Art von Heiligthum zu wagen: und nirgends sind auch die Menschen leicht= gläubiger. Da sie überhaupt das Wunderbare lieben: so kostet es sehr wenige Mühe, sie zu überreden, daß dasselbe der Religion insonderheit stets zu Diensten ge= standen habe. Sie gefällt ihnen besser, wenn sie nicht leicht einen beträchtlichen Schritt thut, ohne vom Him= mel sichtbarlich unterstützt zu werden. Aber man wage es, sie auf natürliche Ursachen zu lenken; oder ihre Be= griffe von der Religionsgeschichte auf andern Seiten zu

ver=

verbeſſern. Der Pöbel kann nicht hartnäckiger an den Kirchencärimonien kleben, als manche Gelehrte die unrichtigſten oder unwahrſcheinlichſten kirchlichen Nachrichten verfechten, und mit mehr Vergnügen und Eifer, als prüfender Ueberzeugung, ſie einem neuen Menſchenalter in die Hände drücken.

Mit dieſer Urſache iſt eine andere ſehr nahe verwandt, welche noch mehr dazu beygetragen hat, daß die Kirchengeſchichte mit unrichtigen Erzählungen überſchwemmt worden iſt. Alle Gemeinen der Chriſten haben dieſelbe ſo vorgeſtellt, wie ſie zu ihrer Ehre und ihren Vortheilen dienen kann. Die Römiſche Kirche hat hierinne den Anfang gemacht, und ſie hatte viele Jahrhunderte Zeit dazu, jede Erzählung auf einen ihr angenehmen Ton zu ſtimmen. Die Mönche, welche gleichſam die erſten irrenden Ritter und Aufſucher von Abentheuern in der Kirchengeſchichte geweſen ſind, haben ſie auch reichlich mit ihren Thaten angefüllt, und zu dieſem noch alles übrige geſetzt, was dem Aberglauben, der Herrſchſucht ihres großen Beſchützers zu Rom, und ihrer eigenen Würde ſchmeicheln konnte, wenn es gleich nicht erweislich war. In den ſpätern Jahrhunderten haben zwar die Proteſtantiſchen Schriftſteller faſt alle dieſe Erdichtungen, nebſt vielen aufgeputzten Nichtswürdigkeiten, aus der Kirchenhiſtorie in die Klöſter zurückgewieſen. Allein da ſie dieſe Wiſſenſchaft ebenfalls zum Beſten ihrer Gemeinen nützen wollten: ſo hat ſie dieſe Abſicht bisweilen zu eben demſelben Fehler, die Geſchichte nach eigennützigen Vorſtellungen zu drehen, beſonders bey den neuern Zeiten, verleitet. Dieſer Fehler iſt meiſtentheils weniger merklich und vorſetzlich, als jene grobe Verunſtaltungen der Geſchichte; aber eben darum wird es auch ſchwerer, die Wahrheit von einem ſo künſtlichen Anſtriche zu befreyen.

Man

Man kann behaupten, daß es faſt unmöglich ſey,
eine, ihrem völligen Umfange nach, unpartheyiſche Kir=
chengeſchichte zu ſchreiben. Der Schriftſteller, der ſich
vielleicht von allen Banden, die ihn daran hindern
konnten, loßgemacht hat, läuft doch wenigſtens Ge=
fahr, daß ſeine ganze Gemeine über ihn herfalle, ihn ei=
nen Abtrünnigen und Treuloſen ſchelte, wenn er ihr
einige hiſtoriſche Vortheile entzogen hat. Die Unpar=
theylichkeit iſt, wie man weiß, nur eine Art der
Wahrhaftigkeit in der Geſchichte: nämlich diejenige,
da man ſeiner Parthey zu gefallen, die Wahrheit weder
verſchweigt, noch verſtellet. In der weltlichen Hiſto=
rie, zumal fremder Länder und älterer Zeiten, kann ſie
leichter getroffen werden; in der Kirchengeſchichte ge=
traue ich mir ſelbſt kaum, ſie zu verſprechen. Man fin=
det eine gewiſſe Luſt dabey, partheyiſch zu ſeyn, und die
Gewohnheit alles ſo anzuſehen, wie es die Geſellſchaft,
zu der wir gehören, wünſcht, iſt oft ſtärker als Einſich=
ten: ohne daß wir ſelbſt nur den Verdacht faſſen könn=
ten, daß wir uns von der Wahrheit entfernen. Allein
bey andern entdecken wir die Partheylichkeit deſto ge=
ſchwinder. Wir werfen dem Socinianer Sandius
mit Rechte vor, daß er in ſeinem Nucleo Hiſtoriae
Eccleſiaſticae die älteſten Kirchenlehrer alle als Soci=
nianer abgebildet habe: und wir ſind auf eine andere
Art gegen ſie partheyiſch; indem wir ſie oft rechtgläu=
biger nach unſern Begriffen vorſtellen, als ſie würk=
lich waren.

Unterdeſſen mag die Wahrheit in der Kirchenge=
ſchichte bisweilen ſehr tief verſteckt liegen, oder unter
mancherley Zuſätzen unkenntlich geworden ſeyn; ſie ent=
flieht demjenigen doch ſelten, der ſie auf dem richtigen
Wege verfolgt. Auf dieſem lernet er zuerſt die Zeugen
kennen, welche ſie geſehen haben. Allein die gleichzeiti=
gen Schriftſteller, deren Zuverläßigkeit ſo ſehr gerühmt

zu werden pflegt, verdienen nicht ohne Einschränkung
die vornehmste Achtung. Wenn man künftig die Ge=
schichte unserer Zeiten hauptsächlich aus den Nachrich=
ten dererjenigen beschreiben wollte, welche jetzt leben:
so würde man sich vielen Irrthümern aussetzen. Furcht,
Schmeicheley, Liebe und Bewunderung, oder Verach=
tung und Feindschaft, regieren die meisten, welche die
Begebenheiten ihres Zeitalters erzählen; und selten ist
ihnen das ganze Triebwerk der Handlungen bereits be=
kannt, welche sie beurtheilen wollen. So angenehm es
mir also ist, in der christlichen Geschichte Schriftsteller
anzutreffen, welche sogenannte Augenzeugen abgeben,
und alle Umstände einer Begebenheit genau wissen kön=
nen: so vertraue ich mich ihnen doch, wenn es auf den
Charakter handelnder Personen, auf die Bewegungs=
gründe und den Werth ihrer Handlungen ankommt,
weniger als denen, welche kurze Zeit darauf gelebt ha=
ben. Mit einem kühlern und ruhigern Urtheil, zu=
gleich mehr aufgeklärt über die geheimen Absichten, und
meistentheils im Besitze einer anständigen Freyheit, be=
trachten sie jeden neulich vorüber gegangenen Auftritt
der Welt als eine Geschichte aus einem ältern Jahr=
hunderte; aber mit dem Vortheile, ihn weit genauer
zu kennen, als diese. Am sorgfältigsten stehe ich ge=
gen diejenigen Geschichtschreiber auf meiner Huth, wel=
che an großen Veränderungen und Streitigkeiten in
der Kirche selbst einen lebhaften Antheil genommen ha=
ben. Sie müssen einer ungemein seltenen Mäßigung
fähig, einem Melanchthon ähnlich gewesen seyn,
wenn sie nicht, von Begeisterung hingerissen, ihre Nach=
richten mit Bewunderung oder Tadel überladen haben.
Man kann also in der Kirchengeschichte wiederum häu=
figer als in einer andern Gattung von Historie, die An=
merkung machen, daß viele Schriftsteller die Wahrheit
haben wissen können, aber nicht sagen wollen. Ja
man sieht noch überdieß den besondern Anstoß in der=

selben,

selben, daß mancher historische Sammler sich in seinen
Vorstellungen auf die ehrlichste und aufrichtigste Art
geirret hat, weil Vorurtheile der Religion oder viel=
mehr des Aberglaubens, der Gemeine, der gleichsam ge=
heiligten Ehrerbietung gegen gewisse Personen, und
andere mehr, ihn mit aller Stärke der Ueberzeugung
eingenommen hatten.

Ich wünsche mir daher in der Kirchengeschichte
fast mehr zuverläßige Urkunden als Geschichtschreiber.
Wenn ich die Gesetze der heydnischen und christlichen
Kayser, die Handlungen der Kirchenversammlungen,
die Päbstlichen Briefe und Befehle, die eigenen Schrif=
ten berühmter Lehrer der Kirche, die Denkmale des
Gottesdienstes der Christen, vor mir liegen habe: so
bilde ich mir daraus die Geschichte ohne Zwang und
fremde Anführung. Unglücklicher Weise sind so viele
Urkunden der ältern Zeiten untergeschoben oder ver=
fälscht, und wenigstens eben so viele sind verloren ge=
gangen. Neben diesen Zeugnissen habe ich auch die
Geschichtschreiber der weltlichen Historie oft mit großem
Nutzen zu Rathe gezogen, wenn sie gleich die Begeben=
heiten der Kirche nur zufällig, und aus besondern Ab=
sichten, erzählen: denn größtentheils geben sie die Ver=
bindung derselben mit der übrigen Geschichte scharfsich=
tiger an, als diejenigen, welche sich bloß in den engern
Raum der Kirchenhistorie einschließen.

Aber auch die glaubwürdigsten Zeugnisse der Ge=
schichtschreiber lassen doch zuweilen der Prüfung desje=
nigen, der sie in der Kirchenhistorie brauchen will, noch
vieles zu thun übrig. Er muß sich manchmal daran
begnügen, an Statt der gewissesten Wahrheit, wenig=
stens die Wahrscheinlichkeit ausfindig zu machen, wenn
die Berichte mit andern richtigen Umständen streiten.
Die Widersprüche der Schriftsteller sind überhaupt in
der

der Kirchengeschichte überaus häufig, ohne daß man immer sagen könnte, einer von den beyden Seiten sey völlig zu verwerfen. Stimmen zwo Religionspartheyen in ihren Erzählungen nicht überein: so ist es besonders schwer, zwischen ihnen zu entscheiden. Gemeiniglich ist mehr Wahrheit auf derjenigen Seite, welche keine Schimpfnahmen und andere Ausbrüche von Groll und Verfolgungsgeiste zum Vorschein bringt. Man thut auch in der Kirchengeschichte wohl, für unterdrückte Partheyen einige gütige Vermuthungen und Deutungen aufzubehalten: sie haben selten Geschichtschreiber, und ihre Gegner konnten ihnen daher desto sicherer und freygebiger alles aufbürden, wodurch sie verhaßt werden mußten: zumal, wenn sie auch ihre Schriften durch öffentlichen Befehl vertilgt haben.

So viele Schwierigkeiten, welche die Entdeckung der Wahrheit in der Kirchengeschichte umgeben, dürfen zwar niemanden von derselben abschrecken: denn sie sind, wenn es auf das Große und Unterrichtende ankommt, nicht unüberwindlich; aber sie sollen den Gang des Forschers und Schriftstellers behutsam machen. Stets von einer Entscheidung zur andern fortzugehen, und sich zu schämen, hier und dort seine Ungewißheit oder gar seine Unwissenheit zu gestehen; dieses zuversichtliche Ansehen findet zwar bey denjenigen Beyfall, welche von stolzen Aussprüchen auf die Größe der Wissenschaft ihres Urhebers schließen; aber Kenner dieser Geschichte sind gegen dasselbe desto mißtrauischer. Sobald man glaubt, durch Zweifeln, nachgebende und gelinde Urtheile, vorsichtige Bestimmungen, und ein offenherziges Geständniß der noch übrigen Dunkelheit in der Kirchengeschichte, sich zu erniedrigen: so ist man kein Schriftsteller für dieselbe, auch überhaupt für keine Wissenschaft, die auf historischen Gründen beruhet.

Diese

Diese furchtsame Bedachtsamkeit, wird man sagen, ist ein Eingriff in die Freyheit, deren die Beschreibung der Kirchengeschichte so sehr bedarf, wenn in derselben nicht alle überlieferte Erzählungen beständig fortgepflanzt werden sollen. Ja, in diejenige Freyheit, welche sich manche neuere Schriftsteller entworfen haben. Ich kenne kein größeres Unglück für einen Geschichtschreiber, als wenn es ihm nicht erlaubt ist, frey zu reden. Aber dieses sein Vorrecht wird zum schlimmsten Mißbrauche, wenn er eine satyrische, bittere und schmähsüchtige Sprache an die Stelle freyer Urtheile setzt. So redet die Wahrheitsliebe nicht; die vermessene Einbildung hingegen und die Verachtung anderer, ist aus diesem Tone kenntlich. Diejenigen, welche sich desselben bedienen, sollten schon aus den Schicksalen ihrer Vorgänger gelernet haben, daß sie sich, der Geschichte, und der Wahrheit, durch einen so gehäßigen Ungestüm schaden. Man gewinnt von ihrem Herzen einen nachtheiligen Begriff: entweder, denkt man, ist es leer von Menschenliebe, oder voll von Leidenschaften. Und wenn sie auch die Wahrheit merklich ans Licht ziehen; so fällt es doch den meisten unerträglich, dieselbe gleich bey ihrer Erscheinung so hart und beleidigend gegen alle, welche sie bisher verfehlt hatten, zu finden. Viele unter diesen Schriftstellern entschuldigen sich damit, daß sie die Wahrheit sagen müßten, wenn sie gleich durch dieselbe verhaßt würden. Aber dieser abgenützte Vorwand rechtfertiget sie nicht. Die Wahrheit, auch die unangenehmste und fremdeste, mißfällt nicht so sehr an sich, als durch die Art, auf welche sie vorgetragen wird. Man kann alles sagen, zumal in unsern Zeiten, und solchen Zuhörern, welche keinen unmittelbaren Verlust durch die Aufdeckung der Irrthümer leiden; aber sanft und glimpflich muß es gesagt werden. Alsdenn verschafft sich die Wahrheit einen Zutritt in die Gemüther, so sehr diese auch von ihr ab-

ge-

geneigt ſeyn mögen: und dieſen Geſchmack an der
Wahrheit ſoll der Geſchichtſchreiber vor allen Dingen
einflößen, nicht mit der Geißel in der Hand zerſtören.
Ich habe in dieſer Kirchengeſchichte manches zu ſagen,
das mit den herrſchenden Vorſtellungen von derſelben
nicht übereinkömmt; vielleicht auch einiges, was man
nicht ohne eine gewiſſe Dreiſtigkeit vortragen kann.
Aber ich werde niemals diejenigen übermüthig verlachen, von deren Erzählung ich abweiche; auch nie ſolche Männer, welche ſich um die Religion und Kirche
verdient gemacht haben, wegen einiger großen Fehler,
in die ſie verfallen ſind, gleich den verächtlichſten Tho-
ren, zu beſchimpfen ſuchen.

Es iſt bey der Unterſuchung der Kirchengeſchichte
nothwendig, wenn man auf die oft verloſchenen Spuren der Wahrheit kommen will, viele gemeine Begriffe
und Nachrichten von ungewohnten Seiten zu betrachten.
Aber dieſes dürfen ſo lange nur Verſuche ſeyn, bis man
hinlängliche Gründe gefunden hat, die Meinung aller andern Geſchichtſchreiber zu verlaſſen. So leicht es ſich bey
dieſer Geſchichte zutragen kann, daß die Welt viele Jahrhunderte hindurch von manchen Perſonen oder Begebenheiten eine irrige Denkungsart unterhält; ſo ſehr iſt
man doch verbunden, zwiſchen dieſer, und dem ihr entgegen geſetzten Urtheil, noch eine Mittelſtraße zu ſuchen, um
nicht in eine andere Art des Irrthums zu gerathen. Dieſes gehöret beſonders für diejenigen, welche durch die Begierde, ſich von andern zu unterſcheiden, angetrieben,
wenige Erzählungen von merkwürdigen Geſchichten
ohne Widerſpruch vorbeygehen laſſen. Sie haben gehöret, zuweilen auch ſelbſt gefunden, daß die gewöhnlichen Vorſtellungen oft unrichtig ſind; dieſes iſt ihnen
genug, um dieſelben überall zu vermeiden: und woher
ſollten auch ſo manche Schriften einen Reiz der Neuigkeit, und die Gabe, Aufſehen zu machen, erhalten, wenn

R 5   ihre

ihre Verfasser nicht alle historische Bilder umstürzten?
In der Kirchengeschichte finden sie dazu vorzüglich viele
Gelegenheiten, weil manche mittelmäßige Helden derselben sonst beynahe vergöttert, hingegen manche große,
aber der Kirche schädliche oder doch nicht angenehme
Männer, zu tief in den Staub getreten worden sind.
Constantin der Große wurde in den ältern Zeiten
vor einen der ruhmwürdigsten Fürsten, nicht viel geringer, als ein Heiliger, angesehen. Einige Neuere nennen
eben diesen Kayser einen Bösewicht. Er war gewiß
keines von beyden; aber die dankbaren Christen wollten nur seine guten Eigenschaften sehen, und die Hey-
den, deren Religion er zu unterdrücken anfieng, zeich-
neten seine Laster desto freyer auf. Fehlt es ihm darum
gänzlich an Verdiensten, weil er zuweilen schwach oder
grausam handelte? — Auf eine ganz entgegengesetzte
Art hat man in den neuern Zeiten die Begriffe von dem
Kayser Julian umgeschmolzen. Die Kirchengeschichte
hatte ihn ehemals bloß als einen hassenswürdigen Abtrünnigen und Verfolger abgebildet. Verschiedene französische und deutsche Schriftsteller bewundern ihn jetzt
als einen der vollkommensten Regenten. Giebt es hier
wiederum keinen Mittelweg zwischen so ausschweifenden
Beurtheilungen? Ja, dieser sehr weise Fürst, dieser
tapfere Feldherr, witzige Philosoph und Schriftsteller,
war doch zugleich sehr klein im Aberglauben, und sehr
ungerecht gegen seine christliche Unterthanen. Die Geschichtschreiber hätten diesen Unterschied schon von dem
christlichen Dichter Prudentius lernen können. Aber
es ist äußerst schwer, die Wahrheit in ihren Schranken
zu halten, wenn die Ehre der Religion dabey Anforderungen zu machen scheinet; ob sie gleich im Grunde die
Wahrheit niemals verborgen wissen will.

Wir haben also die Wahrheit in der Kirchengeschichte gefunden; aber dabey können wir nicht stehen
blei-

bleiben. Unendlich viel iſt wahr; doch von dieſem
Wahren brauchen wir nur einen mäßigen Vorrath.
Dasjenige, was zugleich für alle Zeiten nützlich und
lehrreich iſt, woran wir einen wichtigen und bleibenden
Antheil nehmen können, iſt allein unſerer Aufmerkſamkeit würdig. Nicht, als wenn tauſend unerhebliche
Umſtände und trockene Erörterungen ſchlechterdings
verachtet werden müßten: man iſt ſchuldig ſie zu ſammeln, zuweilen auch durchzugehen, weil die Wahrheit
an ſich im Kleinen ſo ſchätzbar iſt, als in der erhaben-
ſten Stellung. Aber wenn es nicht genug iſt, geſche-
hene Dinge zu wiſſen; ſondern wenn ſie auch geſchickt
ſeyn ſollen, uns zu rühren, und klüger zu machen: ſo
muß die Wahl der Begebenheiten deſto ſtrenger ſeyn.
Der Nahme der Kirchenhiſtorie iſt hier verführeriſch.
Man kann leicht die geringſten Zufälle, weil ſie die Religion und Kirche betreffen, vor ſehr wichtig halten,
und man hat auch ſolches öfters gethan. Wie viele
nichtswürdige Streitigkeiten und gemeine Handlungen
der Geiſtlichen ſind in der Kirchengeſchichte als Thaten
erzählt worden, welche die Nachwelt unterrichten ſollten! Mit gleichem Rechte könnte man in der weltlichen Hiſtorie eine Nachricht von allen gerichtlichen Klagen, und allen Unterbedienten eines Staats, aufbehalten. Ich verlange eine Geſchichte, in welcher die groſ-
ſen Begebenheiten und Verdienſtvolle Perſonen beſtändig hervorragen; unbeträchtlichere Vorfälle aber nur
alsdenn neben ihnen ſtehen, wenn ſie dieſelben in ein
helleres Licht ſetzen, oder den Zuſammenhang ausfüllen:
eine Geſchichte, in der man nichts antreffe, was man
mit Eckel verwerfen müßte; die den Charakter der Zeiten, der chriſtlichen Völker und Gemeinen, mit vielen
richtigen Zügen abſchildere, und die bey allem, was ſie
erzählet, eine ſehr merkliche Rückſicht auf den Verſtand,
das Herz und die Sitten der Menſchen, aber auch auf
die Gewalt der Religion über dieſelben, äußere. Nicht
ein-

einmal alle Umſtände großer Veränderungen ſind lehr=
reich, und erſt durch vieles Abſondern gelangt man zu
einem durchgängig edeln Anſtande der Geſchichte. Die=
ſes macht eben einen Theil von der Würde und Maje=
ſtät der Hiſtorie aus: ſo wie ſich jede Handlung und
Rede eines Fürſten vor dem alltäglichen Leben ſeines
Unterthanen auszeichnen ſoll, ſo würde ſie ſich zu ent=
ehren glauben, wenn ſie alle niedrige Auftritte der Men=
ſchen wiederholte. Durch eine ſolche Auswahl verlieret
auch die Kirchengeſchichte nichts von derjenigen Voll=
ſtändigkeit, die man in ihr ſuchen darf; ſo wenig als
die Geſchichte einer Wiſſenſchaft dadurch unvollſtändig
wird, daß viele ſchlechte Schriftſteller und Bücher,
durch welche dieſelbe verunreinigt worden iſt, aus der=
ſelben weggelaſſen werden.

Aber auch die Wahl der Begebenheiten macht noch
allein die Kirchenhiſtorie nicht fruchtbar genug: ihre
pragmatiſche Erzählung vollendet erſt alles, was
wir von ihr begehren. Ehemals hießen unſere Ge=
ſchichtbücher in ihren Aufſchriften unpartheyiſch, zu=
verläßig, vollſtändig; ſeit einiger Zeit hüllen ſie ſich
ſehr häufig in den Ehren=Nahmen **pragmatiſch** ein.
Es gebührt zwar keinem Schriftſteller, die guten Ei=
genſchaften ſeines Buchs auf den Titel deſſelben zu ſe=
tzen; allein dieſes iſt nicht das ſeltſamſte bey der erſtge=
dachten Gewohnheit: es iſt dieſes, daß ſich faſt ein je=
der einen andern Begriff von einer **pragmatiſchen**
Geſchichte gemacht hat. Diejenigen kommen den Vor=
zügen derſelben am nächſten, welche ihr die Gabe zu=
ſchreiben, den Urſprung der menſchlichen Tugenden und
Laſter, das Eigenthümliche der Völker und Zeiten, und
die innere Verfaſſung der Länder aufzudecken. Aber
ſie erſchöpfen dadurch das Weſen einer ſolchen Geſchich=
te nicht, und entfernen ſich vielmehr von demſelben, in=
dem ſie ſich viele gekünſtelte Betrachtungen und dreiſte
Muth=

Muthmaaßungen über die Handlungen der Menschen erlauben. Polybius und Tacitus, die beyden größten Geschichtschreiber des Alterthums, haben die pragmatische Historie nicht allein bündig beschrieben; sondern auch an ihren unsterblichen Werken Muster davon hinterlassen. Von dem erstern derselben stammt diese berühmte Benennung her, welche uns überhaupt erinnert, daß die Geschichte ihren Gebrauch bey der Führung großer Geschäfte, und durch eine mitgetheilte kluge Erfahrung in allen Angelegenheiten, zeigen soll.

Die Kirchenhistorie wird, wie jede andere Geschichte, alsdenn pragmatisch vorgetragen, wenn man nicht die Begebenheiten allein, deren Ausgang und Entwickelung sich nur von ohngefähr zuzutragen scheinet, vorstellt; sondern hauptsächlich nach ihren Ursachen und Triebfedern forscht. Selten liegen diese so tief verborgen, daß man sie nicht ausfindig machen könnte, und das Vergnügen, sie zu kennen, gleicht dem Nutzen, den wir daraus noch immer ziehen können. Man lernet nur auf diese Art, die Begebenheiten aus dem richtigsten Gesichtspunkte beurtheilen. Die so verschiedenen Bewegungsgründe der Handlungen öffnen uns das menschliche Herz nach allen seinen Falten, und nach den mancherley Wegen, auf welchen es seinen Neigungen ein Genüge zu leisten sucht. Hier sieht man insonderheit, wie oft die Religion zu einem Vorwande gemißbraucht worden, um die Leidenschaften desto ungestörter sättigen zu können. Unzählige Handlungen sind, dem Anscheine nach, aus Gottseligkeit unternommen worden; aber ihre wahren Ursachen sind Stolz, Herrschsucht, und andere vergiftete Quellen gewesen. Eine solche Kenntniß von der Entstehung merkwürdiger Vorfälle schärft vornehmlich unsere Klugheit. Sie lehret uns, daß oft geringe Veranlassungen hinlänglich sind, um erstaunliche Veränderungen in der Kirche hervor-

zubringen; daß diejenigen Anſchläge und Maaßregeln,
welche am geheimſten genommen werden, am glücklich-
ſten zu gelingen pflegen; und daß man nie zu frühzeitig von den Urſachen und Abſichten großer Unternehmungen urtheilen dürfe. Es iſt ſchon nützlich zu wiſſen, daß die Römiſchen Biſchöfe erſt ſeit dem achten
Jahrhunderte Herren über ein Stück Landes in Italien
geworden ſind; wie weit angenehmer aber und nützlicher iſt es, noch über dieſes zu ſehen, daß der damalige
Bilderſtreit in den Morgenländern, und die Abſichten
der Herren aus dem Carolingiſchen Hauſe in Frankreich, die nächſten Urſachen dieſer weltlichen Beſitzungen abgegeben haben.

Man ſtreitet in der Kirchengeſchichte unbeſchreib-
lich viel; aber weit mehr über die Urſachen der Handlungen, als über dieſe ſelbſt: und auch deswegen ſind
jene würdiger aufgeſucht zu werden. Zuweilen leugnet
man eine That nicht; wohl aber, daß ihr Urheber wegen derſelben tadelnswürdig ſey. Man giebt auch
wohl Fehltritte zu; nur behauptet man, ſie wären aus
den redlichſten Abſichten entſprungen. Die Bewegungsgründe, welche die Reformatoren gehabt haben mögen,
die Römiſche Kirche anzugreifen, werden nicht auf einerley Weiſe vorgeſtellt, und die Reformation ſelbſt
wird bald als eine bloße Folge der veränderten Zeiten,
und der Staatsklugheit der Fürſten; bald als eine
Würkung von den Verſehen des Kayſers und der Päbſte abgebildet. Wenn derjenige überhaupt glücklich zu
nennen iſt, wie der Dichter ſagt, welcher die Urſachen
der Dinge zu ergründen weiß: ſo iſt es gewiß keine gemeine Beruhigung, mit Ueberzeugung einzuſehen, durch
welche Triebwerke die Menſchen zu Unternehmungen,
die das Beſte der Religion und das allgemeine Wohl
der Welt beſtimmen konnten, begeiſtert worden ſind.
Man findet bey dieſem Nachforſchen das menſchliche
Ge-

Geschlecht nicht immer so lasterhaft und verabscheuungs-
würdig, als uns diejenigen überreden wollen, welche
eine Satyre gegen dasselbe in die Gestalt einer Geschichte einkleiden. Das Gute, welches die Religion unter
den Menschen zu allen Zeiten hätte stiften können, ist
nicht darum so oft unterdrückt worden, weil die Be-
schützer und Lehrer derselben lauter Ungeheuer, oder
doch lauter kriechende Geschöpfe, gewesen wären; sondern oft genug auch deswegen, weil ihrer ehrlichen Ge-
sinnung kein erleuchteter Kopf zu Hülfe kam; oder,
weil ihre vernünftige und rechtschaffene Entwürfe in
dem eingewurzelten Unglück der Zeiten ein unüberwind-
liches Hinderniß fanden. Nichts aber rührt denjenigen, der nach den Ursachen der Begebenheiten in der
Kirchengeschichte, ohne Aberglauben, gleichwohl doch
gewissenhaft, und nicht unempfindlich gegen die Merkmale eines höhern Einflusses, fragt, kräftiger, als
wenn er bemerkt, wie eifrig oft die Menschen einer ent-
sprießenden Veränderung entgegen gearbeitet haben, zu
deren Würklichkeit endlich selbst ihr Widerstand vieles
hat beytragen müssen. Er erkennet dabey die geschäftige Regierung Gottes, welche sich menschlicher Mittel
und Absichten sehr oft bedienet; aber sie auch zuweilen
zu einem ganz umgekehrten Ziele lenkt. Die erste Ausbreitung des Christenthums in der Welt, scheinet vorzüglich in diese Classe von Begebenheiten zu gehören.

Diese so lehrreiche und nothwendige Untersuchung
der Ursachen, aus welchen die abwechselnden Schicksale der Religion, und die Handlungen ihrer Verehrer
erwachsen sind, muß allerdings nach gewissen Grundsätzen angestellt werden, wenn sie nicht höchst unbe-
stimmt und weitschweifig, allen Mißdeutungen ausge-
sezt, seyn soll. Wird es dem willkührlichen Urtheil eines jeden Geschichtschreibers überlassen, die Bewegungsgründe der menschlichen Thaten rühmlich oder verächtlich)

lich vorzustellen: so sezt man die Wahrheit der Historie
augenscheinlich in Gefahr, weil sie alsdenn von den Einfällen, der Gunst oder Abneigung eines Schriftstellers
abhängen wird. Hier also, glaube ich, ist überhaupt
die Vorsichtigkeit nöthig, ohne historische Spuren keinen Ausspruch, nicht einmal eine Muthmaaßung, zu
wagen. Um jeden Schritt noch sicherer zu thun, muß
man die äußerlichen Ursachen und Veranlassungen einer Begebenheit von den innern Bewegungsgründen
und Absichten derer, welche daran einen Antheil gehabt
haben, unterscheiden. Jene können am leichtesten entdeckt werden; ob sie gleich ebenfalls verlangen, sorgfältig aufgesucht zu werden: denn die kleinsten und
verborgensten Vorfälle, Reden und Handlungen haben
auch in der Kirche oft genug unerwartete Veränderungen gezeuget. Aber wenn wir von den Neigungen und
Anschlägen der Menschen in dieser Geschichte urtheilen
wollen: so müssen wir uns noch über Möglichkeit und
Wahrscheinlichkeit erheben. Sie können durch gewisse
Betrachtungen oder Leidenschaften getrieben worden
seyn; allein, wenn sie dieselben nicht deutlich verrathen haben, dürfen sie ihnen nicht zugeeignet werden.
Es ist gleichfalls ein Theil der Behutsamkeit, die bey
dieser Nachforschung unentbehrlich ist, auf mehrere Bewegungsgründe, die zuweilen Eine Handlung hervorgebracht haben, aufmerksam zu seyn. Constantin
der Große wurde ohne Zweifel durch seine Erkenntniß von der Wahrheit der christlichen Religion, zur Annehmung derselben geführet; aber die Gründe der
Staatsklugheit waren hiebey nicht müßig. Muhammed scheinet bloß ein ausschweifender Enthusiast gewesen zu seyn: und doch hat er, seinem Ehrgeize zu Gefallen, die Welt auch zu betrügen gesucht. Weis man
dieses, so ist noch übrig zu bestimmen, von welcher
Seite die heftigsten Stöße gekommen sind.

Man

Man hat es in den neuern Zeiten dem **Tacitus** vorgeworfen, daß er den Fürsten und andern angesehenen Männern, deren Geschichte er beschreibt, zuweilen Bewegungsgründe und Absichten beylege, welche nur ein Werk seiner Vermuthungen wären; aber gar nicht erwiesen werden könnten, weil er sie von den geheimsten Regungen des Herzens hergenommen hat. Vielleicht trift diese Beschuldigung würklich einige Stellen seiner Geschichte; sie verringert sich aber ungemein, wenn man bedenkt, wie genau er die meisten Personen, die er abgeschildert, gekannt habe. Er erlangte dadurch das Recht, auch einige Muthmaaßungen über sie sprechen zu lassen. Aber unsere neuere, besonders die Französischen Geschichtschreiber, haben weit öfters, und weit unverzeihlicher gefehlet, auch vornehmlich in der Kirchengeschichte, indem sie Absichten und Triebfedern älterer Begebenheiten nicht aus historischen Umständen erwiesen, sondern durch eine vermeinte witzige Scharfsichtigkeit erfunden haben. Seitdem man insonderheit sich das Ansehen zu geben gesucht hat, fast überall versteckte Endzwecke, und eine feinere Politik wahrzunehmen, glaubt man großen Herren und berühmten Männern eine besondere Ehre dadurch zu erweisen, daß man ihnen weitaussehende, meistentheils aber eigennützige Absichten bey allen ihren Unternehmungen zuschreibt. Man begnügt sich an den gewöhnlichen Ursachen nicht, eben weil sie gewöhnlich sind; die Welt soll den Geschichtschreiber bewundern, welcher die Herzen der Menschen viel gewisser durchschauet haben will, als man sie zu ihren Zeiten kennen gelernet hat. Oft beurtheilt man nach der heutigen Art zu denken und zu handeln, Personen und Zeitalter, welche die Schlangengänge der neuern Staatskunst noch nicht kannten, oder doch selten betraten. Man schließt aus den Folgen, welche eine Begebenheit zufälliger Weise nach sich gezogen hat, daß diese Folgen schon in dem Entwurfe derer begrif-

I. Theil.   S   fen

sen gewesen sind, welche die Begebenheiten unterstützt
haben.

Es scheinet nützlich zu seyn, diese historische
Sprünge durch Beyspiele zu erläutern. Die Refor=
mation hat Gelegenheit gegeben, daß sehr viele Güter
der Kirchen und Clöster in die Hände der Fürsten ge=
kommen sind. Dieses ist den Franzosen genug, um
zu behaupten, daß die Protestantischen Fürsten ohne
diese Reizung die Römische Kirche niemals würden ver=
lassen haben. Vergebens stellt man ihnen vor, wie
rein und sogar gefährlich der Eifer mancher Evangeli=
scher großer Herren für die Religion, bey dem ersten
Fortgange der Reformation gewesen sey, und wie we=
nig wahrscheinlich es noch damals gewesen, daß so be=
trächtliche geistliche Güter ihren alten Besitzern würden
entrissen werden. Man setzt auch noch billig hinzu,
daß von eben diesen Gütern wiederum ein sehr großer
Theil zum Besten der verbesserten Kirche angewandt
worden sey. Allein diese Geschichtschreiber mit durch=
dringenden Blicken, werden sich nicht leicht überreden
lassen, daß die Religion von großen Herren jemals an=
ders, als zur Beschönigung ihrer weltlichen Absichten
angewandt worden sey. Ich will ein anderes Bey=
spiel anführen, welches mich noch weniger dem Ver=
dachte der Partheylichkeit aussetzen kann. Die Creuz=
züge, welche so viele Europäische Fürsten und Völker,
seit dem eilften Jahrhunderte, zur Eroberung des ge=
lobten Landes vornahmen, sind den Päbsten ungemein
dienlich gewesen, um ihre Macht und ihr Ansehen zu
vergrößern. Durch dieselben hielten sie nicht nur über=
haupt so viele mächtige Herren, und so viele Millionen
Menschen, die auf ihren Wink und Rath die Waffen
ergriffen, in einer gewissen Abhängigkeit; sondern sie
hatten auch, während daß jene abwesend waren, in Eu=
ropa desto freyern Platz, in allen Ländern nach ihrem
Be=

Belieben Anordnungen zu treffen, und die Geistlichen, ihre gebohrne und getreueste Unterthanen, gewannen bey Gelegenheit dieser Feldzüge, große Reichthümer. Will man mit Uebereilung entscheiden, so wird man sagen: Dieses sind auch die einzigen Ursachen gewesen, warum die Creuzzüge von den Päbsten vorgeschlagen worden sind. Allein man wird dieses Vorgeben nicht nach seinem ganzen Umfange beweisen können. Der erste Bewegungsgrund, welcher die Päbste so beredt in der Anpreisung jener geistlichen Wanderungen machte, war offenbar von ihrem Mitleiden gegen die Bedrükkungen hergenommen, denen sie die Christen in den Morgenländern, in eben denjenigen Gegenden, wo der Heyland der Welt gelebt und gelitten hatte, und wo jetzt Saracenen herrschten, unterworfen sahen. Sie konnten damals nicht voraussehen, daß die Fürsten von Europa wegen einer eingebildeten Ehre und Frömmigkeit, alle ihre wahren Vortheile so sehr verleugnen würden, daß sich fast die Hälfte unsers Welttheils nach Asien begeben werde. Nachdem sie aber der Erfolg ihrer Ermahnungen gelehret hatte, daß die Creuzsoldaten sammt ihren Feldherren würklich Kriegsheere wären, die in ihren Diensten stünden: so erweiterten sie ihren Entwurf nach dieser herrlichen Gelegenheit, und hörten nicht auf, Creuzzüge wider die Ungläubigen, sogar unter Bedrohung des Bannes gegen große Herren, welche keine Lust dazu bezeigten, zu predigen.

Die Untersuchung der Ursachen aller merkwürdigen Handlungen ist also der große Vorzug der *pragmatischen* Kirchengeschichte; allein es ist nicht der einzige. Sie soll uns zugleich höher führen, und den Zusammenhang der Begebenheiten unter einander erklären: abermals eine schwere und doch überaus nützliche Beschäftigung! Der Philosoph, welcher von der allgemeinen Verbindung der Dinge in der Welt viele scharf-

S 2   sinnige

finnige Anmerkungen macht, kann keinen so rührenden
Beyfall verlangen, als der Geschichtschreiber, der uns
diese Verbindung sehen und fühlen läßt. Ich bleibe,
meiner Absicht nach, nur bey der Kirchenhistorie stehen.
Die Begebenheiten derselben können einzeln betrachtet
vielen Eindruck machen; aber als Glieder von Einer
Kette vorgestellt, führen sie ganze Zeitalter und Völker
auf einmal vor unsern Augen vorbey. Man sieht, was
vor ein Religionsgeist zu gewissen Zeiten herrschend gewesen sey; wie eine Veränderung die andere befördert
oder gehindert, in ein helleres Licht gesetzt, oder verdunkelt habe; warum zuweilen die heftigsten Bemühungen,
der Gottseeligkeit aufzuhelfen, fruchtlos, weit schwäche-
re hingegen wirksam gewesen sind; warum manche Unternehmungen im stärksten Laufe ihr Ziel gefunden haben, und wie es möglich gewesen sey, daß sich Irrthümer, Thorheiten, unmenschliche Gewohnheiten, neben
der Religion haben erhalten, ja mit ihr vereinigt werden können. Es ist dazu besonders nothwendig, nach-
zuforschen, in welchem Verhältnisse die Schicksale der
Religion und Kirche gegen die Begebenheiten des
Staats, und den Zustand der Wissenschaften gestanden
haben. Ohne diesen allgemeinen Zusammenhang zu
kennen, den ich bereits, indem ich von dem Gebrauche
der Kirchengeschichte redete, kurz entwickelt habe, bleiben unsere Begriffe von dieser sehr eingeschränkt und
mangelhaft. Religion, politische Regierung, Gelehrsamkeit, gesellschaftliches Leben der Menschen, alles dieses hat immer wechselsweise einen Einfluß auf einander
geäußert oder empfunden. Und dieses ist eine der vornehmsten Ursachen, warum man keine Art der Geschichte von der andern gänzlich trennen muß. Sagen, daß
man die Kirchenhistorie kenne, und zugleich gestehen,
daß man in der politischen Geschichte fremd sey, heißt
eben so viel, als bekennen, daß man keine von beyden
verstehe. Es ist eine eben so leere Einbildung, sich in
der

der weltlichen Historie eine ausnehmende Stärke zuzu=
trauen, ohne mit der geistlichen und gelehrten Geschich=
te vertraulich umgegangen zu seyn. Man darf, um
diese vermeinte Kenner zu prüfen, ihnen nur ein paar
merkwürdige Vorfälle, einen jeden aus einem verschie=
denen Jahrhunderte, die aber von einander abhängen,
zeigen; die Reihe der dazwischen laufenden Begeben=
heiten weglassen; und erwarten, wie geschwind und wie
richtig sie die Verbindung derselben finden werden.
Die beyden vornehmsten Bischöfe der Christen streiten
mit einander seit dem sechsten Jahrhunderte über ihren
Rang in der Kirche: darum hauptsächlich wird Con=
stantinopel im funfzehnten Jahrhunderte von den Tür=
ken erobert, und das morgenländische Kayserthum von
ihnen zerstöret. Hätte ein Niederländischer Bischof im
siebzehnten Jahrhunderte kein Buch über die Lehre des
Kirchenlehrers Augustin geschrieben hinterlassen: so
würde das Parlement von Paris im Jahr 1753 nicht
nach Pontoise verwiesen worden seyn, und der Fran=
zösische Staat wäre um diese Zeit nicht in eine so son=
derbare Zerrüttung versetzt worden, daß der Hof selbst
nicht im Stande gewesen ist, einem gewissen System
zu folgen. Doch die Begebenheiten eines einzigen
Jahrhunderts, eines Menschenalters, stehen oft in ei=
nem eben so wunderbaren Zusammenhange mit einan=
der. Wäre Carl der Zwolfte von dem Czar Peter
und seinen Bundsgenossen nicht angegriffen worden:
so hätte er den Evangelischen in Schlesien keine Frey=
heiten in ihrer Religionsübung verschaffen können.
Die Protestanten werden in Deutschland von dem Kay=
ser Ferdinand dem Zweyten unterdrückt; der vor=
nehmste ihrer Fürsten, dem es an Eifer für die Reli=
gion nicht fehlet, steht auf der Seite des Kaysers; ihr
natürlichster Bundsgenosse, der König von England,
verläßt sie, und Ludwig der Dreyzehnte steht ihnen
mit Geld und Kriegsvölkern bey, nachdem er kurz vor=

her

her die Proteſtanten ſeines Reichs bekriegt hatte. Noch
nicht genug: ſie erhalten endlich einen rühmlichen Frieden, und bald darauf tritt ihre mächtigſte Beſchütze-
rinn, die ihnen denſelben erworben hat, die Königinn
Chriſtina, zur Römiſchen Kirche. Eben dieſe nimmt
ſich einige Zeit darauf der Proteſtanten in Frankreich
an: und der Pabſt, der zu gleicher Zeit regieret, iſt
mit dem Könige von England, welcher die Römiſchka-
tholiſche Religion in ſeinem Reiche einführen will, ſehr
unzufrieden. Was vor eine Verbindung herrſcht zwiſchen allen dieſen Begebenheiten, die einander ſo ſehr
zuwiderlaufen? Sie iſt eben nicht ſehr ſchwer zu ergründen; aber man muß ſie und jede andere ſchon überſehen können, wenn man im Beſitze der Geſchichtskunde zu ſeyn glaubt. Unzählliche Vorfälle, die von einerley Perſonen, Zeiten und Völkern herrühren, gehen
ohnedieß vor unſern Augen vorüber, ohne daß wir die
Verwandtſchaft, in welcher ſie mit einander ſtehen, bemerken können: die geheimen Gänge, durch welche ſie
aneinander hiengen, eröffnen ſich erſt der Nachwelt.
Je häufiger man aber zu denſelben dringen kann, deſto
mehr genießt man der weitſehenden Blicke einer pragmatiſchen Geſchichte.

Um dieſem Zuſammenhange der Begebenheiten
glücklich nachzuſpüren, muß man ihre Folgen, die
nächſten ſowohl als die entferntern, niemals aus der
Acht laſſen. Eine glänzende Handlung, ein gewaltſa-
mer Umſturz ſtiften oft Veränderungen, welche nicht
ſogleich beobachtet werden, weil ſie nicht unmittelbar
mit denſelben verknüpft ſind. Zuweilen nehmen ſie erſt
ihren Anfang, wenn ſich das Aufſehen, welches ſie gemacht haben, lange gelegt hat. Alsdenn würken ſie in
der Stille der Gemüther weit ungehinderter, als unter dem Geräuſche der Bewunderung oder Beſtürzung:
und Folgen von dieſer Art ſind immer die dauerhafte-
ſten.

ſten. Aber überhaupt iſt die Betrachtung von dem
Ausgange und den ausgebreiteten Würkungen vieler
Handlungen ein unterrichtendes Schauſpiel. Wie man=
che Unternehmungen haben in der Kirchengeſchichte eine
Wendung, einen Ausſchlag bekommen, den niemand
erwartete! Wie viel Unglück oder Unruhe iſt durch gut=
gemeinte Neuerungen, Streitigkeiten, bisweilen nur
durch wenige Worte, durch einen frühzeitigen Aus=
ſpruch, in der Kirche erregt worden! Die Päbſte wer=
den es nie vergeſſen, daß ſie durch eine unnöthige und
übereilte Entſcheidung in der Zwiſtigkeit eines Auguſti=
nermönchs mit einem Dominicaner, beynahe halb Eu=
ropa verloren haben. Und gleichſam als wenn ſie durch
dieſen Schaden noch nicht aufmerkſam genug hätten
werden können, haben ſie in den neuern Zeiten mit ei=
ner noch unbedachtſamern Hitze einen Gebrauch von
ihrer richterlichen Gewalt gemacht, der Frankreich mit
Janſeniſten und Appellanten angefüllt hat, welche der
Franzöſiſchen Kirche den Weg zur gänzlichen Trennung
von Rom vorbereiten. Zur Dämpfung eines brauſen=
den theologiſchen Eifers iſt es ungemein dienlich, ſich
die Folgen vorzuſtellen, welche denſelben ſchon ſo oft
begleitet haben; das Feuer, welches er in der Kirche
angezündet hat. Und jedermann kann von ſelbſt die
Anmerkung machen, daß es in der Kirchengeſchichte
hauptſächlich ſey, wo ſich wider alles Vermuthen
kleine unerhebliche Zufälle in fruchtbare Thaten, oder
gar in entſcheidende Veränderungen verwandeln.

Der letzte Zuſatz, der nunmehro noch einer prag=
matiſchen Kirchengeſchichte mangelt, um ſie ganz zu un=
ſerm Eigenthume zu machen, iſt die Anwendung der
Begebenheiten auf die Zeiten, in denen wir leben.
Dieſe iſt der wahre Probierſtein von der höhern und
dauerhaften Nutzbarkeit, welche dieſe Geſchichte ver=
ſchaffen kann: und eben deswegen theilt ſie von wichti=

gen

gen Handlungen vollſtändige Begriffe ſowohl im Allgemeinen als in einzelen Fällen betrachtet mit, damit
man ſie überall ſicher gebrauchen könne. Was wir
aus dieſer Geſchichte bey der Unterſuchung der Religion,
bey der Einrichtung unſers Verhaltens gegen dieſelbe,
und gegen die große Geſellſchaft, welche die chriſtliche
Kirche heißt, bey der Beurtheilung fremder Handlungen, die ſich eben darauf beziehen, und bey vielen andern Gelegenheiten, die den Chriſten offenbaren, nicht
gebrauchen können, das iſt für uns fremd, und wo wir
es nicht ganz unwürdig, gekannt zu werden, nennen
wollen: ſo gehöret es doch mehr in die Bücher, als in
unſern Verſtand, welcher ſtets geſchäftig ſeyn, und
Früchte tragen ſoll. Doch iſt nur die ſtrengere Wahl
der Begebenheiten und Umſtände vorhergegangen; ſo
werden wir die älteſte Kirchengeſchichte ſo bequem zum
Unterrichte und zur Klugheit nützen können, als die
Schickſale der Religion in den neueſten Zeiten. Man
muß Jahrhunderte und Perſonen, ähnliche Stellungen
und Vorfälle, Endzwecke und Ausgänge, die im Weſentlichen nicht verſchieden ſind, dieſes alles muß man
mit einander vergleichen, allgemeiner machen, und
gleichſam zu verjüngen wiſſen. Alsdenn wird man finden, daß die Menſchen faſt zu allen Zeiten einerley geweſen ſind, und ſich gegen die Religion, im Ganzen
betrachtet, immer auf gleiche Weiſe bezeigt haben. Die
zufälligen Umſtände tragen wenig oder nichts zur Beſtimmung ihres Verhaltens bey: ihre Neigungen und
Abſichten ändern ſich niemals. Selbſt die Verwegenheit, mit welcher die Feinde der chriſtlichen Offenbarung
dieſelbe ſeit hundert Jahren in Schriften und Reden
beſtreiten, darf unſer Erſtaunen nicht erregen, ob wir
gleich kein Beyſpiel davon in der ältern Kirchengeſchichte ſehen. Sie würde eher zum Vorſchein gekommen
ſeyn, wenn die Regierung des Aberglaubens kürzer geweſen wäre: und unter eben denjenigen Chriſten, welche

che ihre Religion im Anfange feurig liebten, bald aber
knechtiſch zu verehren genöthigt wurden, würden Tau=
ſende aufgeſtanden ſeyn, die ihr den Gehorſam unge=
ſcheut aufgeſagt hätten, wenn ſie nicht durch die Furcht
zurückgehalten worden wären. Denn von einem Le=
ben, das zur Schande der Religion geführt wird, —
und ein ſolches war niemals unter den ſpätern Chriſten
eine Seltenheit — iſt der Uebergang zu einem offenba=
ren Angriffe des Chriſtenthums kurz und leicht, ſobald
keine Strafen auf denſelben warten. Ich behaupte
ſogar, daß ſich das Betragen der Menſchen gegen die
Religion nicht, wie man ordentlich glaubt, in den
neuern Zeiten verſchlimmert habe. Die gemeinen Be=
griffe von der immer zunehmenden Ausartung der Men=
ſchen, ſo wie der Zeiten, über deren ſtets tiefer ſinken=
des Elend man zu ſeufzen pflegt, gründen ſich, meiner
Einſicht nach, auf gerechte Klagen, aber auf falſche
Urſachen. Die Kirchengeſchichte belehrt uns, daß die
Chriſten gegen ihre Religion, ſeitdem dieſelbe alle Frey=
heit erhalten hat, niemals eine völlige Gleichgültigkeit
angenommen haben; daß ihr aber der größere Haufen
beſtändig, von den Reizungen der Wollüſte verführt,
oder durch andere Triebe eingenommen, auf viele Jah=
re entflohen ſey; daß ſie meiſtentheils die Macht der
Religion auch mitten unter allen Zerſtreuungen gefüh=
let, und ſich öfters vergebliche Mühe gegeben haben,
ſich vor dem Urtheile derſelben durch äußerliche Andachts=
Uebungen in Sicherheit zu ſetzen; daß ihre Achtung
gegen dieſelbe von der Geſchicklichkeit und dem Bey=
ſpiel ihrer Lehrer, von jeder Art des Unterrichts, die ſie
genoſſen haben, ja ſelbſt von den Geſetzen, die nicht
bloß wider Verbrechen, ſondern auch wider alle Ueber=
tretungen der Ehrbarkeit gegeben waren, und behau=
ptet wurden, auch von den Sitten eines Volks und
ſeiner allgemeinen Denkungsart häufig abgehangen ha=
be; daß man endlich zu jeder Zeit die Religion zu ei=

nem

nem Vorwande mit ihr nicht zuſammenhängender Ab=
ſichten gebraucht, und nicht leicht davor habe angeſe=
hen ſeyn wollen, ihr feindſeelig zu begegnen. Dieſes
ſagt die Geſchichte der vorigen Jahrhunderte: unter=
ſcheiden ſich wohl die Chriſten des jetzigen von dieſem
Bilde durch einen höhern Grad der Unfühlbarkeit ge=
gen die Religion? Man wird ſagen: ſie erſinden täg=
lich neue Zweifel, um ihr nicht gehorchen zu dürfen.
Ich antworte darauf: und in den vorigen Zeiten, da
alles Zweifeln ſtrafbar war, erſonnen ſie täglich neue
Zuſätze, um die Religion nach ihrer Einbildung aus=
zuſchmücken. Beydes kommt aus einerley Grunde her;
aus dem immer merklichen Triebe der Menſchen, ſich
von den Geſetzen der Religion zu befreyen, ſo ſehr ſie
auch die Niethwendigkeit derſelben empfanden. Der
Aberglaube findet ſie nicht ſinnlich genug, und nicht
gewiß genug der Unglaube. Man frage die Kirchenge=
ſchichte, ob man gegen beyde Abwege einerley Mittel
gebrauchen könne? Gleichwohl thut man ſolches bis=
weilen in unſern Zeiten. Ohne zu unterſuchen, ob ge=
wiſſe Zweifel gegen die Religion, oder ob ſie nur gegen
ein beſonderes Lehrgebäude gerichtet ſind? ob ſie etwas
zur Verbeſſerung der Lehrart beytragen können, oder
bloß unter die ſeichten Einfälle gerechnet werden müſ=
ſen? bemühet man ſich nur ſie zu unterdrücken, nennet
ſie überhaupt gefährlich und boshaft, und ſchließt aus
denſelben, daß unſere Zeiten weit verdorbener ſind, als
alle vorigen.

Doch, ich fühle es, wie weit ich mich von meinem
Wege entferne: ich kehre jetzt in denſelben durch fol=
gende Anmerkung, die ich noch über die Anwendung der
Kirchengeſchichte auf unſer Zeitalter hinzuſetze, zurück.
Die pragmatiſche Bearbeitung dieſer Geſchichte zeugt
eine Menge Betrachtungen über dieſelbe, die theils
in dem Geiſte des forſchenden Kenners bleiben, theils
in

in die Feder des Geschichtschreibers fließen. Jener denkt
sich die möglichen Ursachen und Bewegungsgründe,
muthmaaßt, verbindet, und nützt jede Begebenheit nach
der allgemeinen Theorie, welcher die menschlichen Handlungen unterworfen sind. Dieser hingegen hat zwar
für sich eben dieses Geschäfte; allein er übt es nicht
ganz vor den Augen des Lesers aus. Er theilt demselben nur die Schlüsse aus unzähligen Untersuchungen
mit, die er angestellet hat, und diejenigen am liebsten,
auch mit einiger Ausführlichkeit, welche sich bey einem
flüchtigen Lesen der Geschichte nicht gleichsam auf dem
Wege selbst darbieten: hier eine versteckte Triebfeder
der Handlungen, dort einen Zusammenhang von Begebenheiten, den man aus dem Anschauen ihrer Ober-
fläche nicht vermuthen sollte. Wenn der Geschichtschreiber jeden Ausspruch der Sittenlehre über die Absichten
und Leidenschaften der Menschen, über ihre Pflichten,
Verdienste, Tugenden und Laster wiederhohlen wollte,
so wie ihm der Lauf der Geschichte die Gelegenheit dazu
unaufhörlich zeigt: so würde er moralische Reden halten müssen. Allein er wird eben dadurch einnehmender
und gemeinnütziger als der Philosoph, daß er nicht zu
lehren und zu beweisen scheint, ob er es gleich auf die
rührendeste Art durch Beyspiele thut. Ich verliere hier
die Kirchengeschichte nicht aus dem Gesichte. Man
würde kein Ende finden, wenn man sie mit jeder Betrachtung begleitete, die unter ihrer Prüfung und Erzählung aufsteigt. Viele halten zwar den Vortrag derselben nur alsdenn vor pragmatisch, oder, welches nur
eine Art des Pragmatischen ist, vor erbaulich, wenn
bey jedem Schritte entweder die göttliche Weisheit und
Fürsehung gepriesen, oder die Ausschweifungen der
Menschen getadelt werden; wenn überhaupt Bewunderung und strafende Urtheile stets mit einander abwech-
seln; aber diese Schwatzhaftigkeit, die dem Leser nicht
die gemeinsten Betrachtungen zutrauet, vernichtet seine

Ge-

Geduld sehr bald, und erniedrigt den Geschichtschreiber
selbst. Daß eine pragmatische Anmerkung über die
Religionsgeschichte natürlich aus derselben fließt, das
ist noch kein hinlänglicher Grund, sie anzubringen;
man muß sie vielmehr meistentheils deswegen unterdrücken. Wenn sie hingegen nicht nur auf eine unge-
zwungene Art entsteht, sondern auch in der Kürze vieles
für das Nachdenken sagen kann; eine zu wenig geach-
tete Wahrheit betrift, oder auf einen ganz besondern
Fall gebauet ist; und auch einem geübten Leser Vergnügen erwecken kann, weil sie ihn wo nicht auf neue Aussichten, doch auf solche führt, auf welche er ohne dieselbe nicht sogleich gerathen wäre: dann ist der Ort vorhanden, wo sie ihre gewisse Dienste zu thun im Stande
ist. Es ist insonderheit so wichtig, ältere Begebenheiten in unserm und jedem folgenden Zeitalter gebrauchen zu können, daß uns jede Anweisung, die der Geschichtschreiber zu diesem Gebrauche auch nur mit einem
Winke giebt, schätzbar seyn muß.

Vielleicht habe ich jetzt alles gesagt, was zu einer
pragmatischen Kirchengeschichte gerechnet werden kann;
es ist noch übrig, den Weg zu zeigen, auf welchem diese Reichthümer gefunden werden. Man könnte zwar
mit einem Worte vieles ausdrücken, wenn man nur einen Philosophen verlangte, welcher scharfsehend genug
wäre, um aus dieser Historie eine Geschichte der göttlichen Fürsorge, und des menschlichen Herzens, eine Lehr-
meisterinn der Klugheit, zu machen. Allein auch der
Philosoph braucht in der Geschichte gewisse Stützen,
weil er sonst bey dem tiefsinnigsten Nachdenken nur in
die Luft bauen würde. Eine der festesten unter denselben ist die Kenntniß von der Gemüthsart, der Weise
zu denken und zu handeln der vornehmsten Personen,
welche in der Geschichte vorkommen. Man pflegt dieses ihren **Charakter** zu nennen: und die Abschilderung

rung desselben macht einen Haupttheil von der Kunst
der neuern Geschichtschreiber aus. Es ist ungemein
schwer, dieselbe treffend zu verfertigen. Männer, welche unter dem großen Haufen hervorragen, haben freylich so viel Eigenthümliches an sich, daß man sie bald
kenntlich vorstellen kann. Aber einen von dem andern,
besonders, wenn sie auf einerley Laufbahn fortgeschritten sind, durch feinere Merkmale zu unterscheiden; den
ganzen Entwurf von Neigungen und Absichten, den sich
ein jeder gemacht hatte, zu entdecken; den Schritt ihres Geistes und die Größe ihrer Verdienste auszumes-
sen; sie im Verhältnisse gegen die Welt und gegen sich
selbst richtig abzubilden; große Eigenschaften, die sie
besaßen, und versteckte Laster nicht mit Tugenden zu
vermischen; kurz, ihnen so nahe zu treten, als wenn
man ihr vertrauter Freund und beständiger Begleiter
gewesen wäre: dieses versuchen zwar die meisten von
denjenigen zu thun, welche Charaktere abzeichnen; allein ihr Witz und ihre Beredsamkeit ist oft darinne
merklicher als die Wahrheit. Man sieht zuweilen eine
Geschichte in einen Saal voll Bilder verwandelt, an
denen die Kunst reizend, aber die Aehnlichkeit sehr zweifelhaft ist. Die Charaktere sollten sich durchgehends
auf die zuverläßigsten Zeugnisse, und noch mehr auf die
Handlungen der Personen selbst gründen, denen sie zugehören; niemals aber auf sinnreiche Aehnlichkeiten und
Vermuthungen. Alsdenn darf auch über die Stelle,
welche sie in der Geschichte einnehmen müssen, nicht viel
gestritten werden. Sie können denjenigen zum voraus ankündigen, dessen Thaten erst beschrieben werden
sollen; oder sie können auch am Ende der Erzählung
von jenen gleichsam das Resultat und die Schlußfolge
ausmachen. Der Leser liebt sie, wo er sie findet, wenn
er nur bemerkt, daß sie mit der Geschichte übereinstim-
men. Aus diesen Charakteren aber wird jeder Bewegungsgrund einer Handlung geschwinder begreiflich,

als

als aus den allgemeinen Regeln der Wahrscheinlichkeit. Man kann auf diejenigen immer am meisten trauen, welche man sich selbst aus dem Ganzen eines Lebens, oder aus einer Reihe von Begebenheiten, entworfen hat: vergleicht man damit die Abschilderung, welche die Geschichtschreiber hinterlassen haben, so entsteht daraus meistentheils die gehörige Vermischung von Licht und Schatten. Die Geschichte schmeichelt oft dem Charakter eines verdienten Mannes in der Kirche, wie der Mahler dem Frauenzimmer; allein die Nachwelt streicht doch zuletzt alle erborgte Züge weg.

Ein anderes Hülfsmittel, um auf die Spuren einer pragmatischen Vorstellung der Kirchengeschichte zu kommen, ist die genaue Bekanntschaft mit der Denkungsart, den Sitten, und der ganzen Verfassung, oder, wie man jetzt zu sagen gewohnt ist, mit dem Geiste eines jeden Zeitalters. Die Jahrhunderte haben, wie die Menschen und ganze Völker, ihren eigenen Charakter. Bald regiert eine düstere, rauhe und wilde Zeit, in welcher es scheinet, als hätte das menschliche Geschlecht seine Fähigkeiten und wahren Vortheile noch niemals kennen lernen. Finsterniß im Verstande, oder ein sehr elender Gebrauch einer mittelmäßigen Wissenschaft, Barbarey in der Lebensart, im Geschmack und in den Künsten, eine knechtische Unterwürfigkeit gegen Vorurtheile und Irrthümer, gegen die gröbsten Ausschweifungen, in welche die Mächtigern gerathen können; diese sind oft das Kennzeichen mehrerer Jahrhunderte nach einander in unserm und in andern Welttheilen gewesen. Bald aber kam ein zierliches, artiges, gelehrtes und witziges Zeitalter, da ein großer Theil der Menschen selbst denken, frey handeln, sich die Wahrheit nicht aufdringen, sondern sich erst von derselben überzeugen lassen wollte; da man auf jede Art versuchte, wie weit die Kräfte des menschlichen Geistes sich erstrecken

strecken könnten, um sich Unterricht, Beruhigung und
Vergnügen zu verschaffen. «Die Welt lag zuweilen
lange gleichsam' in eine Schlafsucht versenkt: allein
plötzlich erwachte sie, und wunderte sich endlich, das
Licht ihrer Voreltern so muthwillig und schimpflich ver=
laffen zu haben.

Man beurtheile nun nach dieser Abwechselung der
Zeiten, die Geschichte der christlichen Religion in den=
selben. Bey ihrem Eintritte in die Welt fand sie das
blühende, feine und bewunderte Jahrhundert des Au=
gust: ein gesittetes und durch die Wissenschaften auf=
geklärtes Reich; Menschen, die das Wahre und Schö=
ne zu schätzen wußten, und die eben deswegen schwer
zu hintergehen waren; eine ihr entgegengesezte herr=
schende Religion, die aber leicht zu bestreiten war;
endlich eine Monarchie, die in jedem bekannten Welt=
theile theils viele tausend Unterthanen hatte, theils von
eben so vielen verehret wurde. In einem neuen Zeit=
alter herrschte diese Religion selbst über diese ganze
Monarchie; aber die Gelehrsamkeit gerieth in Verfall,
und wurde bloß den Geistlichen überlassen; die Ueber=
schwemmung der barbarischen Völker stiftete eine fast
allgemeine Veränderung in den Sprachen, Sitten,
Gesetzen, und in der Verfassung der Länder; alles wur=
de steif, roh, kriegerisch, und, sobald es auf die Reli=
gion ankam, leichtgläubig, ins Wunderbare und Sinn=
liche bis zur Thorheit verliebt. Ein großer Fürst such=
te darauf zwar sein Jahrhundert, wenigstens zum
Theil, umzubilden; allein es fiel, nach seinen nur halb
glücklichen Versuchen, geschwind noch tiefer herab; die
menschliche Vernunft kroch endlich in Träumen, und,
wenn es hoch kam, in leeren Spitzfindigkeiten herum;
die Welt nahm die unsinnigsten Lehren und Befehle,
welche ihr im Nahmen der Religion aufgelegt wurden,
ehrerbietig an; sie schien in dieser Betrachtung aller

Ueber=

Ueberlegung, Liebe zur Freyheit und Glückseeligkeit, auf immer entsagt zu haben. Eine sehr unerwartete Veränderung bringt zuletzt neue, kaum mehr zu hoffende Zeiten hervor. Alles sucht sich von seinen Fesseln loszureißen: Verstand, Gewissen, weltliche Regierung, gesellschaftliches Leben der Menschen; aber nicht überall gerathen diese Bemühungen gleich vollkommen. Unterdessen breitet sich doch fast über ganz Europa ein Glanz von Wissenschaft und Freyheit, bald auch von einer gereinigten Religion aus; die Sitten werden nach und nach sanfter, ob sie gleich noch sehr viele Ueberbleibsale der alten Rauhigkeit, und sonderlich eine Menge unnatürlicher Anstalten, welche die Diener der Religion eingeführt hatten, erhalten; aber überhaupt will die Welt immer mehr die Ursachen und den Nutzen von allem wissen, was man ihr empfiehlet; sie wird stolz auf ihre Einsichten, leichtsinnig in der beständigen Verwechselung von Geschmack, Methoden, Lebensart, und Vergnügungen: es kostet täglich mehr Mühe, bey derselben Gehör zu finden, wenn man gleich Wahrheit und Verdienst auf seiner Seite hat.

Durch solche Zeiten ist der Lauf der christlichen Religion gegangen: und eben daraus erkennet man, was ihn zuweilen aufgehalten oder beschleunigt, warum sie einen besondern Anstrich bekommen, oder plötzlich eine neue Gestalt angenommen habe. Man muß dasjenige, was die Religion einem Zeitalter, und wiederum, was ein Zeitalter der Religion schuldig ist, zu unterscheiden wissen. Diese drey einander so unähnliche Perioden, von denen ich vorher geredet habe, erklären es unter andern, woher die Leichtigkeit gekommen sey, mit welcher die Religion in der Welt aufgenommen, verändert und verbessert worden sey; ohne daß man darum befugt wäre, alles der Verfassung eines Jahrhundertes, und der göttlichen Regierung gar keinen Antheil,

theil, zuzuschreiben. Das Christenthum konnte in
keinem bequemern Jahrhunderte der Welt erscheinen,
und würde, wenn man bloß die menschlichen Beförderungsmittel betrachtet, in keinem andern, weder einen
so schnellen, noch einen so rühmlichen Eingang gefunden haben. Gleichergestalt ist es sehr wahrscheinlich,
daß die Reformation nicht früher und auch nicht später habe angefangen werden dürfen, wenn sie nicht miß-
lingen sollte: so vieles vereinigte sich in der ersten Hälfte des sechszehnten Jahrhunderts, um ihr den Weg zu
bahnen. Auch die Päbste haben sich eben zur rechten
Zeit den Gedanken einfallen lassen, unumschränkte Herren der Welt zu werden: nämlich zu einer Zeit, da die
Menschen, von Unwissenheit und Aberglauben geblen-
det, die Augen nur halb offen hatten, und das Netz
kaum bemerken konnten, welches über ihren Kopf geworfen wurde.

Doch die Völker, welche den Charakter eines gewissen Zeitalters bestimmt haben, müssen auch besonders
betrachtet und gekannt werden, wenn man die Ursachen
vieler Veränderungen der Religion und Kirche ergründen will. Ihre eigenthümliche Neigungen, Gebräuche
und Sitten; die Art über große und wichtige Gegenstände zu denken, welche sie beobachten; ihre sinnliche
Vorstellungen von erhabnen Dingen; die Fehler, in
welche sie häufiger als andere zu fallen pflegen, und das
ihnen eigene Verdienst, welches sie sich um die Gesetze,
Wissenschaften und Künste erworben haben; dieses sind
die Hauptzüge, welche ich bey ihnen aufsuche. Die Würkungen der Religion auf die Gemüther der Menschen
sind zwar immer ihren gewohnten Schritt fortgegangen; aber daß sie nicht bey allen Völkern einerley Maaß
des Beyfalls und der Ehrerbietung erlangt, oft eine
sehr sonderbare Richtung, einen lebhaftern oder trägern
Ausdruck gewonnen hat, durch eine schwärmende Ein-

I. Theil.   T   bil-

bildungskraft ihrer Natur zuwider aufgeſchwollen, und
zu merklich ein Spiel der Menſchen geworden iſt: alles
dieſes hat hauptſächlich der Charakter der Nationen,
die ſich ihr unterworfen haben, verurſacht. Dieſe Beobachtung gränzt an diejenige, welche man in den
neuern Zeiten über den Einfluß der Himmelsgegend,
und der natürlichen Beſchaffenheit eines Landes, in die
Geſetze und Sitten deſſelben, angeſtellt hat. Mon-
tesquieu hat beynahe zuerſt die neuere Welt auf dieſen
Einfluß aufmerkſam gemacht. Aber er begnügte ſich
nicht daran, denſelben überhaupt zu zeigen, und ſcharfſinnige Anmerkungen über die Bildung und innere Einrichtung eines Volks daraus herzuleiten; ſein fruchtbarer Witz zog aus einzelen Begebenheiten zu leicht allgemeine Ausſprüche und Regeln: er bauete auf dieſes
Verhältniß etwas mehr, als es tragen kann. Nicht
weniger ſinnreich, aber keineswegs gründlich, hat der
Verfaſſer eines neuen Franzöſiſchen Buchs *von der*
Phyſik der Geſchichte, die Urſachen der Schickſale
und Verwandlungen, welche die chriſtliche Religion erlitten hat, in der Verſchiedenheit der Himmelsſtriche,
unter denen die Völker leben, und in andern natürlichen Gaben der Länder und ihrer Einwohner, geſucht.
Allein obgleich dieſe Quelle ſich nicht ſo reichlich in alle
Gegenden der chriſtlichen Kirche ergoſſen hat, als dieſe
Schriftſteller glauben, unter denen der erſtere durch ſein
großes Anſehen ſogar den augenſcheinlich falſchen Satz
bey ſeinen Landsleuten beliebt gemacht hat, daß die
Proteſtantiſche und ſonderlich die Reformirte Religion,
ſich durch einen eigenthümlichen Trieb zur Unabhängigkeit, in freyen Staaten feſtgeſetzt, die Römiſchkatholi-
ſche hingegen, weil ſie den Gehorſam der Unterthanen
gegen den Landesherrn deſto eifriger predige, ſich in den
Monarchien erhalten habe; ſo geht man doch öfters
mit Nutzen auf jene Quelle zurück. Die chriſtliche Religion iſt in den Morgenländern zuerſt aufgekommen.

und

und ausgebreitet worden. Dort, wo die Phantasie
geschäfftiger ist, und leichter erhitzt wird, als in andern
Gegenden, sind auch zuerst die Religionscärimonien
vervielfältigt, und die symbolischen Vorstellungen des
Glaubens gehäuft worden. Die eigene Sprache der
Bücher des Neuen Testaments selbst, welche die christliche Lehren in so viele Gleichnisse, für uns kühne Meta-
phern und Anspielungen, einhüllet, schreibt sich von den
Ländern und Völkern her, unter welchen das Evange-
lium am ersten geprediget worden ist. Wenn wir die
verblümten Redensarten und Bedeutungsvollen Gebräuche der ersten Christen nicht nach diesem Morgenländischen Ursprunge beurtheilen, und sie wohl gar in
unsern Gemeinen vor eben so unentbehrlich halten, als
sie vielleicht in den Asiatischen und Griechischen waren:
so begehen wir einen Fehler, von dem ich wünschen
möchte, daß er nicht unzählichen Lehrern und andern
Christen Schuld gegeben werden könnte. Es ist eben
so bekannt, daß die schwermüthige Frömmigkeit der
Einsiedler und Mönche eine Geburt des heißern Egy-
ptens ist: die Natur schien daselbst, wie in dem ganzen
Morgenlande, das menschliche Gehirn zu allen Zeiten
zu dergleichen phantasischen Ausschweifungen zu reizen,
und ohne die Nachrichten der Kirchengeschichte von dem
allgemeinen Zustande der Religion, würde man sich
wundern, wie dieselben in unsere dem Enthusiasmus
weniger ausgesetzte Abendländer haben reisen können.
Auch das Naturell der Juden, welche die ersten Anhänger der christlichen Religion gewesen sind, hat bey
dem Vortrage und der ganzen Einkleidung derselben,
noch manchen besondern Einfluß gezeiget: und auf gleiche Art kann man den Spuren nachgehen, welche die
Sitten so mancherley zu ihr getretenen Völker in der
Kirche hinterlassen haben.

Kaum braucht es nunmehr noch hinzugesetzt zu werden, was ich der Vollständigkeit wegen gleichwohl nicht

vor-

vorbeylassen darf: daß die Kirchengeschichte, um pragmatisch vorgestellt zu werden, in einer unzertrennlichen
Verbindung mit der weltlichen und gelehrten
Historie erhalten werden müsse. Es ist zu dieser Absicht nicht hinreichend, bey jedem Jahrhunderte der
christlichen Geschichte zu sagen: in demselben haben folgende Kayser und Könige regieret, und folgende Gelehrte haben sich in den Wissenschaften hervorgethan.
Ein solches Verzeichniß thut nur in chronologischen Ta-
feln einer allgemeinen Geschichte einige Dienste. Die
Vereinigung, von welcher ich rede, muß beynahe unaufhörlich fortgehen, so lange man nur Merkmale antreffen kann, daß Personen und Begebenheiten, welche
sich die Kirche zueignet, mit andern, die dem Staate
oder dem Reiche der Wissenschaften zugehören, in einem
Zusammenhange stehen. Die natürliche Verwickelung,
mit welcher Vorfälle aller Art durch einander laufen,
ohne daß Religion, bürgerliche Regierung, gesellschaftliches Leben, Wissenschaften und andere Classen von
Gegenständen, ihren abgesonderten Schauplatz hätten:
diese macht jene Verbindung schon bey großen und
merkwürdigen Veränderungen zum voraus wahrscheinlich: wenn man ihr aber nachspüret, so zeigt sie sich
weit häufiger und anhaltender, als es die meisten Liebhaber der Geschichte glauben dürften. Die Fürsten sind
sehr oft bey weltlichen Geschäfften durch Bewegungsgründe der Religion getrieben worden, oder haben wenigstens dieselben zum Vorwande gebraucht. Viele
ihrer Gesetze sind zum Besten der Kirche und Geistlichkeit gegeben, manche Kriege sind von ihnen für eben dieselben geführt worden. In ihren Staaten sind durch
die Religion und die Lehrer derselben so wichtige Veränderungen gestiftet, Anstalten von einer so ausseror-
dentlichen Art festgesetzt worden, daß ihr Ansehen und
ihre Gewalt nicht allein dadurch ungemein gelitten, sondern auch mit den Geistlichen hat getheilt werden müssen.

fen. Die Rechte der Fürsten in Kirchensachen sind sehr mannichfaltigen Abwechselungen unterworfen gewesen; die Religion, oder vielmehr der Mißbrauch derselben, ist ihnen endlich schröcklich, und doch unvermeidlich geworden; — doch ich erinnere mich noch zeitig genug, daß ich bereits an demjenigen Orte dieser Einleitung, wo ich von der Brauchbarkeit der Kirchenhistorie bey den übrigen Arten der Geschichte redete, das fruchtbare Verhältniß, welches sie mit denselben verknüpft, erkläret habe. Dieses verbindet mich, hier weiter nichts hinzuzusetzen, als daß man insonderheit die großen Veränderungen, oder, wie sie mit einem nachdrücklichern fremden Worte genannt werden, diejenigen Revolutionen, welche von Zeit zu Zeit die Religion und Kirche, die Gelehrsamkeit und die weltlichen Staaten betroffen haben, stets im Zusammenhange vor Augen haben müsse, um von dem Einflusse geringerer, aber auch beträchtlicher Begebenheiten in einander, urtheilen zu können.

Nun ist noch eine sehr nothwendige, und, ich gestehe es, für mich die schwerste Frage übrig. In welcher Ordnung müssen die Begebenheiten der Kirchengeschichte auf einander folgen, und erzählt werden? Wie werden sie am vortheilhaftesten neben einander gestellt, um alle diese Absichten, von denen bisher gehandelt worden ist, bey dem Leser zu erfüllen? Man kann in dieser, wie in jeder andern Geschichte, eine doppelte Ordnung beobachten. Die eine ist mehr für das Gedächtniß bestimmt, und erleichtert ihm die Mühe, welche mit dem Aufbehalten so vieler Begebenheiten, Namen und Jahrzahlen, in einem so langen Zeitraum, verbunden ist. Die andere hingegen sorgt für den Verstand und für die Beurtheilung, die in der Geschichte niemals unbeschäftigt bleiben dürfen; aber ebenfalls gewisse Hülfsmittel zu ihren Arbeiten verlangen. Beyde

T 3 Arten

Arten der Ordnung können so bequem neben einander
stehen, und unterstützen sich wechselweise so geschickt,
daß man desto weniger berechtiget ist, sie von einander
zu trennen. Aber dieses haben die meisten Compendien-
schreiber und noch mehrere unter denen gethan, welche
sich eine Kenntniß der Kirchengeschichte erwerben wollten. Sie waren lediglich darauf bedacht, die Begebenheiten derselben in einer so leichten und ungezwun-
genen Zusammenfügung vor sich zu sehen, daß sie dieselben nie aus dem Andenken verlieren möchten. Ich
will auch hier mit dieser ersten und niedrigen Stufe
der Ordnung in der allgemeinen christlichen Kirchengeschichte, den Anfang machen.

Das Gedächtniß findet sowohl an den Zeiten, als
an der Menge von Begebenheiten, welche diese Geschichte in sich schließt, eine nicht geringe Beschwerlichkeit. Jene machen beynahe achtzehn hundert Jahre
aus: und man hat daher geglaubt, daß ein jedes Jahrhundert am füglichsten besonders abgehandelt werde.
Um sie von einander zu unterscheiden, hat man ihnen
Zunahmen beygelegt, welche von dem Zustande derselben überhaupt, oder von einer merkwürdigen Veränderung in der Kirche hergenommen sind. So nennt
Cave das erste Jahrhundert das **Apostolische**; das
zweyte das **Gnostische**; das dritte das **Novatia-**
nische; die folgenden, das **Arianische, Nestoria-**
nische, Eutychianische, Monotheletische, Icono-
clastische, und wie es ihm weiter gefallen hat, ihnen
Kennzeichen an die Stirne zu hängen. Diese erschö-
pfen zwar den Charakter eines Jahrhunderts nicht;
allein ich frage jetzt nicht darnach: genug, daß sich das
Gedächtniß an dieselben halten, und durch ihre Hülfe
von einer Begebenheit zur andern fortschreiten kann.
Sobald man, zum Beyspiel, an das **Arianische** Jahrhundert denkt, so erinnert man sich auch der **Nicäni-**

schen

ſchen Kirchenverſammlung, des Athanaſius, Conſtantins des Großen, und anderer mehr: nach und nach ruft man auf dieſe Art das Andenken der Geſchichte eines ganzen Jahrhunderts hervor.

Eben dieſe Jahrhunderte der chriſtlichen Geſchichte können auch unter gewiſſe von ſelbſt entſtandene Perioden oder Zeiträume vertheilt werden. Wenige Blicke, welche man auf dieſe wirft, ſind hinlänglich, die ganze Geſchichte zu überſehen. Man weiß, daß ſie vier Hauptperioden hat: die erſte geht von der Geburt Chriſti, bis auf Conſtantin den Großen; die andere von dieſem Herrn, bis auf Carln den Großen; die dritte von dieſem Kayſer an, bis auf die Reformation; und die vierte begreift die drey letzten Jahrhunderte. Unter denſelben könnte die dritte noch in zween aufgelöſet werden, die ſich in den Zeiten Gregors des Siebenten von einander ſchieden. Alle aber ſind dem Gedächtniſſe behülflich, die Zeiten gleichſam in die Enge zu ziehen, und ſich gewiſſe Ruheplätze in der Geſchichte auszuzeichnen. Zu eben derſelben Abſicht dienen auch die Zeitpunkte jener großen Begebenheiten, welche die Geſtalt der Kirche und zugleich der Welt völlig umgekehrt haben: die Einführung des Chriſtenthums, als der herrſchenden Religion im Römiſchen Reiche, durch Conſtantin den Großen; der Urſprung der Monarchie des Römiſchen Biſchofs; die Scheidung der Abendländiſchen Kirche von der Morgenländiſchen; die Verbeſſerung der Kirche und Religion im ſechszehnten Jahrhunderte, und andere mehr, welche insgeſammt mit einander in Verbindung ſtehen, und daher die Jahrhunderte ſelbſt näher zuſammen bringen. Auf ſo mancherley Art kann das Gedächtniß die Zeiten der chriſtlichen Geſchichte in ſeine Gewalt bekommen.

Allein

Allein die zahlreichen Begebenheiten derselben zerstreuen und ermüden es noch mehr durch ihre ungeheure Anzahl, wenn man kein Mittel finden kann, sie unter gewisse Verhältnisse zu sammeln, und dergestalt zu vereinigen, daß uns eine zu der andern leite. Die gewöhnliche Methode, welche man gewählet hat, um Anfängern die Geschichte der Kirche bekannt zu machen, bringt die Begebenheiten unter besondere Classen, und erzählet diejenigen, welche von einerley Art sind, auch in einer unverrückten Reihe fort. So steht in unsern Auszügen der Kirchenhistorie ein Hauptstück von den Lehrern der Kirche; ein anderes von den Ketzereyen eines Jahrhunderts; diejenigen Vorfälle, welche die Ausbreitung der Religion, und die Verfolgungen der Christen betreffen, haben ebenfalls ihre eigene Abschnitte. Wollte man die Geschichte von einem Jahre zum andern fortführen, so würde derjenige, für den sie noch fremd ist, klagen müssen, daß die Begebenheiten, welche zusammen gehören, oft zerrissen werden, und ihm daher, wenn er sie am genauesten zu betrachten anfängt, entwischen.

Gegen alle diese Bequemlichkeiten, welche man dem Vortrage der Kirchengeschichte verschafft hat, um ihn dem Gedächtnisse desto leichter einzuflößen, habe ich überhaupt nichts einzuwenden. Aber es ist ein großes Vorurtheil zu glauben, daß das Gedächtniß ohne den Beystand der Urtheilskraft diese Geschichte nützlich, oder auch nur geschwind, und auf eine dauerhafte Art, fassen könne. Nicht einmal der Anfänger sollte durch eine solche Trennung verleitet werden, von dem guten Geschmack in der Geschichte noch eine Zeitlang entfernet zu bleiben: denn es ist weniger schwer, als man denkt, die Beurtheilung eben so zeitig, als das Gedächtniß und den lebhaften Witz zu beschäftigen. Die Zeitordnung muß bey der Erzählung der Kirchengeschichte zum Grunde

Grunde liegen; aber nicht bloß, weil sie die natürliche Folge der Begebenheiten zeigt; sondern auch, weil uns in so ferne sie uns über dieselben denken lehrt. Sie kann die Ursache und den Zusammenhang derselben, auch ihre Verbindung mit der weltlichen Geschichte, oft in der Kürze deutlich machen. Allein wenn man bey der Zeitordnung hier und dort stille stehen, Abtheilungen anbringen, und unter denselben die Geschichte Stückweise abhandeln will: so darf man nicht willkührlichen Einfällen, oder lediglich der Gewohnheit und Gemächlichkeit folgen: man muß, wie der lehrbegierige Reisende, nur an merkwürdigen Orten einige Zeit ausruhen, und sich von denselben herum nach dem Wege, welchen man bereits zurück gelegt hat, umsehen. Die Geschichte allemal nach dem Verlauf von hundert Jahren abzuschneiden, und diesen Umfang als ein für sich bestehendes Ganzes zu betrachten, ist unnatürlich. Mit einem neuen Jahrhunderte geht nicht sogleich eine neue Gestalt der Welt an: viele Unternehmungen entwickeln sich erst spät in demselben, welche lange vorher in dem verflossenen waren angefangen worden; dieses braucht einem Kenner der Geschichte nur mit zwey Worten gesagt zu werden. Daß aber unzählige Schriftsteller die Kirchengeschichte gleichwohl nach Jahrhunderten abgehandelt, und einem jeden derselben seinen eigenthümlichen Charakter beygelegt haben, welchen zuweilen das nächstfolgende fast mit gleichem Rechte fordern könnte, darüber wird sich niemand wundern, der die unwiderstehliche Macht des Wiederholens eingeführter Methoden zu beurtheilen weiß.

Mir gefällt nichts weniger, als eine Menge kleiner Abschnitte in der Geschichte. Sie scheinen dem Gedächtnisse zu schmeicheln; aber sie löschen den Zusammenhang der Begebenheiten merklich aus. Und wie kann die Zeit, welche niemals aufhöret, Veränderun-

T 5

gen hervorzubringen, in ihrem Lauf gleichſam aufgehalten, oder in einer häufigen Abſonderung von der folgenden, in welche ſie immer fortwürkt, vorgeſtellet werden? Wenn es alſo gleich nützlich und bequem iſt, den
weiten Umfang der Zeiten, welche die chriſtliche Kirchengeſchichte einnimmt, in einige engere Räume zu
theilen, damit die Kräfte desjenigen, der dieſen Weg
durchgehen will, nicht zu ſehr nach einander angeſtrengt
werden; ſo muß man ſie doch nicht allein beſtändig alle
im Geſichte behalten; ſondern auch einen jeden derſelben mit wichtigen Unterſcheidungszeichen kenntlich gemacht haben. Eine Periode der Kirchengeſchichte, in
welcher die Chriſten der nachfolgenden oder vorhergehenden Zeit ganz unähnlich ſahen, worinnen ſich ihre
Religion, Theologie, Kirchenverfaſſung, ihr Gottes-
dienſt, ihre Lehrer, ihre Achtung gegen die Gelehrſamkeit, der Antheil ihrer Fürſten an geiſtlichen Sachen;
kurz, wo ſich alles, was mit dem chriſtlichen Glauben
und Leben in einer Verbindung ſtand, ungemein geändert hat, eine ſolche Periode verdienet ſo lange allein
geſtellt und beſchrieben zu werden, als es der allgemeine
Zuſammenhang der Kirchenhiſtorie erlaubt. Man muß
die Begebenheiten derſelben als Theile eines einzigen
Gebäudes betrachten. Mit dem Anfange der Periode
entdecken ſich die Haupturſachen der großen Veränderungen, die in derſelben vorgefallen ſind, und zu jenen
kommen nach und nach viele Bewegungsgründe und
Abſichten, welche nach denſelben gebildet worden ſind;
die Folgen aber werden ebenfalls bald ſichtbar, und gelangen entweder gegen das Ende der Periode zur voll-
kommenen Reife; oder arten um dieſelbe Zeit dergeſtalt
aus, daß dadurch der Grund zu einem neuen Triebwerke von Begebenheiten gelegt wird. Eine Handlung
von dieſer Wichtigkeit, welche ſich wiederum in viele
tauſend kleinere ergoſſen hat, und mit beſonderer Leb-
haftigkeit bis zu einem gewiſſen Ziele fortgegangen iſt,

muß

muß durchaus innerhalb ihrer Gränzen angeschauet werden, wenn sich die Geschichte in ihrer pragmatischen Stärke zeigen soll; aber diese Gränzen berühren das Gebiete der übrigen Kirchengeschichte von allen Seiten so nahe, daß sie gleichwohl stets nur eine einzige bleibt.

Die christliche Geschichte faßt einige solche Perio‐ den in sich: ich habe sie bereits genannt; aber hier wer‐ de ich beweisen können, daß man mit allem Rechte eine jede derselben einer besondern Aufmerksamkeit, und ei‐ nes Unterschiedes in der Erzählung würdige. Die erste derselben erstreckt sich über die dreyhundert ersten Jahre des Christenthums. In diesem Zeitraum glänzt die neugebohrne Religion in ihrer Unschuld, Lauterkeit und Einfalt; sie würkt noch allein und glücklich, weil man ihr freye Hände läßt, und bey ihrer Quelle stehen bleibt. Liebenswürdig und zugleich majestätisch war sie durch den Sohn Gottes der Welt vorgestellet worden; sie hatte fern von allen Gewaltthätigkeiten, ganz dem Wohl der Menschen gewidmet, begleitet von unleugba‐ ren Kennzeichen ihres göttlichen Ursprungs, und in ei‐ ner ungekünstelten Gestalt, bey vielen Tausenden Ein‐ gang gefunden. Von dem Geiste ihres Stifters und seiner Freunde, welche jede Tugend im Leben ausdrück‐ ten, getrieben, waren die ersten Bekenner der christli‐ chen Religion mit ungemeiner Liebe und Ehrfurcht ge‐ gen dieselbe angefüllt; wagten es so wenig, ihr einige Zusätze anzuhängen, daß sie vielmehr dem deutlichen und hinlänglichen Begriffe derselben, der heiligen Schrift, unveränderlich zugethan blieben, und suchten sie mehr durch ihre Sitten zu ehren, als durch scharfsin‐ niges Nachforschen zu ergründen. Die Religion war bey ihnen unaufhörlich geschäftig; aber immer zum Besten der menschlichen Gesellschaft. Ihr Vortrag blieb faßlich und praktisch; man bauete noch keine Lehr‐ gebäude in derselben auf, und wenn auch zuweilen je‐ mand einen Entwurf dazu machte; so wurde derselbe

doch

doch niemanden aufgedrungen: es waren nur Verſu‐
che des menſchlichen Verſtandes, auch da nicht müßig
zu ſeyn, wo es Verſtand und Witz allerdings ſeyn
konnten, ſobald die Menſchen mit der Ueberzeugung
von der Wahrheit der Religion, eine lebhafte Erkennt‐
niß, und eine freudige Ausübung derſelben verbunden
hatten. Die Chriſten gehorchten in dieſem für ſie
rühmlichen Zeitraum heidniſchen Kayſern ohne Wider‐
ſtand: ſie blieben ihnen auch alsdenn getreu, wenn die
grauſamſten und unverdienteſten Verfolgungen das
Band zwiſchen dem Oberherrn und den Unterthanen
zu zerreißen ſchienen. Niemals war die Verſchieden‐
heit ſeiner Religion, welche ſie verabſcheuen mußten,
für ſie eine Reizung, ihre Pflichten gegen ihn zu ver‐
ſäumen: und nie glaubten ſie, daß die Kirche und ihre
Lehrer gewiſſe Rechte hätten, welche ihnen eine von dem
Staate abgeſonderte Regierung übergäben. In jenen
Verfolgungen, denen ſie ſo beherzt entgegen giengen,
zeigte ſich offenbar die ganze Kraft des Chriſtenthums,
mit welcher ſeine Bekenner Martern und Tod erdulden
können, weil ſie durch dieſelben zu einem gewiſſen und
glückſeligern Leben übergehen. Der äußerliche Got‐
tesdienſt der Chriſten beſtand in wenigen, aber lau‐
ter weſentlichen Uebungen der Andacht und Frömmig‐
keit; ſie glaubten jedoch durch dieſe Gott nicht mehr
zu gefallen, als durch die Empfindungen des Herzens,
und durch den Dienſt eines gottſeeligen Lebens. Ei‐
ne mäßige Anzahl Cärimonien wurde der Religion
zugeſellt: nicht, damit ſie in denſelben wohnen ſollte;
ſondern, weil unzählige Menſchen geneigt ſind, ihre
Begriffe von erhabenen Dingen, wenn ſie gleich der
Einbildungskraft gar keine Nahrung verſchaffen, durch
ſinnliche Vorſtellungen auszudrücken, und weil dieſe
ein reines unſchuldiges Vergnügen für den Geiſt abge‐
ben könn n. Auch behaupteten die chriſtlichen Gemei‐
nen damals in Anſehung dieſer Cärimonien, und aller
äußer‐

äußerlichen Einrichtungen der Kirche, noch eine edle
Freyheit. Ihre Lehrer waren in dieſen Jahrhunderten
Diener der Religion und Kirche; Beyſpiele der De=
muth, Uneigennützigkeit und Standhaftigkeit; bereit,
im Nahmen aller andern Chriſten für den Glauben zu
ſterben; an Würde und Anſehen einander etwas un=
ähnlich; aber mit Gewalt, Herrſchaft, und weltlichen
Beſitzungen völlig unbekannt. Die Bedrückungen und
Unruhen ſelbſt, unter welchen die Chriſten lebten; das
friſche und durchdringende Andenken ſo vieler ihrer Mit=
brüder, welche die erkannte Wahrheit mit ihrem Blu=
te bezeigt hatten; ihre unverbrüchliche Ehrfurcht gegen
das göttliche Wort; und ihr Gefühl von allen Wohl=
thaten, welche das Chriſtenthum im Leben und Ster=
ben ſchenkt; alles dieſes unterhielt Eifer, Redlichkeit
und ſtrengere Zucht unter ihnen. Man kann ſagen,
daß ihr Leben eine ſehr ſichtbare Vorbereitung auf die
Ewigkeit, und die Religion bey allen wichtigen Schrit=
ten deſſelben die Führerinn geweſen ſey. So ſahen
die Religion und die Chriſten aus, als beyde noch in
keinem weiten Abſtande von ihrer erſten Quelle begrif=
fen waren. Sie blieben zwar nicht völlig von Fehlern
und Ausſchweifungen frey: denn, um anderer Urſachen
nicht zu gedenken, ſo verſchlimmert ſich nichts leichter
in den Händen der Menſchen, als die Religion; aber
man bemerkt, daß ſich die Chriſten damals noch beſin=
nen, und wenn ſie ſchon in einen Abweg zu gerathen
anfangen, noch bey Zeiten umkehren. Wenn gleich al=
lerley irrige Vorſtellungen von der Religion unter ih=
nen aufkamen; ſo waren doch die allermeiſten gegen
dieſelben durch die klaren Ausſprüche der heiligen
Schrift ſehr wohl gewaffnet. Sie ſchloſſen diejenigen,
welche den Glauben verfälſchten, mit Rechte von ihrer
kirchlichen Geſellſchaft aus; allein ſie verfolgten
dieſelben deswegen nicht, weil ihr Verſtand zu ſchwach,
oder ihre Einbildungskraft zu ſtark geweſen war, als
daß

daß sie die Wahrheit gleich deutlich mit ihnen hätten sehen können. Die Bischöfe erlangten zwar auf den Kirchenversammlungen zeitig genug das Recht, Entschei-
dungen und Gesetze für die andern Mitglieder der Kirche abzufassen; allein man sieht nicht, daß sie dasselbe
schon gemißbraucht hätten. Sie suchten ihrem Amte
einen immer höhern Glanz zu ertheilen; doch leidet die
Kirche noch sehr wenig von dem kleinen Ehrgeize, der
sich in ihnen regte, weil die meisten derselben die wahre
Bestimmung ihres Standes vor Augen haben. Zuweilen zerflossen auch wohl die Sitten der Christen,
während des Stillstandes einer äußerlichen Ruhe und
Sicherheit, in Weichlichkeit oder Trägheit: dieses hatten sie mit den übrigen Menschen, welche in einem langen Frieden leben, gemein. Aber, wenn eine Verfolgung über sie einbrach, da ermannte sich alles, wie gegen einen gemeinschaftlichen Feind. Waren gleich manche zu schwach, dieselbe auszustehen; so bereueten sie,
nachdem dieselbe geendigt war, desto mehr die Art oder
auch nur den Schein des Abfalls, in welchen sie gesunken waren. Kurz, die Religion machte die Christen in
diesen Zeiten auch mitten unter den Drangsalen zufrieden und glücklich, weil sie tugendhaft waren, und bey
einer mittelmäßigen Wissenschaft weise und hochach-
tungswürdig: sie gereichten ihr zur Ehre, und sie errichtete damals, mehr als es jemals wieder geschehen ist,
Siegszeichen in den Gemüthern der Menschen.

Aber jetzt nähert sich die zweyte Periode ihrer
Geschichte, welche fünftehalb hundert andere Jahre in
sich schließt. Die Religion erscheinet wiederum in einem Gepränge; aber es ist von einer ganz andern Art
als das vorhergehende: es ist fast lauter menschliche
Kunst, die sie umgiebt; ein Heer von Cärimonien,
stolze Pracht beym Gottesdienste, sonderbare Andachtsübungen, neuerfundene Lebensarten, welche Gott mehr

ge-

gefallen sollen als seine ausdrückliche Vorschriften, und
überhaupt eine so hitzige Leidenschaft, die Einbildungs=
kraft und Eitelkeit durch die Religion selbst zu befriedi=
gen, daß sie aus den Herzen in die Sinne und in die
spielenden Beschäfftigungen der Menschen übergegan=
gen zu seyn scheinet. Der Zwang und die Gewalttha=
tigkeiten, welche die Christen bisher unter heidnischen
Kaysern gelitten hatten, fielen weg: und sogleich über=
ließen sie sich allen Neigungen, welche die Religion selbst
hätte aufhalten können, wenn man ihren Forderungen
die erste Stelle gegeben hätte. Die äußere Ruhe und
Glückseeligkeit der Christen wird der Grund von allen
nachtheiligen Veränderungen, welche in diesem Zeit=
raum über die Religion ergehen, und sich schon bis auf
ihre Lehrer erstrecken. Es fehlte den Christen in diesen
Jahrhunderten eigentlich nicht an Hochachtung gegen
die Religion; aber sie begriffen nicht, daß dasjenige,
wodurch sie dieselbe zu ehren glaubten, eine abergläubi=
sche und willkührliche Frömmigkeit, nur sie zu beschim=
pfen diente. Und wenn gleich die Hauptlehren des
Christenthums noch größtentheils unversehrt stehen
blieben; so verloren sie doch durch diese falsche Anwen=
dung und Richtung ihre heilsamsten Kräfte. Bald ver=
größerte auch der Umsturz des Römischen Reichs in den
Abendländern dieses Verderben: denn indem die Un=
wissenheit und Barbarey, welche die betrübteste Folge
von demselben waren, nicht allein den großen Haufen
der Christen einnahmen, sondern auch ihrer Lehrer selbst
nicht schonten; so konnten sich sehr widersinnige Be=
griffe von Religion und Gottseeligkeit unter ihnen ein=
schleichen, ohne daß es jemanden befremdete.

Man vergleiche nun diese Periode der christlichen
Geschichte etwas genauer mit der ersten. Kaum sitzt
die Religion, vom Constantin geführt, neben dem
Throne; so scheinet sie sich schon ihrer ehemaligen ar=
men,

men, aber doch reinen und liebenswürdigen Gestalt, zu
schämen. Sie — oder vielmehr die Christen, welche
sich ihrer rühmen, — diese wollen ihren Dienst nicht
mehr anders als in einem blendenden Schimmer verrichtet wissen; man ahmt die prächtigen Ausschmückungen und Aufzüge der Heiden nach; man bauet Kirchen
ohne Zahl; es werden immer mehrere Feyerlichkeiten
und Festtage eingeführt, und die Last jüdischer Cärimonien, über deren Abschaffung sich die ersten Christen
freuen konnten, wird mit weit unnöthigern verwechselt.
Auch dieses wäre noch zum Theil erträglich gewesen,
wenn man dabey nur die Absicht gehabt hätte, dem
Gottesdienste dadurch einen edlen und für mindere Fähigkeiten des Verstandes Bedeutungsvollen Anstand zu
ertheilen. Allein der Begriff von Verdienstlichkeit und
Heiligkeit, welchen man mit allen diesen Anstalten verknüpfte; die Dreistigkeit, mit der man neue Wege zur
christlichen Vollkommenheit empfahl, und die gebahnten verließ, auf denen die Christen der ersten Zeiten ein-
hergegangen waren; endlich auch die Beförderung der
Scheinheiligkeit und Heucheley, der niedrigen Vorstellungsarten von dem höchsten Wesen, und einer phan-
tastischen Bewunderung oder Leichtgläubigkeit; dieses
war der beträchtliche Schaden, den die in sinnliche Abbildungen gänzlich eingehüllte Religion bald verspürte.
Zum Unglück für sie kam eine Art Menschen auf, welche weder Lehrer noch Lehrlinge heißen, aber beyde an
Erhabenheit der Tugend übertreffen wollten: die Mönche. Diese sind es hauptsächlich, welche in dem Zeitraum, den ich beschreibe, die Christen von der Gottseeligkeit, deren Muster die heilige Schrift enthält, zur
Schwärmerey, zum eingebildeten Wunderbaren, und
einer selbst ersonnenen Andacht, abführten: denn die
Vortheile, welche ihre Lebensart der Kirche hätte verschaffen können, und welche sie auch der theologischen
Gelehrsamkeit zu leisten anfiengen, waren gegen die
Ver-

Verwüſtung, die ſie als Beſchützer und Beyſpiele des
Aberglaubens anrichteten, gehalten, ſehr unerheblich.
Zu gleicher Zeit vergaßen die Lehrer der Chriſten oft
genug, wozu ſie beſtellt wären: die ungemeinen Vorrechte, welche ſie von den Kaiſern erhielten, verleiteten
ſie zur Herrſchſucht, zu Zänkereyen und zum Verfol-
gungsgeiſte. Schon machten ſie auf den Kirchenverſammlungen, welche zuweilen ärgerliche Auftritte abgaben, Schlüſſe, die mit Gewalt zur Vollſtreckung gebracht wurden. Schon ſtritten auch die Biſchöfe der
beyden Hauptſtädte des Reichs mit einander über den
Vorrang; allein es würde den Chriſten noch ſo anſtöß-
ſig geweſen ſeyn, wenn einer unter ihnen die Oberherr-
ſchaft über die ganze Kirche gefordert hätte, daß ſelbſt
derjenige, welcher ſie einige hundert Jahre ſpäter würklich an ſich riß, der Römiſche Biſchöf, damals das
heftigſte Geſchrey dagegen erregte. Die Biſchöfe waren auch noch keine weltliche Herren von großen Lände-
reyen und Gütern; allein die Kirchen und Klöſter, welche von ihnen regiert wurden, beſaßen doch ſchon weit
mehr Reichthümer, als ihnen nöthig und nützlich waren. Dieſe Veränderung erſtreckt ſich auf alles. In
den erſten Jahrhunderten hatte man diejenigen, welche
zum Chriſtenthum treten wollten, durch Unterricht und
eine lange Prüfung geführt; jetzt begnügte man ſich
immer leichter an einigen Zeichen der Neigung und einer geringen Erkenntniß; man ließ ſogar abgöttiſchen
Völkern ihre Gebräuche, um ſie deſto geſchwinder zu
Chriſten zu machen. Irrthümer im Glauben wurden
ſchon als Verbrechen verfolgt und beſtraft; man ſieht
die ſogenannten Ketzer, ſonderlich die unruhigern, ſchon
hinrichten, ihre Schriften auf obrigkeitlichen Befehl
verbrennen, und ihnen oft mit Unbilligkeit begegnen,
zuweilen auch das Reich zwiſchen ihnen und den Rechtgläubigen getheilt, beyde aber alsdenn mit der äußerſten Erbitterung einander anfallen. Die Gelehrſam-

I. Theil.   U   keit

keit wurde zwar anfänglich in dieſer Periode zum Beſ=
ſten der Religion ſehr wohl genützt; aber ſie wurde
ſchon durch den überhandnehmenden Aberglauben ziem=
lich unbrauchbar gemacht, und durch den Einbruch der
ungeſitteten Völker in das Römiſche Reich gerieth ſie
endlich in den tiefſten Verfall. Der erbauliche Vor=
trag der Religion, der unter den erſten Chriſten ſehr
ungekünſtelt war, nahm bey ihren Nachkommen alle
Zierrathen der Beredſamkeit an: und man konnte da=
mit noch zufrieden ſeyn; allein er wurde bald ſchwül=
ſtig, ſeicht, und mit Empfehlungen der neu aufgebrach=
ten Andacht angefüllt. Zu dem gelehrten Vortrage der
Religion, den man Theologie nennt, und zu welchem
in dem erſten Zeitalter kaum ein Anfang gemacht wor=
den war, kam in dieſem zweyten viele Kunſt, Scharf=
ſinnigkeit und Gelehrſamkeit; aber auf einmal wußte
man nicht mehr, was Theologie war, nachdem die
oft genannte Seuche des Verſtandes, der Aberglaube,
auch die Unwiſſenheit herbeygezogen hatte. Die Mor=
genländiſche Kirche blieb etwas aufgeklärter, als die
Europäiſche; hingegen war ſie durch innerliche Strei=
tigkeiten und Partheyen zerrüttet, und faſt noch mehr
für die neue Mönchsheiligkeit eingenommen. Beyde
fanden am Muhammed einen ſehr gefährlichen Feind;
beyde waren aber auch gegen die Mitte des achten Jahr=
hunderts, wo ſich dieſe Periode endiget, einer faſt all=
gemeinen Verbeſſerung benöthigt. Gleichwohl iſt in
derſelben, ohngeachtet ſie ſo viele Flecken hatte, doch
noch ein anſehnlicher Theil von den Vorzügen des er=
ſten Chriſtenthums erhalten worden: und ſie wären
niemals ganz verſchwunden, wenn man alle Religions=
begriffe auf das ſtrengſte geprüft hätte.

Allein die eiſerne Zeit der chriſtlichen Religion und
Kirche iſt in ihrer dritten Periode zu ſuchen. Dieſe
geht von einer viel verſprechenden Regierung, von
Carln

Carln dem Großen an, bis zum Anfange des sechszehnten Jahrhundertes. In der vorhergehenden war Gepränge und Cärimoniensucht an die Stelle der alten christlichen Einfalt getreten; in dieser behielt nicht allein der Aberglaube seinen Unterhalt; sondern er stieg auch zu einer fast unglaublichen Höhe, und wurde noch durch die Tyranney der Geistlichkeit fürchterlicher, aber auch lächerlicher durch die elendeste Anwendung der Kräfte des menschlichen Verstandes, und der Religion durch viele Veränderungen in derselben schädlicher. Jetzt erfolgte die sonderbare Verwandlung des Römischen Bischofs in einen weltlichen Fürsten über ein großes Stück Landes in Italien: derjenige, welcher nur lehren, und eine Aufsicht über die Kirchen und Geistlichen führen sollte, fieng an mit aller Gewalt eines Landesherrn zu befehlen. Gewisse Begebenheiten kamen ihm dabey vortrefflich zu statten, und, um es mit einem Worte zu sagen, er wurde ein regierender Fürst, indem er in zwey Ländern die Unterthanen von der Treue abzog, welche sie ihrem Regenten schuldig waren. Die Kirche zu Rom genoß von ihrem Anfange her, wegen ihres Alters, Umfangs, und wegen der Stadt selbst, in welcher sie gestiftet war, einer vorzüglichen Achtung vor allen andern Gemeinen unter den Christen; aber nun maaßten sich die Bischöfe derselben immer größere Rechte an, und unterstützten dieselben durch die Ausstreuung erdichteter Erzählungen und Urkunden. Unterdessen waren sie doch von dem Ziele ihres Entwurfs, wenn es anders wahrscheinlich ist, daß sie denselben schon zu Carls des Großen Zeit gemacht haben, noch weit entfernet. Rom selbst blieb noch einige hundert Jahre in den Händen seiner rechtmäßigen Herren, der Kaiser: auch die geistliche Gewalt der Römischen Bischöfe war in den ersten Zeiten dieser Periode noch nicht willkührlich und frey von Widerspruche. Allein die innerlichen Unruhen, welche die schwache Regierung von Carls

Nach=

Nachfolgern begleiteten; die immer wachsende, aber=
gläubische Furcht vor den Geistlichen, durch welche die
Religion selbst zu reden schien; die leichtgläubige Un=
wissenheit, und die eifrigen Dienste, welche alle übrige
Europäische Geistliche, zu größerer Sicherheit ihres ei=
genen Ansehens, dem Bischofe zu Rom leisteten: die=
ses zusammengenommen war ihm endlich dazu behülf=
lich, von den Kaisern und Königen unabhängig, ja
sogar ihr Oberherr, und ein unumschränkter Gebieter
der Kirche zu werden. Diese nach der ersten Bestim=
mung des christlichen Lehramtes so unbegreifliche Ver=
änderung kam, nachdem sie lange vorbereitet war, un=
ter Gregor dem Siebenten, im eilften Jahrhunder=
te, erst völlig zu Stande. Nunmehro, da die abend=
ländische Kirche ihren Monarchen hat, setzt er allein
alles in derselben in Bewegung, und alles was im Nah=
men der Religion geschieht, bezieht sich hauptsächlich
auf ihn. Hier sieht man den allgemeinen Charakter
dieser Periode. In der morgenländischen Kirche zeich=
net sie sich auf eine andere Art aus: dort ist es der Frie=
densbruch mit der abendländischen; eine Reihe von
Streitigkeiten und Zerrüttungen, welche das Reich
und die Kirche zugleich betreffen; zuletzt aber ihre fast
gänzliche Unterdrückung; solche Schicksale machen der
Kirchengeschichte in jenen Gegenden ein Ende.

Doch dieses ist nur der Grundriß zu dem Gemähl=
de von der dritten Periode der christlichen Geschichte:
sie muß noch weit genauer nach ihren eigenen Zügen
abgeschildert werden. Die Römischen Bischöfe sind
nicht allein in derselben groß und mächtig geworden;
auch die übrige Europäische Geistlichkeit wurde der
Welt in ihrer Maaße furchtbar. Ungeheure Besitzun=
gen und Reichthümer kamen in ihre Hände. Man
glaubte dasjenige Gott und den Heiligen darzubringen,
was man ihnen schenkte, und man bildete sich ein, Ver=

gebung der Sünden dadurch zu erlangen, wenn man die Kirchen und Klöster mit Schätzen überhäufte. Die Macht der Geistlichen über die Gemüther der Christen hatte fast keine Gränzen mehr. Sie behaupteten den wichtigsten Einfluß in die Angelegenheiten des Staats; bemächtigten sich eines großen Theils seiner Einkünfte, und halfen andere nach Rom schicken: dorthin war ihre Treue und ihr Gehorsam gerichtet; von daher ergiengen Befehle eines Bischofs an die Fürsten und ihre Unterthanen, und beyde hatten nichts, sich gegen dieselben zu schützen, als demüthige Unterwürfigkeit. Alle Vorstellungen von Christenthum und Gottseeligkeit wurden aufs äußerste verfälscht. Die Waffen waren oft ein Mittel, wodurch man heidnische Völker zu Christen machte, und man bestrafte sie grausam, wenn sie diesen Zwang wieder abschüttelten. Die Christen selbst, welche sich der Geistlichkeit widersetzten, wurden streng verfolgt. Blutgerichte, Lebensstrafen und Ketzerkriege warteten nicht bloß auf Irrende; sondern auf alles, was die Lehren der Römischen Kirche verwarf. Und diese Lehren sahen nur dem Nahmen und den Ausdrücken nach, der christlichen Religion mehr ähnlich; zum Theil wichen sie offenbar von derselben ab. Die heilige Schrift wurde den gemeinen Christen aus den Händen gewunden, und mit derselben ward ihnen zugleich alle Freyheit der Untersuchung geraubt. Alle Arten sinnlicher Andachtsbezeigungen nahmen nicht allein unaufhörlich zu; sondern vertilgten auch endlich die Begriffe von der wahren Frömmigkeit des Herzens, bis auf diejenigen Ueberbleibsale, welche durch die oft schwärmerische Mystik erhalten wurden. Die Mönche der vorigen Periode, ob sie gleich schon zu vielen Tausenden die Kirche bedeckten, waren doch nur ein geringer Haufen gegen ihre Nachkömmlinge in diesen Zeiten, welche sonderlich in den Abendländern täglich durch neue Orden vermehrt wurden, die getreuesten

Die

Diener des Pabstes, und die eifrigsten Verfolger aller, welche frey zu denken und zu reden versuchten, abgaben. Der christliche Lehrbegriff änderte sich jetzt merklich: die Ehre, die Vortheile der Geistlichkeit, und andere ihrer Absichten, vornehmlich aber die alles verwandelnde Kraft des Aberglaubens, hatten daran den stärksten Antheil. Man erhöhete die Anzahl von zwey Sacramenten, welche die Kirche bisher gehabt hatte, auf sieben; aber noch ehe diese Zahl festgesetzt wurde, entzogen die Päbste eines derselben, die Ehe, dem geistlichen Stande. Gleichsam als eine Art von vorzüglicher Wiedererstattung, wurde demselben einige hundert Jahre nachher, mit offenbarem Widerspruche gegen die Einsetzung des heiligen Abendmahls, allein das Recht zugeeignet, den Kelch in demselben zu genießen. Es wurde die Brodverwandlung in diesem Sacramente ersonnen, und die dem Alterthum eben so unbekannte Anbetung der geweihten Hostie war nur eine Folge dieses neuen Glaubens. Die abergläubische Verehrung der Bilder, welche noch beym Anfange dieses Zeitraums von einem großen Theil der Europäischen Kirche bestritten worden war, konnte endlich durch nichts mehr zurückgehalten werden; da die Geistlichen, und die Mönche insonderheit, nicht nur bey der übermäßigsten Ehrerbietung gegen die vermeinten Heiligen und Wunderthäter der Kirche, ihre Einkünfte anwachsen sahen; sondern auch in der Beschreibung ihrer Thaten unerschöpflich waren, und ihnen täglich neue beyfügten. Mangel an prüfender Einsicht und an Gewissensfreyheit, stolzes Vertrauen auf unzählige frommscheinende Rührungen oder Werke, welche der Stifter des Christenthums nicht verlangt hatte, oder vielmehr verwerfen mußte, und der Mißbrauch der Religion zu jeder menschlichen Leidenschaft: dieses war der Hauptsitz ihres Verderbens. Es fehlte ihr keinesweges an einem sehr kunstmäßigen, scharfsinnigen, oft überaus spitzfindigen

digen Vortrage. Das theologische System kam in dieser Periode völlig zu Stande. Nachdem man lange Zeit bloß die Aussprüche und Erklärungen der Kirchenväter über den christlichen Glauben gesammlet hatte, rief man endlich die Vernunftlehre und Metaphysik zu Hülfe, um demselben ein völlig neues Licht zu verschaffen, erfand unzählige Bestimmungen, Unterscheidungspunkte, Fragen, tiefsinnige aber unnütze Erörterungen und Streitigkeiten. Unglücklicher Weise aber vergaß man dabey, den erweislichen Grund der Lehren in der heiligen Schrift aufzusuchen: daher wurde diese scholastische Theologie, wie man sie zu nennen pflegt, nur eine Wissenschaft des Disputirens und Distinguirens über den eingeführten, ausgearteten Lehrbegriff: ja einige wichtige Veränderungen in demselben ist man angesehenen Lehrern dieser Theologie schuldig. Die Gelehrsamkeit stand in diesem ganzen Zeitraum vielfache Abwechselungen aus, welche auch die Religion fühlte, und welche hinwiederum zum Theil von dieser entsprungen sind. Sie war der Aufsicht oder vielmehr dem Willkühr und den besondern Neigungen der Geistlichen unterworfen: daher wurde die Freyheit, welche ihr so nöthig ist, auf allen Seiten eingeschränkt. Sie erhob manchmal ihr Haupt; allein der Aberglaube drückte sie sogleich wieder nieder; er machte auch von dem Guten, welches sie hervorbrachte, eine thörichte Anwendung. Gleichwohl arbeitete der menschliche Verstand in dieser langen Periode bisweilen glücklich genug, und schien sich nur nach einer bequemern Zeit umzusehen, um etwas zur Verbesserung der Religion beytragen zu können. Die Fürsten suchten ihm öfters aufzuhelfen: sie wünschten auch die ungeheure Macht der Geistlichkeit zu verringern; allein sie sahen wenig Wahrscheinlichkeit vor sich, daß dieses jemals geschehen würde.

U 4

Plötz-

Plötzlich geſchah es in der vierten Periode der chriſtlichen Geſchichte, in welcher Kirche und Religion, ihr Verhältniß gegen den Staat und gegen die Wiſſen= ſchaften, alles mit einem Worte, was ſie angeht, durch= aus verändert wird. Dieſe Periode ſieht den drey vor= hergehenden ſo wenig ähnlich, als ſie ſich ſelbſt unterein= ander; aber dieſes hat ſie doch mit ihnen gemein, daß in der ganzen Dauer derſelben ohngefähr Ein Geiſt, das heißt, ein großes in Bewegung geſetztes Triebwerk immer fortwürkt. In der erſten Periode kam alles von der Religion ſelbſt her; in der zweyten alles von den ſich ſelbſt überlaſſenen Neigungen ihrer Bekenner; in der dritten von der Herrſchſucht und dem Eigennutzen ihrer Lehrer; in dieſer letzten aber von der Freyheit in der Beurtheilung und Ausübung der Religion, welche ſich die Chriſten einander ſtreitig machen. Die Auf= klärung der Europäer durch die Gelehrſamkeit und durch die ſchönen Künſte, diente ihr zu einer glückli= chen Vorbereitung: es iſt ſogar ausgemacht, daß die Verbeſſerung des Geſchmacks, und der feinere Witz, der ſich im funfzehnten Jahrhunderte auszubreiten an= fieng, an der bisherigen Barbarey einen Eckel erregt, mithin den erſten Schritt zur Wiederherſtellung der Religion gethan habe. Man wartete nur auf einen Anführer, um dieſe zu unternehmen: er kam, und das alte Joch der Geiſtlichkeit wurde in vielen Gegenden mit eben dem Beyfalle abgeſchüttelt, mit welchem ein Volk die Gelegenheit, ſeine lange verlorne Freyheit wieder zu erhalten, ergreift. Die Geiſtlichkeit iſt zwar in eben ſo vielen Ländern ſtark genug geweſen, um ihre angemaaßte Herrſchaft zu behaupten, oder diejenigen, welche ſich derſelben entzogen, mit Grauſamkeit zu ver= folgen; allein ſie hat dieſelben endlich doch größtentheils vor unabhängig erkennen müſſen. Durch dieſen Wi= derſtand ſind Kriege und Streitigkeiten ohne Ende ge= ſtiftet worden. Die Europäiſche Kirche iſt ſeitdem

auch

auch nicht mehr eine einzige; sondern in zween große
Haufen getheilet, von denen der eine, soviel es möglich
ist, Gewalt, der andere Gründe zu gebrauchen pflegt.
Die Religions- und Kirchenverbesserung, welche so viele Veränderungen hervorgebracht hat, ist eine Begebenheit von der allersonderbarsten Art. Einige geringe
Lehrer, zugleich aber auch Fürsten, Päbste, alle Classen
des menschlichen Geschlechts, die besondere Verfassung
der Zeiten und Sitten, der Zustand der Wissenschaften,
und noch viele andere Dinge traten zusammen, um sie
zu befördern. Sie wurde zwar gewissermaaßen eine
Erneuerung des ersten Christenthums, und der alten
Kircheneinrichtung; allein sie ist endlich doch mehr in
der Mitte zwischen der ursprünglichen Einfalt der Kirche, und zwischen ihrer schwülstigen Gestalt, wiewohl
jener ungleich näher, als dieser, stehen geblieben; weil
es unmöglich war, die Christen des sechszehnten Jahrhunderts ganz nach dem Vorbilde des ersten umzu-
schmelzen. Ihre Früchte, die noch beständig fortdauern, und immer vergrößert werden, beweisen, was vor
eine große Wohlthat sie für die Welt gewesen sey: und
in dieser Betrachtung hat die letzte Periode viel Aehn-
liches mit der ersten; weil das menschliche Geschlecht
nur in diesen beyden die unbeschreiblichen Vortheile des
Christenthums rein und lebhaft fühlen gelernet hat.
Der Gang der beyden getrennten Europäischen Kirchen — denn auf den übrig gebliebenen Schatten der
Morgenländischen wird in dieser Periode wenig mehr
geachtet — ist bisher sehr merkwürdig gewesen. Die
eine hat auf die gezwungenste Art gesucht, ihre alten
Grundsätze beyzubehalten und auszubreiten; ob sie
gleich selbst die Unmöglichkeit empfindet, sie nach ihrem
ganzen Umfange zu behaupten; zum Theil auch selbst
von der Schädlichkeit derselben überzeugt worden ist.
Die andere, deren Grundsätze beständig auf das Heil-
same in der Religion, auf ihre Verwahrung und Säu-

U 5   berung

berung von allen menschlichen Zusätzen gehen, hat eben
durch dieselben die meisten Eroberungen gemacht, und
sich am gewissesten erhalten. Die Uneinigkeiten, wel=
che sich in derselben erhoben haben, sind eine Folge der
Freyheit und der verschiedenen Denkungsart der Men=
schen, nicht der allgemeinen Vorschrift, welche sich die=
se Kirche gemacht hat: und auch die mancherley Arten
der Unvollkommenheit, denen sie noch nach zweyhun=
dert Jahren ausgesetzt ist, sind nur Gefährtinnen der
menschlichen Natur. Sie hat über dieses Sanftmuth,
und Verträglichkeit gegen die Irrenden in der Religion
eingeführt, auch meistentheils ausgeübt. Es sind in
diesem Zeitraum viele neue Sekten entstanden. Allein,
ob man sie gleich nicht durch ungestüme Gewaltthätig=
keiten zu dämpfen gesucht hat; so haben sie doch der
Religion keinen Schaden zugefügt, und verlieren sich
nach und nach aus der Welt, wenigstens aus ihrer Ach=
tung, wenn man sie den Abwegen, in welche sie sich
verwickelt haben, überläßt. Selbst die spöttischen und
stürmischen Angriffe gegen die Religion, welche in den
neuesten Zeiten gewagt worden sind, haben zu ihrer
Ehre und Befestigung vieles beygetragen. Die Er=
laubniß zu zweifeln ist zwar oft unter den neuern Chri=
sten gemißbraucht worden; aber noch öfter hat das
vernünftige, und durch Gründe unterstützte Zweifeln
bey dem Vortrage und der Erklärung ihres Glaubens
große Dienste geleistet. In der Theologie hat man die
Spuren einer gründlichen Untersuchung und Lehrart,
oder, welches einerley ist, den Weg zur genauesten Be=
kanntschaft mit der heiligen Schrift, und zu allen an=
dern guten Hülfsmitteln einer beurtheilenden Einsicht
in die Religion, wieder gefunden: man hat sie in kei=
nem Zeitalter dieser Periode ganz verlassen; wohl aber
hat man sie immer besser kennen gelernet. Die Gelehr=
samkeit überhaupt hat unter dem Schutze einer wieder
liebreich gewordenen Religion, die den Verstand er=

leuch=

leuchtet und erhebt, einen viel geschwindern und aus=
nehmendern Fortgang gewonnen, als in den vorherge=
henden tausend Jahren. Insonderheit hat die Philo=
sophie, dieser allgemeine Geist, welcher die Wissenschaf=
ten beseelen muß, in diesem Zeitraum zum Dienste der
ihr günstigen Religion, und zur Beförderung der Weis=
heit und tugendhaften Freyheit unter den Christen, mit
einem sonst nie gesehenen Glücke gearbeitet. Wir ken=
nen endlich auch die Fehler und Ausschweifungen, wel=
che die Kirche in dieser Periode verunstaltet haben;
aber wir wissen zugleich, daß sie nur in einem Theil der=
selben aus einem falschen Grunde von Religionsmei=
nungen gekommen, in dem andern hingegen mehr Miß=
bräuche würklich erworbener Vorzüge gewesen sind.

Diese Beschreibung der vier großen Perioden, durch
welche die christliche Religion, unter unzählichen wich=
tigen Veränderungen durchgeführt worden ist; eine
Beschreibung, die man zugleich als einen kurzen Abriß
der ganzen Kirchengeschichte ansehen kann, faßt Ursa=
chen genug in sich, warum man eine jede der oft ge=
nannten Perioden vor sich betrachten und beschreiben
muß. Aber es bleibt doch immer noch zu fragen übrig,
in welcher Ordnung die Begebenheiten, welche dieselben
ausfüllen, nach einander erzählt werden sollen? Es
würde sehr unzulänglich seyn, wenn man antwortete:
in einer solchen Ordnung, welche ihren Zusammen=
hang auf das deutlichste vor Augen legt, und keine von
der andern trennt, die sich als Würkungen oder Ursa=
chen gegen einander verhalten. Kann die Beobachtung
der Zeitfolge, die der Geschichte so unentbehrlich ist,
dieses allein leisten? Reißt sie nicht Begebenheiten von
einerley Gattung, und die aus gemeinschaftlichen Trieb=
federn entstanden sind, weitläuftige Geschichten von ei=
ner großen Veränderung, die aber erst nach vielen lee=
ren Zwischenräumen reif geworden ist, auf eine unan=
ge=

genehme, dem Gedächtnisse beschwerliche Art, in kleine
Stücke?. Hindert es nicht eben diese Zeitordnung, daß
gewisse allgemeine Schicksale der Religion und Kirche,
welche nicht füglich an ein bestimmtes Jahr gebunden
werden können, ihre Stelle finden? Man setze hinge=
gen die Begebenheiten nach ihrer pragmatischen Ver=
wandtschaft zusammen, und erfinde erst durch tiefe Un=
tersuchungen die Folge, in welcher sie nach einander ste=
hen müssen: so verlieret man wiederum andere Vor=
theile. Der große an einanderhängende Lauf der Ge=
schichte höret gleichsam auf: es sind nur einzele Schrit=
te, die wir sehen. Das Gleichzeitige, nach welchem
die Historie mit so vielem Nutzen fragt, wird bey die=
ser Anordnung schwerer entdeckt. Und selbst der Ein=
fluß der Begebenheiten in einander wird, ob er gleich
durch diese Methode vorzüglich in das Licht gesetzt wer=
den soll, doch hin und wieder verdunkelt, weil der na=
türliche Zusammenhang, den die Zeit unter ihnen ge=
stiftet hat, weggefallen ist.

Wäre die christliche Kirche ein besonderer Staat,
welcher sein sichtbares Oberhaupt hätte, von dessen Ge=
setzen und Befehlen alles abhienge, und von dessen
Klugheit oder Unfähigkeit zu regieren, alle große Ver=
änderungen, die sich bey der Religion, beym Gottes=
dienste, bey den Sitten der Christen, und in andern
Gegenden der Kirche zugetragen haben, hergeleitet wer=
den könnten; kurz, wenn ich die Kirchengeschichte nach
den Grundsätzen der Römischen Kirche betrachtete: so
würde ich sie ohngefähr eben so, wie die Geschichte des
Deutschen oder des Französischen Reichs vorgetragen
wird, abhandeln können. Wenn ich erst diejenigen
Perioden gefunden hätte, in denen diese christliche
Monarchie von Grund aus erschüttert und umgekehrt
worden ist: so würde ich nachforschen, wie viel An=
theil die Fürsten der Kirche daran gehabt hätten. Die=
ses

ſes würden die Päbſte ſeyn, von deren Charakter, Ei=
genſchaften, Abſichten und Entwürfen, vor allen Din=
gen Nachricht gegeben werden müßte. Aus dieſem Ge=
mählde würden Strahlen gehen, welche alles, was in
der Kirche vorgefallen iſt, aufkläreten. So haben ſie,
würde ich ſagen, den Chriſten vorgeſchrieben, was ſie
glauben, und wie ſie leben ſollen, ohne daß dieſe berech=
tigt geweſen wären, ſich um die Urſachen und Gründe
zu bekümmern, denen ihre geiſtliche Monarchen bey
der Beſtimmung des Lehrbegriffs gefolgt ſind. Auf
dieſe Art, würde ich fortfahren, haben ſie den Plan zu
ihrer Regierung gemacht; ſolche Maaßregeln haben ſie
ergriffen, ihre Gewalt zu befeſtigen, ihre Unterthanen
im Gehorſam, in Liebe und Treue gegen ſich zu erhal=
ten, und ihr Reich durch Eroberungen zu vergrößern.
Ich würde zeigen, wie ihnen ihre Staatsräthe, Statt=
halter und Unterbedienten, (man erkennet daran ihre
geſammte Geiſtlichkeit,) bey dieſen Abſichten zu Hülfe
gekommen ſind; wie ſie alle, von einerley Denkungs=
art mit ihrem Fürſten eingenommen, ihr Anſehen und
ihren Nutzen auf die Beförderung des ſeinigen gebauet,
und Religion, Cärimonien, fortgepflanzte Sagen,
herrſchende Vorurtheile, Belohnungen und Strafen
in dieſer und jener Welt, alles nach einem ſehr wohl
verbundenen Entwurfe, zu dieſem Endzwecke gerichtet
haben. In eben dieſer Geſchichte würde ich forſchen,
wie die Oberherren der Kirche ihr Gebiet gegen die An=
fälle auswärtiger Feinde beſchützt, und wie ſie bey ent=
ſtandenen Empörungen im Schooße deſſelben, die Ru=
he wieder hergeſtellt haben. Jenes würde die Geſchich=
te der Verfolgungen, zum Theil auch der Streitigkei=
ten mit weltlichen Fürſten ſeyn, welche viele beträcht=
liche Rechte über die Kirche auszuüben geſucht haben;
dieſes aber wäre mehr die Geſchichte der Ketzereyen,
und überhaupt aller Abweichungen von der Ehre und
Gemeinſchaft der Kirche, welche nach und nach die ge=
fährs

fährlichsten Feindschaften gegen den Herrn derselben
hervorbringen. Man würde weiter sehen, wie dieser
jeden unvermutheten Vorfall, die Sitten einer jeden
Zeit, den Zustand der Wissenschaften, die Gesinnun=
gen großer Herren, und andere mächtige Mittel oder
Bequemlichkeiten genützt habe, um durch die Religion
über die Welt herrschen zu können. Endlich müßte
man in einer nach diesem Muster eingekleideten Kir=
chengeschichte, nicht allein den Ursprung und Anwachs
dieses geistlichen Staats, den Abbruch, welchen er in
den neuern Zeiten gelitten hat, und alle öffentliche oder
verborgene Maaßregeln, deren er sich bedienet hat, um
das Verlorne zu ersetzen, glaubwürdig erzählen; son=
dern auch vornehmlich aus historischen Spuren begreif=
lich machen, wie derselbe mitten in allen andern Staa=
ten, zum Nachtheil der Vorrechte ihrer Fürsten, und
der Pflichten ihrer Unterthanen, unter der Begünsti=
gung der Religion, von einem auswärtigen Bischof
habe gestiftet und so lange erhalten werden können.
Alle übrige Veränderungen der christlichen Religion
und Kirche könnten leicht nach diesem allgemeinen Ab=
risse von den Schicksalen und Unternehmungen der
geistlichen Monarchie unter den Christen, als mitwür=
kende Ursachen und Folgen, oder als Hindernisse, ge=
ordnet werden.

Man kann nicht leugnen, daß die Erzählung der
Kirchengeschichte, wenn sie eine solche Gestalt annimmt,
völlig in die Absichten hinein dringe, nach welchen die
Römische Kirche, oder wenigstens die Päbste, und ihre
Geistlichkeit, Religion und Kirchenverfassung zu bilden
gesucht haben. Allein wir andern können uns diese
geschickt zusammenhängende Ordnung bey der Beschrei=
bung der Kirchenhistorie nicht zu Nutzen machen.
Denn außerdem, daß wir es aus dem Munde des
Stifters der Kirche wissen, daß dieselbe kein Reich

von

von dieser Welt, daß er ihr einziger Herr sey, und
alle Lehrer derselben sich nur als ihre Diener zu betrachten haben: so würden wir auch jenen geistlichen Staat
in dem ältesten und größern Theile dieser Geschichte
vergebens suchen; und wenn wir ihn endlich voll Erstaunen und Betrübniß antreffen, überlassen wir es
gerne den Unterthanen desselben, den Mitgliedern der
Römischen Kirche, die Geschichte ihrer geistlichen Monarchie mit weltlichen Farben, die ihr so sehr eigen sind,
abzuschildern.

Unterdessen kommt doch dieser Methode eine andere etwas nahe, welche mit mehrerm Rechte von einigen Schriftstellern zum Vortrage der Kirchengeschichte
angewandt worden ist. Sie betrachten die christliche
Kirche als eine große Gesellschaft, die sich unter dem
Schutze der weltlichen Obrigkeit in sehr vielen Ländern
erhoben hat; aber gleichwohl von besondern Vorstehern
und nach eigenthümlichen Gesetzen, regieret worden ist.
Diese Gesellschaft hat eine Menge Schicksale erfahren,
welche theils ihren Wohlstand und ihre Ruhe überhaupt betroffen, theils in ihrer wesentlichen Einrichtung Veränderungen erregt haben. Jene nennen sie
die äußerliche, diese, die innerliche Kirchengeschichte. Zu der erstern, welche eigentlich die Geschichte
der Christen, oder derjenigen Menschen ist, welche
die gedachte Gesellschaft ausmachen, rechnen sie zuför-
derst die Nachricht von der Ausbreitung der christlichen Kirche. Diese ist theils von ihren Beschützern,
Anführern und Lehrern, theils von den Mitgliedern
selbst, befördert worden. Sie erzählen aber auch an
diesem Orte die unglücklichen Zufälle der Christen,
welche sie entweder durch ihre eigene Schuld, oder von
öffentlichen und versteckten Feinden erlitten haben. Unter dem Nahmen der innerlichen Kirchengeschichte, welche sie auch die Geschichte der christlichen Religion

gion nennen, begreifen ſie zuerſt die **Geſchichte der**
chriſtlichen Lehrer, weil ſich von denſelben die meiſten Abwechſelungen in dem Inwendigen der Kirche
herſchreiben. Hier tragen ſie ferner die Geſchichte derjenigen **Geſetze** vor, durch welche ſich dieſe Geſellſchaft
von andern unterſchieden hat: der **göttlichen** ſowohl,
das iſt der chriſtlichen Glaubens- und Sittenlehre, wie
ſie in der heiligen Schrift aufgezeichnet, in der Theologie künſtlicher verbunden, erklärt, bewieſen und vertheidigt, oft auch verändert und verfälſcht, und endlich im Leben ausgeübt worden; als der **menſchlichen,**
welche in Verordnungen über die äußerliche Verehrung
Gottes, und alle auf die Religion ſich beziehende **Ge-**
bräuche beſtehen. Zuletzt beſchreiben ſie die Unruhen,
welche in dieſer geiſtlichen Geſellſchaft durch ſolche Perſonen geſtiftet worden ſind, die ſich den eingeführten
Lehren oder Anſtalten widerſetzt haben, und deswegen
mit dem Nahmen der **Ketzer** belegt worden ſind. Um
die Urſachen aller dieſer Veränderungen ans Licht zu
ziehen, ſtellen ſie beym Anfange der äußerlichen Kirchengeſchichte, die bürgerliche Verfaſſung eines Zeitalters, und die damaligen Meinungen der Völker von
der Religion vor; der innerlichen Geſchichte hingegen
ertheilen ſie durch einen Abriß von dem Zuſtande der
Wiſſenſchaften, eine brauchbare Einleitung.

Ohne Zweifel können nach dieſer Ordnung und Ab-
theilung alle Begebenheiten der Kirchengeſchichte zuſammen gefaßt, auch mit einem pragmatiſchen Anſtande neben einander geſtellt werden. Sie iſt Mosheims,
der ſie hauptſächlich gebraucht hat, nicht unwürdig.
Allein ſie unterbricht doch ſo ſehr als jede andere, welche die Begebenheiten unter gewiſſe Claſſen ſetzt, die
Zeitfolge; ſie reißt ſie auch ſelbſt dadurch von einander
ab, daß ſie die Geſchichte von hundert Jahren allemal
beſonders vorſtellt: und irre ich nicht, ſo läßt ſie uns
mehr

mehr dasjenige sehen, was die Menschen bey der Reli=
gion gethan haben, als daß sie dieselbe, ihrer Würde
und Macht gemäß, geschäftig und würksam in den Ge=
müthern der Menschen, hier aufgehalten, dort unter=
stützt und befördert, aufführen, kurz als die Haupt=
person in dieser Geschichte zeigen sollte, die man nie=
mals aus dem Gesichte verlieren darf.

Doch es ist leichter, die Unvollkommenheiten, wel=
che in einer bequemen Methode übrig bleiben, zu of=
fenbaren, als eine ganz vollkommene an ihre Stelle zu
setzen. In einer allgemeinen Kirchengeschichte über=
steigt diese Forderung alle Kräfte des Geschichtschrei=
bers. Wer die Geschichte eines Reichs, einer großen
Staatsveränderung, eines Krieges beschreibt, findet in
dem mäßigen Umfange derselben, in der Verbindung
der Triebfedern und Mittel mit den ihm bekannten Ab=
sichten und Würkungen, welche in keiner weiten Ent=
fernung von einander stehen können, eine ungemeine
Erleichterung zu dem Entwurfe seiner Erzählung. Aber
in eben diesem lehrreichen Zusammenhange zu melden,
was die christliche Religion zu allen Zeiten, in allen
Ländern und bey allen Völkern, gethan oder gelitten
hat, und so vielfache Begebenheiten dergestalt mitein=
ander zu vereinigen, daß nirgends eine Lücke oder ein
gewaltsamer Sprung bemerkt werden könne, und daß
überall ein Ganzes hervorleuchte, zu dessen Erbauung
Religion, Menschen, überdachte Entwürfe, unvermu=
thete Zufälle, Freunde und Feinde, alles, was nur in
dieser Geschichte in Bewegung kommt, das Seinige
beyträgt; dieses getraue ich mir nicht zu erfüllen. Nach
einem langen Nachdenken, dessen vielleicht andere nicht
benöthigt gewesen seyn würden, habe ich gefunden, daß
ich die Gaben einer pragmatischen Kirchengeschichte
größtentheils verfehlen würde, wenn ich nicht beyde Me=
thoden, diejenige, welche die Begebenheiten nach der

I. Theil.　　　　　X　　　　　Zeit=

Zeitfolge ſtellet, und jene andere, die ihre Ordnung nach
dem Einfluße, den ſie in einander geäußert haben, bildet, verknüpfte. Allein ich geſtehe zu meiner Demü-
thigung, daß ich über die Art, dieſe Methoden zu verbinden, noch jetzt nicht völlig mit mir einig geworden
bin. Ich könnte die Geſchichte eines jeden Zeitraums
nach beyden beſonders beſchreiben; aber ich fürchte die
Wiederholungen. Wenn ich mich hingegen bemühe,
aus beyden eine einzige zu machen: ſo werden viele und
vermuthlich auch manche gezwungene Einſchaltungen
dazu nöthig ſeyn. Der Augenblick ſelbſt, da ich die Erzählung nach einer abermaligen ſehr aufmerkſamen Betrachtung der Begebenheiten einer jeden Periode anfangen werde, ſoll dieſe meine Unſchlüßigkeit entſcheiden.

Noch ehe ich dieſen Schritt vornehme, muß ich
zwo Anmerkungen hinzuſetzen, welche bey der Methode
der Unterſuchung und des Vortrags der chriſtlichen Kirchengeſchichte, nicht vermißt werden dürfen. Die erſte betrifft die Schreibart dieſer Geſchichte, die Annehmlichkeiten, welche Beredſamkeit und Witz in dieſelbe
bringen können. Ich verſpreche meinen Leſern wenig
von dieſer letztern Art; nichts als einen natürlichen
und fließenden Ausdruck, keine plötzliche Erſcheinungen,
welche ſie überraſchen, in Bewunderung und Erſtaunen
ſetzen können; auch keine mit ängſtlicher Kunſt ausge-
mahlte Bilder oder andere Ausſchmückungen, durch
welche ein Geſchichtſchreiber den Nahmen eines ſinnrei-
chen und rührenden Schriftſtellers verdienen kann. Die
Geſchichte ſelbſt ſoll alles allein thun; ich werde ihr eine
Rede zu leihen ſuchen, welche nur die Begebenheiten,
Perſonen und verſchiedenen Auftritte, nicht aber die
Begierde des Schriftſtellers, zu gefallen, abſchildern
ſoll. Dieſes mag ſtatt einer langen Abhandlung über
die Einkleidung dieſer Geſchichte dienen: wenn ihre
übrigen Eigenſchaften erreicht werden, ſo glaube ich,

daß

daß diese die geringsten Schwierigkeiten mit sich führe.

Die andere Anmerkung, bey welcher ich ebenfalls kurz vorbeystreichen kann, enthält eine Frage über die Gränzen, welche man dieser Wissenschaft setzen darf. Fähigkeit, Geschmack, Muße, Lebensart, bequeme Gelegenheit, und andere Umstände, sind bey den Gelehrten und bey den Liebhabern der Gelehrsamkeit so verschieden, daß sie oft die lebhafteste Neigung, mit der Kirchengeschichte eine vertrauliche Bekanntschaft zu erlangen, nicht befriedigen können. Ist es in diesem Falle genug, wenn sie sich an einen weitläuftigen und wohlgeschriebenen Auszug derselben halten? oder fehlt ihrer Kenntniß so lange noch etwas, als sie die Quellen der Geschichte selbst nicht gebraucht haben? Kann ein Lehrer der Kirche, dem es nicht immer vergönnt ist, aus diesen zu schöpfen, damit zufrieden seyn, daß er sich der neuern Hülfsmittel bedienet; mit einer guten Ordnung, und mit einem allgemeinen kritischen Begriffe der Kirchengeschichte, auch noch die Fertigkeit verbindet, alle merkwürdige Personen und Vorfälle derselben im Zusammenhange zu übersehen; im übrigen aber keine durchgehends gleich starke Wissenschaft, keine Geschicklichkeit zu schärfern Untersuchungen besitzt? Es wäre kaum der Mühe werth, diese Frage aufzuwerfen, wenn sie nicht viele bey sich selbst unrichtig, oder zu schmeichelhaft für ihre Trägheit, beantworteten. Keine historische Wissenschaft kann ohne den Gebrauch der Quellen, und eine sehr anhaltende Prüfung, vollkommen gründlich seyn. Sie kann sich aber doch zu einem hohen Grade der Nutzbarkeit erheben, wenn man sie Geschichtschreibern zu danken hat, welche die Kennzeichen der Glaubwürdigkeit und einer durchdringenden Beurtheilung aller frühern und spätern Nachrichten an sich haben. Die wahre Kunst, durch ihre Anweisung zu einer fe-

sten

sten und überall brauchbaren Einsicht in die Kirchenge‐
schichte zu gelangen, ist diese, daß man über alles, was
sie erzählen und urtheilen, selbst denken lerne. Kein
Schriftsteller, kein Auszug dieser Geschichte muß un‐
sere Vorschrift werden, nach welcher wir alles schätzen,
was zu derselben gehöret. Nur derjenige Auszug und
Inbegriff der Kirchenhistorie gehöret uns zu, den wir
selbst erzeugt, genährt, ausgebildet, und oft zur An‐
wendung versucht haben : wir müssen Herren über den
Stoff werden, den uns andere anbieten ; oder wir
dürfen uns niemals einer eigenen Kenntniß rühmen.
Jeder Gränzstein, den wir uns nach einem fremden
Maaßstabe setzen, ist zugleich eine Einschränkung der
Wissenschaft selbst, und des menschlichen Verstandes.

Erster